제노사이드 속 폭력의 법칙

초판 1쇄 발행 2008년 6월 5일

지은이 | 김상기
펴낸이 | 윤관백
펴낸곳 |

편　　집 | 이경남·장인자·김민희
표　　지 | 김지학·정안태
교정교열 | 김은혜·이수정
영　　업 | 장형순

인　　쇄 | 한성인쇄
제　　본 | 광신제책

등록 | 제5-77호(1998.11.4)
주소 | 서울시 마포구 마포동 324-1 곶마루 B/D 1층
전화 | 02)718-6252 / 6257　　팩스 | 02)718-6253
E-mail | sunin72@chol.com
Homepage | www.suninbook.com

정가 28,000원
ISBN 978-89-5933-127-7　　93900

·잘못된 책은 바꿔 드립니다.

제노사이드 속 폭력의 법칙

김 상 기

【추천의 글】

한국현대사의 최고 비극적 사건에 대한 신학적 해결의 모색

만일 어떤 미친 운전사가 사람들이 많이 다니는 인도 위로 차를 몰아 질주한다면 목사인 내 임무는 희생자들의 장례나 치러주고 가족들을 위로하는 일만 하는 것이라고 생각하지 않습니다. 나는 그 자동차에 올라타서 그 미친 운전사로부터 핸들을 빼앗아야 할 것입니다.

독일 국가사회주의 히틀러 치하에서 신학적 고민 끝에 히틀러 암살음모에 가담했다가 처형당한 디이트리히 본회퍼 목사의 말이다. 그는 미국이나 다른 유럽으로 도망칠 기회가 있었지만 조국과 교회의 고난을 함께 하지 않고서는 종전 후의 독일교회의 부흥에 자신의 책임을 다할 수 없다면서 거절했다가 스스로 이런 참변을 당하게 되었다.

지난 20세기에 전 세계에 번졌던 종족과 국가 간의 분쟁과 학살, 전쟁과 파괴는 인류의 역사를 비극적 참화로 모자이크했다. 그중에서도 1, 2차 세계대전은 인류 전체가 동원되어 벌인 전쟁으로 말미암아 인류 문명 멸망의 위기가 초래되었다. 그러나 이 세계대전으로 전쟁과 분쟁의 비극은 끝나지 않았다. 미국과 소련을 종주국으로 한 자본주의와 사회주의의 갈등은 지구촌 곳곳에 내전의 비극을 안겼다. 제주4·3사건은 이런 흐름 속에서 일어난 가장 처참한 재앙이며 야만이었다.

그러나 그로부터 60년이 지난 지금까지 그 상처는 충분히 아물지 못했다. 제주4·3사건진상조사위원회가 발족하고 진상조사결과 발표가 이루어지고, 나아가 집단적 배상으로서의 기념사업이 벌어졌지만 그렇다고 그 모든 것이 끝나지는 않았다. 전쟁이 벌어지고 화재가 일어난 현장에는 겨울이 가고 봄이 오고, 세월이 지나 다시 싹이 돋고 나무가 우거져 과거의 자연을 되찾을 테지만 인간의 마음에 난 상처는 세대를 넘어 오래 남는 법이다.

초대 유엔 인권센터 소장이며 네덜란드의 유명한 국제법학자 테오 반 보벤은 진정한 배상이란 형사적 처벌, 민사적 배상, 진실의 공개, 역사교과서의 기술과 기념비 건립과 같은 재발방지조치를 포함해야 한다고 말했다.

이 책의 저자인 김상기 목사는 이를 더 확장하고 심화하여 '기독교 해방담론의 윤리'를 제안한다. 그는 "폭력의 은폐로부터의 해방, 폭력의 정당화로부터의 해방, 나아가 폭력의 상처로부터의 해방"을 '기독교 해방담론의 윤리'의 핵심적 내용으로 제시한다. 테오 반 보벤의 법학적 개념화보다는 더 나아간 신학적 개념화이다.

기독교는 소수자와 약자, 희생자와 억울한 이들을 품어 안아 그 상처를 어루만지고 치유하는 사랑의 종교이다. 우리 현대사의 가장 비극적인 사건 중의 하나인 제주4·3사건을 정치와 법률의 해결을 넘어 기독교적인 사상과 윤리의 관점에서 접근 및 해석하고, 그 해결을 시도한 이 책은 4·3사건을 바라보는 기존의 관점의 확장이며 그 희생자와 관련자들의 상처의 내면적 해결과 치유를 위한 신학적 방안의 심화이다.

　우리는 이러한 온전한 해석과 치유를 통해 비극의 20세기로부터 진정한 해방을 맞고 21세기의 자유와 평화의 시대를 열 수 있을 것이다. 이 책은 바로 폭력과 상처로 얼룩진 20세기의 종언을 고하고 자유와 평화의 시대로 가는 길을 밝게 비추는 등불이라 할 수 있다.

2008년 5월 25일
박원순
(변호사 / 아름다운재단 · 희망제작소 상임이사)

【저자의 변, 그리고 감사】

제노사이드의 한복판에서 폭력의 보편적 법칙을 말하다

이 책은 기본적으로 기독교윤리학이라는 신학의 분야에서 폭력이라는 사회적 현상의 개념을 다루었다는 점에서 학제 간 연구(Interdisciplinary Study)에 속할 것입니다. 저에게 있어 폭력이란 '인간상호성의 파괴 혹은 비대칭적 권력관계의 결과로 파생되는 비윤리적 인간관계'라는 전제를 가진 개념으로 철저히 윤리학의 문제였습니다. 그리고 이러한 윤리적인 현실의 주제를 성서와 신학이라는 기독교 사상의 시각에서 보려했다는 면에서 기독교윤리학의 문제이기도 했습니다.

폭력에 대한 저의 기본적인 관심은 현실의 세계에서 일어나고 있는 폭력의 현상을 놓고 평화주의니 비폭력주의니, 폭력주의니 하는 소위 "입장표명적 윤리" 혹은 "사태 후 성명윤리"라고 명명될 수 있는 전통적인 기독교 폭력 윤리에 대한 문제제기에서 시작합니다. 폭력 자체에 대한 깊은 이해와 성찰 없이 폭력에 대한 교회의 입장만을 내세우는 표피적 윤리신학을 비판하면서, 이에 대한 대안으로 폭력에 대한 본질적이고 내재적인 탐구를 통하여 폭력이 가지고 있는 작동원리 혹은 법칙성, 나아가 메커니즘을 도출한 후 이를 놓고 폭력에 대한 인식의 지평을 넓힐 수 있는 윤리를 모색하려 했습니다. 폭력의 내재적 본질을 탐구하고 나서 폭력에 대한 기독교윤리적 대안을 제시하는 것이 바람직하다고 보았습니다.

한 마디로 폭력의 작동원리, 즉 폭력의 메커니즘을 도출해 내어야 폭력의 본질적 속성을 볼 수 있다고 판단한 것입니다. 이를 위해 저는 폭력과 관련하여 세 가지 분야의 층위를 고찰해야 했습니다.

첫째는 폭력 개념에 대한 일반적 이해의 층위입니다. 철학에서 말하는 고전적인 폭력의 개념(플라톤, 아리스토텔레스, 토마스 아퀴나스, 마키아벨리, 홉스)과 사회정치학에서 연구된 폭력의 이론들(요한 갈퉁, 칼 마르크스, 조르주 소렐, 발터 벤야민, 한나 아렌트, 피에르 부르디외, 르네 지라르)을 살펴보았습니다. 저에게 있어 이들의 이론에 대한 고찰은 지금까지 폭력이 어떻게 개념화되었으며, 현실 사회에서 이들이 어떻게 해석되고 적용되었는지를 볼 수 있는 가이드 라인 같은 것이었습니다.

둘째는 폭력의 본질적이고 기원적 현상으로서의 제노사이드 이론의 층위입니다. 문화인류학이나 사회학에서 복잡한 사회현상의 본질을 연구하기 위해 단순한 원시 사회를 연구함으로써 사회구조의 본질을 찾아내듯이, 폭력의 기원적 형태를 파악하기 위해서 폭력의 모든 것을 보여주는 극단적이고 최악의 형태인 민간인 대량학살을 주목하게 된 것은 어쩌면 자연스러운 일이었습니다. 제노사이드 연구에서는 지난 1970년대부터 시작된 제노사이드에 대한 국제적인 이론 연구들을 집중적으로 살폈습니다. 이 책에서는 제노사이드 개념론, 제노사이드 원인론, 제노사이드 유형론, 그리고 제노사이드 메커니즘론으로 나누어 제시하였습니다.

 셋째는 제노사이드의 한국적 사례로서의 제주4·3에 대한 재고찰입니다. 저의 제주4·3연구는 새롭게 학살의 진실을 규명한다거나, 역사학 혹은 사회학적 의미로 재해석한다거나, 민중항쟁이냐 반란이냐는 이데올로기적 논쟁을 벌이거나 하는 차원은 아닙니다. 이러한 연구들은 이미 선배 연구자들의 수고로 저에게 큰 자료로 주어졌을 뿐입니다. 제주4·3 자체에 대한 저의 연구가 새로운 것은 기존 학자들의 역사구분이 짧게는 3년 길게는 8년까지 잡고 있는 것을 저는 노무현 정부의 공식사과 시기까지 58년으로 재구성했다는 것이며, 이를 학살의 관점에서 네 시기로 재구분해서 해석했다는 면일 것입니다.

 이상의 세 가지 폭력 층위를 뚫고서 이 책을 쓰면서 새롭게 발견하게 된 사실은 크게 두 가지로 볼 수 있습니다.

 첫째는 제주4·3을 제노사이드의 관점에서 해석하는 일(제주4·3의 개념론, 제주4·3의 원인론, 제주4·3의 유형론)이었습니다. 제노사이드 이론을 통해 제주4·3의 개념을 다시 해석하고, 원인을 다시 규명해 보고, 유형을 살펴보았습니다. 특히 원인론에서 미국의 책임이 매우 중요하게 다루어졌습니다.

 둘째는 제주4·3의 58년 역사 속에서 나타난 폭력 메커니즘의 분석입니다. 여기서 폭력 메커니즘이란 국가폭력의 형태로 진행된 이 학살의 과정에서 나타나는 폭력의 요소 혹은 폭력의 법칙 같은 것들입니다. 크게 폭력 전조 단계, 폭력 수행 단계, 그리고 폭력 이후 단계로 나누어서 설명되는데, 여기서 저는 열 가지 폭력 메커니즘을 발견했습니다.

1. 폭력 전조의 단계 : 1) 이데올로기화 2) 조직화 3) 타자화
   4) 동질화
2. 폭력 수행의 단계 : 5) 고립화 6) 상호보복화 7) 광기화
   8) 절멸화
3. 폭력 이후의 단계 : 9) 부정화 10) 정당화

이상의 열 가지 폭력 메커니즘은 대량학살이 일어나는 곳, 특히 제주4·3의 과정에서 나타났던 폭력의 작동 요소들로 도출된 것들입니다. 이를 통해서 제가 깨닫게 된 것은 폭력이란 현상은 물리적 혹은 가시적 형태로만 나타나는 것만이 아니라, 폭력 메커니즘 하나하나가 이미 폭력이라는 인식 지평의 확장이었습니다. 그리고 이러한 메커니즘 속에 담긴 폭력은 곧 문화적 재현을 통해 다양하게 나타날 수 있다는 사실이었습니다.

이데올로기가 지배하는 사회(이데올로기), 군사력 강화를 통해 자국의 군사력을 조직화하는 국가의 행위(조직화), 자국에 들어온 외국인에 대하여 배타적인 시선을 갖고 우리와 그들을 분류하고 타자화하는 사회(타자화), 한 지역 안에 있는 사람들의 사상과 신념을 하나로 묶어서 판단하는 사회 분위기(동질화), 어떤 국가를 불량국가로 규정하여 국제사회로부터 고립화시키는 국제정치 현실(고립화), 한쪽에서 공격하면 다른 쪽에서는 더 확대된 형태로 응수하는 경제전쟁이나 국가관계(상호보복화), 미디어 정치를 통해 무감각해지는 폭력 인식(광기화), 핵폭탄 하나면 한 국가를 지도에서 없앨 수 있다는 손쉬운 절멸적 사고(절멸화), 자신의 폭력 행위를 은폐하고 숨기려는 개인과 사회(부정화), 숨길 수 없어 이미 드러난 폭력에 대하여 정당화하는 정치적 행위들(정당화)로 재현될 수 있다는 것입니다.

폭력이 너무나 일상화되어 이미 우리의 삶 속에 하나의 문화처럼 자리잡고 있는 현실에서 어떻게 하면 폭력을 예민하게 감지하고 이를 인식할 수 있으며, 더 큰 폭력으로 확대되기 전에 사전에 예방하고 극복할 수 있는가가 이 책을 통해 제가 고민했던 과제였습니다. 폭력의 심연을 보고 난 후 제가 폭력에 대한 대안으로 모색할 수 있는 길은 참으로 좁아 보였습니다. 다만 기독교의 한 목사이자 기독교윤리학을 공부하는 신학자로서의 실존적인 자리에서 몇 가지 기독교윤리적 형태를 제시할 수밖에 없었습니다. 폭력 전조 현상에 대한 기독교 예방담론의 윤리, 폭력 수행 현상에 대한 기독교 고발담론의 윤리, 그리고 폭력 이후 현상에 대한 기독교 해방담론의 윤리가 그것입니다.

이 책이 나오기까지 저에게는 참으로 귀한 만남들이 있었습니다. 학문의 길에서 점점 멀어지던 저를 다시 박사과정에 입학시켜 다시 새로운 길을 열어주시고 이끌어주신 아버지 같은 존재이신 김중기 교수님, 제주4·3의 역사적 사건의 의미를 처음으로 알려주시고 이를 신학자들이 관심을 가지고 다루어야 한다고 가르침을 주신 노정선 교수님, 제가 박사과정에 입학했을 때 연세대학교에 교수로 첫 학기를 함께 시작하며 탈식민주의 담론을 공부하면서 폭력의 깊은 세계를 새롭게 인식하게 해 주신 방연상 교수님, 기독교윤리학자로서의 길을 걷도록 처음으로 저를 안내해 주시고 폭력의 문제를 사회학적인 차원에서만 보려했던 저를 다시 신학적 성찰을 할 수 있도록 바로잡아 주신 서울신학대학교의 유석성 교수님은 이 열매의 뿌리와 같은 분들입니다.

이 책의 원고를 받아보고 마치 자신들의 일이라고 여기고 흔쾌하게 출판을 허락해 주신 도서출판 선인에 깊은 감사를 드립니다.

그리고 바쁘기 이를 데 없는 일정 속에서도 부족한 저의 글을 재미있게 보시고 추천의 글을 써 주신 박원순 변호사님께 어떻게 감사해야 할지 모르겠습니다. 무엇보다도 아내 박순영과 딸 김예인은 가장 가까이서 이 일을 기뻐하며 함께 했던 동반자였습니다. 새사람교회 동역자들과 교우들은 제 인생에서 잊지 못할 아름다운 사람들입니다. 그들과 이 기쁨을 나누고 싶습니다.

2008년 5월 26일 성수동 집에서
김상기

차례

【추천의 글】
【저자의 변, 그리고 감사】

폭력에 관한 서설 | 17
1. 폭력과 제노사이드, 그리고 제주4·3   19
2. 폭력의 선행 연구와 동향   32

1장   폭력 개념의 일반적 이해 | 47
1. 폭력의 철학적 이해   49
2. 폭력의 사회학적 이해   57
3. 현대 사상가들의 폭력 이론 및 쟁점   67

2장   국제 제노사이드 이론 | 115
1. 개념론 : 제노사이드란 무엇인가   117
2. 원인론 : 제노사이드는 왜 발생하는가   141
3. 유형론 : 제노사이드는 어떤 형태로 나타나는가   160
4. 메커니즘론 : 제노사이드는 어떻게 진행되는가   176

3장   한국형 제노사이드 제주4·3 | 199
1. 제주4·3의 일반적 개요   201
2. 제주4·3 학살의 역사적 과정   219

| 4장 | 제주4·3의 제노사이드적 해석 | 291 |

1. 제주4·3의 제노사이드 개념론　　293
2. 제주4·3의 발생 조건과 배경론　　297
3. 제주4·3의 학살 유형론　　302

| 5장 | 제노사이드에 나타난 폭력 메커니즘 | 307 |

1. 폭력 전조(징후)의 단계 : 잠재적 폭력 형성 과정　　312
2. 폭력 실행(수행)의 단계 : 물리적 폭력 과정　　332
3. 폭력 이후(처리)의 단계 : 정신적 폭력 과정　　350

| 6장 | 폭력 메커니즘의 문화적 재현 | 357 |

1. 폭력 징후 문화　　359
2. 폭력 실행 문화　　370
3. 폭력 처리 문화　　382

| 7장 | 폭력의 문화에 대하여 기독교 담론윤리를 말한다 | 393 |

1. 폭력 전조 문화와 기독교 예방담론의 윤리　　398
2. 폭력 실행 문화와 기독교 고발담론의 윤리　　401
3. 폭력 이후 문화와 기독교 해방담론의 윤리　　403

참고문헌　　407
찾아보기　　423

폭력에 관한 서설

폭력에 관한 서설

1. 폭력과 제노사이드, 그리고 제주4·3

윤리적 문제로서의 폭력

오늘날 폭력의 문제는 인간 개개인의 실존적 현실로부터 시작하여 사회적 구조의 현실, 나아가 전지구적 차원의 현실에 이르기까지 광범위하게 펼쳐져 있는 윤리적 현상이다. 폭력은 이른바 개인과 개인 사이에 벌어지는 언어적 논쟁과 물리적 다툼을 비롯하여 집단과 집단 사이에 이루어지는 사회적 갈등, 국가권력의 남용에 따른 통제적 권력의 작동과 공권력 행사, 사회적 불평등과 억압적 질서를 통한 사회구조적 폭력 현실, 나아가 세계화 현상에 따른 다국적 기업에 의한 폭력적 경제 구조 등 모든 곳에 존재한다. 이는 폭력이 단순한 물리적 상해 행위나 정신적 위해를 가함으로써 발생하는 결과적 행위만을 가리키는 현상이 아님을 의미한다. 즉 폭력은 인간과 인간, 집단과 집단, 국가와 국가 사이의 힘의 균형이 깨어지고 어느 한쪽의 일방적 힘의 작용의 결과로 발생하는 일종의 '인간 상호성의 파괴'이자 '권력 관계의 불균형'에 의해 촉발되는 현상이다. 따라서 폭력은 철학적 존재론이나 사회학적 구조론의 문제이기 전에 인간과 인간의 관계를 근본적으로 질문하는 윤리학의 문제이다.

그렇다면 소위 '윤리학'이라는 영역에서 '폭력'의 문제를 다루는 이유와 그 의미는 무엇인가? 특히 기독교윤리학에서 폭력을 논의해야 할 당위성은 무엇인가? 이는 곧 윤리학이라는 분야의 담론 속에 폭력이라는 현실의 이슈를 대상으로 체계적 분석과 숙고의 작업을 한다는 것이 과연 얼마나 학문적 정당성 및 윤리적 타당성을 획득할 수 있는가의 문제가 될 것이다. 다시 말해서, 폭력이라는 주제가 윤리학에서 다루어져야 할 논리적 근거 혹은 학문적 적합성은 무엇인가? 그리고 그것은 어떤 논리적 과정에 따라 이루어진 것이며, 윤리학과 폭력이라는 두 영역이 어떤 관계를 갖고 있는지의 물음에 대한 인식론적 이해가 전제되어야 한다.

일반적으로 윤리란 인간으로써 마땅히 행하거나 지켜야 할 도리 혹은 인륜, 그리고 행동해야 할 규범 혹은 준칙을 의미한다. 이를 좀 더 구체적으로 표현하면, 윤리란 개체적 인간들로 구성된 사회 속에서 인간들 사이에 지켜야 할 도의적 질서와 행위의 규범을 어떻게 할 것인가라는 인간관계의 이치(理致)이자 기술(技術)이다. 이러한 관계의 방식에 대하여 그 논리성과 정당성, 나아가 그 근거를 따져 묻는 학문적 체계화 과정이 바로 윤리학이다. 따라서 윤리학은 사회적 존재로써의 인간이 다른 인간과의 관계에 있어서 조화를 이루며 살아가야 할 행동에 대한 규범 혹은 양식, 그리고 그 가치와 의미를 생산하고 성찰하는 학문적 담론체계라 할 수 있다. 한 마디로, 윤리학은 인간의 인간에 대한 관계의 학

(學)이다.

그러므로 '관계의 학'으로써의 윤리학은 필연적으로 인간과 인간 사이의 소통의 문제에 주목할 수밖에 없다. 공동체(Community)적 존재로써의 인간에게 요구되는 삶의 중요한 방식 가운데 하나가 의사소통(Communication)의 문제이기 때문이다. 의사소통이란 공동체 내의 개체적 존재들이 자신들이 속한 공동체적 질서를 유지하기 위해 오랜 경험의 과정을 거치면서 축적한 관계의 법칙이자 기술이다. 의사소통은 주로 통일된 구술적 언어와 문자적 언어, 공동체적 습관의 양태, 전통적 행위 양식이라는 매체를 통해 관계 형성을 생산하고 수립함으로써 공동체의 질서와 평화를 유지한다. 그러나 이러한 의사소통의 법칙을 조종하고 지배하는 근원적인 작동 원리는 '힘의 관계', 곧 권력의 문제이다.

인간관계의 양식으로써의 의사소통 형태는 한 인간의 다른 인간들에 대한 다양한 관계의 질에 따라 다르게 설정될 수밖에 없다. 이처럼 인간마다 서로 다른 관계의 양태를 구성하게 하는 메커니즘은 인간과 인간 사이에 숨어있는 다양한 힘의 관계—'지배와 피지배, 억압과 피억압이라는 일방적'비대칭적 권력 관계'이거나, 아니면 '서로간의 타협과 협상을 통한 상호적·균형적 권력 관계'—에 따라 달라진다. 그러므로 인간과 인간, 사회와 사회, 국가와 국가 간에 형성된 권력이 균형적 관계에 있을 때를 일컬어 윤리적 혹은 평화적 관계라 하고, 이것이 깨어졌을 때를 비윤리적 혹은 폭력적 관계라고 부를 수 있다.

그러므로 윤리학에서 폭력의 문제를 다룬다는 것은 공동체적 존재로써의 인간 구성원들 사이의 조화로워야 할 권력 관계의 소통 양식들 속에 나타나는 '일방적 권력관계' 내지 '비대칭적 관계구조'를 전제한다. 따라서 윤리학에서의 폭력은 권력이라는 구조 속에 작동되는 소통 양식의 문제이며, 이는 곧 근본적으로 관계의 틀에서 이해되어야 할 개념으로써, 지극히 윤리학적 탐구의 주제이자 연구 대상이 될 수 있다. 폭력의 문제는 곧 권력의 문제이며, 권력의 문제는 곧 소통의 문제이고, 소통의 문제는 윤리의 문제이다. 따라서 폭력의 문제는 곧 윤리의 문제이다.

폭력의 기원적 현상으로서의 제노사이드

제노사이드란 폭력이 극대화된 형태로 나타난 현상이다. 제노사이드는 일반적으로 한 인간집단이 어떤 다른 인간집단 및 개인을 향하여 분명한 목적과 의도를 가지고, 가장 극단적인 방법과 수단으로, 가장 많은 수를 목적으로 행해진 일종의 국가 폭력이자 집단 폭력이다. 따라서 제노사이드 현상에 대한 연구는 폭력의 연구에 있어서 가장 본질적이며 기원적인 것 가운데 하나라 할 수 있다. 제노사이드는 인간이 얼마나 철저하게 극단적으로 잔인해 질 수 있으며, 그 잔인성을 어떻게 이데올로기화하여 일상화시키며, 나아가 이를 정당한 기억으로 상징화시킬 수 있는지를 극명하게 보여주는 폭력 메커니즘의 총체이다. 폭력 연구에 있어서 제노사이드 현상을 구체적인 대상으로 선정한 이유가 바로 여기에 있다.

20세기를 폭력의 시대, 특히 대량학살 혹은 제노사이드의 역사라고 규정하는 수많은 학자들의 정의는 그리 새로울 것이 없다. 이른바, 20세기 '근대문명'이라는 이름과 함께 등장한 진보적 이성과 과학주의, 산업기술의 급속한 발달에 따른 대량파괴와 살상의 메커니즘, 그리고 새로운 국가형성과 민족주의의 등장으로 인한 사회적 충돌과 갈등의 역사는 20세기를 핵심적으로 표현하는 현상들이다. 물론 20세기 이전에도 인류의 역사에는 수많은 형태의 제노사이드들이 발생했었다. 그럼에도 불구하고 20세기를 제노사이드의 시대로 규정하는 데에는 희생자의 숫자와 범위, 다양한 형식, 총체적 파괴의 충동, 양심을 마비시키는 정교한 기술, 강제수용소 등 모든 것이 특별하여 이전의 역사와 확연한 차이를 보이기 때문이다.[1] 이른바 새로운 문명의 등장이라는 장밋빛 역사의 무대 뒤에서 20세기는 또 하나의 핏빛 역사를 썼는데, 바로 절대 권력의 무한 폭력으로 인한 민간인 대량학살의 역사, 곧 제노사이드가 그것이다.

브레진스키(Zbigniew Brezinski)는 20세기에 정치적 동기로 학살된 사람들의 숫자는 1억 6천7백만 명 내지 1억 7천5백만 명으로 추산했으며,[2] 마크 리번(Mark Levene)은 1945년 이후로 전 세계의 다양한 유형의 사회에서 약 50건 이상의 제노사이드가 발생했다고 지적했다.[3] 루돌프 럼멜(Rudolph J. Rummel)은 20세기에 일어난 제노사이드에서 희생된 사상자 수에 대한 남다른 통계 자료를 갖고 있는 보기 드문 학자이다. 그는 제노사이드 개념으로는 장구한 인류 역사에 나타난 학살 현상을 충분히 설명할 수 없다고 보고, 제노사이드를 비롯하여 정치적 학살(politicide), 대량학살(mass murder or massacre), 그리고 테러를 총칭한 개념인 데모사이드(democide :

---

[1] Roger Smith, *Genocide and the Modern Age*, 「인간의 파괴와 정치 : 제노사이드 시대로서의 20세기」, 장원석・강경희・허호준・현신웅 옮김, 『현대사회와 제노사이드』, 도서출판 각, 2005, 88쪽.

[2] Zbigniew Brezinski, *Out of Control*, New York: Charles Scribner's Sons, 1993, p.17.

[3] Mark Levene, 「제노사이드, 현대 세계의 필연적 악몽인가?」, 『문화란 무엇인가 1』, 시공사, 2003, 260쪽.

인민학살)라는 신조어를 만들어냈다. 그의 주장에 따르면, 20세기 이전에 일어났던 데모사이드로 희생된 수는 약 1억 3천3백만(133,147,000)여 명이며, 20세기 이후 1900년부터 1987년까지 기간에 일어났던 정부나 준정부 조직에 의한 데모사이드에서 희생된 수는 약 1억 7천만(169,198,000)여 명으로 추정된다.[4]

20세기 최초의 제노사이드 사례로 알려진 터키는 제1차 세계대전 때인 1915년부터 1917년까지 100만 명 이상의 아르메니아인을 체계적으로 학살하였다. 나치는 제2차 세계대전 때 600만 명의 유태인을 비롯하여 500만 명의 폴란드인, 로마인, 동성연애자, 정치적 반대자 등을 죽였다. 이를 합하면 1,600만 명에 이른다. 1937년 말부터 1938년 초까지 몇 주에 걸쳐 일어난 일본군에 의한 난징대학살에서는 난징 시민 35만 명이 살해되었다. 스탈린 체제하의 소련은 공산화 과정에서 6천만 명의 주민들을 정치적 이유로 숙청하거나 기근 등의 방법으로 죽였다. 스페인 내전에서는 프랑코가 점령하면서 30~40만 명을 살해했다. 파키스탄은 300만 명의 뱅갈인을 학살했고, 캄보디아의 경우 폴 포트의 크메르 루즈 정권 하에서 300만 명의 주민들이 처형되었다. 이라크는 후세인 정권하에서 이란-이라크 전쟁 때 쿠르드 소수 민족을 학살했고, 보스니아의 세르비아인은 발칸 내전 당시 이슬람교도와 크로아티아인을 '인종청소'라는 이름으로 절멸시켰다. 수하르토 집권 후 인도네시아에서는 수만 명의 사람이 학살당했고, 미국 역시 베트남전에서 수많은 민간인을 학살했다. 그리고 1994년 르완다의 후투 민족주의자들은 르완다 군대가 투치 반란군을 상대로 내전을 벌이는 동안 80

---

[4] Rudolph J. Rummel, *Death by Government*, New Brunswick and London: Transaction Publishers, 1994, pp.1~75.

만 명의 투치인을 죽였다. 수단의 다푸르 사태는 21세기로 접어든 현재까지 진행되고 있는 대표적인 제노사이드로 볼 수 있다.

이처럼 제노사이드는 20세기의 특징적인 역사 현상의 하나이지만 21세기로 접어들었다고 해서 결코 종결되거나 해결될 문제로 보이지는 않는다. 오히려 핵이라는 대량살상 무기의 등장과 생산에 따른 핵무장 국가들의 존재는 21세기의 새로운 형태의 제노사이드를 촉발시킬 수 있는 잠재적 가능성으로 떠오르고 있다. 따라서 제노사이드는 한 시대에 갑작스럽게 나타났다 사라지는 일시적이고 독특한 역사의 해프닝이 아니라, 인류의 역사가 진행되는 곳이면 언제든지 다시 반복하여 재생되고 확대될 수 있는 보편적이고 본질적인 인간의 폭력 현상이다.

일종의 국가폭력이라 할 수 있는 제노사이드 연구가 폭력의 본질성 연구에 중요한 이유는 무엇인가? 이에 대해 김동춘은 일반적 의미의 폭력(terrorism, violence)과 국가폭력(state terror)의 분명한 차이를 지적하면서, 국가폭력을 제대로 이해하지 않고는 일반적 의미의 폭력을 알 수 없고, 폭력의 기원도 파악할 수 없다고 주장한다. "폭력이 정부를 향한 개인이나 집단의 '범죄적 행동'이라고 인지하는 대다수의 사람들에게 국가폭력이라는 개념은 어색하게 받아들여질 것이다. 그러나 국가에 의한 강제력과 억압의 사용에 주의를 기울이지 않고서는 개인이나 집단이 행사하는 폭력의 기원을 알 수가 없다. 여기서 국가폭력이란 곧 희생자나 국민들이 공포감과 복종심을 가질 수 있도록 국가 기관이나 관련 요원이 폭력이나 위협 행동을 의도적으로 행하는 것을 의미한다."[5] 따라서

---

[5] 김동춘, 「20세기 국가폭력과 과거 청산」, 조희연 편, 『국가폭력, 민주주의 투쟁, 그리고 희생』, 함께 읽는 책, 2002, 433쪽.

국가폭력의 한 현상으로서의 제노사이드 연구는 곧 보편적인 폭력의 기원성에 관한 연구이자, 그 본질에 대한 탐구가 될 것이다.

국가폭력의 한 사례로서의 제주4·3

한국의 근대사를 폭력과 학살의 역사로 규정하는 데에는 제국주의 쇠퇴와 함께 시작된 탈식민주의 과정과 제2차 세계대전 후 새롭게 재편된 미소 냉전 구도의 등장, 이러한 국제적 흐름의 틈바구니에서 일제 제국주의로부터의 해방과 새로운 국가형성의 과제를 앞둔 국내적 정치 상황이 복잡하게 얽히면서 이루어진 과도기적 현상으로서의 폭력과 혼돈의 역사적 사실에 기인한다. 1945년 해방과 더불어 시작된 국내 정치적 상황은 미국과 소련을 중심으로 양분된 공산주의와 자본주의 이념의 대립이 남과 북의 정치적 갈등으로 확대되면서 폭력의 양상으로 증폭되었고, 1950년 한국전쟁을 기점으로 그 강도는 최고조에 이르면서, 이른바 한반도의 근대사는 폭력과 학살의 역사 그 자체였다. 즉 전쟁 상황을 전후로 하여 한반도에서는 극단적이고 잔혹한 민간인 학살들이 전국 곳곳에서 벌어졌고, 정부 혹은 준정부 조직은 이러한 폭력행위를 통하여 자신의 권력을 구축하는 수단으로 활용했다.

여기서 말하는 폭력이란 정확히 국가에 의한 폭력을 의미한다. 박명림은 일반 국민에 대한 국가폭력이 이처럼 극단적으로 나타나게 된 이유는 국가 정통성을 다투는 국가형성을 위한 북한과의 전쟁과, 그것과 연계된 내부의 도전세력에 대한 진압, 즉 국내평정(internal pacification)을 결합하였기 때문에 나타난 현상이라고 보았다. 따라서 근대국가 형성의 과정이란 폭력의 독점, 정당성을 다투는 세력들의 영토 내에서의 체계적 배제과정임과 동시에 영토 내의 인민들에 대한 국민적 통합, 국민형성의 과정을 의미한다고 정의했다.6) 결국 한국 근대사의 국가폭력은 새로운 국가 형성의 과정에서 정부의 권력 구축에 방해가 되는 도전세력을 평정하는 목적에서 이루어진 의도적 행위이다.

제주4·3은 이러한 한국의 근대사에서 어떠한 역사적 의미를 갖고 있는가? 제주4·3의 역사적 위치는 한국의 근대사에서 현대사로 넘어가는 정점에 있었으며, 탈식민과 해방정국의 상황에서 한반도의 새로운 독립 국가 탄생을 위한 과도기적 기간에 걸쳐 있다고 볼 수 있다. 한반도에 하나의 독립된 국가가 세워져야 할 역사적 당위성이 있었음에도 불구하고 현실은 김일성과 이승만으로 대변되는 각각의 독립된 분단국가 건설이 진행되는 상황이었다. 이와 동시에, 국제적으로 제주4·3은 제2차 세계대전을 거치면서 새롭게 재편된 미소 냉전 구도의 국제 질서 속에서 공산주의와 자본주의라는 날카로운 이념의 대립이 격화되는 소용돌이 가운데 놓여 있었다. 이른바 '과도기적 기간'이라는 말은 일제로부터의 탈식민화의 과정과 냉전이라는 세계질서의 구도가 맞물리면서 한반도에 새로운 국가를 탄생시켜야 한다는 국가형성의 과제가 삼중적으로 얽혀있는 역사적 상황을 의미한다.

이처럼 한국 근대사의 복잡한 상황 속에서 발생한 제주4·3은, 서중석이 지적했듯이, 당시의 역사적 상황을 가장 잘 요약해 놓은 지도(縮圖)일 수밖에 없다. 그는 이를 5천 년 한국사에서 찾아보기 드문 사건임을 다음과 같은 말로 지적한다.

---

6) 박명림, 『한국 1950 전쟁과 평화』, 나남출판, 2002, 360~361쪽.

제주도에서 민간인이 3만 명 내외가 희생된 것은 제주도가 협소한 지역임을 고려해 넣지 않더라도 어떠한 말로도 표현할 수 없는 범죄행위이며, 이는 삼국통일 전쟁기에도, 거란이나 몽골이 쳐들어왔을 때에도, 임진왜란, 병자호란에서도 볼 수 없었던 것으로써, 일제로부터 해방되었을 뿐만 아니라 지극히 현대 세계에서 저질러진 것이라는 사실이다.[7]

그러나 필자가 볼 때 제주4·3은 무엇보다도 국가폭력으로서의 제노사이드의 살아있는 역사이자, 대량학살 메커니즘, 좀 더 광의적으로 말해서, 폭력 메커니즘의 대표적인 한국형 표본으로서의 자리매김 또한 중요하리라고 사료된다. 즉 제주4·3은 한국 근대사의 축도(縮圖)일 뿐만 아니라 한국 근대사에 나타난 국가폭력의 축도이자 학살 메커니즘의 축도라고 말할 수 있다.

1948년에 발생한 제주4·3은 민간인에 대한 학살의 원인과 유형, 잔학성의 강도와 살해 대상의 범위, 그리고 폭력의 메커니즘과 작동원리로 볼 때, 같은 해 12월 제네바 유엔 총회에서 통과된 〈제노사이드 협약〉의 논의 맥락에서 고찰할 수 있는 유일한 민간인 대량학살의 한국적 사례로 볼 수 있다. 유태인 법학자 라파엘 렘킨(Raphael Lemkin)에 의해 입안되고 고안된 용어인 '제노사이드(genocide)'는 1948년 유엔 총회에서 92개국이 참가한 가운데 "제노사이드 범죄의 방지 및 처벌에 관한 협약(Convention on the Prevention and Punishment of Crime of Genocide : 이하 제노사이드 협약, Genocide Convention)"이라는 이름으로 통과되면서 국제법상 효력을 갖게 되었다. 그 이후 20세기 역사에서 발생한 다양한 제노사이드 현상들

---

[7] 서중석, 「제주4·3의 역사적 의미」, 『제주4·3연구』, 역사비평사, 1999, 124쪽.

은 이때 결의된 〈제노사이드 협약〉의 기준에 따라 규정되거나 처벌되기에 이르렀다.

그런 면에서 한국 학계에서의 제주4·3에 대한 논의는 이제 새로운 국면 속에서 전개되어야 할 시점에 도달했다. 지금까지 제주4·3의 연구는 먼저 오랫동안 사건의 진상에 대한 규명과 진실에 대한 실증적 역사를 찾기 위한 '기초적 진실에 대한 자료 구축'의 차원에서 연구가 이루어져왔다. 그러던 것이 사건의 진상과 기초적 진실이 어느 정도 밝혀지면서 역사학적 의미 해석과 사회학적 담론 형성을 위한 연구들이 그 뒤를 이었다. 제주4·3이 갖고 있는 역사적 의미와 가치를 어떻게 해석하고, 이를 사회학적 담론으로 어떻게 확대 재생산할 것인가를 묻는 작업이 진행되었다.

그러나 필자의 제주4·3 연구는 근본적으로 역사적 진실규명이나 의미해석 혹은 사회학적 담론형성을 위한 관심보다는, 국제적인 제노사이드 이론 체계에 비추어 제주4·3이라는 한국의 제노사이드 사건을 해석하고, 제주4·3 사건의 과정에서 나타난 폭력의 메커니즘을 도출하는 데 주목한다. 즉 학살의 규모나 잔인성, 나아가 국제법적 범죄여부 판단에 관한 관심이 아니라 학살의 진행과정에서 일어나는 폭력의 기술과 그것이 작동하는 체계적 원리, 즉 메커니즘 분석을 통한 폭력의 본질 혹은 기원을 밝히는 데 있다.

본 연구의 과제와 의의

본 연구는 제주4·3이라는 구체적인 폭력의 한 역사적 사례를 분석함으로써 폭력에 대한 내재적 본질을 밝히는 것을 일차적인 과제로 삼는다. 1948년 한국 현대사의 초기 제주도라는 섬에서 발생했던 비극적 대량학살을 통하여 폭력이 어떻게 예비적으로 구조화되고, 어떤 요인에 의해 촉발되며, 그 구체적인 폭력의 수행은 어떤 과정을 통해 이루어지며, 나아가 폭력 이후의 처리 방식은 어떤 식으로 진행했는가 하는, 소위 폭력의 메커니즘 분석을 시도한다. 제주4·3을 폭력 연구의 대상으로 삼은 이유는 이 사건이 인간이 행할 수 있는 최고의 폭력 행위라 할 수 있는 학살의 차원, 즉 제노사이드로서의 형태를 띠고 있기 때문이다. 즉 제노사이드는 인간 폭력의 기원적이고 본질적인 층위들을 보여주는 총체적 폭력 구조이다.

따라서 본 연구는 제주4·3을 제노사이드 이론을 통하여 해석함으로서 하나의 지역적 폭력 사건을 국제적인 제노사이드 이론의 영역으로 끌어들이고, 기존의 제노사이드 이론은 제주4·3이라는 한국적 사건을 통하여 그 외연을 확장할 수 있는 틀을 마련한다. 사례로서의 제주4·3과 이론으로서의 제노사이드를 상호교차적 해석을 통하여 제주4·3의 폭력을 개념적으로 규정하고, 그 원인과 배경을 규명하고, 이 사건이 어떤 유형의 제노사이드였는가를 밝힌 다음, 메커니즘 이론을 통해 폭력의 과정들을 드러낼 것이다.

폭력에 대한 역사·사회학적 성찰이 될 본 연구는 크게 두 가지 진일보한 성과물을 얻을 수 있다고 본다.

첫째, 기존의 한국의 사회학과 역사학계에서 이루어졌던 제주4·3에 대한 한 단계 진전된 탐구이다. 이를 위해 필자는 지난 60년간 축적된 제주4·3의 연구 결과물들, 예컨대 학살 사건의 진실에 대한 규명 차원의 연구물들과 그 이후에 이루어진 사회학적·역사적 의미 해석과 다양한 담론 논쟁들을 토대로 이를 폭력 메커니즘이라는 이론을 통해 제주4·3의 사건 속에 숨어있던 인간 폭력의 작용 기제들을 밝히는 작업을 수행한다. 이른바 제주4·3의 폭력 메커니즘 분석이 그것이다. 제주4·3에 대한 진상규명과 담론논쟁, 의미해석을 넘어 그 사건을 60년이라는 기간으로 보고 그 안에서 작동되었던 엄청난 폭력의 메커니즘을 분석하여 도출시키는 일은 제주4·3 연구의 새로운 지평이 될 것이다. 이는 하나의 국지적 사건으로서 한국 현대사의 비극적 기억으로 남을 수밖에 없는 것을 세계적인 보편적 폭력 담론으로 의미화하기 위한 필수적인 시대적 과제이다. 이것은 본 연구의 사회학적 영역에서의 기여 가능성이다.

둘째, 본 연구는 제주4·3의 분석을 통해 오늘날 사회학자들 사이에서 체계화되고 있는 제노사이드 이론 분야에 일정 정도 기여할 것이다. 제노사이드 이론을 통해 제주4·3만이 갖고 있는 개념론, 원인론, 유형론, 그리고 메커니즘 이론을 밝혀줌으로서 기존의 제노사이드 이론의 외연을 확장시켜 줄 수 있을 것이다. 특히 제주4·3의 사례에서 제시될 10가지 폭력의 메커니즘은 기존의 국제적인 메커니즘 이론에 한국적 상황에서만 볼 수 있는 독특한 특징을 제시한다는 면에서 그 의미가 있다. 물론 여기에는 기존의 제노사이드 메커니즘과 공유되는 부분이 있다. 그럼에도 불구하고 기존의 메커니즘들은 제주4·3의 구체적인 현실을 세부적으로 설명할 때 또 다른 형태로 구현되는 것을 보게 될 것이다. 따라서 제주4·3의 폭력 메커니즘은 지금까지 형성된 메커니즘 이론에 또 하나의 방법론적 관점을 제시해 줄 것이다.

2. 폭력의 선행 연구와 동향

일반적 폭력에 관한 선행 연구들

폭력에 대한 지금까지의 연구들은 여러 분야에서 이루어지고 있다. 고전적인 의미에서 폭력은 철학의 분야에서 인간의 내적 본질의 측면에서 성찰되었고, 사회학 분야에서는 좀 더 포괄적인 의미에서 다양한 이론을 중심으로 다루어졌다.

첫째, 서양철학의 맥락에서 폭력은 인간의 내적 성품의 문제이자 인간의 본질과 관계된 사안으로 고찰되어 왔다. 고대 그리스의 소크라테스와 플라톤, 아리스토텔레스로 대변되는 서양철학의 역사에서 수많은 철학자들을 통하여 폭력의 주제는 직접 혹은 간접적인 방식으로 다루어져온 것이 사실이다. 인간의 본성에 대한 성찰의 개념으로써 접근되기도 하고, 정치철학적 관점에서 권력에 대한 탐구에서 함께 다루어지기도 했다.

폭력을 인간본질로서 파악하는 맥락을 대표하는 고전적인 인물로 플라톤을 들 수 있다. 동일성에서 존재의 원리를 찾으려 했던 그의 형이상학에서 폭력은 그 자체로 참으로 존재하는 것이 아닌, 일종의 존재의 결핍으로 이해되었다. 구체적으로 폭력은 신의 뜻을 어기는 것이자, 주어진 법률을 지키지 않을 때 발생하는 탈중심적 무질서 행위로 규정되었다. 플라톤과 함께 아리스토텔레스 또한 폭력을 사물들의 자연적 행위와 인간의 자발적 행위와 같은 내적 원리에 의한 것이 아닌, 외적 원인에 의한 강제 행위에 의해 초래된 반이성적 힘의 사용으로 보았다. 이러한 이해는 중세 토마스 아퀴나스에게 이르러 폭력은 자연적 욕구와 본래의 목적에 위배되는 행위이자 그 결과로 인식되었다.

그러다가 마키아벨리에게서 폭력은 다소 사회학적 경향을 잠깐 보이는데, 이른바 권력의 수단으로서의 폭력 사용에 대한 정당성 부여가 그것이다. 권력자의 입장에서 자신의 권력을 유지하기 위해서 폭력으로 다스릴 수밖에 없다는 폭력불가피론 내지 폭력활용론을 주장한 것이다. 그러나 홉스는 다시 폭력의 불가피성을 자연 상태와 인간의 욕망 체계 안에서 발견했는데, '인간의 인간에 대한 늑대 관계(homo homini lupus)'라는 그의 유명한 명제가 의미하는 자연 상태에서 인간은 폭력에 노출된 존재일 수밖에 없다고 보았다. 이처럼 고대 그리스의 플라톤을 비롯한 고대 서양사상에서 폭력의 문제는 인간이 가지고 있는 본질적 속성 가운데 하나로 보는 존재론적 이해에 근간을 둠으로서, 폭력적 존재로서의 인간 혹은 폭력에 유혹되기 쉬운 존재로서의 인간 본연의 모습을 보게 한 관점으로 진행되었다.

둘째, 폭력에 대한 사회학적 연구는 폭력의 철학적 접근이 갖는 협소성에 대한 한계로부터 시작한다. 근본적으로 폭력이란 철학적 개념이라기보다는 사회적 개념으로 보아야 한다는 문제의식에서 폭력의 사회학적 논의가 그 정당성을 찾을 수 있다. 왜냐하면 폭력이란 현상이 나타나는 장이 사회라는 공간이기 때문이다. 따라서 개인 간에 일어나는 폭력이든 사회집단 사이에 나타나는 폭력이든 이것은 어디까지나 사회적 현상으로 볼 수 있고, 나아가 폭력이라는 개념 자체가 가지고 있는 관계성이라는 전제 또한 사회적 차원을 떠나서는 이해될 수 없기 때문이다. 즉 폭력이란 '인간의 인간에 대한 일방적인 권력 혹은 무력의 수행'으로써, 이는 윤리적 관계의 문제이며, 이러한 윤리성은 또한 사회적 장을 토대로 이루어지는 현상이다.

사회학적 대상으로서의 폭력연구는 근대에 들어오면서 본격화되었다고 볼 수 있는데, 폭력의 개념은 법적·사회적·정치적 영역으로 확대하면서 기존의 가치론적 시각을 넘어 가치중립적·실증주의적 분석의 대상으로서 다양한 양태의 폭력 현상들이 탐구되기 시작했다. 철학적 측면에서 다루어졌던 물리적 폭력, 신체적 폭력, 반체제적 폭력과 같은 가시적이고 직접적인 폭력 개념들을 넘어 보이지 않는 언어적·심리적 폭력을 비롯하여 국가권력이 행사하는 체제적 폭력, 피해자는 있어도 가해자는 알 수 없는 사회구조적 폭력, 나아가 문화적 폭력에 이르기까지 다양한 형태들을 발굴해 내었다.

특히 사회학적 폭력 연구의 흐름에서는 이를 체계적인 분석을 위하여 이론적인 작업을 시도했던 주요 인물들을 통해서 그 담론의 외연이 확대되었다. 사회혁명적 힘으로써의 폭력을 주장했던 칼 마르크스(Karl Marx)와 조르주 소렐(Georges Sorel), 그리고 발터 벤야민(Walter Benjamin)의 '프롤레타리아 폭력론'은 폭력을 사회학적 맥락에서 통찰한 최초의 시도로서, 폭력을 단순히 중심적 권력으로부터의 이탈, 악의 잔재 정도로 여기던 기존의 부정적 가치판단으로부터 폭력이 계급적 입장에 따라 다르게 활용될 수 있다는 것을 보여준 연구였다. 60년 후 한나 아렌트(Hannah Arendt)가 새롭게 제시한 '권력-폭력 대립론'은 권력에 정당성이라는 과제를 안겨준 탁월한 주장으로써, 정당성을 부여받지 못한 권력은 권력이 아니라 폭력이라고 규정한 그녀의 선언은 진정한 권력이 어떠해야 하는지, 진정한 권력은 어떻게 그 힘을 사용해야 정당한 권력으로 유지될 수 있는지를 분명하게 제시해 주었다. 그녀의 이러한 주장은 우리로 하여금 이 세계에 존재하는 다양한 권력이라고 불리는 현상들에 대한 변별력을 제공해 주었다.

문화의 영역으로 확장된 폭력의 이해는 피에르 부르디외(Pierre Bourdieu)에 이르러 '상징폭력 이론'을 통하여 그 절정에 이른다. 그의 이론은 오늘날 간접폭력 혹은 구조적 폭력을 문화적으로 이해하는 체계로 사용되는데, 특히 권위라는 상징권력을 구성하는 사회 구조와 제도 속에서 발생하고 반복되며 재생산되며 작동하는 폭력의 메커니즘을 보여주었다. 이와 더불어 문화평론가 르네 지라르(Rene Girard)가 제시한 '희생양 이론'은 폭력이라는 것이 인류 역사에서 사라지지 않는 불멸성 같은 것을 가지고 있다는 것, 인간 사회는 철저히 폭력으로부터 스스로를 보호하기 위한 어떤 예방적 장치를 가지려 한다는 것, 그리고 폭력의 해결책은 또 다른 폭력으로써만 가능하다는 것, 그래서 사회 내부의 갈등과 폭력의 위기를 벗어나기 위하여 최소한의 폭력을 선택함으로써 이를 해결하려 하는 메커니즘이 있다는 것을 보여주었다. 이에 대한 구체적인 작동의 원리들을 밝혀줌으로써 지라르는 사회학적 폭력 이론의 새로운 지평을 열어준 인물로 기록된다.

제주4·3의 연구 동향

1948년 4월 3일 한국의 제주도에서 일어난 이른바 제주4·3은 민간인에 대한 학살의 원인과 유형, 메커니즘과 강도, 그리고 범위로 볼 때, 같은 해 12월 제네바 유엔 총회에서 통과된 〈제노사이드 협약〉의 논의 맥락에서 고찰할 수 있는 보기 드문 민간인 대량학살의 사례로 볼 수 있다. 이 사건을 유엔이 규정한 제노사이드의 범주에 포함시킬 수 있느냐의 여부는 다음의 두 가지 대립적 입장 중 어느 것을 선택하느냐에 달려 있다. 스티븐 카츠(Steven Katz)와 같이 '홀로코스트 예외주의'를 주장하는 학자들의 입장에서 보면 제주4·3은 제노사이드 반열에 들어갈 수 없다. 그러나 이스라엘 차니(Israel W. Charny)와 같은 '제노사이드 보편주의'를 주장하는 학자들의 견해에 따르면 제주4·3은 제노사이드의 범주에 들어갈 수 있다. 필자는 후자의 입장을 견지하면서, 유엔이 규정한 제노사이드 기준의 맥락에서 제주4·3을 자리 매김하고자 한다.

지금까지 한국의 학계에서 이루어진 제주4·3에 대한 연구는 다음 세 단계의 과정을 거치면서 진행되었다. 첫째, 사건에 대한 진상규명을 위한 연구의 과정이다. 1960년부터 시작된 진상규명에 대한 논의는 5·16 군부정권의 등장과 더불어 수면 아래로 억압되어 오다가 1980년대 말부터 다시 논의되기 시작하면서 본격적으로 다루어졌다. 진상규명을 위한 연구란 '누가 가해자였는가, 누가 피해자였는가, 얼마나 죽임을 당했는가, 그리고 왜 죽였는가'라는 이른바 '기초적 진실'에 대한 실증적 자료를 구축하는 작업을 의미한다. 이러한 연구는 주로 제민일보와 같은 언론기관, 제주4·3연구소와 같은 연구단체 등이 증언채록, 인터뷰, 취재 등과 같은 방법으로 사건의 진상을 밝혀주는 과정이라 할 수 있다.

둘째, 역사적 의미 해석과 사회학적 담론형성을 위한 연구의 과정이다. 이 과정은 사건의 진상이 어느 정도 알려지고 사실 자료들이 구축되면서 이를 학문의 범주에서 객관화하여 성찰하고자 하는 해석학적 연구 흐름이라고 할 수 있다. 주로 역사학자와 사회학자들에 의하여 주도된 이 흐름은 제주4·3이 내포하고 있는 역사적 의미와 가치를 어떻게 해석할 것인가의 문제와 이 사건을 사회학적으로 어떻게 담론화하여 사회·정치적 논의로 확대, 재생산할 것인가의 문제에 집중했던 시기에 이루어졌다. 이 과정에서는 제주4·3을 어떻게 볼 것인가에 대한 다양한 해석들이 가해자 측과 피해자 측으로, 보수적 정치세력과 진보적 정치세력으로 대립하면서 각자의 입장이 역사학적, 사회학적 연구 흐름에 그대로 반영되었다. 그런 면에서 진상규명을 위한 연구 흐름이 '사실로부터 역사를 귀납하는 방법론'으로 이루어졌다면, 역사학적·사회학적 해석의 과정에서는 '이념으로부터 역사를 연역하는 방법론'이 사용되었던 시기로 볼 수 있다. 제주4·3을 '폭동'으로 볼 것인가, '항쟁'으로 볼 것인가에 대한 첨예한 학문적 논쟁은 바로 이러한 연구 흐름의 대표적인 예라 할 수 있다.

셋째, 국제적인 제노사이드 이론과 사례분석의 맥락에서 제주 4·3을 자리매김하려는 연구 흐름이다. 즉 세계의 제노사이드 담론 속에 한국의 제노사이드 현상을 해석하고, 한국의 제노사이드 현상을 통해 세계의 제노사이드 담론의 외연을 확장하려는 시도라고 볼 수 있다. 1970년대부터 본격적으로 논의되기 시작한 제노사이드에 대한 국제적 차원의 사회학적 연구들은 지난 20세기라는 근대 100년의 역사 속에서 자행되었던 세계의 다양한 제노사이드 현상들을 비롯하여 고대와 중세를 포함한 인류사 속에 나타났던 제노사이드에 이르기까지 폭넓게 다루어 왔다.

20세기 초 터키 청년당에 의해 자행된 학살을 시작으로 나치의 히틀러에 의한 유태인 600만 명 학살, 밀로세비치에 의한 발칸반도에서 일어난 보스니아 인종청소, 캄보디아 크메르 루즈의 폴 포트에 의해 이루어진 킬링필드, 르완다 후투족의 투시족에 대한 대량학살, 일본군에 의한 난징대학살, 구소련의 스탈린에 의한 계급투쟁 과정에서 일어난 정치적 학살 등, 크고 작은 학살의 현상들이 '제노사이드 연구'라는 새로운 학문 분야로 자리 잡게 하는 데 결정적인 자료로 구축되기 시작한지 이제 한 세대(30년)를 넘어서고 있다.

이른바 '제노사이드란 무엇인가? 제노사이드가 발생하는 원인은 무엇인가? 제노사이드에는 어떤 유형들이 있는가? 제노사이드는 어떻게 전개되고 종결되는가? 제노사이드의 메커니즘은 어떻게 이루어지는가?'라는 질문들은 제노사이드의 학문적 연구 흐름이 무엇을 다루고 있는지 잘 보여주고 있다. 2000년대 이후 한국의 학계에서는 국제적인 제노사이드 이론 및 사례 연구에서 축적된 성과들(개념론, 원인론, 유형론, 메커니즘)을 통하여 제주4·3을 해석하고 재구성하는 작업이 서서히 시작되고 있다.

필자가 제주4·3을 제노사이드의 유형론과 메커니즘 이론에 기초하여 해석하려 한다는 것은 바로 이러한 연구 흐름의 맥락에 서 있음을 의미한다. 그러므로 필자의 제주4·3 연구는 근본적으로 역사적 진실규명이나 의미해석 혹은 사회학적 담론형성을 위한 관심보다는 폭력론에 기초한 기독교사회윤리학적 관심에서 출발한다. 이른바 제노사이드 속에 나타나는 폭력의 메커니즘 분석을 통하여 폭력의 작동원리를 규명함으로써 폭력에 대한 좀 더 구체적이고 근원적인 논의를 하고자 한다.

국제 제노사이드 이론의 흐름

현상으로서의 제노사이드는 인류의 역사와 함께 시작된 것이지만, 개념으로서의 제노사이드는 20세기 초 라파엘 렘킨(Raphael Lemkin)에 의해서부터이다. 대량학살이라는 살해의 역사는 인류 보편적으로 나타났던 것으로서 그리 새로울 것이 없지만, 집단살해의 방식과 숫자, 그 잔인성에 있어서 20세기의 제노사이드는 그 이전의 현상에 비해 매우 독특한 특징을 보여주고 있다. 따라서 제노사이드라는 용어가 생긴 것도 20세기이며, 제노사이드 경험에 대한 학문적 연구와 국제법적 제재 담론 또한 지난 100년 동안 축적된 것을 바탕으로 이루어지고 있는 것이 사실이다.

　제노사이드에 대한 학문적 차원의 연구와 각종 국제적 이론들은 1970년대부터 본격화하기 시작했다. 그러나 제노사이드라는 용어가 20세기 초에 만들어진 신조어인 만큼 그 개념의 정립에서부터 학문적 체계화에 이르기까지에는 그리 길지 않은 시간이 필요했다. 제노사이드라는 말은 폴란드 출신의 유태인 법학자 라파엘 렘킨에 의해 고안된 용어로써, 그는 이 말을 통해 자신과 가족들, 그리고 그의 민족이 겪었던 580만 명의 유태인 대량학살이라는 실존적 경험을 학문적으로 체계화함과 동시에 법률적으로 제재력을 가질 수 있는 국제법적 언어로 개념화하고자 했다. 대량학살의 현상을 제노사이드라는 개념으로 담고자 했던 그의 시도는 1948년 제네바 유엔 총회에서 이른바 〈제노사이드 협약〉이라는 이름으로 국제법화 되었고, 그 이후 국제사회는 이와 유사한 범죄행위에 대한 제재력을 갖기로 합의하기에 이른다. 제노사이드에 대한 사회학적 접근은 바로 렘킨의 이러한 노력을 토대로 수립되기 시작했다.

　제노사이드 이론으로서의 본격적인 흐름은 1970년대부터 나타났는데, 주로 제노사이드에 대한 국제법적 개념의 정의, 제노사이드 발생의 다양한 원인, 그 유형과 방식, 그리고 메커니즘을 중심으로 이루어졌다. 제노사이드의 개념은 라파엘 렘킨으로부터 시작하여 이시도르 왈리만(Isidor Wallimann)과 마이클 돕코우스키(Michael N. Dobkowski)[8], 커트 조나선(Kurt Jonassohn)[9] 레오 쿠퍼(Leo Kuper)[10] 및 사만다 파워(Samantha Power)[11] 등이 그 개념의 적용 범위와 대상에 대한 좀 더 구체적인 논의들을 이어갔다. 특히 제노사이드 범위 설정 문제에 대하여 국가들 간에 혹은 학자들 간에 상반된 입장들이 치열하게 대립하면서 논쟁의 장을 구성해 나갔다. 홀로코스트 예외주의자로써 오직 유태인 대량학살만을 제노사이드 범주에 넣어야 한다고 주장하는 스티븐 카츠(Steven Katz)[12]와 같은 보수적인 학자로부터 모든 집단 학살은 제노사이드로 보아야 한다고 주장하는 이스라엘 차니(Israel W. Charny)[13]같은 보편주의자에 이르기까지, 그리고 다소 중간적인 입장을 견지하는 레오 쿠퍼(Leo Kuper), 바바라 하프(Barbara Harff)와 테드 거(Ted R. Gurr),[14] 루돌프 럼멜(Rudolph J. Rummel)[15] 등의 학자군을 포함하여 광범위하게 펼쳐져 있다.

제노사이드 원인에 대한 연구는 이 분야를 학문적 접근으로써 인정될 수 있는 본격적인 철학적, 역사학적, 그리고 사회학적 접근

---

[8] Isidor Wallimann / Michael N. Dobkowski, "Introduction", *Genocide and the Modern Age*, 장원석·강경희·허호준·현신웅 옮김, 『현대사회와 제노사이드』, 도서출판 각, 2005.

[9] Kurt Jonasshn, "What is Genocide?" in *Genocide Watch*, Edited by Helen Fein, Yale University Press: New Haven, London, 1992.

[10] Leo Kuper, *Genocide : Its Political Use In the Twentieth Century*.

[11] Samantha Power, 『미국과 대량학살의 시대』, 에코리브르, 2004.

[12] Steven Katz, *The Holocaust in Historical Perspective, Vol. 1 : The Holocaust and Mass Death Before the Modern Age*, New York: Oxford University Press, 1994.

[13] Israel W. Charny, "Classification of Genocide Multiple Categories", *Encyclopedia of Genocide*, Santa Barbara: ABC-Clio Inc, 1999.

[14] Barbara Harff & Ted R. Gurr, "Toward empirical theory of genocides and politicides" in *International Studies Quarterly 32-3*, 1988.

[15] Rudolph J. Rummel, *Death by Government*, New Brunswick and London: Transaction Publishers, 1994.

으로 볼 수 있다. 제노사이드라는 극단적이 폭력 현상이 발생하게 되는 직간접적인 원인은 무엇인가에 대한 질문은 제노사이드 이론의 출발이 되었다. 근대성이라는 시대 정신적 흐름이 내포하고 있는 폭력적 본질을 간파한 막스 베버(Max Weber)를 비롯한 프랑크푸르트 학파의 비판이론이 선구적 통찰의 길을 열었고, 살해집단을 설정하고 타자화를 가능케 하는 사상으로서의 민족주의의 폭력성을 고발한 지그문트 바우만(Zygmunt Bauman)16)의 사상은 제노사이드의 간접원인을 밝히는 데 결정적인 공헌을 했다.

제노사이드의 직접적인 원인에 대한 탐구는 사회정치적 구조와 문화역사적 측면에서 이루어졌다. 토마스 커쉬만(Thomas Cushman)17)은 제노사이드에 대한 구조적 접근의 필요성을 강조한 학자로, 정치적 반란과 같은 정치적 구조의 변화, 집단의 정체성 강화와 같은 사회 내부구조의 변화, 그리고 정권 교체 같은 국가권력 구조의 변화라는 구조적 변수에서 그 원인을 찾고 있다. 한편, 벤자민 발렌티노(Benjamin A. Valentino)18)는 좀 더 포괄적인 시각에서 원인분석을 했는데, 이른바 집단과 집단 사이의 사회적 균열, 전쟁이나 혁명, 국제적인 위기 상황과 같은 국가적 위기론, 그리고 정부의 정치권력 집중화가 그것이다. 바바라 하프19) 같은 학자는 좀

---

16) Zygmunt Bauman, *Modernity and the Holocaust*, Cambridge: Polity Press, 1989.
17) Thomas Cushman, "Is genocide preventable? Some theoretical consideration", in *Journal of Genocide Research*, 2003, 5(4) December.
18) Benjamin A. Valentino, *Final Solution : Mass Killing and Genocide in the Twentieth Century*, Ithaca and London: Cornell University Press, 2004.
19) Barbara Harff, 「제노사이드의 발생원인」, 『현대사회와 제노사이드』, 도서출판 각, 2005.

더 체계적인 형태로 이를 밝히는데, 구조적 변화론, 집단 간 내부 균열론, 그리고 학살정권에 대한 외부세계의 견제 결여 및 지원론으로 제시했다. 나아가, 린다 울프(Linda M. Wolf)와 마이클 헐시저(Michael R. Hulsizer)[20]는 앞의 학자들보다 그 범주를 대폭 확대하여 종합적인 분석을 시도하고 있다. 이 두 학자는 제노사이드의 발생 원인을 문화역사적 요인, 상황적 요인, 그리고 사회심리학적 요인으로 나누어 설명했다.

제노사이드의 유형론은 1970년대에 접어들면서 많은 사회학자 및 역사학자들 사이에서 논의되기 시작한 분야이다. 여기에는 학자들 나름대로의 관점에 따라 다양한 유형들이 체계화되었다. 가해자의 동기에 따라서 프랭크 쵸크(Frank Chalk)와 커트 조나선(Kurt Jonassohn)[21]은 적대세력의 위협을 제거하기 위한 제노사이드, 잠재적 적들에게 공포를 조성하기 위한 제노사이드, 경제적 부의 획득을 위한 제노사이드, 그리고 이데올로기와 이론, 신념을 이행하기 위한 제노사이드라는 네 가지 유형을 제시했다. 이와 동일한 관점에서 로저 스미스(Roger Smith)[22]는 응징적 제노사이드, 제도적 제노사이드, 공리적 제노사이드, 독점적 제노사이드, 그리고 이데올로기적 제노사이드, 이상 다섯 가지 유형으로 설명했다.

제노사이드를 지도자의 관계에 따라 유형화한 벤자민 발렌티

---

[20] Linda M. Wolf & Michael R. Hulsizer, "Psychosocial roots of genocide: risk, prevention, and intervention" in *Journal of Genocide Research*, 2005, 7(1) March.

[21] Frank Chalk & Kurt Jonassohn, *Genocide*.
_____, 「제노사이드의 유형과 인권의제」, 『현대사회와 제노사이드』, 도서출판 각, 2005.

[22] Roger Smith, 「인간의 파괴와 정치 : 제노사이드 시대로서의 20세기」, 『현대사회와 제노사이드』, 도서출판 각, 2005.

노[23)]는 지도자로서의 가해자가 자신의 목적을 이루기 위한 최종적 해결의 수단으로서 제노사이드를 사용한다고 보고, 크게 강탈적 대량학살과 억압적 대량학살로 구분한 다음 전자의 유형에는 공산주의 대량학살, 민족적 대량학살, 영토적 대량학살을, 후자에는 대게릴라전 대량학살, 테러전 대량학살, 제국주의 대량학살을 포함시켰다.

루돌프 럼멜[24)]은 희생자 숫자에 따라 이를 유형화한 대표적인 인물로써, 그는 20세기에 발생한 제노사이드 사례를 그 희생 규모에 따라 초대형급 대량학살, 대형급 대량학살, 그리고 의심스러운 대형급 학살로 나누어 유형화했다. 국내 학자로는 최호근[25)]이 종합적 관점에서 제노사이드 5유형을 제시했는데, 프런티어 제노사이드, 나치 독일의 제노사이드, 남동부 유럽에서 일어난 제노사이드, 혁명의 이름으로 일어난 제노사이드, 그리고 식민화와 탈식민화 과정에서 발생한 제노사이드가 그것이다.

이 외에도 배하큰 대드리안(Vahakn Dadrian)[26)]은 가해자의 의도에 따라 문화적 제노사이드, 잠재적 제노사이드, 응징적 제노사이드, 공리적 제노사이드, 그리고 최적의 제노사이드로 설명했다. 한편, 헬렌 페인(Helen Fein)[27)] 같은 학자는 민족국가 이전과 이후를 나누어 유형화했는데, 그녀는 민족국가 이전에는 다른 신념을 가

[23)] Benjamin A. Valentino, *Final Solution*.
[24)] Rudolph J. Rummel, *Death by Government*.
[25)] 최호근, 『제노사이드』, 책세상, 2005.
[26)] Vahakn Dadrian, "A Typology of Genocide", *International Review of Modern Sociology 5*, 1975.
[27)] Helen Fein, *Genocide : A Sociological Perspective*, New Jersey: SAGE Publications, 1990.

진 구성원들을 제거하기 위한 제노사이드와 동화를 거부하는 타 부족 절멸을 위한 제노사이드가 있었고, 이후에는 국가의 자기존재 정당화를 위한 대량학살, 자신의 영토팽창과 발전을 저해하는 원주민 제거를 위한 대량학살, 그리고 국가 반역자들을 처단하기 위한 대량학살이 이루어졌다고 보았다.

제노사이드 메커니즘에 대한 이론은 사회과학적 연구의 성과로 볼 수 있는 매우 실제적인 분야라 할 수 있다. 오랜 제노사이드의 역사적 경험들을 통하여 학자들은 이 현상에서 일종의 살해의 법칙 같은 것을 찾았고, 그것은 어떤 일정한 작동의 원리에 의해 이루어진다는 것을 발견했다. 에릭 마르쿠젠(Eric Markusen)[28]은 제노사이드 촉진 메커니즘 이론을 제시했는데, 그에 따르면 학살의 주체들이 이를 수행할 때 나타나는 촉진 메커니즘으로 이데올로기, 관료주의, 그리고 기술주의를 밝혀냈다. 린다 울프(Linda M. Wolf)와 마이클 헐시저(Michael R. Hulsizer)[29]같은 학자들은 사회심리학적 접근을 통하여 7단계 메커니즘을 주장했는데, 차별하기, 낙인찍기, 비인간화, 고립화, 도덕적 배제, 공격, 부정이라는 과정으로 전개된다. 1994년 르완다에서 일어난 대량학살의 사례를 가지고 사회학적 현상의 관점에서 탐구한 그레고리 스탠톤(Gregory H. Stanton)[30]은 분류화, 상징화, 비인간화, 조직화, 양극화, 계획화, 절멸화, 부정화, 이른바 8단계 메커니즘을 제시했다.

---

[28] Eric Markusen, 「제노사이드와 총력전 : 예비적 비교」, Isidor Walliman · Michael N. Dobkowski, 『현대 사회와 제노사이드』, 도서출판 각, 2005.
[29] Linda M. Wolf & Michael R. Hulsizer, "Psychosocial roots of genocide: risk, prevention, and intervention."
[30] Gregory H. Stanton, "Could the Rwandan genocide have been prevented?", *Journal of Genocide Research*, 2004, 6(2), June.

허버트 허쉬(Herbert Hirsch)31)는 제노사이드의 전개 메커니즘을 언어라는 측면에서 분석했는데, 그는 신화에서 사용되는 언어를 통하여 이를 읽어내고 있다. 그는 4단계의 전개과정을 탐구했는데, 외부집단 규정짓기 단계, 내부집단에게 행동을 요구하는 단계, 지도자에 대한 복종의 단계, 마지막으로 정당화의 단계가 그것이다. 끝으로, 에릭 와이츠(Eric D. Witz)32)같은 사람은 제노사이드의 메커니즘을 유토피아와 권력의 관점에서 보고 있는데, 그는 히틀러 나치의 독일, 스탈린 치하의 구소련, 폴 포트의 크메르루즈 정권하의 캄보디아, 그리고 세르비아와 보스니아의 내전사태라는 4개 사례를 연구한 후 다섯 가지 메커니즘을 제시한다. 즉 권력과 유토피아의 단계, 주민의 범주화 단계, 주민 숙청 단계, 궁극적 숙청의 단계, 그리고 주민 숙청 이후의 제의화 단계가 그 내용들이다.

---

31) Herbert Hirsch, *Genocide and the Politics of Memory : Studying Death to Preserve Life*, Chapel Hill & London: The University of North Carolina Press, 1995.

32) Eric D. Weitz, *a century of genocide : Utopia of Race and Nation*, Princeton and Oxford: Princeton University Press, 2003.

1장

이해의 지평

폭력 개념의 일반적 이해

폭력 개념의 일반적 이해

1. 폭력의 철학적 이해

 폭력의 개념을 정의하는 문제는 그리 간단하지 않다. 왜냐하면 폭력이라는 현상은 어떤 시각(실증주의적 관점인가 도덕주의적 관점인가)에서, 누구의 관점(권력을 수행하는 자의 입장인가 권력의 지배를 받는 자의 입장인가)에서 보느냐에 따라 다르게 정의될 수 있기 때문이다. 신체적 공격행동과 같이 물리적인 직접적 폭력, 자본주의의 제국주의적 세계화가 빈민국 어린이의 아사(餓死)로 이어질 수 있다고 보는 사회구조적인 간접적 폭력, 지배권력의 소위 '합법적'이고 정당화된 억압적 폭력, 이로부터 벗어나고자 하는 소위 '불법적'이고 혁명적인 저항적 폭력, 질서정연한 폭력, 무질서한 폭력, 그리고 가시적 폭력과 비가시적 폭력에 이르기까지 폭력이라는 현상을 개념화할 수 있는 형태들의 스펙트럼은 매우 다양하고 광범위하다.
 특히 권력관계의 관점에서 폭력이란 '힘의 일방성 내지 힘의 상호비대칭성에 따른 불균형적 힘의 남용'이라고 정의할 때, 폭력의 현상은 인간 대 인간의 관계를 넘어 인간 대 자연, 나아가 인간 대 신의 관계에 이르기까지 그 정의 영역을 확장할 수 있다. 예컨대, 자연재해는 자연이 인간에게 일방적으로 퍼붓는 폭력이라 할 수 있고, 성서에 나오는 하나님에 의한 인간의 형벌적 죽음 또한 하나님의 일방적 폭력으로 볼 수 있다. 이러한 개념의 확장은 폭력에 대한 가치판단 내지 정당성 여부를 묻는 형이상학적 내지 종교윤리적 관점을 넘는 것이다. 오히려 폭력의 현실에 대한 사실 그대로의 묘사로서의 실증주의적 전제를 가질 때 가능한 정의들이다.

이처럼 폭력의 개념을 자연관계 내지 신적 관계로까지 확대하여 포괄하는 것은 본 저서의 한계를 넘는 것이며, 특히 윤리학에서의 논의를 벗어나는 것이므로 다루지 않기로 한다. 이른바 '상호비대칭적 힘의 일방적 남용'으로서의 폭력은 오히려 인간과 인간의 관계에 대한 논의로서의 윤리학적 내지 정치학적 범주 안에서만 다루어지는 것이 유용하리라 본다. 이런 면에서 폭력의 개념을 법(Recht)과 정의(Gerechtigkeit)의 영역 내지 윤리적 관계(sittliche Verhaltnisse)의 영역으로만 한정해야 한다는 자크 데리다(Jacques Derrida)의 주장은 폭력의 범위를 설정하는 데 있어서 적절한 기준을 제공해 준다 하겠다.[1] 폭력의 개념을 윤리적, 정치적, 법적 영

---

[1] 그는 『법의 힘』, 2장 "벤야민의 이름"에서 벤야민의 논문 「폭력의 비판을 위하여」를 해석하는 자리에서 다음과 같이 부연하여 설명하고 있다. "자연적이거나 물리적인 폭력은 존재하지 않는다. 우리는 비유적으로 지진이나 심지어 육체적 고통과 관련하여 폭력을 말할 수 있다. 그러나 우리는 이것들이, 어떤 정의의 장치/사법기관 앞에서 판단을 산출할 수 있는 게발트(Gewalt)의 경우들이 아니라는 것을 알고 있다. 폭력의 개념은 법과 정치, 윤리의 상징적 질서, 곧 권위나 권위화의 모든 형식, 적어도 권위에 대한 모든 주장의 상징적 영역에 속한다. 그리고 오직 이런 한에서

역 안에서 고찰함으로써 지나치게 광범위한 범위 —즉 신적 영역이나 자연적 영역— 설정에 따르는 개념의 모호성과 희석화의 위험으로부터 벗어날 수 있을 것이다.

그렇다면 도대체 폭력이란 무엇인가? 먼저 폭력을 인간 속성의 본질적 측면으로 보는 관점에서의 이해를 살펴보자. 폭력, 즉 'violence'라는 용어는 라틴어 'violentia'에서 유래된 것으로, 기본적으로 'vis'에 뿌리를 가지는데 이것은 힘을 의미하는 그리스어 'bia'에서 왔다. 로제 다둔(Roger Dadoun)은 '비스'란 '폭력'을 의미할 뿐만 아니라 '무력', '저력', '위력'을 뜻한다는 기존의 정의를 수용하고, 나아가 '비스'로부터 '힘의 발휘', '폭력행위', 그리고 '군대의 힘'을 의미하는 것으로 확대해석하고 있다.[2] 이러한 정의에 힘입어 그는 비스가 '근본적 특징', '존재의 본질'을 지칭하는 데 사용될 수 있다고 보고, 폭력을 인간의 본질로 볼 것을 주장한다. 그에 따르면, '호모 비오랑스', 즉 폭력적 인간이란 근본적으로 폭력에 의해서 정의되고 폭력으로 구조화된 인간이란 존재이며, 폭력은 인간에게 있어서 가장 중요하고 근본적이며 심지어 인간이란 존재의 본질을 구성하는 요소이다.[3]

폭력을 인간본질로서 파악하는 이러한 정의는 이미 고전적 사상으로부터 뒷받침되고 있다. 동일성에서 존재의 원리를 찾으려 했던 플라톤의 형이상학에서 '폭력은 그 자체로 참으로 존재하는 것이 아니라, 존재를 탈취하여 세계에 무질서를 초래하는 근원으

만 이 개념은 비판을 산출할 수 있다." Jacques Derrida, 『법의 힘』, 문학과 지성사, 1994, 76~77쪽.
[2] Roger Dadoun, 『폭력-폭력적 인간에 대하여-』, 동문선, 2006, 12쪽.
[3] 위의 책, 10쪽.

로써, 폭력은 질료와 마찬가지로 형상을 통해 규정할 수 없는 것'[4] 으로 일종의 존재의 결핍이다. 그는 폭력을 인간을 유혹하는 마력으로 인식하고, 이성과 철학이 폭력적 마력으로부터 인간을 해방하고, 인간사회의 질서를 건설할 수 있다고 믿었다.[5] 최양석은 플라톤에게 있어서 폭력은 다음과 같은 체계 속에서 이해될 수 있다고 말하고 있다.

> 폭력은 일차적으로 신의 뜻을 어기는 것, 즉 신적인 로고스를 어기는 것이다. 그에 따르면, 신에서 세계에 이르는 일련의 존재론적 체계가 있는데, 그것은 신에서 로고스(Logos)로, 로고스에서 피시스(Physis)로, 피시스에서 노모스(Nomos)로 연결되는 체계다. 이러한 체계에서 볼 때 플라톤에게서는 신, 로고스, 노모스를 지키지 않을 때 폭력이 발생한다고 볼 수 있다.[6]

플라톤에게 있어 피시스와 노모스는 신과 연결되어 있으며, 국가는 신법, 자연법, 불문법, 관습법, 성문법 등의 위계질서가 있는데, 국가와 정치에서 현실적으로 발생하는 폭력은 이러한 법률을 지키지 않을 때 발생한다.[7] 따라서 플라톤에게서 폭력은 직접적으로 드러나는 어떤 현상이라기보다 '무엇 무엇에 대한 반대'가 폭력이며, 이는 대부분 간접적 형태로 드러난다. 즉 플라톤은 국가라는 하나의 전체적 질서라는 중심이 있고, 이 중심에서 이탈하거나 저항

---

[4] 김희봉, 「인간 폭력의 근원과 의미」, 『현상과 인식』 통권76호, 1998. 12, 16쪽.
[5] 『한국세계대백과사전』, 동서문화, 1997, 16923쪽.
[6] 최양석, 「그리스 사회의 폭력 이해 : 플라톤을 중심으로」, 『폭력에 대한 철학적 성찰』, 철학과 현실사, 2006, 56쪽.
[7] 위의 책, 57쪽.

하는 것을 폭력으로 정의한 것이다.

아리스토텔레스 또한 플라톤의 폭력이해와 맥을 같이 한다. 그는 인간의 자발적 행위를 다루는 과정에서 강제 행위와 폭력적 행위를 언급한다. 그에 따르면, 사물들의 자연적 행위와 인간의 자발적 행위는 내적 원리에 의한 것이지만, 폭력적 행위는 외적 원인의 강제 행위로서 결과가 내적 원인에 의해 초래된 것이 아니다.[8] 그 결과 폭력적 행위란 내적 원인에 의한 행위가 아니고 사물의 본질과 자연적 경향성이나 인간의 자발적 행위에 반하는 행위로 이해되고 있다.

토마스 아퀴나스는 플라톤과 아리스토텔레스의 개념을 이어받아 폭력적 행위를 정의하기 위하여 다음과 같은 개념의 의미 규정을 시도한다. 그에 따르면, 폭력적 행위에는 힘의 사용(use of power), 외적 원인의 행위(act of an extrinsic cause), 강제 행위(act of coercion), 폭행(violent act), 그리고 폭력적 행위(act of violence)가 있다.[9] 이를 그는 다음과 같이 규정한다.

> 힘의 사용은 자신에게나 타자에게 힘을 가하는 행위이며, 특히 타자에게 힘을 가하는 행위는 외적 원인의 행위이다. 강제행위는 사물의 본질과 자연적 경향성이나 인간의 자발적 행위에 반하는 행위이며, 폭행은 자신이나 타자에 대한 가해 행위이고, 폭력적 행위는 이성에 반하거나 정당화될 수 없는 힘의 사용이다.[10]

나아가, 토마스 아퀴나스는 목적론적 우주론이라는 형이상학적

---

[8] 장욱, 「폭력에 대한 토마스 아퀴나스의 이해」, 『폭력에 대한 철학적 성찰』, 철학과 현실사, 2006, 65쪽.
[9] 위의 책, 66쪽.
[10] 위의 책, 66쪽.

체계를 갖고 있었는데, 폭력 개념 또한 이러한 체계 속에서 이해하고 있다.

> 폭력은 자연(natura), 본질(essentia), 자연적 욕구(appetitus naturalis), 그리고 능동인(causa efficiens)과 수동인(causa finalis)의 개념들과 연관되어 있다. 이른바, 하나의 자연물은 규정된 목적을 향한 자연적 욕구를 가지며 내적 원인에 의해 행위하므로, '자연적인 것'은 항상 목적론적 우주를 전제하게 되어 있다. 그런 면에서 폭력이란 외부 원인에 의한 행위로서 내적 원인에 의한 것이 아니다. 따라서 폭력은 자연적 욕구와 본래의 목적에 위배되는 행위이며 그 결과 자신 고유의 행위의 결과가 아닌 것으로 나타난다.[11]

폭력을 인간적 본질로 보는 고전적 전통은 마키아벨리에 의해 권력의 수단이라는 측면에서 재해석되기에 이른다. 그에 의하면, 신군주가 권력을 장악하고 유지함에 있어서 폭력은 불가피한 것이다. 그는 신군주의 폭력이 새로운 질서의 확립에 사용된다면 정당화된다는 관점에서 접근한다. 여기서 그는 폭력 자체에 대한 타당성 여부는 문제 삼지 않는다. 오히려 그는 권력자의 폭력은 불가피한 것으로 간주하고 논의의 초점을 폭력의 사용방식에 둔다. 즉 폭력은 어떻게 사용되어야 하는가에 대한 관심을 갖는다.[12] 권력의 주요 토대이자 수단으로서 폭력사용을 주장하는 마키아벨리의 권력론은 그의 인간이해를 전제한다. 그에 따르면, 인간이란 필

---

[11] 위의 책, 63쪽.
[12] 김영선, 「마키아벨리의 정치사상 : 권력과 폭력」, 『폭력에 대한 철학적 성찰』, 철학과 현실사, 2006, 161~165쪽.

요에 의해 강제되지 않는다면 결코 선을 행하지 않으며 단지 자신의 이기적 욕구의 충족만 추구하는 사악한 존재이므로, 권력자는 이러한 인간을 지배하기 위해서는 필요한 경우 폭력과 간계를 써야한다.[13]

이른바, 잔인함(crudelta), 가해(iniurie), 물리적 힘(forza)의 행사 등으로 표현되는 폭력의 개념은 마키아벨리에 의하여 '신군주는 이전의 군주의 혈통을 말살해야 한다', '가해는 철저히 함으로써 보복하지 못하게 해야 한다', '말로 설득한 것을 지키게 하려면 힘을 써야 한다' 등의 정치적 지침으로 천명됨으로써[14], 인간적 본질로서의 폭력을 권력역학의 관점에서 새롭게 해석 및 적용하기에 이르렀다. 한 마디로, 마키아벨리의 폭력론은 인간이란 그 자체가 폭력적 본성을 타고나기 때문에 권력자는 자신의 권력을 창출하고 유지하기 위해서는 폭력으로 이를 다스릴 수밖에 없다는, 이른바 '폭력불가피론'임과 동시에 '폭력활용론'이라고 말할 수 있겠다.

마키아벨리와는 달리 홉스는 폭력의 불가피성을 자연 상태와 인간의 욕망 체계 안에서 발견한 인물이다. 자연 상태(state of nature)라는 말은 홉스에 의해서 특별한 의미를 가지게 된 개념이다.

> 자연 상태란 '만인에 대한 만인의 투쟁 상태'이며 전쟁 상태를 가리킨다. 자연 상태에서 '인간은 인간에 대해 늑대(homo homini lupus)'와 같다. 자연 상태에서 인간은 폭력에 노출되어 있는 채로 존재한다. 특히 '폭력적인 죽음에 대한 공포'가 지배하기 때문에 자기보존이라는 존재의 궁극적 목적을 달성하는 데 가장

---

[13] 위의 책, 165쪽.
[14] 위의 책, 161쪽.

위협적인 상태이다. 이런 상황에서 살아가야 하는 인간의 삶은 '고독하고, 비참하고, 괴롭고, 잔인하고, 짧다.'[15]

이렇듯 홉스가 말하는 자연 상태에서의 인간은 끝없는 권력 추구 욕망에 사로잡혀 있으며, 여기에는 자연적으로 폭력을 수반하며, 끊임없는 욕망으로 인한 통제되지 않는 폭력은 새로운 폭력을 낳는 악순환으로 이어진다.[16] 결국 인간의 본성 안에는 폭력성과 공격성이 내재화되어 있다고 보는 것이 홉스의 폭력에 대한 일관된 이해라 할 수 있다.

이처럼 고대 그리스의 플라톤을 비롯한 고대 서양사상에서 폭력의 문제는 인간이 가지고 있는 본질적 속성 가운데 하나로 보는 존재론적 이해에 근간을 둠으로써, 폭력적 존재로서의 인간 혹은 폭력에 유혹되기 쉬운 존재로서의 인간 본연의 모습을 볼 수 있게 해주는 관점이라 할 수 있다. 그러나 폭력적 존재로서의 인간에 대한 이해는 단순히 인간에 대한 철학적 성찰의 문제로 협소화 시킬 가능성을 배제할 수 없으며, 폭력을 불가피한 인간적 속성 내지 본질로 환원함으로써 마치 인간 내면의 문제인 것처럼 호도될 수 있는 여지를 남겨두고 있다. 아울러, 폭력이란 인간의 본질적 속성이라는 정의 속에 숨어있는 불가피성 내지 자연 상태성은 폭력 현실에 대한 정당성을 부여할 뿐만 아니라 폭력의 해결에 회의적인 전망과 함께 예방 불가능한 담론만을 생산해 낼 수 있는 빌미를 제공할 수 있다. 폭력에 대한 사회구조적 내지 실증주의적 차원의 이해[17]가 요구되는 이유가 바로 여기에 있다.

---

[15] 김용환, 「인간의 자연적인 조건으로서의 폭력과 사회계약론적 해법 : 홉스의 힘의 정치철학—폭력과 통제」, 『폭력에 대한 철학적 성찰』, 철학과 현실사, 2006, 181쪽.
[16] 위의 책, 193쪽.
[17] 철학자 김희봉은 실증주의적 접근에 대하여 다음과 같이 설명하고 있다.

2. 폭력의 사회학적 이해

인간의 본질적 속성으로서의 폭력에 대한 고전적 정의는 폭력에 대한 가치론적 이해를 전제한다. 폭력을 인간존재가 불가피하게 가질 수밖에 없는 악한 속성 내지 내면적 경향성이라고 봄으로써, 이미 폭력은 악이며, 악은 제거해야 할 부정적 대상이라는 일종의 도덕적 개념으로 이해되고 있다. 적어도 플라톤이나 아리스토텔레스, 토마스 아퀴나스의 폭력 이해가 그러하며, 마키아벨리 또한 폭력을 권력의 한 수단으로써 적극적으로 활용하는 것처럼 비쳐지지만 그것이 폭력을 적극적으로 긍정하는 의미에서 비롯한 것이 아님은 앞서 확인된 바 있다. 홉스 또한 폭력을 인간의 권력욕망에서 비롯한 현상으로 본 데에는 폭력에 대한 가치평가적 개념에서 출발하고 있음을 보여준다.[18]

"실증주의적 이해란 폭력으로 가시화된 객체와 행위의 결과만을 그 분석의 대상으로 삼으려는 방법적 입장을 뜻한다. 이런 시각은 오직 사실적 분석만을 위해 폭력 규정에 전제되어 있는 규범적 평가를 배제한다. 이들은 모든 폭력을 동등하게 보고, 법적 제도에 의해 합법적인지 아니면 불법적인지 객관적 근거에서 구별함으로써 그 성격을 밝히려 한다. 따라서 실증적 접근은 폭력 연구에 있어서 어떤 객관적 규정을 출발점으로 삼는다." 김희봉, 「인간 폭력의 근원과 의미」, 『현상과 인식』 통권76호, 1998. 12, 18쪽.

[18] 홉스는 폭력의 세 가지 심리적 근원으로써 경쟁심(competition), 자기 확신의 결핍(diffidence), 헛된 영광에 대한 욕구(appetite to vain glory)라고 보는 인간의 욕망 체계론과 폭력의 구조적 근원으로서의 '치명적 평등'을 제시한다. 이러한 폭력을 극복하기 위해 홉스는 욕망 체계론에 대해서는 자연법의 정신에 호소하는 길을, 치명적 평등 구조에서 오는 폭력에 대해서는 더 큰 힘을 통한 통제, 곧 사회계약론이라는 대안을 내놓는다. 폭력에 대한 홉스의 원인 진단과 대안 제시는 폭력은 철저하게 악한 것이므로 극복 내지 해결해야 할 문제로 보는 가치판단적 전제 위에 있음을 보여주는 것이다. 위의 책, 186~201쪽.

이러한 고전적 사상가들의 폭력의 이해는 오늘날에 이르기까지 폭력의 문제를 오로지 악으로만 여기고, 이를 제거하고 극복해야 할 문제로 대상화하고 있다. 부정적 가치 개념으로서의 폭력 규정은 오늘날 폭력을 극히 피상적이고 비현실적으로 접근한다는 비판과 함께 폭력의 문제를 지나치게 단순화시켜 버릴 수 있다는 문제제기 앞에 직면하게 되었다.[19] 특히 폭력의 가치평가적 정의는 평가하는 주체가 이미 자신도 폭력의 현실 속에 놓여있는 존재임에도 불구하고 그 현실에 전혀 개입되지 않는 '제삼자적', '객관적', '관찰적' 존재라고 생각하는, 이른바 자가당착적 모순을 낳을 수 있다. 그러므로 폭력의 개념은 좀 더 광의적으로 정의되어야 하고, 나아가 가치판단적 관점을 잠시 보류하고 먼저 가치중립적 관점이 선행되어야 한다. 오늘날 폭력에 대한 고전적 개념 정의를 넘어 사회학적 현상으로서의 폭력 분석이 요구되는 이유가 바로 여기에 있다.

폭력에 대한 사회학적 개념 정의가 중요한 것은 폭력 발생의 근원이 사회적이라는 사실에 있다. 표면적으로 폭력적 행위는, 고전적 정의에서 말하듯, 개인적 특성으로 보여질 수 있지만, 그 근저에는 사회적 관계라는 메커니즘, 즉 사회적 요인이 가로놓여 있다. 이러한 사회학적 정의는 법적, 정치적, 사회구조적 범주를 포괄한다.

법적인 의미에서 폭력이란 '불법으로 가하는 강제력'을 의미한다.[20] 즉 신체에 가하는 공격과 같은 직접적인 폭력을 비롯하여 불법적인 방법으로 행사되는 물리적인 강제력에 이르기까지 그 형태는 다양하다.

---

[19] 고재식, 「체제의 폭력과 반체제의 폭력」, 『철학과 현실』, 1990년 가을호(제6호), 41~43쪽.
[20] 『21세기 학원세계대백과사전』(전32권), 학원출판공사, 1993, 328쪽.

신체에 대한 공격에도 직접 신체의 기능에 가격하는 공격행동
과 타인을 면전에서 꾸짖는 등의 언어적 공격이 있고, 또한 상
대방에게 직접 가하는 공격이 있는가 하면 상대방과 중요한 관
계에 있는 인물이나 의복, 건물 등에 위해를 가하는 간접적인
공격이 있고, 자살 등에 의하여 고통을 주는 공격도 있다.[21]

법적인 영역에서의 폭력은 한 마디로 "법에서 허용하지 않는 힘의 행사"[22]이다. 따라서 법적인 의미에서의 폭력은 그 사용에 대한 법적 정당성 여부에 따라 합법 혹은 불법이라는 가치판단을 받는다.

군대나 경찰 등의 실력행사는 그것이 법에 의거하고 있는 한
정당화되어 폭력이라고 불리지 않으며, 정당방위 등의 경우 또
한 개인에 의한 실력행사였다 해도 그것이 법이 허용하는 범위
안에서 이루어진 일이라면 폭력으로 간주되지 않는다.[23]

그러나 시민들의 저항적 시위 속에서 나타나는 폭력적 행위들은 실정법의 기준에서 불법이라고 규정되어 있으면 폭력으로 인정된다. 따라서 법적 차원에서 볼 때, 폭력에 대한 타당성 여부의 문제는 소속된 국가의 법 제정의 기준에 따라 '합법적 권력'으로 정당화되기도 하고 '불법적 폭력'으로 부정될 수도 있다.

정치학 및 사회학 분야에서 폭력의 개념은 단순히 법적 고찰에 의해 정의되는 불법 내지 합법의 힘의 행사만을 뜻하지 않고, 이른바 혁명집단에 의한 국가질서의 폭력적 정복(무장봉기)이나 폭

---

[21] 위의 책.
[22] 『브리태니커 세계대백과사전』, 삼화인쇄 주식회사, 1994, 531쪽.
[23] 위의 책.

력단에 의한 완력행사 등에 대해 국가가 합법적으로 또는 정당하게 소유하는 군대·경찰이 행하는 실력행사까지도 포함하는 것이 보통이다.[24] 즉 정치적 영역에서의 폭력은, 앞서 밝힌 바와 같이 법적으로 부당 또는 불법적인 방법에 의한 물리적 강제력으로 규정되는 것과는 달리, 물리적 강제력 행사 일반을 의미한다.[25]

그러므로 정치세계에서의 폭력이란 정통성 또는 합법성이 결여된 채 행사되는 물리적 강제력을 뜻한다. 구체적으로는 위력, 완력, 무력 등의 형태로 존재하는데, 어떤 개인이나 집단이 다른 개인 또는 집단을 지배하려 할 경우 폭력은 일시적으로 가장 유력한 수단이 될 수 있지만, 단순한 폭력에 의한 자발적 복종의 근거를 형성할 수 없으므로 영속성 혹은 정당성을 얻기는 어렵다. 따라서 폭력에 의해 수립된 질서도 장기간 지속하기 위해서는 정통화의 과정이 필요하다.[26] 법적인 영역에서와 달리 정치 영역에서 규정되는 폭력은 한 마디로 '정당성과 합법성이 결여된 물리적 강제력'을 모두 포괄하는데, 여기에서 반(反)권력적 폭력은 법적으로는 불법적인 것으로 규정되지만, 정치운동으로 사용될 경우 반체제 입장에서 자기 정당성을 주장한다.[27]

따라서 폭력의 개념을 광의적으로 해석한다는 것은 인간의 본질적 속성으로서의 폭력 개념과 국가의 실정법에 반하는 소위 불법화된 힘으로서의 폭력 개념을 넘어서 사회구조적 영역에서의 시각까지 포괄하여 고찰하는 것을 의미한다. 이러한 맥락에서 고

---

[24] 위의 책.
[25] 위의 책, 531쪽.
[26] 『한국세계대백과사전』, 동서문화, 1997, 16923쪽.
[27] 『두산세계대백과사전』, 두산동아, 1996, 9쪽.

재식은 광의적 개념으로서의 폭력 개념을 다음 4가지 양태, 곧 개인과 개인끼리 끼치는 물리적 공격(싸움, 재산피해), 집단적인 물리적 공격(전쟁), 개인과 집단을 괴롭히는 심리적 피해(정신고통), 조직적인 구조적 고통(사회 구조악)으로 범주화한다.[28] 이러한 양태적 정의로부터 그는 폭력을 인간들이 자기의 관심사를 성취하기 위해 의도적으로 상대방에게 사용하는 강압적인 힘의 행사로 규정한 후, 폭력에 대한 이러한 시각은 폭력을 가치중립적인 사회학적 도구 개념으로 보아야 함을 의미한다고 주장한다.[29] 이처럼 폭력을 가치중립적 도구개념이자 관계적 개념으로 보는 시각은 폭력을 가치평가적 도덕개념으로 보던 기존의 논의에서 진일보한 것이라 볼 수 있다. 즉 폭력을 일어난 현상 그 자체로 보고 분석하고 해석하는 실증주의적 접근에 대한 요구라 할 수 있다.

그런 의미에서 전통적으로 신학의 영역에서 폭력에 대한 논의는 폭력이라는 현상 자체를 악이라고 하는 도덕적 규정에서 출발하여, 이러한 전제 위에서 '불가피한 현실로서의 폭력에 대하여 어떻게 도덕적으로 대응할 것인가'라는 일종의 '입장표명식' 담론에만 치중했던 것이 사실이다. 폭력에 대한 타협적인 입장, 비폭력 혹은 무저항주의, 그리고 폭력주의와 같은 기독교회의 오랜 입장

---

[28] 고재식, 「체제의 폭력과 반체제의 폭력」, 『철학과 현실』, 1990년 9월 가을호(제6호), 42쪽.
[29] 위의 책, 43쪽. 고재식이 말하는 폭력의 광의적 개념에서 보면, 폭력은 인간 생활에 있어서 일상적으로 일어나는 현상이요, 개인 간 혹은 집단 간에 서로 상관 관계적 성격을 띠고 있는 것으로서 우리의 생활에서 반복적으로 순환하는 것이다. 따라서 나의 행동은 직접적이든 간접적이든, 의식적이든 무의식적이든, 반동적이든 반역적이든, 평화적이든 무력적이든 하나의 폭력이라고 볼 수 있다. 따라서 폭력은 고상하고 사치스러운 도덕적 개념이 아니라 인간 삶의 필수적 도구 개념이다. 43~44쪽.

표명의 전통이 바로 이를 보여주는 단적인 예라 할 것이다.[30]

이른바 가치중립적, 실증주의적, 그리고 탈도덕적 이해를 전제로 하여 재확립된 폭력의 사회학적 측면에서의 광의적 정의에 따르면, 폭력의 현상은 물리적 폭력과 같은 직접적 폭력뿐만 아니라 사회구조적·문화적 폭력과 같은 간접적 폭력, 신체적 공격과 같은 가시적 폭력뿐만 아니라 언어적·심리적 공격과 같은 비가시적 폭력, 국가권력이 법의 이름으로 수행하는 공권력이라는 이름의 폭력뿐만 아니라 국가권력에 대한 저항으로서의 반체제적 폭력에 이르기까지 포괄하여 설명되어야 할 것이다.

사회·정치학적 측면에서 정의될 수 있는 폭력의 개념 가운데 첫 번째는 체제적 폭력과 반체제적 폭력이다. 고재식은 폭력 현상을 사회구조적 측면에서 보면 크게 세 가지 유형의 폭력이 일종의 순환적 형태로 나타난다고 보고 다음과 같이 설명한다.

> 첫째는, 기존 체제 혹은 기존 권력이 행사하는 억압적 폭력(oppression)이고, 둘째는 기존 체제의 억압에 견디다 못해 반기를 드는 민중의 반체제적 폭력(revolt)이며, 셋째는, 이 민중의 항거를 다시 제어하려는 기존 체제의 진압적 폭력(repression)이다.[31] …… 기존의 사회제도와 체제는 하나의 권력 집단으로서 사회의 질서 유지와 평화를 위해 있어야 하는 기본적인 필수 요건으로, 체제적 폭력이란 기존 체제의 무력이 민중을 억압하는 방향으로 사용될 때 발생한다.[32]

---

[30] 폭력에 대한 신학적인 논의는 별도의 장이 필요하다. 다만 여기서 지적하는 것은 폭력에 대한 가치론적 내지 도덕적 접근을 보여주었던 영역이 바로 전통적인 기독교 신학이었음을 말하고자 함이다.

[31] 고재식, 「체제의 폭력과 반체제의 폭력」, 『철학과 현실』, 1990년 9월 가을호(제6호), 47쪽.

소위 '국가공권력'의 이름으로 이루어지는 이 폭력은 국가권력의 합법성이라는 보호 속에서 이루어지는 사회구조적 폭력의 원초적 요인으로 작용한다. 반체제적 폭력이란 오랫동안 힘과 정의, 그리고 인격을 부정당해 온 자들이 이를 되찾겠다고 할 때 발생하는 것으로, 이 폭력은 반역하는 자들의 수와 힘에 따라 때로는 혁명으로, 때로는 대규모의 물리적 파괴로 나타날 수 있다. 진압적 폭력은 민중의 반체제적 폭력을 불법으로 규정하고 자신의 체제 유지와 권력 보존을 위해 가능한 모든 수단을 활용하여 재억압하는 형태이다. 이들은 정밀화된 정보장치와 고도로 발달된 진압장비를 갖추고 폭력을 수행한다.[33]

국가폭력으로서의 체제적 폭력과 저항적 폭력으로서의 반체제적 폭력, 그리고 이어지는 국가의 진압적 폭력에 대한 유형화는 반체제적 폭력만을 폭력이라고 규정하고 이를 반역적 행위라고 도덕적 판단을 내렸던 기존의 국가중심적 도덕관념을 넘어선 것이라 할 것이다. 폭력의 사회구조적 해석은 반체제적 폭력의 원인 제공자로서의 국가권력이 수행하는 폭력 또한 또 하나의 근원적 폭력이라는 것을 드러내주었다는 점에서 폭력이해의 외연을 확대해 주었다고 볼 수 있다. 소위 합법적 형태로 이루어지는 국가폭력 또한 윤리적 판단의 대상에서 예외적일 수 없음을 보여준 것이다.

사회구조적 측면에서의 두 번째 폭력 개념은 직접적 폭력과 간접적 폭력으로 대별하여 설명할 수 있다. 일본의 나가사키 평화연구소 연구원 토다 키요시는 그의 책 『환경학과 평화학』에서 갈퉁의 구조적 폭력 개념을 활용하여 이를 환경의 문제와 연결하여 다

---

32) 위의 글, 47~48쪽.
33) 위의 글, 47~49쪽.

루고 있다. 그는 폭력이 인간 존재에 어떤 영향을 주는 힘이라고 말한 갈퉁의 정의에 따라, 인간의 신체적·정신적 자기실현을 방해하고 있는 요인 중에서 폭력은 '피할 수 있는 것'이라고 해석한다. 그에 따르면, 선천적 신체장애로 건강면에서 자기실현이 방해받았을 경우 그것이 자연발생적인 것이라면 폭력이라고 할 수 없지만, 베트남전쟁의 고엽작전에서처럼 군사적으로 이용된 농약의 불순물인 다이옥신 때문이라면 그것은 폭력이고, 이 경우 폭력 행사 주체가 미군이므로 '국가폭력'이다.[34] 전쟁은 피할 수 있는 인위적인 것이기 때문이다.

토다 키요시는 갈퉁의 '개인적이고 직접적인 폭력'과 '구조적이고 간접적인 폭력'의 개념을 오카모토 미즈오의 설명을 빌어 좀 더 구체화시킨다. 미즈오는 이를 다음과 같이 구체적으로 정의한다.

> 개인적이고 직접적인 폭력은 전쟁, 테러, 린치, 폭행 등을 가리킨다. 이에 반해 구조적·간접적 폭력은 사회적인 제도나 관습, 경제적 상태, 정치나 법률, 개발 등에 포함되는 피할 수 있는 폭력을 가리킨다. 화력이나 흉기에 의한 살상과 같이 직접적인 폭력에는 명백한 폭력의 행사자가 있다. 그러나 구조적 폭력은 익명인 경우가 많고, 따라서 폭력의 행사자가 분명하지 않다. 전자는 신속하게 살상하고, 후자는 천천히 살상한다. 신속하게

---

[34] 토다 키요시, 김원식 옮김, 『환경학과 평화학』, 녹색평론사, 2003, 18쪽. 폭력을 '개인적이고 직접적인 폭력'과 '구조적·간접적 폭력'으로 대별시킨 최초의 사람은 노르웨이 평화학자 요한 갈퉁(John Galtung)이다. 그에 따르면, 폭력이란 인위적(직접적) 폭력(direct violence)과 구조적(간접적) 폭력(structural violence)으로 나뉜다. 그는 직접적 폭력이 없는 상태를 소극적인 평화라 하고 간접적 폭력이 없는 상태를 적극적 평화라고 규정했다. 그에 따르면, 평화는 소극적 평화와 적극적 평화가 함께 이루어질 때 가능하다고 보았다.

살상하는 폭력은 지각에 선명하게 호소되기 때문에 그것의 반사회성, 잔학성, 범죄성이 부각된다. 그러나 완만하게 살상하는 폭력은 여간해서 폭력으로 지각되지 않는다.[35]

폭력의 주체와 대상에 있어서 토다 키요시는 직접적 폭력에는 명확한 주체(폭력의 행사자)와 대상(폭력의 객체, 피해자)이 있지만, 구조적 폭력에는 대상(피해자)은 있지만 폭력의 주체는 분명하지 않다고 지적한다.[36] 그럼에도 불구하고 직접적 폭력과 구조적 폭력은 따로 분리되어 작동하는 것이 아니라 유기적 관계 속에서 이루어진다. 즉 선진국이나 대기업의 '글로벌 패권'으로 대표되는 세계사회의 불평등한 구조가, 사회를 불안정하게 하고 이른바 '구조적 폭력'을 가져오는데, 세계사회는 이러한 불평등이라는 구조적 폭력을 유지하기 위해 유사시 군사력이라는 직접적 폭력을 발동한다는 것이다.[37] 이러한 메커니즘 속에서 이루어진 구조적 폭력의 대표적인 사례로 토다 키요시는 1990년 이라크의 쿠웨이트 침공 이후 미국이 이라크에 가한 경제제재, 세계은행·국제통화기

---

[35] 위의 책, 19쪽. 오카모토 미츠오는 원자탄이나 수소폭탄에 의한 인류의 몰살과 도시나 자연의 파괴는 선명하게 상상할 수가 있다는 면에서 직접적 폭력이지만, 식물오염이나 환경호르몬에 의해서 천천히 진행되는 생물의 기형화나 이변은 우리가 상상하기에는 너무나 어렵기 때문에 구조적 폭력의 사례로 제시한다.
[36] 위의 책, 31쪽. 토다 키요시는 구조적 폭력의 주체가 분명하지 않은 이유는 사회구조가 가져다 준 폭력이기 때문이라고 밝힌다. 그에 따르면, 개인이나 집단의 행위가 집적되어 사회구조를 만들고, 사회구조가 개인이나 집단의 행위를 제약한다. 그런데 사회구조를 형성하고 재생산하는 데 큰 영향을 미치는 것은 강자라고 불리는 개인이나 집단인데, 그들은 분명하게 드러날 수 있다. 그러나 그들은 피해자에 대해서 가해의 의사를 가지고 있지 않은 경우가 많다는 것이 문제라는 것이다.
[37] 위의 책, 22쪽.

금이 1980년대부터 누적채무국 정부들에 대해 채무의 변제를 촉진하기 위해 행한 구조조정 프로그램(SAP), 그리고 담배의 합법적 판매를 들었다.[38]

요컨대, 역사적으로 폭력의 개념은 먼저 인간의 본질적 속성으로 이해하려는 고대 그리스 철학의 전통으로부터 비롯한다. 플라톤이나 아리스토텔레스, 그리고 토마스 아퀴나스와 같은 고전 철학자들에게서 폭력은 인간 성품에 내재해 있는 불가피한 것으로써, 도덕적으로 악이며 사회적으로 무질서를 조장하며, 중심적인 국가권력에 대한 반체제적 현상이므로 무조건 제거되고 통제되어야 할 대상으로 인식된다. 홉스에게 이르러 폭력은 인간의 악에의 의지 혹은 권력에 대한 욕망에서 비롯한, 이른바 '불가피한 현상' 혹은 만인의 만인에 대한 투쟁이라는 '자연 상태'로써, 더 강한 권력을 통한 통제 혹은 자연법에 의한 호소 등의 방법으로 극복해야 하는 것으로 이해되기에 이른다. 마키아벨리 또한 폭력을 권력의 수단으로 적극적 활용의 대상으로 취급하고 있지만, 폭력에 대하여 그는 인간이란 원래 악할 수밖에 없다는 인간이해의 전제에서 출발하고 있다. 이러한 고전적 이해는 폭력을 도덕적으로 악한 것으로 규정하는 가치론적, 도덕규범적, 형이상학적 판단에 따른다고 볼 수 있다. 이는 폭력의 개념을 협소하게 해석함으로써 주로 물리적, 직접적, 신체적 폭력의 범주를 벗어나지 못하는 한계를 갖는다.

---

[38] 위의 책, 31~32쪽. 이 세 가지 사례 중 담배의 합법적 판매의 경우, 담배회사의 경영자나 대주주는 이윤추구의 의사는 갖고 있지만 흡연자에 대한 가해의 의사를 가지고 있지 않으며, 하물며 간접흡연으로 해를 입는 비흡연자에 대한 가해의 의사는 더욱 없다. 그런 면에서 키요시는 가해 의사는 없지만 분명한 구조적 폭력이 예견될 수 있는 것으로 보아 '미필적 고의'에 해당하는지 여부를 검토할 것을 제안한다.

그러나 근대에 들어서면서 폭력의 개념은 법적, 사회적, 정치적 영역으로 확대하면서 기존의 가치론적 시각을 넘어 가치중립적, 실증주의적 분석의 대상으로써 다양한 형태의 폭력 현상들이 밝혀지기 시작했다. 오늘날 사회학적 측면에서의 폭력 이해는 고전적 정의에서 주로 다루어졌던 물리적 폭력, 신체적 폭력, 반체제적 폭력과 같은 가시적이고 직접적인 폭력의 현상들보다는 보이지 않는 언어적·심리적 폭력을 비롯하여 국가권력이 행사하는 체제적 폭력, 피해자는 있어도 가해자는 알 수 없는 사회구조적 폭력, 나아가 문화적 폭력에 이르기까지 다양하게 발생하는 폭력의 양태들을 드러내 주고 있다. 이러한 이해는 폭력을 있는 그대로 나타나는 현상을 보고자 하는 실증주의적 접근에 따른 가치중립적 시각에 따른 것으로서 폭력이 지구적 차원에서 어떻게 발생하는지, 그리고 어떻게 작동하는지, 이른바 폭력의 기원과 메커니즘에 대한 많은 분석들을 생산해 내고 있다. 이러한 사회·정치적 측면에서의 폭력에 대한 좀 더 구체적이고 체계적인 분석을 위하여 이론적 작업을 시도했던 몇몇 인물들을 중심으로 고찰한다.

3. 현대 사상가들의 폭력 이론 및 쟁점

사회혁명적 힘으로서의 폭력: 소렐과 벤야민의 프롤레타리아 폭력론
사회혁명적 힘으로서의 폭력 개념은 서구의 산업혁명 이후 찾아온 초기 자본주의 형태에서 비롯한 것으로써, 이른바 자본가 혹은 노동자 계급의 등장으로부터 시작했다. 자본주의 형태가 서구 사회에 자리를 잡으면서 발생하는 경제적 계층 분화와 자본가의

노동자에 대한 억압 내지 착취의 구조는 부의 획득을 위한 무한욕
망과 무한경쟁이라는 메커니즘과 함께 자본주의 국가의 새로운
사회적 문제로 대두되었다. 소위 부르주아 계급과 노동자 계급 간
에 발생하는 억압·착취의 관계 구조는 곧 폭력의 구조를 고려하
지 않을 수 없는 상황으로 발전한다.

칼 마르크스(Karl Marx)는 바로 이러한 자본주의 사회의 현실 앞
에서 폭력의 문제를 가장 선구적으로 제기한 인물이라 할 수 있
다. 그는 폭력이 경제적으로 정초되어 있다는 것을 지적했다. 그
에게 있어서 재산이란 어떤 경우에도 일종의 폭력이다. 폭력은 계
급사회에서 소유가 불공평하게 분배되고 생산수단의 소유자와 노
동자가 대립되어 있는 곳에서 일어난다. 그는 계급이 없는 사회가
이루어지는 날 폭력 또한 사라질 것이라고 보았다.[39] 이로 보건대,
그에게 있어 폭력은 자본주의 사회가 지속되는 한 폭력 또한 그러
한 구조의 틀 안에서 지속될 수밖에 없는 불가피한 메커니즘으로
본 것이다.

나아가, 마르크스는 자본주의 사회에서 폭력은 오히려 자본가
계급을 무너뜨리고 공산주의 사회가 도래하게 하는 혁명적 수단
으로서 매우 중요한 도구로 인식한다. 그에 따르면, 생산수단에 대
한 소유는 반사회적 폭력을 낳고 이를 유도하기 때문에 프롤레타
리아의 반폭력(gegengewalt)으로서의 혁명적 폭력은 그 도덕적 정
당성을 가질 수 있다. 그것은 계급사회의 객관적 관계들에 근거를
하는데, 그는 이러한 조건들로부터 계급투쟁에 있어서 폭력사용에
대한 권리를 부여하고 있다.[40] 이러한 그의 폭력해석은 그 후 많

---

[39] Martin Honecker, 「폭력과 불의를 극소화시키는 일(1) – 이성과 기독교전
승의 영향」, 남정우 역, 『기독교사상』, 1985. 9(327호), 182쪽.

은 논란과 비판 속에서도 공산주의 혁명이론에 있어서 프롤레타리아의 폭력 사용을 정당화함과 더불어 이를 적극적으로 사용할 것을 주장하는 사상적 토대가 된다.

조르주 소렐(Georges Sorel)은 마르크스주의의 맥락에서 폭력에 대한 본격적인 성찰을 시도한 최초의 인물이다. 그는 폭력을 삶의 본질적 형태로 고찰하는데, 그에게 있어서 폭력은 아직도 대부분의 지성적 사회주의자들에게서조차 모호한 채로 남아 있는 문제로 보였다. 소렐 사상의 핵심은 날로 퇴락해 가는 부르주아 사회를 해체하고 새로운 사회의 주역으로 등장할 노동자계급에게 걸맞은 새로운 혁명이념, 즉 부르주아적 가치관에 물든 제도권 사회주의가 아니라 생산현장에서의 직접행동에 의해 성취될 노동자 중심의 사회주의였다.[41] 노동자 계급이 부르주아 사회를 해체하기 위한 혁명적 이념의 한 수단으로서 폭력은 소렐에게 있어서 매우 중요한 정치적 수단의 개념이었다.

소렐은 폭력에 대한 일반적인 개념, 즉 앞에서 고전적 정의 개념에서 다루었던 타인에게 물리적인 위해를 끼치는 힘으로서의 폭력 개념을 넘어 사회학적 맥락에서 새롭게 고찰한다. 그는 폭력을 기존의 지배 권력이 행사하는 체제적 폭력 혹은 억압적 폭력과 이에 대한 탈법적 항거나 생존을 위한 방어적 저항과 같은 반체제적 폭력 혹은 반역적 폭력으로 나누어 설명한다. 그는 전자의 폭력을 무력(force)이라는 용어로, 후자의 폭력을 폭력(violence)이라는 용어로 대별한다. 그에 따르면, 무력은 관헌 당국의 행위를 묘

---

[40] 위의 책, 182쪽.
[41] 이용재, 「조르주 소렐과 '폭력에 대한 성찰'」, 『폭력에 대한 성찰』, 나남, 2007, 408쪽.

사할 때 사용되는 것으로써, 그 목적이 소수가 통치하는 어떤 사회질서의 수립을 부과하는 것임에 반해서, 폭력은 이 사회질서의 파괴를 지향하는 것이라고 정의한다.[42] 그는 근대 이후 부르주아지는 무력을 사용한 반면, 프롤레타리아는 부르주아지와 국가에 폭력으로 맞서고 있다고 보았다.

소렐은 프랑스대혁명 당시 강압적 공포정치를 이끈 부르주아의 무력과 총파업을 통해 지배체제를 파괴하고자 하는 프롤레타리아의 폭력을 명확히 구별한다.[43] 부르주아의 철학이 폭력을 야만의 잔재이며 지식의 진보에 따라 소멸될 것으로 인식한 데 반하여, 소렐은 계급투쟁 감정의 순수하고 단순한 표현으로 행사되는 프롤레타리아의 폭력은 아주 멋지고 영웅적인 것으로 나타난다고 보았다. 즉 프롤레타리아의 폭력은 문명의 원초적 이해에 봉사할 뿐만 아니라 세계를 야만으로부터 구원해낼 방법이라고 주장한다.[44] 나아가, 프롤레타리아의 폭력은 정적 숙청과는 아무 관련이 없으며, 순수한 전쟁행위 그 자체로써 군사적 시위의 효과를 갖고

---

[42] Georges Sorel, 『폭력에 대한 성찰』, 나남, 2007, 242쪽. 소렐은 폭력의 체제를 그 역할에 따라 다음 세 가지 체제의 형태로 구분한다. 첫째, 가장 낮은 단계에서의 분산된 폭력이다. 이 폭력은 생존경쟁과 흡사하고, 경제조건들을 매개로 하여 작동하며, 완만하나 확실한 수탈을 행한다. 이러한 폭력은 특히 조세 제도의 도움을 받아 발현된다. 둘째, 국가의 집중적이고 조직적인 권력이다. 이 권력은 임금을 규제하기 위해, 즉 임금을 생계비 수준으로 내리기 위해, 노동시간을 연장하기 위해, 노동자들을 필요한 복종상태에 묶어두기 위해 노동에 직접 작용한다. 본원적 축적의 본질적 국면이라 할 수 있다. 셋째, 고유한 의미의 폭력이다. 이 폭력은 본원적 축적의 역사에서 아주 중요한 위치를 차지하고 있으며 역사의 중요 주제가 된다. 243~344쪽.

[43] 이용재, 앞의 책, 409쪽.

[44] Georges Sorel, 앞의 책, 138쪽.

계급 간의 분리를 확보하는 데 기여한다고 지적한다.[45] 따라서 그에게 있어서 폭력은 계급투쟁의 노골적이고 명확한 표현이어야 하고, 또 그러할 때에만 역사적 가치를 지닐 수 있다고 보았다.[46]

그렇다면 프롤레타리아의 폭력은 현실에서 어떤 형태로 구체화되어 나타나는가? 소렐은 이를 총파업에서 찾았다. 그에게 있어 총파업은 프롤레타리아의 폭력이 순수한 계급감정으로 표출된 현실적 형태이다. 그는 총파업을 다음과 같이 규정한다.

> 총파업이란 사회주의의 모든 것이 담긴 신화, 달리 말하면 현대 사회에 맞서서 사회주의가 벌이는 전쟁의 다양한 표현들에 부합하는 모든 감정을 본능적으로 일깨울 수 있는 이미지들의 총화이다. 파업은 프롤레타리아에게서 그들이 가진 가장 숭고하고 가장 심원하며 가장 역동적인 감정을 일깨웠다.…… 총파업은 있을 수 있는 모든 사회정책의 모든 이데올로기적 결과들을 제거한다. 총파업의 주창자들은 개혁이란 비록 그것이 대단한 대중적 인기를 끈다고 해도 부르주아적 성격을 띠는 것으로 간주한다. 이들에게는 그 어떤 것도 계급투쟁의 근본적 대립을 완화시킬 수 없다. 사회개혁 정책이 위력을 떨치면 떨칠수록, 사회주의는 그 정책이 실현하고자 하는 진보의 청사진에 대해 총파업이 진실로 완벽하게 제시하는 완전한 파국의 청사진으로 맞서야 할 필요를 더욱더 느끼게 될 것이다.[47]

여기서 중요한 사실은 소렐이 프롤레타리아의 혁명무기인 총파업을 궁극적으로 마르크스주의의 본질을 구현하고 프롤레타리아

---

[45] 위의 책, 163쪽.
[46] 위의 책, 128쪽.
[47] 위의 책, 181~191쪽.

의 의식을 고양시킬 사회적 '신화'로 받아들였다는 점이다.[48] 그에게 있어 신화는 현재에 영향을 미치는 수단이며, 유토피아와 함께 뒤섞여 사용되는 용어이다.[49] 그런 면에서 소렐은 폭력을 신화, 즉 과정이 불확실한 미래의 구조라고 규정하면서, 신화 속에서의 폭력과 그 영예화 없이 새로운 질서가 생길 수 없다고 보았다.[50] 따라서 소렐에게 중요한 것은 총파업의 성공가능성 여부가 아니라, 프롤레타리아의 영웅적 행동을 유발시킬 수 있는 총파업의 신화적 역량 그 자체였다. 즉 총파업 신화는 노동자 대중의 관심을 임박한 혁명의 대변동에 집중시키기 때문에 현재 행동의 탁월한 수단이 될 수 있는 것이다.[51] 이른바 마르크스주의를 과학적 명제이기에 앞서 사회적 통찰력으로 받아들인 소렐에게 마르크스의 계급투쟁과 혁명이론의 핵심을 현대세계에 구현한 것이 바로 총파업 신화인 것이다.[52]

결국 소렐은 폭력만이 새로운 질서의 권위와 복종을 가지고 기존 국가 질서로부터 해방을 가져올 수 있다고 믿었으며, 그러한 신념은 평화로운 갈등해소보다는 이른바 '창조적 증오'로 표현되는 프롤레타리아 총파업 신화를 통한 폭력으로 이루어질 것을 기대했다.[53] 이러한 그의 폭력 신화는 레닌주의는 물론 파시즘에도 영향을 주면서 계속 이어졌다. 특히 발터 벤야민에게 이르러 그의 사상은 더욱 구체화되고 이론화된다.

---

[48] 이용재, 앞의 책, 409쪽.
[49] Georges Sorel, 앞의 책, 179~180쪽.
[50] Martin Honecker, 앞의 책, 182쪽.
[51] 이용재, 앞의 책, 410쪽.
[52] 위의 책, 410쪽.
[53] Martin Honecker, 앞의 책, 182쪽; Georges Sorel, 앞의 책, 386쪽.

유태계 독일인이었던 발터 벤야민(Walter Benjamin)은 20세기 초반 세계사의 주요 사건들, 즉 사회주의 혁명, 1·2차 세계 대전, 유태인 대학살 등을 경험하면서 폭력에 대한 깊은 역사적·실존적 문제에 관심하게 되는데, 그의 논문「폭력의 비판을 위하여(Zur Kritik der Gewalt)」는 이러한 그의 문제의식을 구체적으로 표면화시킨 철학적 논구라 할 수 있다. 그러나 그의 사상은 주로 문예 이론이나 매체 이론, 또는 역사철학 이론 정도에서만 논의되었을 뿐, 폭력의 문제에 대해서는 거의 주목을 받지 못했다. 그러던 것이 1989년 10월 카도조 법대 대학원에서 있었던 콜로퀴엄의 개막 강연에서 자크 데리다(Jacques Derrida)가 참석자들에게 배포한「벤야민의 이름으로」가 발표되면서「폭력의 비판을 위하여」는 벤야민 연구의 중심 대상으로 부각되었는데, 그것도 단순히 잊혀진 글 하나를 발굴한 것으로 국한하지 않고 초기부터 말년까지 벤야민의 사상을 관통하는 중요한 주제로 떠오르게 된 것이었다.[54]

자크 데리다에 따르면,「폭력의 비판을 위하여」는 형식적이고 의회적인 민주주의 정치 체계인 대의에 대한 비판이기도 하며, 따라서 포스트 소렐적인 네오 마르크스주의에 유대적인 네오 메시아주의의 신비주의를 접목시킨 텍스트로 읽을 수 있다고 규정했다.[55] 폭력에 대한 벤야민의 사상은 앞에서 다룬 소렐과 마르크스의 폭력 개념을 이어받고 확장함과 동시에, 여기에 자신 스스로가 유태인으로서 살면서 익혔던 유대 메시아주의, 그중에서도 신비주의 사조를 정치신학적 맥락에서 조명하고 있다고 볼 수 있다. 그런 면에서 벤야민 자신도 밝혔듯이, 이 논문은 '폭력의 역사에 대

---

[54] 진태원,「옮긴이의 말」,『법의 힘』, 문학과 지성사, 1994, 208~209쪽.
[55] Jacques Derrida,「벤야민의 이름으로」,『법의 힘』, 66~73쪽.

한 철학'이라고 규정하면서, 굳이 '철학'이라고 한 이유는 역사의 출발점에 대한 이념만이 이 역사의 시간적 자료를 비판적, 식별적, 결정적으로 위치시킬 수 있게 해주기 때문이라고 설명한다.56)

그는 이 논문에서 폭력의 개념을 다루기 전에 법철학의 주요 사조 두 가지를 다루면서 논의를 시작한다. 자연법주의(das Naturrecht)와 법실증주의(das positive Recht)가 그것이다. 그는 자연법주의와 법실증주의가 갖는 각각의 기능에 대하여 다음과 같이 설명한다.

> 폭력을 자연적 소여로 간주하는 자연법주의 테제는 폭력을 역사적 생성물로 간주하는 법실증주의 테제와 정면으로 대립하는데, 자연법주의가 현존하는 모든 법을 그 목적들의 비판 속에서만 평가할 수 있는 반면, 법실증주의는 모든 생성되는 법을 그 수단들의 비판 속에서만 평가할 수 있다. 자연법주의는 목적들의 정당성을 통해 수단들을 '정당화'하려 하고, 법실증주의는 수단들의 정당화를 통해 목적들의 정당성을 보증하려 한다. 자연법주의가 수단들의 조건성에 대하여 맹목적이라면, 법실증주의는 목적들의 무조건성에 대해 맹목적이다.57)

여기서 벤야민의 폭력 비판은 자연법주의와 법실증주의의 전통을 넘어서기를 요구하고 있기 때문에, 더 이상 법의 영역 및 법적 제도에 대한 내부적 해석에 속하지 않는다.58) 그런 다음, 벤야민은 자연법주의와 법실증주의의 맥락으로부터 두 가지 상반된 폭력의 형태를 도출한다. 그는 자연적 목적들(자연법주의)을 위해 사용되는 첫 번째 폭력의 기능을 법정립적 폭력으로, 법적 목적들(법실증

---

56) Walter Benjamin, 「폭력의 비판을 위하여」, 『법의 힘』, 167~168쪽.
57) 위의 책, 141~142쪽.
58) Jacques Derrida, 「벤야민의 이름으로」, 『법의 힘』, 79쪽.

주의)을 위해 사용되는 두 번째 폭력을 법보존적 폭력으로 구별한다. 이른바, 법을 설립하고 정립하는 정초적 폭력이 법정립적 폭력이며 법의 영속성과 적용 가능성을 유지하고 확증하고 보장하는 폭력이 법보존적 폭력이다.[59] 벤야민은 이러한 법정립적 폭력과 법보존적 폭력을 모두 갖고 있는 집단으로 경찰을 예로 든다. 그에 따르면, 경찰은 법적 목적들을 위해 사용되는 폭력(처분권)이지만, 더 넓은 범위에 걸쳐 이 법적 목적들 자체를 설정할 수 있는 동시적 권한(명령 제정권)을 갖고 있다. 즉 이 기관에서는 법정립적 폭력과 법보존적 폭력 사이의 분리가 제거된다. 법정립적 폭력이 승리를 통해 자신을 입증할 것을 요구받는다면, 법보존적 폭력은 자기 자신이 새로운 목적들을 정립해서는 안된다는 제한에 복종한다. 그런 면에서 경찰의 폭력은 이 두 가지 제약으로부터 자유롭다. 그러므로 경찰의 폭력은 법정립적이면서 동시에 법보존적인데, 그 이유는 이러한 목적들을 임의로 처리할 수 있기 때문이다.[60]

그렇다면 법정립적 폭력과 법보존적 폭력은 어떤 관계가 있는가? 둘 사이에 어떤 유기적 연관성이라는 것이 있는가? 이 부분에 대하여 벤야민은 특별한 언급이 없다. 오히려 데리다는 이 둘의 관계에 대한 새로운 해석을 시도한다. 그는 법정립적 폭력 자체는 법보존적 폭력을 포함하는 관계이며 결코 서로 단절될 수 없다는 것을 새롭게 주장한다. 즉 법정초적 폭력은 자기 자신의 반복을 요구하며, 정초적 폭력은 보존되어야 하고 보존될 수 있어야 하는 것을 정초한다는 점은 이미 정초적 폭력의 구조에 포함되어 있다는 것이다. 그에 따르면, 정초는 약속이며 모든 정립은 허락하고

---

[59] Walter Benjamin, 앞의 책, 148쪽.
[60] 위의 책, 151쪽.

약속하며, 기록하고 약속함으로써 정립한다. 그리고 심지어 어떤 약속이 실제로 지켜지지 않는다 하더라도 되풀이 (불)가능성은 가장 파괴적인 정초의 순간 속에 보존의 약속을 기입한다.[61]

데리다는 순수한 법의 정초나 순수한 정립, 따라서 순수한 정초적 폭력이란 존재할 수 없으며, 순수하게 보존적인 폭력도 역시 존재할 수 없다고 본다. 그에 의하면, 정립은 이미 되풀이 가능성이며, 자기 보존적인 반복에 대한 요구이다. 역으로 자신이 정초한다고 주장하는 것을 보존할 수 있기 위해서 정초는 재정초적이어야 한다. 정립과 보존 사이에는 아무런 엄격한 대립도 존재하지 않는다.[62]

벤야민의 법정립적 폭력과 법보존적 폭력은 다시 신화적 폭력이라는 범주 안에 포섭된다. 그에 의하면, 신화적 폭력은 법정립적 폭력인데, 법의 정립은 수단으로서의 폭력을 통해 법으로 제정된 바로 그것을 자신의 목적으로 추구하지만, 자신이 목표로 삼은 것을 법으로 제정하려는 바로 그 순간 폭력을 폐지하는 것이 아니라, 오히려 직접적으로 법을 정립적인 폭력으로 만들 뿐이다. 이는 법의 정립이 폭력으로부터 자유롭게 독립해 있는 것이 아니라, 그와 필연적이고 내밀하게 연루되어 있는 목적을 권력의 이름 아래 법으로 제정하기 때문이다. 법의 정립은 권력의 정립이며, 그런 한에서 폭력의 직접적인 발현 행위이다. 정당성(정의)은 모든 신성한 목적 정립의 원리이며, 권력은 모든 신화적인 법정초의 원리이다.[63]

벤야민은 나아가 직접적 폭력의 발현으로서의 신화적 폭력은

---

[61] Jacques Derrida, 앞의 책, 88~89쪽.
[62] 위의 책, 90쪽.
[63] Walter Benjamin, 앞의 책, 162쪽.

좀 더 순수한 폭력의 영역을 열어놓기는커녕 자기 자신을 모든 법적 폭력과 심층적으로 동일한 것으로 드러내며, 법적 폭력의 문제점에 대한 의혹을 그것의 역사적 기능의 유해성에 대한 확신으로 굳혀주기 때문에, 이를 파괴하는 것이 새로운 과제로 떠오르게 된다고 말한다. 즉 그는 최종 심급에서 이 과제 자체는 다시 한번 신화적 폭력을 저지할 수 있는 순수하고 직접적인 폭력에 대한 질문을 제기한다.[64]

신화적 폭력의 문제를 해결하기 위하여 벤야민은 새로운 형태의 폭력을 제시한다. 이른바 신적 폭력이 그것이다. 그에 따르면, 모든 영역에서 신이 신화와 대립하는 것처럼, 신화적 폭력은 신의 폭력과 대립한다. 신의 폭력은 모든 측면에서 신화적 폭력의 반대이다. 신화적 폭력이 법정립적 폭력이라면 신의 폭력은 법파괴적이다. 신화적 폭력이 경계들을 설정한다면, 신적 폭력은 이 경계들을 파괴한다. 신화적 폭력이 죄를 짓게 만들면서 동시에 속죄시키는 폭력이라면, 신의 폭력은 면죄해 주는 폭력이다. 신화적 폭력이 위협하는 폭력이라면, 신적 폭력은 내려치는 폭력이며, 신화적 폭력이 피를 흘리게 만드는 유혈 폭력인 반면, 신적 폭력은 피를 흘리지 않고 목숨을 앗아가는 무혈의 폭력이다.[65] 신화적 폭력은 자기 자신을 위해 순수하고 단순한 생명에 가해진, 피를 흘리게 하는 폭력이라면, 신의 폭력은 생명체 자신을 위해 모든 생명에 가해진 폭력이다. 전자는 희생을 요구하며, 후자는 그것을 받아들이고 떠맡는다. 신의 폭력은 종교적 전통에서 입증될 뿐만 아니라 현재의 삶 중에서 신성한 것의 발현 안에서 발견된다.[66]

---

[64] 위의 책, 164쪽.
[65] 위의 책, 164쪽.

벤야민은 신화가 법과 더불어 서출화한 모든 영원한 형식들은 순수한 신의 폭력에 의해 심판되어야 할 대상임을 밝힌다. 그것은 모든 신화적 폭력, 곧 통치하는 폭력이라고 부를 수 있는 법정립적 폭력에 대한 거부, 그리고 법보존적 폭력, 즉 통치하는 폭력에 이용되고 통치되는 폭력에 대한 거부로 나타나야 한다는 것이다.[67] 데리다는 벤야민이 말하는 신의 폭력은 단지 종교에 의해서만이 아니라 현재의 삶이나 신성한 것의 발현에서도 입증되며, 재화와 생명, 법과 법의 토대 등을 소멸시키지만 결코 생명체의 영혼을 파괴하는 데까지 이르지는 않는다고 해석한다.[68] 따라서 데리다는 벤야민이 실제로 말하는 것은 바로 혁명적 폭력이라고 지적한다. 혁명적 폭력으로서의 신의 폭력은 가장 정당하고, 가장 효과적이고, 가장 역사적이고, 가장 혁명적이고, 가장 결정적인 것이다.[69]

결국 벤야민이 말하는 신의 폭력은 피를 흘리는 물리적 폭력이 아니다. 그가 주창하는 신적 폭력은 현실적으로 프롤레타리아의 총파업[70]으로 나타난다. 그는 전복자의 자연법과 권력자의 실정법이 맞물린 뫼비우스띠 밖에서 그 자체로서 정당한 신적 폭력을 예언한 셈이다. 그는 과거의 전복자들이 실정법을 깨고 또 다른 실정법을 세우고, 하나의 권력을 깨고 또 다른 억압적 권력을 세우는 데 그쳤다면, 프롤레타리아 총파업은 이 악순환에 종지부를

---

[66] 위의 책, 165쪽.
[67] 위의 책, 168~169쪽.
[68] Jacques Derrida, 앞의 책, 116쪽.
[69] 위의 책, 120~121쪽.
[70] 데리다는 여기서 벤야민은 두 종류의 총파업, 곧 하나의 국가질서를 다른 국가 질서로 대체하게 될 정치적 총파업과 국가를 폐지하게 될 프롤레타리아 총파업을 구분하고 있음을 밝히고 있다. 위의 책, 87쪽.

찍고 이 땅에 궁극적 정의를 실현할 것이라고 기대했던 것이다. 즉 유혈의 신화적 폭력 대신 무혈의 신적 폭력을 내세움으로써 폭력의 정당성 문제의 궁극적 해결을 꾀했던 것이다.[71]

요컨대, 필자는 사회혁명적 힘으로서의 폭력 이론이 마르크스를 시작으로 소렐을 거쳐 벤야민에 이르기까지 구체화되고 개념화되는 과정을 살펴보았다. 이 이론의 특징은 폭력을 사회학적 맥락에서 통찰한 최초의 시도로써, 폭력을 단순히 중심적 권력으로부터의 이탈, 악의 잔재 정도로 여기던 기존의 부정적 가치판단으로부터 폭력이 계급적 입장에 따라 다르게 양태화 될 수 있음을 보여주었을 뿐만 아니라, 반체제적 폭력, 특히 노동자 계급의 부르주아 계급에 대한 혁명적 폭력에 정당한 권리를 부여하는 데 결정적인 기여를 했다고 볼 수 있다. 그러나 벤야민이 예언한 유대적 메시아주의 배경에서 나온 신적 폭력의 현실적 형태로서의 프롤레타리아 총파업이라는 대안은, 비록 그가 살았던 시대적 상황에서는 이상적 형태로 기대될 수 있었을지는 몰라도, 오늘날 노동자 계급의 총파업이라는 것이 일상화된 현실에서 과연 얼마나 그의 기대에 부응하고 있는지는 미완의 과제로 남겨두어야 할 것 같다.

권력의 실패로서의 폭력: 아렌트의 권력-폭력 대립론

조르주 소렐이 『폭력에 대한 성찰』에서 사회혁명적 폭력 개념으로서의 총파업 신화를 외친 지 60여 년이 지난 후, 한나 아렌트(Hannah Arendt)는 폭력에 대한 새로운 의미의 논의를 시작한 대표적인 인물로 꼽힌다. 1970년 『On Violence』(한국어판으로는 『폭력

---

[71] 진중권, 『폭력과 상스러움』, 푸른숲, 2002, 34쪽.

의 세기』로 번역됨)의 이름으로 출간된 그녀의 폭력에 대한 에세이는 마르크스와 소렐, 그리고 벤야민이 말했던 프롤레타리아 혁명에 있어 수단으로서의 폭력, 적극적 사용방식으로서의 폭력 개념들에 대한 성찰로부터 시작하지만, 결국에는 이에 대한 비판적 과정을 거쳐 전혀 다른 차원의 폭력 개념을 제시하고 있다. 그런데에는 아렌트가 살았던 시대적 정황이 소렐의 시대와는 또 다른 맥락을 구성했기 때문으로 보인다.

한나 아렌트는 이 책을 쓸 1970년 당시 이미 1960년대의 세계적 사건들, 즉 베트남 전쟁, 흑인 민권운동, 1968년 학생운동을 목격한 후였다. 세계 곳곳에서 일어났던 국지적인 전쟁들과 학생운동과 같은 민주화 내지 인종차별투쟁의 과정들은 아렌트로 하여금 폭력의 문제를 색다른 시각에서 성찰할 수 있는 시대적 배경이 되었다. 따라서 이 책은 1960년대의 세계적 배경을 바탕으로 20세기 전체를 사상적으로 성찰하고 있는 정치사상 에세이라 할 수 있다.[72]

아렌트는 먼저 20세기는 레닌이 예견했듯이 전쟁과 혁명의 세기가 되었으며, 전쟁과 혁명의 공통분모라고 일반적으로 믿어지는 폭력의 세기로 인식했다.[73] 또한 그녀는 역사와 정치에 관하여 사유하는 사람은 누구든지 폭력이 인간역사에서 항상 수행하는 거대한 역할을 깨닫지 않을 수 없음에도 불구하고, 폭력의 도구만을 다룰 뿐, 폭력 그 자체에 대한 고찰은 지나칠 정도로 빈약했음을 지적한다.[74] 이러한 현상은 폭력의 문제가 그만큼 당연시되고 따라서 무시되었음을 보여주고 있음을 의미하며, 따라서 폭력은 모

---

[72] 김정한, 「옮긴이의 말」, Hannah Arendt, 『폭력의 세기』, 이후, 1999, 16쪽.
[73] Hannah Arendt, 『폭력의 세기』, 이후, 1999, 24쪽.
[74] 위의 책, 31쪽.

두에게 너무도 명백한 것이어서 아무도 이의를 제기하거나 검토하지 않았다고 그녀는 비판한다.[75] 예컨대, 마르크스는 역사에서의 폭력의 역할은 알아차렸지만, 그 역할은 그에게 부차적인 것, 즉 폭력이 아니라 낡은 사회에 내재한 모순이 그 사회의 종말을 불러일으키는 것으로 인식했다. 따라서 폭력적인 소요는 새로운 사회의 출연에 선행하지만 그 원인은 아닌데, 이것을 마르크스는 생명체의 탄생에 선행하지만 당연히 그 원인은 아닌 산고에 비유했다. 그리고 그는 국가를 지배 계급이 지휘하는 폭력 도구로 간주했다.[76]

아렌트는 이 시점에서 마르크스를 비롯한 기존의 폭력 인식론(주변적, 부차적 문제로서 폭력을 보는 입장)에 대하여 반박하기 시작한다. 그녀에 따르면, 국가를 지배 계급이 지휘하는 폭력 도구로 인식했던 마르크스의 주장에 대해 한 마디로 지배 계급의 실제적인 권력은 폭력으로 이루어지지 않았으며 그에 의존하지도 않았다고 주장한다.[77] 오히려 권력은 사회에서 수행되는 지배 계급의 역할, 또는 보다 정확하게, 생산 과정에서의 지배 계급의 역할에 의해 규정되었다고 말함으로써, 폭력을 권력의 도구 내지 수단으로 보는 인식 혹은 폭력과 권력을 상호보완적 내지 동일맥락적 관계로 이해하려는 지금까지의 관점에 문제가 있음을 암시해 주

---

[75] 위의 책. 아렌트는 이와 관련하여 과거의 기록에서 어떤 의미를 찾는 사람은 누구든지 폭력을 주변적인 현상으로 보는 데 거의 얽매여 있다고 보았다. 예컨대, 클라우제비츠(Clausewitz)가 전쟁을 "다른 수단을 통한 정치의 연속"으로 부르든, 아니면 엥겔스가 폭력을 경제 발전의 촉매제로 정의하든, 그 강조점은 폭력 그 자체에 대한 관심보다 정치 혹은 경제적인 면에 따라오는 부차적인 것으로 치부되고 있다는 것이다.
[76] 위의 책, 34쪽.
[77] 위의 책, 34쪽.

었다. 여기서부터 아렌트는 권력과 폭력의 개념을 분리하면서 그 각각의 의미를 세분화하여 자신의 논의를 전개한다. 이에 대해서는 후에 구체적으로 고찰할 것이다.

한편, 아렌트는 20세기 진보의 개념을 비판적으로 성찰하고 있다. 그녀에게 있어서 진보의 개념은 마르크스주의의 연장선상에서 이해되고 있다. 그녀는 먼저 진보의 개념이 주는 대단한 장점을 지적한다. 그녀에 따르면, 진보는 시간 연속을 분쇄하지 않고 과거를 설명할 수 있을 뿐만 아니라 미래를 향한 행동 지침으로서 이바지할 수도 있으며, 우리는 이제 무엇을 할 것인가라는 곤란한 질문에 답변을 제시해 줄 수 있다.[78] 이것은 마르크스의 정치·경제 이론을 통해 정반합의 논리적 과정을 통해 필연적인 미래의 결과를 예견하는 것으로 보장되었다. 따라서 진보라는 말은 소위 사회과학적 이론 장치를 통해 합리화되고 과학화되어 대중으로 하여금 안정적인 미래의 상을 제시하는 개념으로 견고히 자리 잡을 수 있었다. 진보가 갖는 대단한 대중성은 현실로부터 유리된 안락한, 사변적이거나 유사과학적인 도피처를 제공하기에 적절한 사상이었다.

그러나 20세기의 현실은 시종일관 진보주의가 예견했던 미래와 전혀 기대하지 못했던 것에 직면했고, 진보의 통념 및 원리와 극단적으로 대립적인 위치에 서게 되었다고 아렌트는 지적한다. 그녀는 이제 진보는 확실히 우리 시대의 미신 박람회에 제출된 보다 심각하고 보다 복잡한 상품이라고 비판하고, 이러한 무제한적인 진보에 대한 비합리적인 19세기의 믿음이 보편적으로 받아들여져

---

[78] 위의 책, 55쪽.

온 이유는 주요하게는 자연과학의 경이로운 발전 때문이었다고 밝힌다.[79] 그러나 이제 과학의 진보는 인류의 진보와 일치하지 않았으며 심지어 인류의 종말을 초래할 수도 있으며, 이와 마찬가지로 더 이상의 학문의 발달은 학문을 가치 있게 만들었던 모든 것의 파괴로 끝나는 것이 당연할지도 모르며, 따라서 진보는 우리가 풀어놓은 재앙스러울 정도로 급격하게 변동하는 과정을 평가하는 기준으로 더 이상 기능할 수 없다고 아렌트는 주장한다.[80]

그런데 폭력 그 자체에 대한 고찰을 하고자 하는 아렌트는 왜 진보의 개념을 이야기하는가? 진보는 폭력과 무슨 관계가 있어서인가? 이른바 '진보의 역설'이라는 제목의 장에서 그녀가 말하고자 했던 것은 무엇인가? 그것은 20세기 근대 사회를 규정하는 핵심 개념이 이성과 진보이기 때문이다. 그녀는 이 장에서 근대 사회가 가지고 있는 규칙성과 이에 따른 표준화와 획일화, 공적 영역의 소멸, 정치적 행동의 중요성과 가능성 상실화를 통하여 20세기 사회가 어떻게 인간의 고유한 행동 능력을 체계적으로 제거하고, 어떻게 폭력 행동과 그 수단만이 특권화되고 있는지를 분석하고 있다.[81] 20세기 근대 사회의 이러한 모든 과정들은 이성의 이름으로, 과학기술의 발전에 힘입은 무제한적인 진보라는 개념을 통해서 정당화되었다. 그러나 진보에 대한 믿음은 창조적이고 자유로운 행동을 억압했고, 진보를 핑계삼아 그 외의 어떤 것도 용납하지

---

[79] 위의 책, 57쪽. 아렌트는 나아가 자연과학이 진보 개념에 엄청난 믿음을 준 데에는 근대 시대의 발원 이후로 실제적으로 '우주' 과학이 되어왔으며 따라서 광활한 우주를 탐험하는 끝없는 과업을 기대할 수 있었기 때문이었다고 덧붙였다.

[80] 위의 책, 58~59쪽.

[81] 김정한, 「옮긴이의 말」, Hannah Arendt, 『폭력의 세기』, 이후, 1999, 19쪽.

않는 폭력의 일반화를 야기했고, 과학기술은 언제든 인류 전체를 전멸시킬 수 있는 고도의 파괴수단을 만들어냈을 뿐이다.[82] 결국 폭력의 확산과 그 수단의 발전, 이 모든 것이 20세기 진보의 직접적 산물이며, 남겨진 것은 무능력한 권력이라는 역설이었다.[83]

'무능력한 권력의 결과로서의 폭력' 이것이 아렌트가 말하고자 하는 폭력의 본성이다. 그녀는 권력 현상에 대한 논의로 들어갈 경우, 좌파에서 우파에 이르기까지 폭력은 권력의 가장 극악한 발현에 다름 아니며, 이러한 논의는 이미 여러 정치이론가들에 의해 발견된 합의 사항 같은 것이라고 말한다.[84] 그들은 폭력이 권력 안에 내포된 도구적 방식이거나 권력의 외향적 표출 형태 정도로 인식하고 있다는 것이다. 즉 권력이라는 것 자체가 이미 폭력적 본성을 갖고 있는 것이며, 따라서 윤리적으로 부정적인 가치 판단의 대상으로 전제되고 있는 것이다. 이에 대해 알렉상드르 파스랭 당트레브(Alexander Passering d'Entreves)는 이들과는 달리 폭력과

---

[82] 위의 책, 19쪽.
[83] 위의 책. 필자가 보기에 아렌트에게 있어서 진보란 마치 폭력이라는 사생아를 만들어낸 20세기 근대 사회의 어머니 같은 존재의 개념으로 보인다. 어쩌면 그녀는 20세기 근대 사회가 폭력의 세기로 규정되는 데 결정적인 원인이자 잠재적 배경으로 이성과 진보에 대한 미신적 신념으로 인식한 것 같다.
[84] 예컨대, 라이트 밀즈(C. Wright Mills)의 경우, "모든 정치는 권력을 위한 투쟁이다. 그리고 권력의 궁극적인 본성은 폭력이다."라고 말한 것이나, "국가의 지배란 정당하다고 주장되고 있는 폭력 수단에 기초를 두는 인간에 대한 인간의 지배"이며 "권력이란 어디든지 내가 타인의 저항에 대항하여 내 자신의 의지를 관철시킬 수 있는 가능성을 가진 곳에 현존한다."라고 갈파한 막스 베버(Max Weber)의 정의, 그리고 "권력이란 우리가 원하는 대로 하도록 적대자를 복종시키려는 폭력 행동"이라고 규정한 클라우제비츠(Karl von Clausewitz)의 전쟁에 대한 정의가 그것이다. 위의 책, 62~64쪽.

권력의 구별이 갖는 중요성을 깨닫고 있는 유일한 인물이라고 아렌트는 지적한다. 즉 그가 이해하는 권력은 '적법한' 또는 '제도화된 강제력'이라는 것이다.[85]

권력과 폭력이 전혀 다른 개념임을 설명하기 전에 아렌트는 먼저 이들과 관련하여 유사하게 사용되고 있는 개념들에 대하여 전문어법의 측면에서 정의하기 시작한다. 권력(power), 강성(strength), 강제력(force), 권위(authority), 그리고 폭력(violence)이 그것들이다. 아렌트는 오늘날 정치과학의 현실은 이 단어들을 구별하지 않고 있으며, 심지어 가장 탁월한 사상가들조차 때때로 이 단어들을 아무렇게나 사용하고 있는 것에 유감스러워하면서 각각의 단어들이 갖고 있는 고유한 의미들을 주의 깊게 평가하고 검토해야 한다고 말한다.[86] 그녀는 각각의 단어들에 대한 개념을 다음과 같이 정리하고 있다.[87]

첫째, 권력(power)은 그냥 행동하지 않고 제휴하여 행동할 수 있는 인간의 능력에 조응한다. 권력은 결코 개인의 고유 특성이 아니다. 그것은 집단에 속하는 것이며, 집단이 함께 보유하는 한에서만 존속한다. 어떤 사람이 '권력을 갖고' 있다고 말할 경우에 실제

---

[85] 위의 책, 65~66쪽. 여기서 아렌트는 라이트 밀즈나 막스 베버, 칼 클라우제비츠 같은 사람들이 폭력을 권력의 가장 극악한 발현으로 규정하는 반면, 파스랭 당트레브는 권력을 일종의 완화된 폭력으로 규정하고 있다고 구별하고 있다. 그럼에도 불구하고 그녀는 이들 모두는 결국 마찬가지라고 비판함으로써, 권력과 폭력이 전혀 다른 개념으로 설명되어야 할 것임을 암묵적으로 드러내고 있다.
[86] 위의 책, 72~74쪽. 아렌트는 이 단어들이 동의어로 사용되는 데에는 이 단어들이 인간이 인간을 지배하는 수단을 표시하는 개념들에 지나지 않으며, 또한 그러한 동일한 기능을 갖고 있기 때문이라고 밝힌다.
[87] 위의 책, 74~77쪽.

적으로는 그가 일정한 다수의 사람으로부터 그들의 이름으로 행동하도록 권력을 위임받았다는 것을 지시한다. 권력을 생성시켰던 집단(인민의 권력, 사람들이나 집단)이 사라지는 순간에 '그의 권력'도 소멸한다. 둘째, 강성(strength)은 독자적인, 개인적인 존재자(entity)가 갖고 있는 어떤 특성을 명료하게 가리킨다. 강성은 한 대상이나 인물에 내재하는 고유 특성으로서 그 대상이나 인물의 특징에 속하며, 다른 사물이나 인물과 관련하여 증명될 수 있지만, 본질적으로 서로 독립적이다. 심지어 가장 강한 개인의 강성도 다수의 사람들에 의해 항상 압도될 수 있으며, 다수의 사람들은 강성의 바로 그 독특한 독립성 때문에 강성을 파멸시키려는 목적만으로 흔히 결합할 것이다. 셋째, 강제력(force)은 우리가 종종 일상 어법에서 폭력의 동의어로, 특히 폭력이 강제 수단으로 기능하는 경우에 사용하고 있지만, 전문적 용법에서는 '자연의 힘(force of nature)' 또는 '상황의 힘(force of circumstances)'으로, 즉 물리적이거나 사회적인 운동을 통해 방출되는 에너지를 표시하는 것으로 제한될 수 있다. 넷째, 권위(authority)는 이러한 현상들 중에서 가장 파악하기 어려운 현상과 관련되고, 따라서 개념적으로, 가장 빈번하게 남용되고 있지만, 인격에 귀속될 수 있다. 예컨대, 부모와 자식 간의, 선생과 제자 간의 관계 같은 그런 인격적인 권위가 존재한다. 권위를 보증하는 것은 복종하도록 요청받는 사람들의 무조건적인 승인이다. 그래서 강제나 설득이 요구되지 않는다. 권위를 간직하기 위해서는 인격이나 직위에 대한 존경을 필요로 한다. 권위의 가장 강력한 적은 경멸이며, 권위를 훼손하는 가장 확실한 방법은 웃음이다. 마지막으로, 폭력(violence)은 그 도구적 특징을 통해 구별된다. 현상학적으로 폭력은 강성과 가까운데, 왜냐하면 폭력의 도구들은 그 마지막 발전 단계에서 선천적인 강성을 대체할 수 있을 때까지 선천적인 강성을 배가시키려는 목적으로 설계되고 사용되기 때문이다.

이제 아렌트는 논의의 범위를 좁혀서 권력과 폭력의 개념이 각각 어떻게 나타나는지, 그리고 둘 사이의 관계는 어떻게 설정되는지 설명한다. 그녀는 이에 대하여 다음과 같이 요약적으로 정의한다.

> 요컨대, 정치적으로 말한다면, 권력과 폭력이 동일하지 않다고 말하는 것으로는 불충분하다. 권력과 폭력은 대립적이다. 즉 하나가 절대적으로 지배하는 곳에서, 다른 하나는 부재한다. 폭력은 권력이 위태로운 곳에서 나타나지만, 제멋대로 내버려둔다면 그것은 권력의 소멸로 끝난다. 이것은 폭력의 대립물을 비폭력으로 사고하는 것이 올바르지 않다는 것을 함의한다. 폭력은 권력을 파괴할 수 있다. 그러나 폭력은 권력을 전혀 생산할 수 없다.[88]

그녀의 이 말은 권력의 내부적 속성 내지 외부적 양태로서의 폭력을 이해하던 기존의 폭력 관념을 뒤집고 있다. 권력과 폭력은 상호의존적 관계가 아니라 상호대립적 관계이며, 한쪽의 성공이 다른 한쪽의 실패이며 한쪽의 긍정이 다른 한쪽의 부정인 것이다. 그녀에 따르면, 권력은 사실상 모든 통치의 본질이지만, 폭력은 그렇지 않으며 오히려 본래 도구적이다. 폭력은 그것이 추구하는 목적을 통하여 지침과 정당화를 필요로 하는 상태에 있다. 정당화를 필요로 하는 것은 다른 어떤 것의 본질이 될 수 없다.[89] 아렌트는

---

[88] 위의 책, 90쪽.
[89] 위의 책, 84쪽.

권력은 결코 정당화(justification)를 필요로 하지 않으면서 정치 공동체의 현존 자체에 내재하며, 권력이 필요로 하는 것은 정당성(legitimacy)이라고 말한다.[90] 폭력은 정당화될 수 있지만, 결코 정당성을 가질 수 없으며, 폭력의 정당화는 그 의도했던 목적이 미래 속으로 더 멀어질수록 설득력을 상실한다.[91]

나아가, 그녀는 폭력은 인원수나 여론이 아니라 도구에 의존하며, 폭력의 도구는 다른 모든 용구들처럼 인간의 강성을 증대시키고 배가시킨다고 말한다. 따라서 폭력은 항상 권력을 파괴할 수 있다. 예컨대, 총구로부터 가장 빠르고 완전한 복종을 가져오는 가장 효과적인 명령이 나올 수 있다는 것이다. 그러나 총구로부터 결코 나올 수 없는 것이 권력이라고 아렌트는 규정한다.[92] 이처럼 권력이 폭력으로부터 나올 수 없고, 폭력은 권력의 사용방식이 아니며, 따라서 폭력과 권력은 전혀 다른 종류의 개념이라고 주장하는 아렌트의 논리에서 볼 때, 만일 권력이라고 불리는 주체가 폭력을 사용한다면 더 이상 그것은 권력이 아니며 아무런 정당성도

---

[90] 위의 책, 84~85쪽. 정당성과 정당화에 대하여 아렌트는 좀 더 구체적으로 설명한다. 즉 권력은 언제든지 사람들이 모이고 제휴하여 행동할 때 생겨나지만, 그 정당성은 나중에 뒤따라올 어떤 행동에서가 아니라 오히려 최초의 모임에서 유래한다. 정당성은 도전받을 경우 과거에 대한 호소에 기초하지만, 반면에 정당화는 미래에 위치하는 목적과 관련이 있다.
[91] 위의 책, 85쪽.
[92] 위의 책, 86쪽. 아렌트는 권력과 폭력의 관계를 설명하는 과정에서 만약 권력과 폭력이 정면충돌할 경우 어떻게 될 것인가를 묻고 간디의 비폭력 저항운동의 예를 든다. 만일 간디의 거대하고 강력하고 성공적인 비폭력 저항 전략이 영국이 아니라 스탈린의 러시아, 히틀러의 독일, 전쟁 전의 일본을 만났다면 그 결과는 탈식민화가 아니라 대량학살과 굴복이었을 것이다. 여기서 아렌트의 인식 속에는 영국은 정당한 과정을 통해 형성된 권력 국가로, 러시아나 독일, 일본은 정당성 없이 총구로부터 형성된 폭력 국가로 자리 매김되고 있음을 볼 수 있다.

없는 것이다. 그렇다면 그것은 권력 세력이 아니라 폭력 세력이다. 오히려 권력은 그러한 폭력에 대항하는 자들에게 있다.[93]

요컨대, 아렌트의 이른바 '권력-폭력 대립론'에 의하면, 권력을 가진 주체란 단순히 어떤 국가 내지 어떤 집단에서 지배력 혹은 통치력을 가진 세력이라는 일반적인 시각은 설 자리가 없어진다. 이른바, '정당성을 부여받지 못한 권력은 이미 폭력'이라는 아렌트의 명제는 오늘날 권력의 진정한 속성이 어떠해야 하는지, 소위 권력이라 불리는 것이 폭력으로 변질될 여지가 얼마나 많은지, 그리고 진정한 권력은 어떻게 그 힘을 사용해야 정당한 권력으로 유지될 수 있는지에 대하여 깊은 통찰력을 제공해 주고 있다. 또한 진정한 권력은 폭력을 통해 형성되는 것이 아니라 많은 사람들이 함께 토론하고 함께 행동하는 곳에 존재한다는 아렌트의 주장 역시 진정한 권력 형성은 민주적 원리와 과정을 통해 이루어질 수밖에 없으며, 반대로 아무리 통치 권력이 경제적 발전과 같은 가시적 결과물을 가져왔다 할지라도 그 방법이 폭력의 과정을 통하여 이루어진 것이라면 그 또한 진정한 권력 세력으로 인정할 수 없음을 보여주었다.

폭력의 구조를 지속시키는 폭력: 부르디외의 상징폭력론

프랑스 사회학자 피에르 부르디외(Pierre Bourdieu)의 상징폭력은 기존의 폭력 개념에 새로운 지평을 열어준 것으로 평가할 수 있는 이론이다. 즉 그는 폭력의 현상을 기존의 마르크스주의에 의한 경제적 계급에서 발생하는 측면을 넘어 문화 속에서 형성된 문

---

[93] 김정한, 위의 책, 18쪽.

화적 계층이라는 차원에서 발생하는 구조적 폭력의 메커니즘을 밝혀냈던 것이다. 그가 간파한 문화적 장에서 이루어지는 폭력은 물리적이고 직접적인 폭력으로서가 아니라, 지극히 비가시적이고 간접적인 것으로 구조화된 폭력으로 나타난다. 상징폭력이란 지배하는 자와 지배받는 자의 무의식적인 공감에 의해 이루어지는 일종의 '오인(meconnaissance)' 메커니즘으로써, 지배하는 자는 자신의 권력을 정당화하고 지배받는 자는 이를 자연스러운 것으로 인정하고 수용함으로써 서로가 그것이 폭력구조임을 인식하지 못한 채 작동하는 폭력이라 할 수 있다. 상징폭력의 특별한 점은 폭력을 행사하는 주체와 이를 당하는 주체 모두가 이를 폭력이라고 인식하지 않는 데 있으며, 따라서 기존질서에서 이루어지는 폭력적 구조를 자연스럽게 재생산하고 지속시키는 효과를 보여준다는 것이다. 그러므로 상징폭력은 문화, 예술, 언어, 종교와 같이 권위가 존중되는 분야에서 쉽게 나타날 수 있다. 그렇다면 부르디외는 상징폭력을 어떻게 설명하고 있는가? 이 절에서는 그의 이론을 고찰해 보기로 한다.

부르디외는 우선 자신의 상징폭력 개념[94]을 전개하기 위하여 언어철학자 오스틴(J. L. Austin)의 화행론(Speech-act theory)을 끌어들여 자신의 이론적 토대로 삼고 있다. 화행론은 언어의 본질을 발화(utterance)를 사용하여 인간이 무엇인가를 행하는 행위라고

---

[94] 부르디외의 저작들에서는 상징권력(symbolic power)과 상징폭력(symbolic violence)이 혼용되고 있음을 발견할 수 있다. 부르디외는 상징권력의 개념을 특정한 방식(type)의 권력이라기보다는 사회생활 속에 일상적으로 전개되는 모든 권력 형태(form)의 한 측면으로 이해하고 있다. John B. Thompson, "Editor's Introduction" in Pierre Bourdieu, *Language and Symbolic Power*, Cambridge: Apolity Press, 1991, p.23.

보는 언어 이론이다. 언어학에서는 기본적으로 문장 의미를 진리 조건적(truth-conditional) 의미 측면에서만 한정하는 철학적 전통을 갖고 있었다. 참인지 거짓인지의 여부를 가릴 수 없으면 그 문장은 무의미하다고 보는 논리 실증주의(Logical positivism)나 언어의 구조와 체계, 문법성 등을 중심으로 문맥과 분리된 언어의 추상구조를 추구한 노엄 촘스키(Noam Chomsky) 언어학의 관점에서는 자연 언어의 의문문이나 명령문은 무의미한 문장으로 간주되어 왔었다.[95]

비트겐슈타인은 이러한 관점을 비판하면서 "의미는 사용(meaning is use)"이라는 이론을 폈고, 발화문은 언어 놀이(language game)라고 할 수 있는 언어 활동 속에서 역할을 가릴 때 비로소 설명될 수 있다고 주장한다.

오스틴은 일상 언어에는 참이나 거짓의 진술을 표현하기 위해서 사용되지 않고 어떤 일을 능동적으로 행하는 데 쓰이는 경우가 있음을 지적하면서, 이러한 발화를 수행문이라고 했다. 진술문과 수행문의 이분법에서 출발한 수행이론은 모든 발화가 수행기능을 지닌다는 발화의 일반 이론인 화행 이론으로 발전한다. 그리고 그의 이론은 썰(Searle)에 의해 발전되고 체계화된다.

오스틴은 화행을 발화 행위(locutionary act), 발화 수반 행위(illocutionary act), 그리고 발화 효과 행위(perlocutionary act)의 세 유형으로 구분한다. 발화 행위란 일정한 뜻과 지시를 가진 문장을 '발음하여 말하는 행위'로써, 음성 행위와 행태 행위, 의미 행위로 다시 세분화된다. 발화 수반 행위는 한 문장을 발화할 때 문장이

---

[95] Stephen C. Levinson, *Pragmatics*, Cambridge: Cambridge University Press, 1983, p.227.

갖는 고정적인 '말함으로 수행되는 행위'이다. 발화 효과 행위는 어떤 것을 말함으로써 청자나 다는 사람들의 느낌, 사고, 행동에 영향을 미친 결과 이루어지는 행위를 의미한다.[96]

우리는 어떤 문장을 발음하고 어떤 것을 지시, 명명하는 발화 행위를 수행하면서 동시에 질문, 대답, 명령, 요청, 임명, 선포 등이 발화 수반 행위를 한다. 발화 수반 행위는 화자의 의도가 반영되는 행위이며, 일정한 통사 구조를 통하여 수행된다. 진술문, 의문문, 명령문, 제안문 등의 문장 형식은 각각 진술, 질문, 명령, 제안 등의 발화 수반력을 지닌다. 발화 수반 행위가 관습적이며 확정적인 것이라면, 발화 효과 행위는 발화 상황의 특수성에 관계되어 발생하는 비확정적 행위이며 부수적이다.[97] 예컨대, 명령문이라는 문장 형식은 고정적으로 명령이라는 발화 수반 행위를 수행하지만, 명령의 결과로 발행하는 발화 효과 행위는 상황에 따라서 화자의 의도와 무관하게 발행할 수도 있는 것이다.

그래서 오스틴은 수행문을 진위여부를 묻는 전통적인 방법을 넘어 적절성의 관점에서 평가해야 한다고 주장한다.[98] 그는 적절성 여부를 가리는 척도로 적절성 조건(felicity conditions)을 세 가지로 구분하여 규칙화하였는데, 이른바 예비 조건(preparatory conditions), 성실성 조건(sincerity conditions), 본질 조건(essential conditions)이 그것이다.[99] 즉 하나의 화행이 적절하게 이루어지기 위해서는 화

---

[96] Ibid., p.236.
[97] Ibid., p.238.
[98] J. L. Austin, *How to do things with words*, Oxford: Oxford University Press, 1976, pp.12~13.
[99] Stephen C. Levinson, op.cit., p.239.

자에게 권위가 주어져야 하고(예비 조건), 이를 듣는 청자의 인정과 수용이 따라야 하며(성실성 조건), 화자가 전하고자 하는 메시지가 '발화'되어야만(본질 조건) 한다.

부르디외는 오스틴의 이러한 화행론에서 연구된 수행적 발언의 적절성 개념으로부터 상징폭력의 기본 구조를 찾아낸다. 오스틴에 의하면, 수행적 발화가 적절하기 위해서는 무엇보다도 관습적인 절차에 따라 적절한 인물에 의해 말해져야 함을 강조했다.[100] 수행적 발화가 가능하기 위해서 그 발화자는 그렇게 할 수 있는 권위가 있는 사람이어야 하고 그러한 행위에 요구되는 권위를 부여받은 사람이어야 한다.[101] 여기서 오스틴은 수행어의 적절한 발화를 위해서는 화자는 '관습적 절차'를 따라야 한다고 말한다.[102]

그러나 부르디외는 오스틴이 이러한 관습의 본질에 대해서는 자세히 연구하지 않았다고 보고, 오스틴은 발화 행위가 가진 권력 혹은 위력을 언어 자체로 제한하는 경향이 있다고 지적한다.[103] 그러면서 부르디외는 발화 행위가 가진 권력의 근거로서의 권위는 언어 자체로부터 나오는 것이 아니라 언어 외부로부터 나온다는 점을 망각하는 것이라는 반론을 제기한다.[104]

여기서 부르디외가 말하고자 하는 언어 외부란 바로 사회적 조건이며, 좀 더 구체적으로는 제도를 의미한다. 이 제도는 발화가 효율적이기 위해서 충족되어야 하는 조건(장소, 시간, 행위자)을

---

[100] J. L. Austin, op.cit., pp.12~24.
[101] John B. Thompson, op.cit., p.54.
[102] Ibid., p.243.
[103] Ibid., p.9.
[104] Ibid.

규정한다는 것이다. 즉 어떤 권위를 가지고 명명, 명령, 선언하는 화자의 수행적 발화들이 효율적이기 위해서는 그 사람이 그렇게 할 수 있는 권위가 있는 사람이어야 하는데, 그 권위는 제도적으로 위임받음으로써 이루어진다.105) 이처럼 권위를 제도적으로 위임받아 권력을 행사할 수 있는 지위에 있는 동안 그 개인은 정도의 차이는 있지만 상징 자본(symbolic capital)106)을 가지고 있다고 할 수 있다.

부르디외에 따르면, 상징권력이란 주어진 것을 말을 통해 형성하고, 사람들로 하여금 보고 믿게 만들며, 세계에 대한 전망을 확신시키거나 변형시키고, 그리하여 세계에 대한 행위와 따라서 세계 그 자체를 바꾸는 힘을 통해 획득될 수 있는 것과 동등한 것을 사람들로 하여금 갖게끔 만들 수 있는 거의 마술적인 권력으로서, 상징권력은 그것이 인지되었을 때, 즉 자의적으로 오인되었을 때만 행사가 가능한 권력이다.107) 이러한 상징권력은 정치적 권력이

---

105) Ibid., pp.8~9.
106) 부르디외는 상징 자본과 더불어 여러 가지 형태의 자본을 개념화 하여 사용하고 있다. 1) 문화 자본(Cultural capital) : 사회계급에 따른 개인의 불평등한 능력으로서, 계급적 차이에 따른 문화 자본의 분배구조와 관련하여 교육시장에서 실현되는 차등적 이익에 근거한다. 지속성을 지니는 신체적 성향, 습성 같은 '체화된 문화 자본', 그림, 골동품 등의 문화재 같은 '객관적 문화 자본', 학력 등으로 표현되는 '제도적 문화 자본'이 있다. 2) 사회 자본(Social capital) : 여기에는 지속적인 사회적 관계망의 점유 또는 특정 집단에의 소속 등(인맥, 학연, 연출, 소속단체)이 포함된다. 한 개인이 소유하는 사회 자본의 양은 그가 활용할 수 있는 관계망의 범위와, 그가 관계 맺는 타인들의 자본까지 포함한다. 3) 상징 자본(Symbolic capital) : 위신, 신망, 존엄, 명예, 명성 등이다. 권위와 명예의 재생산에 투입되는 의례와 전략 등을 포함하는 매우 유동적인 성질의 자본을 지칭한다. 4) 경제자본 : 물질로서의 자본이다. 상이한 종류의 자본들 간의 서열관계에서 '경향적 우위성'을 보인다.

나 경제적 권력을 통한 물리력으로서가 아니라 언어를 통한 권력이다.

따라서 상징권력은 정치권력이나 물리력보다도 더 효과적으로 작용할 수 있으며, 언어를 통한 상징적 지배는 어떠한 영향력의 행사보다 훨씬 강력하고 교활한 것이다. 여기서 부르디외는 모든 언어의 교환에는 권력의 작용을 포함하고 있다는 점을 전제하고 있는 것이다.

그렇다면 상징권력에 의한 상징폭력이 나타나는 사회는 어떤 사회인가? 이에 대하여 부르디외는 상징권력을 사용할 수밖에 없는 사회 구조가 있고 그렇지 않은 사회 구조가 있다고 말한다. 즉 그는 지배관계를 유지할 목적을 이루기 위한 어떤 객관화된 제도가 존재하는 유형의 사회와 그렇지 못한 사회를 구분한다. 부르디외는 객관화된 제도가 존재하지 않는 사회, 즉 사회 구성원들 사이에서 이루어지는 지배 관계가 제도와 같은 안정적인 매개 방식으로 수행될 수 없는 사회에서는 개인들 사이에서 지배관계를 매혹적인 관계로 포장해서 은폐하는 방식으로 이루어진다고 보았다.[108] 부르디외는 이러한 사회에서 가장 흔하게 발견되는 지배양식은 노골적인 폭력이 아니라 상징폭력이며, 그 예를 카빌 사회(Kabyle society)의 선물 교환 방식에서 발견했다.

그는 카빌 사회를 연구하면서 이러한 사회에서 가장 흔하게 발견될 수 있는 지배양식은 노골적인 폭력보다는 상징폭력이라고 보았다. 상징폭력은 피지배자들이 "점잖고 비가시적인 형태의 폭

---

[107] Pierrie Bourdieu, 정일준 옮김, 『상징폭력과 문화재생산』, 새물결, 1997, 101쪽.
[108] 위의 책, 66쪽.

력이라고 오인(misrecognition)하고 있는 것이자, 복종해야 할 것으로 생각하는 것이며, 그것은 신뢰와 개인적 충성, 환대, 선물, 채무, 인정, 경건의 폭력, 한 마디로 말해 체면 윤리(ethics of hornor)에서 존중되는 모든 덕목들의 폭력"인 것이다. 따라서 카빌 사회에서 선물교환은 일종의 상징폭력으로서, 그것을 통해 이해관계가 비이해적이고 호의적인 관계로 변화된다. 왜냐하면 주는 것은 또 다른 형태의 소유를 의미하기 때문이다. 즉 선물을 주었을 때 답례품이 돌아오지 않으면 선물은 갚아야 할 채무가 되고, 채무자로 하여금 온순하고 협조적인 태도를 취하게끔 만든다. 부르디외는 여기서 이러한 지배를 지속시키는 방식은 관련된 모든 사람들의 적극적 공모(active complicity)를 통해 이루어진다고 보았다. [109]

그러나 언어와 권력의 관계에 대한 보다 만족스러운 분석을 위해서는 행위 개념과, 행위와 사회세계의 제도적-구조적 차원 간의 관계에 대한 체계적인 분석이 필요하다. 즉 사회질서를 유지하거나 또는 전복시킬 수 있는 권력은 발언된 말 자체에 있는 것이 아니라 그 말을 한 사람이 정당하다고 믿는 신념의 체계가 있어야 한다.[110] 여기에서 바로 '오인(misrecognition)'이라는 개념이 등장한다. 한 마디로, 상징권력은 오인을 낳는 일정 형식 자체, 다시 말해서 그 권력을 정당한 것으로 인정(recognition)하게끔 하는 형식 속에서, 그것을 행사하는 사람에 의해서만 실행될 수 있고, 그것을 받아들이는 사람에 의해서 지속될 수 있는 것이다.[111]

그러므로 상징권력이 행사되기 위해서는 그 권력이 완전히 오

---

[109] John B. Thompson, op.cit., pp.23~25.
[110] Ibid., pp.101~102.
[111] Ibid., pp.231~232.

인되는 곳, 사실상 공식적으로 인식되고 있는 곳이 필요하다. 왜냐하면 상징권력이란 자신들이 상징권력에 복속당해 있거나 또는 자기들 자신이 바로 상징권력을 사용하고 있음에도 불구하고 그런 사실을 알고자 하지 않는 사람들의 공모(complicity)에 의해서만 행사될 수 있는 비가시적 권력이기 때문이다.[112] 다시 말해서, 말의 상징적 효율성은 거기에 굴복하는 사람이 공식적으로 그것을 행사하는 사람을 인정하는 한에서만 효력을 가진다. 즉 복종하는 사람이 상징적 효율성이 바로 자신의 인정으로 인해 가능하다는 사실을 인식하지 못하는 한에서만 효력이 있다. 상징적 효율성은 성직이라 불리는 사회적 기초이자 성직자들이 설파하고 보증하는 신앙과 신비보다 더 깊은 차원에 존재하는 신앙에 전적으로 의존한다.[113]

부르디외는 이러한 상징권력에 의한 상징폭력은 예술이나 종교, 교육이나 언어의 분야에서 많이 나타나는 현상이라고 본다. 특히 종교 분야에서 상징권력은 경전과 평신도 사이에서 이를 매개하는 문화번역자로서의 성직자들이 경전이라는 절대적 권위의 텍스트를 신학이라는 지식의 권위를 가지고 임의적인 전유를 통하여 평신도들에게 복종과 헌신을 강요하는 방식으로 수행되고 있다. 부르디외의 논리에 따르면, 여기서 종교적 언어의 권력을 수행하는 성직자와 이를 수용하는 평신도들 사이에는 성직자의 말에 대한 평신도의 인정과 공감을 통한 공모와 오인의 과정이 강력하게 자리 잡고 있다는 것이다.

무엇보다도 상징폭력은 지배관계가 자기 규제적 시장, 교육체계

---

[112] Ibid., p.92.
[113] Ibid., p.196.

혹은 국가와 같은 객관적인 제도에 의해 유지되는 사회에서는 상이한 형태들을 띠며 다양하게 나타난다. 따라서 교육체계는 상징폭력을 행사하는 제도적 대행기관이다. 교육체계가 기존 질서를 정당화시키는 이데올로기적 기능을 그토록 완벽하게 수행할 수 있었던 까닭은 사회적 메커니즘 중의 최고의 메커니즘인 교육체계가 계급사회에서 주입 기능, 즉 지적-도덕적 통합 기능과 계급사회에 특징적인 계급관계 구조를 유지하는 기능을 통합하고 있다는 사실을 은폐할 수 있었기 때문이다. 상징폭력이 문화적 자의성을 부과하는 것이라면, 그러한 폭력은 언어상의 위계와 언어 사용 방식들 사이의 위계에도 함축되어 있다.

부르디외는 상징권력에 의한 상징폭력이 지속성을 가지고 재생산되는 데에는 사회적 제도화의 과정이 필수적이라고 말한다.[114] 상징권력이 수행되는 마술적 원리는 행위자를 집단과 사회적 세계의 매개자로 임명함으로써 이들 합법적 대표자들로 하여금 말을 통해서 사회세계에 작용할 수 있게끔 하는 직무 제도의 사회적 조건에 기반한다.[115] 소위 권위적 언어라는 것은 그것이 지배하고 있는 제반의 것들과의 공모가 없이는 결코 지배할 수 없으며, 이러한 공모는 오인에 기초하고 있는 것으로서 모든 권위의 근간이라고 부르디외는 보고 있다.[116] 여기에서 그는 상징권력의 지속적 수행의 기제 혹은 사회적 제도화로서 의례를 예로 든다.

의례가 가능하고 작동하기 위해서는 우선 의례가 정당한 것으로 제시되고 또 그렇게 받아들여져야만 하는데, 거기에는 관련된

---

[114] Ibid., p.151.
[115] Ibid., p.153.
[116] Ibid., p.193.

사람들이 자신의 이름과 그 자신의 권위를 가지고 행동하는 것이 아니라, 대표자격으로 행동함을 정확히 보여줄 수 있는 통념적인 상징들을 갖추는 것이 필요하다.[117]

부르디외에 따르면, 상징권력은 제도화 의례의 과정을 통하여 수행자의 발화를 정당한 것으로 혹은 그에 상당하는 것으로 용인하게끔 함으로써 자의적 경계(arbitrary boundary)를 신성화하거나 정당화하는 경향을 갖는다.[118] 예를 들면, 여성과 남성을 상이하게 취급함으로써 의례는 차이를 신성화하고 제도화하는데, 그와 동시에 의례는 남자를 남자로, 즉 포경수술을 시키며, 여자는 여자로, 즉 그러한 의례를 할 필요가 없는 사람으로 만들어 놓는다는 것이다.

그러므로 부르디외는, 제도와 의례는 사회적 대립을 전 우주적인 대립으로(즉 남자와 여자의 관계는 태양과 달의 관계와 같다는 식으로) 통합시키는 논리적인 경향을 갖는다고 말한다.[119] 한 마디로, 제도화한다는 것은 신성화하는 것이며, 즉 사물의 특정한 상태, 기존의 질서를 법적 정치적 의미에서 제정하여 이를 재가하고 신성화함을 의미한다. 또한 제도화 행위는 무로부터 혹은 양성 간의 생물학적 차이나 장자 상속권에 기초해서 상속자를 정하는 경우에서 나타나는 연령상의 차이처럼 사실 이미 있었던 차이를 이용함으로써 차이를 만들어내는 사회적 마술행위라고 정의한다.[120] 부르디외가 말하는 제도와 의례라는 것은 사회 구성원들로 하여

---

117) Ibid., p.194.
118) Ibid., pp.198~199.
119) Ibid., p.200.
120) Ibid., p.201.

금 품위를 떨어뜨리고 싶은 유혹을 효과적으로 방지하기 위하여 보편적으로 채택되는 전략이며, 이 과정을 통하여 차이를 자연화, 즉 그것을 일종의 문화적 성향 체계, 곧 아비투스[121]의 형태로 만들어 주입함으로써 제2의 자연이 되게 한다는 것이다.[122]

요컨대, 부르디외의 상징폭력론은 오늘날 간접폭력 혹은 구조적 폭력을 설명하는 체계로서 매우 중요한 이론으로 자리잡고 있다. 특히 권위라는 상징권력을 구성하는 사회 구조와 제도 속에서 이루어지는 상징폭력은 그 폭력을 행사하는 주체나 이로부터 피해를 받는 주체 모두 이를 인식하지 못한다는 데서 그 효과는 다른 어떤 물리적 폭력에 못지 않다고 볼 수 있다. 보이지 않는 폭력의 구조 속에서 지속적으로 폭력을 재생산하고 확대하는 힘으로서의 상징폭력은 결국 폭력에 대한 수용자 자신의 자기인식과 끊임없는 의심의 해석학을 통한 비판적 자세, 그리고 지속적인 인정투쟁 없이는 이 폭력의 사슬을 끊을 수 없는 강력함을 갖고 있다. 상징폭력은 주로 물리적 폭력이 발생한 이후, 예컨대, 국가설립 과정에서 발생한 초석적 폭력 이후, 이를 지속하고 정당화하는 과정에서

---

[121] 부르디외에게 있어 아비투스란 구조와 실천을 매개하는 지속적이고 이항 가능한 성향들의 체계이다. 아비투스는 존재 조건을 구성하고 있는 구조들의 산물이며, 그러한 존재 조건 속에서 아비투스가 획득된다. 여기서 성향들은 지속적인 방식으로 주입된다. 아비투스는 개인이 세상을 살아가는 전반적인 삶의 방식, 즉 걷고, 말하고, 행동하고, 먹는 방식에 반영된다. 성향들은 '이항 가능한' 것인데, 그 의미는 성향들이 애초에 획득된 장(field)이 아닌 다른 장들에서도 실천을 발생시킬 수 있다는 것이다. 지속적으로 내장된 성향체계로서 언어적 아비투스는 육체에 새겨지고, "육체적 헥시스의 한 차원을 구성하게 되는데, 사회 세계와 맺는 전반적 관계와, 사회적으로 주입된 세계와 맺는 관계방식이 육체적 헥시스 속에서 나타난다."

[122] Ibid., p.206.

사용되는 경우가 많으며, 따라서 기존의 국가체제 혹은 기득권 세력의 질서를 유지하는 데 이용될 수 있다. 앞으로 살펴볼 제주4·3의 경우에서 상징폭력은 사태 이후 50여 년 동안 학살의 사실을 억압하고 가해자의 폭력 역사를 정당화하고 합리화하는 과정에서 권위적 사회 구조의 틀 속에서 철저하게 이루어진 사실을 볼 수 있다.

폭력을 끝장내는 만장일치의 폭력: 지라르의 희생양 이론

앞서 보았듯이, 소렐과 벤야민의 폭력이론은, 본인들의 의도와는 달랐지만, 결과적으로 프롤레타리아의 혁명을 위한 도구적 개념으로서의 폭력 사용에 대한 정치적 정당화의 효과를 가져왔다. 당시로서는 합법적 권력을 제외한 모든 물리적 폭력을 불법적인 것으로 보았던 기존의 인식에 새로운 도전을 준 기폭제가 되었다. 한나 아렌트의 권력-폭력 대립론은 권력을 폭력의 한 양태로 보았던 기존의 권력 인식을 비판하고 오히려 정당성 없는 권력이 폭력을 낳게 하고, 권력의 실패로서의 폭력 개념을 제시했다는 점에서 권력과 폭력의 본질에 대한 명확한 구분을 해주었다. 따라서 아렌트는 우리에게 권력의 이름으로 행하는 합법적 폭력이라는 현상 또한 다수의 국민에 의한 동의 없이 행해진다면 그것은 분명히 권력이 아니라 폭력이라는 변별력을 제공해 주었다. 피에르 부르디외의 상징폭력론은 물리적, 직접적 폭력의 문제만을 다루었던 기존의 폭력 담론에 그 폭력을 지속시키고 재생산시키는 비가시적, 구조적 폭력의 메커니즘을 드러내 주었다는 면에서 진일보한 이론이다. 특히 권력을 통해 폭력을 행사하는 주체와 이를 받아들이는 주체의 상호 공감 내지 오인의 메커니즘을 통하여 이를 폭력으로 인식하지 못하게 함으로써 기존의 폭력 구조를 지속시킨다는 논리는 우리 사회 곳곳에 숨어 있는 구조적 폭력의 모습을 잘 보여준 이론이라 하겠다.

르네 지라르(Rene Girard)의 희생양 메커니즘은 폭력이라는 것이 인류 역사에서 사라지지 않는 불멸성 같은 것을 갖고 있다는 것, 인간 사회는 철저히 폭력으로부터 스스로를 보호하기 위한 어떤 예방적 장치를 가지려 한다는 것, 그리고 폭력의 해결책은 또 다른 폭력이어야 한다는 것, 그래서 사회 내부의 갈등과 폭력의 위기를 벗어나기 위하여 최소한의 폭력을 선택함으로써 이를 해결하려 한다는 것을 보여주는 이론이다. 이를 지라르는 희생양 메커니즘이라 명명하고, 여기에서 그는 폭력이 우리 사회에서 어떻게 발생하며, 어떻게 확대되며, 그리고 어떻게 해결되고 마무리되는가에 대한 구체적인 작동의 원리들을 밝혀줌으로써 폭력 이론의 새로운 지평을 열어 주었다. 이 절에서는 지라르의 폭력에 대한 논의를 희생양 메커니즘을 중심으로 살펴보자.

지라르의 폭력 이론은 욕망이라는 주제로부터 출발한다. 그는 1961년 그의 첫 저서 『낭만적 거짓과 소설적 진실』에서 소설 속의 인물들이 어떻게 욕망하는가 하는 인간 욕망의 구조를 밝힌다. 그에 따르면, 소설 인물들의 욕망은 삼각형의 욕망을 보여준다. 즉 욕망의 주체와 대상 사이에 그 대상을 욕망하게 한 타자가 숨어 있다는 것이다. 그러므로 인간의 모든 욕망은 스스로에 의해 자발적으로 형성되는 것이 아니라 타자에 의해 매개되고 촉발된 욕망이다. 어떤 것을 욕망한다는 것은 어떤 것을 욕망하게끔 촉발되었다는 것을 뜻한다.[123] 이처럼 타자에 의하여 매개된 욕망을 일컬어 그는 '모방적 욕망'이라고 불렀다. 그는 모방적 욕망의 개념을 다음과 같이 설명한다.

> 사람들은 욕망이 객관적이거나 아니면 주관적이라고 생각한다. 그러나 욕망은 사실 그 대상을 가치 있게 만드는 타인에 근거하고 있는데, 이 타인은 곧 가장 가까이 있는 제삼자, 즉 이웃이다. 사람들 사이의 평화를 유지하기 위해서는, '이웃이 우리 욕망의 모델'이라는 분명히 확인된 이 중요한 사실에 비추어서 금기를 보아야 한다. 이것이 바로 내가 '모방적 욕망'이라고 부르는 것이다.[124]

여기서 그는 욕망이 모방적이라면, 즉 모방에 의해 생겨나면 주체는 그의 모델이 소유하거나 욕망하는 것을 욕망한다고 말한다. 그런데 주체는 그의 모델과 같은 세계에 있을 수도 있고 다른 세계에 있을 수도 있다. 후자의 세계에 있는 모델의 경우 그를 모방하는 주체와 전혀 다른 환경이기 때문에 서로 간에 어떠한 갈등도 일어나지 않는다. 영화배우와 같은 경우가 여기에 속한다. 지라르는 이런 경우를 '외적 중개(la mediation externe)'라고 부른다. 반면, 모방하려는 모델이 주체와 같은 세계 혹은 환경에 살고 있다면, 다시 말해 모델이 우리의 이웃이라면 그가 소유하거나 욕망하는 대상을 우리도 소유하고 욕망할 수 있게 되는데, 이를 지라르는 '내적 중개(la mediation interne)'라고 이름 붙였다. 내적 중개는 끝없이 더 격렬해지며, 주체와 모델의 물리적·심리적 근접성 때문에 갈수록 더 많은 대칭을 만들어내게 된다. 결국에는 그의 모델이 자신을 모방하는 만큼 주체는 모델을 모방함으로써, 주체는 그

---

[123] 김현, 『르네 지라르 혹은 폭력의 구조』, 나남, 1987, 29쪽.
[124] Rene Girard, 김진식 역, 『나는 사탄이 번개처럼 떨어지는 것을 본다』, 문학과 지성사, 1999, 22쪽.

의 모델의 모델이 되며, 둘의 관계는 갈수록 더 많은 갈등으로 나아가게 된다.125)

이웃 욕망에 대한 모방성은 경쟁심을 낳고 그 경쟁심은 또 역으로 모방을 낳는다. 경쟁자의 등장은 욕망의 정당성과 대상의 가치를 확인시켜 주는 것 같아서, 내가 그의 욕망을 모방함으로써 나는 내 경쟁자에게 그가 욕망하는 것을 욕망할 만하고 소유한 것은 소유할 만한 합당한 이유가 있다는 인상을 주게 된다.126) 지라르는 이처럼 외적 중개이든 내적 중개에 의한 것이든 모든 욕망은 중개된 욕망이며, 그런 의미에서 자신의 욕망은 자발적이며, 자기는 자기의 주인이라고 믿는 것은 낭만적 환상, 낭만적 거짓이라고 정의한다. 반면 진정한 소설은 그 낭만적 거짓을 드러내, 모든 욕망은 매개된 욕망이라는 것을 보여주는 소설이라고 말한다.127)

모방적 욕망은 내적 중개에 의하여 주체와 모델 사이에 심각한 갈등 양상으로 발전하게 되는데, 지라르는 이를 '모방적 경쟁'이라고 불렀다. 주체와 동일한 환경에 있는 모델, 주체와 똑같은 것을 욕망하는 모델, 주체와 똑같은 세계 속에서 똑같은 것을 욕망해야 하는 우리의 이웃이자 형제인 모델과의 관계는 점점 더 그 갈등의 양상이 심화된다. 갈등은 경쟁관계로 발전하게 됨으로써 모방적 욕망은 모방적 경쟁으로 전환되고, 이 관계가 뜨거워지면서 욕망의 대상은 사라지고, 이 두 경쟁자를 사로잡는 유일한 목표는 대상을 획득하는 것이 아니라 상대방을 이기는 것으로 바뀐다. 이렇게 되면 경쟁자들은 갈수록 더 똑같은 사람이 되는데, 지라르는

---

125) Rene Girard, 김진식 역, 『문화의 기원』, 기파랑 에크리, 2004, 66~67쪽.
126) Rene Girard, 『나는 사탄이 번개처럼 떨어지는 것을 본다』, 23쪽.
127) 김현, 앞의 책, 30쪽.

이 상태를 '짝패(double)'라고 불렀다.128) 그에 의하면, 짝패 관계는 폭력의 본질적 원인이 되는 중요한 현상이다. 폭력의 쌍둥이로서의 짝패가 폭력의 원인이 된다는 말은, 폭력의 발생이 차이나 차별, 다름에서 오는 것이 아니라 동일성, 무차별, 획일성, 쉽게 말해서, 똑같음에서 온다는 것이 지라르의 폭력 분석에 있어서 매우 중요한 통찰이다. 욕망의 경쟁 관계는 점차 가열되면서 주변으로 전파되는 속성이 있는데, 이제 경쟁 관계는 우리만큼이나 헛되이 '무한'에 목말라 하는 제삼자들에게 전염된다. 여기서 지라르는 인간 폭력의 주요 원인은 우연한 결과도, 무슨 '공격 본능'이나 '공격 충동'의 결과는 더더욱 아니며, 그것은 오직 '모방적 경쟁 관계'라고 주장한다.129)

모방적 경쟁이 심화되면 이제 '모방위기' 또는 '희생위기'라 불리는 단계로 접어든다. 이 위기는 주체와 모델의 역할이 이런 경쟁 상태로 변할 때 오는 일종의 무차별화의 위기이다. 지라르는 희생위기는 차이의 위기, 즉 총체적인 문화 질서의 위기라고 규정하면서, 사실 문화 질서는 차이들로 조직된 제도에 다름 아니며, 모든 개인들이 타인과의 관계에 따라 자신의 자리를 잡는 것은 '자기 동일성'을 부여해 주는 바로 이 차별적 편차 때문에 가능한 것이었다고 말한다.130) 그에 따르면, 등급(gradus)은 모든 자연적·문화적 질서의 원칙인데, 이는 모든 사람들이 서로에 대한 관계 속에서 자리잡을 수 있도록 해주고, 조직화되어 위계질서를 갖춘 총체 가

---

128) Rene Girard, 김진식 역, 『문화의 기원』, 67쪽 ; 김진식 역, 『폭력과 성스러움』, 민음사, 1997, 122쪽.
129) Rene Girard, 『나는 사탄이 번개처럼 떨어지는 것을 본다』, 24쪽.
130) Rene Girard, 『폭력과 성스러움』, 76~77쪽.

운데서 사물들이 의미를 갖도록 해주는 것이며, 나아가 인간들이 변형시키고 교환하고 조정하는 대상과 가치들을 형성하는 것이다.[131]

　모방위기 혹은 희생위기는 바로 이러한 등급의 파괴, 차이의 소멸로 인하여 발생하는 것이다. 지라르는 원시종교와 마찬가지로 그리스 비극에서도 폭력적 혼란이 일어나는 것은 차이 때문이 아니라 차이의 소멸 때문임을 지적하고, 이러한 위기는 인간들을 그들로부터 모든 변별적인 특성, 모든 '동질성'을 빼앗아버리는 영원한 시련 속으로 던져 넣는다고 말한다.[132] 희생위기 속에서는 아무 것도, 어느 누구도 그 피해에서 벗어나지 못한다. 논리적인 계획도, 합리적인 행동도 더 이상 존재할 수 없다. 모든 형태의 협동은 해체되고 격동에 휩쓸리며 정신적, 물질적 모든 가치들이 상실된다.[133] 그에 따르면, 희생위기는 곧 차이의 종말인데, 그것은 약한 자를 억압하는 힘이며 아버지를 때려죽이는 아들이다. 따라서 이것은 인간 정의의 종말이기도 하다. 인간적 정의란 차이의 질서에 뿌리박고 있기 때문에 이 질서가 사라짐으로써 모든 정의가 함께 사라지고 만다.[134] 이처럼 차이가 빠진 곳에는 언제나 폭력의 위협이 도사리며, 일단 폭력이 공동체 속으로 침투하면 그것은 계속해서 증식되면서 강화된다. 공동체의 무조건적인 소멸에 앞서 보복의 사슬이 어떻게 끊어질 수 있을 지 아무도 모르는 사태가 벌어진다고 지라르는 보고 있다.[135]

---

[131] 위의 책, 78~79쪽.
[132] 위의 책, 79~80쪽.
[133] 위의 책, 80쪽.
[134] 위의 책, 80쪽.
[135] 위의 책, 87쪽, 103쪽.

이러한 위기가 격렬해질수록 적대자들을 분리시키는 차이는 점점 더 빠르고 강하게 동요하기 시작한다. 어느 한계를 넘어서면, 비상호적인 순간들이 서로 구분되지 않을 정도로 빠르게 교차되어 나타난다. 높은 것과 낮은 것들, 즉 지금까지 한 번도 뒤섞이지 않은 채 서로 대립되면서 교대로 나타나던 모든 극단적인 것들이 여기서는 뒤섞여 나타나게 된다.[136] 지라르는 여기서 이 세계의 권력은 비대칭적인 두 개의 권력으로 나누어져 있는데, 하나는 법적 권력 기관이며 다른 하나는 군중이다. 그런데 이 두 권력이 평상시에는 전자가 후자보다 힘이 세지만 위기 시에는 그 반대가 되어 군중의 힘이 강해진다.[137] 이른바 차별의 소멸에서 온 무차별화요, 등급의 무너짐에서 오는 무질서화로 인한 희생위기의 단계에 접어든 것이다.

이제 폭력이 사회 내부를 강력하게 위협하는 희생위기의 사태를 어떻게 해결할 것인가? 이 위기로부터 벗어나기 위하여 사회는 어떠한 대안을 제시하는가? 지라르가 이 지점에서 발견한 것이 바로 '희생양 메커니즘'이다. 폭력에 대한 유일한 해결책은 또 다른 폭력이기 때문에 위기의 절정에서는 폭력이 모든 욕망의 수단이자 동시에 주체이며 대상이 된다.[138] 즉 폭력을 사용하지 않고서는 폭력을 근절할 수 없으며, 그러므로 폭력은 끝날 수가 없다. 물론 모두가 폭력의 최종 결정판이라고 소리치지만, 바로 이 때문에

---

[136] 위의 책, 239쪽.
[137] Rene Girard, 김진식 역, 『희생양』, 민음사, 1998, 199쪽. 지라르는 지금까지 정치학이나 기타 인문과학들이 밝혀내지 못한 이 과정을 모방 이론이 밝혀낼 수 있었다고 말하면서, 바로 이러한 모방적 경쟁 메커니즘이 인간 사회의 파멸 원리라고 주장하고 있다.
[138] Rene Girard, 『폭력과 성스러움』, 217쪽.

보복에 보복이 거듭되면서 진정한 결말은 결코 나타나지 않는다.[139]

따라서 사회는 폭력에 대하여 폭력으로 해결하려 하지만 결국 폭력의 악순환이 반복되기 때문에 폭력을 최소화할 수 있는 방법, 즉 폭력이지만 폭력처럼 보이지 않는, 이른바 '폭력을 숨기는 폭력'을 찾게 된다. 사회 내부의 폭력이 극에 달하면 사회는 무슨 대가를 치르고서라도 보호하려고 애쓰는데, 자신의 구성원을 해칠지도 모르는, 비교적 그 사회와 무관한, 즉 '희생할 만한' 희생물에게로 관심을 향하게 한다.[140] 즉 폭력을 단 한 사람의 '죄인'에게 통째로 전가시킴으로써 현재와 미래까지 물들게 할지도 모르는 과거 폭력의 진실을 몰아내는 유일한 방법으로써 희생물을 찾게 된다.[141]

그렇다면 희생위기를 타개하기 위하여 사회가 선택하는 희생양은 어떤 자들인가? 즉 사회가 찾고 있는 '희생할 만한' 대상은 누구인가? 무엇보다도 복수할 수 없는 자들이어야 하고, 소수자이며, 사회적 약자이자 주변인이어야 한다. 그리고 그들은 도덕적으로, 사회적으로 비난받을 만한 자들이어야 한다. 특히 그들은 무차별화의 범죄를 당하기 쉬운 부류들이어야 한다. 즉 종교, 민족, 국적의 소수자들이 비난받는 이유는 그들이 우리와 달라서가 아니라, 제대로 차이가 나지 않기 때문이다.[142] 주류 사회와 너무나 유사하고 동일하기 때문이다. 그래서 그 사회에 모방경쟁을 불러일으킬 만한 위협적인 부류로 낙인찍혀야 한다. 이때의 희생양은 유태인·나병환자·이방인·불구자와 같이 모든 종류의 주변인들, 즉

---

[139] 위의 책, 44쪽.
[140] 위의 책, 14쪽.
[141] 위의 책, 127~128쪽.
[142] Rene Girard, 『희생양』, 41쪽.

사회에서 내쫓긴 자들이며,[143] 때로는 전쟁포로도 있고 노예도 있으며 아이와 총각도 있으며, 그리스의 '파르마코스'처럼 인간쓰레기도 있으며 어떤 사회에는 왕도 그 대상이 될 수 있다.[144]

희생물이 선택되면 그 사회가 그들에 대하여 가하는 폭력은 '일인에 대한 만인의 폭력', 즉 '만장일치의 폭력'이다. 그들은 만장일치의 폭력이야말로 폭력을 증폭시키지 않고 종결짓는 유일하게 '좋은 폭력'임을 깨닫는다. 이 폭력은 만장일치적이기 때문에 질서와 평화를 회복시키며, 따라서 폭력에서 나온 이 의미들이 막강한 힘을 획득하게 된다.[145] 이러한 만장일치적 폭력이 가능해지기 위해서는 어떻게 해서든지 동질성과 상호성이 적대자들에게 부여되어서 체제의 내부에서 이러한 기운이 팽배해야 한다.[146] 만장일치적 폭력의 분위기를 만들기 위해 지라르는 체제를 보는 시선의 관점을 이야기한다. 곧 체제의 안에서 보는 관점과 체제의 밖에서 보는 관점이다. 안으로부터의 관점에서는 차이들밖에 없고, 밖으로부터의 관점에서는 동질성밖에 없다. 여기서 사회는 밖으로부터의 관점을 선택한다. 즉 상호성과 동질성은 보이지만 차이를 부정하는 관점만이 희생물에 대항해서 그리고 희생물 주위에 다시 만들어지는 만장일치의 비결인 폭력적 해결의 메커니즘을 발견할 수 있기 때문이다.[147]

이제 동일한 대상으로 묶여버린 희생물을 모든 사람들의 적으

---

[143] Rene Girard, 『나는 사탄이 번개처럼 떨어지는 것을 본다』, 97쪽.
[144] Rene Girard, 『폭력과 성스러움』, 25쪽.
[145] 위의 책, 129쪽.
[146] 위의 책, 238~239쪽.
[147] 위의 책, 238쪽.

로 규정하고, 그들을 비난하고 공격함으로써 일단 추방하고 없애고 나면, 군중들의 마음에서는 적개심이 사라지고 적도 없어지게 된다. 사회 내부에 존재하는 하나뿐인 적을 처리함으로써 적어도 일시적으로 이 사회는 더 이상 어느 누구에 대해서도 어떠한 원한과 증오도 갖지 않으며, 결국 사회는 온갖 긴장과 분리·분열로부터 '순화'되었다고 느끼게 된다.[148] 희생양이 죽으면 페스트는 치유되고, 자연의 힘은 평정되고, 혼란은 가라앉고, 막혔던 것들은 다시 통하고, 중지된 것들은 계속되며, 공백은 채워지고, 무차별은 다시 차이가 나기 시작하고, 평화가 다시 찾아오면서 위기는 종결된다.[149]

그런데 사회는 이러한 만장일치적 폭력을 수행함에 있어 자신들의 폭력이 폭력으로 보이지 않아야 하고, 설령 폭력으로 보인다 하더라도 '좋은 폭력' 혹은 '최소한의 폭력'으로 인식시키기 위해 종교적 신비화를 꾀한다. 이른바 '희생제의'라는 방식이다. 희생제의는 무엇보다 만장일치의 폭력을 이용하여 그 집단에 생긴 뜻밖의 위기를 해결하는 자연발생적인 해결책으로써,[150] 그 사회의 갈등 사태에 화해를 가져다주는 희생양 메커니즘의 만장일치적 폭력을 분명하게 재생산하는 기능을 수행한다.[151] 희생제의는 조그만 만족도 얻지 못하고 있던 폭력 욕구에다 무한히 새로워질 수 있는 배출구를 제공하며, 폭력의 싹이 퍼지는 것을 막는다. 즉 사람들이 함부로 복수하지 못하게 하는 기능을 한다.[152] 희생제의라

---

[148] Rene Girard, 『나는 사탄이 번개처럼 떨어지는 것을 본다』, 54쪽.
[149] 위의 책, 89쪽.
[150] 위의 책, 120쪽.
[151] 위의 책, 87쪽.

는 엄격한 장치 뒤에는 대상을 바꿔치기하는 폭력 속성의 '교묘한 조작'이 숨어 있는데, 지라르는 이것을 바로 종교를 통해서 수행한다고 말한다.153) 즉 종교적인 것은 항상 폭력을 달래서 그것이 폭발하는 것을 막으려 하는데, 사회는 희생제의를 신앙심의 정신속에서 행하면서 희생이 죄스러운 행위이면서 동시에 아주 성스러운 행위로, 합법적인 폭력이면서 부당한 폭력으로 보이게 한다.154) 따라서 희생제의의 기능은 폭력을 '순화시키는 것', 다시 말해 폭력을 '속여서' 복수 받을 위험이 없는 희생물에게 폭력을 향하게 하는 데 있다.155)

지라르는 이러한 희생제의는 결국 종교적 표상인 '성스러움'이라는 외양으로 나타나면서 그 안에 폭력을 숨기는 기능, 즉 사람들로 하여금 거룩한 희생물의 봉헌을 통하여 전혀 폭력을 인식하지 못하게 하는 효과를 드러내 보여주는 방식임을 지적하고 있는 것이다. 그래서 그는 자신의 저서『폭력과 성스러움』이라는 제목이 암시하듯이, 성스러운 것의 작용과 폭력의 작용은 같은 것이며, 폭력과 성스러움은 결코 뗄 수 없는 관계라고 강변하고 있는 것이다. 즉 성스러움의 진짜 핵심과 감추어진 본체를 이루고 있는 것은 폭력이며, 이 폭력은 인간에게 무서운 얼굴을 보이면서 피해를 주기도 하지만 때로는 온화한 빛으로 나타나 그 주위에 희생이라는 선행을 베풀기도 하는, 이른바 양면성의 비밀을 갖고 있어 인간은 이를 꿰뚫어 보지 못한다. 폭력의 진실을 교묘하게 종교적으

---

152) Rene Girard,『폭력과 성스러움』, 33쪽.
153) 위의 책, 35쪽.
154) 위의 책, 36쪽.
155) 위의 책, 58쪽.

로 속이는 희생제의를 통하여 사회는 내부의 폭력을 진정시키고 분쟁의 폭발을 막을 수 있게 된다. 그는 이를 '희생적 폭력'의 효과로 부른다.156)

요컨대, 지라르에 따르면, 희생양 메커니즘은 이중의 구원자이다. 이 메커니즘은 만장일치를 실현시킴으로써 모든 차원의 폭력을 침묵시킨다. 그리고 이것은 가까운 사람끼리 싸우는 것을 막고 인간의 진실이 드러나지 못하게 하면서 그 진실을 이해할 수 없는 성스러움인 양 인간세계 밖에 위치시킨다.157)

그러나 여기서 지라르는 폭력의 진실을 숨기는 폭력으로서의 희생양 메커니즘에 대하여 이를 비판하고 폭로하는 주체가 있음을 소개한다. 그것이 바로 성서라는 텍스트이다. 그에 따르면, 희생양 메커니즘을 보여주는 텍스트가 두 가지가 있는데, 하나는 신화이고 다른 하나는 성서라는 것이다. 여기서 신화적 해석은 박해자에게는 죄가 없고 희생물에게만 죄가 있다고 표현하는 텍스트인 반면, 성서는 희생물에게는 죄가 없으며 박해자에게 죄가 있음을 고발하는 텍스트라는 것이다. 즉 폭력을 숨기는 것이 신화의 고유 속성이라면, 폭력을 폭로하는 것이 유대 기독교 기록의 고유 속성이라는 것이다.158) 지라르는 성서야말로 희생양 메커니즘의 작동을 막을 수 있는 유일한 텍스트라고 주장한다.

예컨대, 그리스도를 십자가에 못박던 자들은 평소처럼 희생양 메커니즘에 따라 자신들의 폭력 행위가 폭로될 위험을 멀리했다고 믿었다. 그러나 그들은 자신들의 폭력의 진실을 폭로할 힘이

---

156) 위의 책, 59~60쪽.
157) 위의 책, 416쪽.
158) Rene Girard, 『나는 사탄이 번개처럼 떨어지는 것을 본다』, 186쪽.

십자가에 있을 줄은 미처 짐작도 못했다. 이럼으로써 십자가는 희생양 메커니즘이 모든 것을 지배하기 위해 주변에 둘러치고 있던 어둠을 걷어냄으로써 세상을 완전히 전복시켰다.159) 복음서를 비롯한 성경의 텍스트는 희생양에 대하여 철저하리만큼 무고한 존재임을 드러내 줌으로써 희생양 메커니즘의 작동 속에 숨어 있는 폭력의 실체를 폭로하고 있다고 지라르는 평가한다. 이처럼 폭력을 성스러움으로 숨기는 교묘한 장치로서의 희생양 메커니즘 속에 있는 폭력을 폭로하고 이로부터 해방시키는 전거(典據)로서 성서의 해석에서 그 대안을 찾은 것은 매우 인상적인 통찰로 보인다.

지라르의 희생양 메커니즘 이론은 앞으로 다루게 될 제주4·3이라는 폭력의 한 사례를 분석함에 있어서 중요한 해석적 틀을 제공할 수 있다. 이 이론에 따르면, 1948년 제주도에서 발생한 폭력의 사태는 결국 세계대전의 종식과 함께 시작된 국제적 냉전구도의 등장, 일제로부터의 탈식민화 과정, 그리고 국가형성이라는 한반도의 상황이 삼중적으로 맞물리면서 불가피하게 분출하게 된 거대한 국가 폭력의 위기 앞에서 제주도라는 작은 변방의 섬을 희생물로 삼아 사회 내부의 갈등을 봉합하고 국가형성을 이룩할 수 있었다는 논리로 설명될 수 있다.

---

159) 위의 책, 180쪽.

2장

이론의 지평

국제 제노사이드 이론

국제 제노사이드 이론

1. 개념론 : 제노사이드란 무엇인가

라파엘 렘킨과 제노사이드 개념의 탄생

제노사이드라는 개념에 대한 이해는 제노사이드 현상의 본질적인 이해를 위해 가장 우선적으로 수행되어야 할 부분이다. 제노사이드라는 말은 폴란드 출신의 유태인 법학자 라파엘 렘킨(Raphael Lemkin, 1900~1959)이 고안해낸 용어이다. 그는 이 용어를 통해 자신과 가족들이 겪었던 580만 명의 유태인 대량학살이라는 실존적인 경험[1]을 학문적으로 체계화함과 동시에 법률적으로 제재력을

---

[1] 폴란드의 비알리스토크에서 자란 그에게 학살이라는 주제는 개인적으로 불행한 인연을 가지고 있다. 그가 다섯 살 되던 해 1906년, 그 지역에서 일어난 유태인 학살로 70명이 죽고 90명이 심한 부상을 당했다. 그는 어린 시절 폭도들이 몸을 절단하는 기괴한 종교의식으로 유태인의 배를 갈라 그 안에 베개를 넣었다는 이야기를 듣고 자랐다. 제1차 세계대전 동안, 러시아와 독일의 전쟁 여파로 렘킨의 두 형제 중 한 명이 폐렴과 영양실조로 죽는다. 제2차 세계대전이 진행되는 동안 그는 가족들과 헤어지면서 그들이 실종되는 아픔을 겪는다. 그 이후 잔학행위 혹은 학살

가질 수 있는 국제법적인 언어로 개념화하고자 했다.

  렘킨은 1929년 지방 검사로 일하면서부터 민족, 국가, 종교 집단을 목표로 한 학살을 저지할 수 있는 국제법 입안 작업을 착수하기 시작한다. 그는 기본적으로 한 집단이 보호되어야 할 전제 사항으로 육체적 존재성과 문화적 존재성을 생각했다. 이러한 그의 생각은 육체적 존재성을 부정하는 '잔학 행위(barbarity)'와 문화적 존재성을 부정하는 '문화·예술의 파괴 행위(vandalism)'를 금지하는 법안을 마드리드 회의에 제시하면서 본격화하기 시작한다. 그가 정의하는 '잔학 행위'란 국가, 민족, 종교, 사회 집단에 대한 사전 계획된 말살 행위를 의미하고, '문화·예술의 파괴 행위'란 집단의 일원 중 뛰어난 재능을 지닌 사람이 만든 예술적·문화적 작품을 파괴하는 것을 말한다.[2] 이때부터 그는 제노사이드 개념에 대한 구체적이고 체계적인 연구에 몰입하고 있었다.

  그러던 그에게 제노사이드라는 새로운 이름의 발명에 결정적인 착안을 하게 한 것은 1941년 8월 24일 영국의 수상 처칠의 BBC 방송 연설이었다. 처칠은 방송에서 독일 군대가 소련 지역에서 저지르고 있던 대규모의 민간인 학살을 일컬어 "이름 없는 범죄"라고 불렀다. 그로부터 4년 후인 1944년, 렘킨은 『점령된 유럽에서의 추축국 지배(Axis Rule in Occupied Europe)』라는 책을 출판하기에 이른다. 이 책에서 그는 4년 전 처칠이 목격했던 "이름 없는 범죄"에 이름을 부여한다. 이 엄청난 민간인 대량학살 현상을 일컬어 그가 고안해 낸 단어가 바로 '제노사이드(genocide)'였다.

이라는 주제는 30년 동안 그를 완전히 사로잡은 주제가 되고 말았다. Samantha Power, 『미국과 대량학살의 시대』, 에코리브르, 2004, 54~68쪽.
[2] 위의 책, 56쪽.

제노사이드라는 용어는 '민족' 또는 '부족'을 뜻하는 그리스어의 파생어 제노(geno)와 '살인'을 의미하는 로마어 'caedere'에서 파생한 '사이드(cide)'를 결합한 복합어이다. 그는 이 말을 통해 "한 국민이나 한 민족 집단(ethnic group)에 대한 파괴"를 개념화하고자 했다.[3] 그의 정의를 요약하면, 제노사이드란 하나의 독립된 집단으로서 생존하는 데 있어서 본질적으로 갖추어야 할 기반 자체를 파괴할 목적을 가지고 다양한 행위를 통해 한 국가나 종교 혹은 민족 집단을 완전히 절멸(annihilation)하기 위하여 계획되고 공모된 행위라 할 수 있다.[4] 이 계획의 목표는 한 집단의 정치 제도와 사회 제도, 문화, 언어, 민족 감정, 종교, 경제적 생존 기반을 해체하고 개인적 안전, 자유, 건강, 존엄성을 파괴할 뿐만 아니라 심지어는 그 집단에 속한 개인들의 생명까지 파괴하는 데 있다.[5] 따라서 학살자들은 정치적·사회적 구조와 문화, 언어, 국민 감정, 종교, 그리고 국가의 경제적 기반까지 철저히 파괴하려고 시도할 것이고, 그들은 목표로 정한 집단의 개인적 자유, 안전, 위엄성, 그리고 개개인의 목숨까지도 근절하고 싶어 한다.[6]

국제 제노사이드 연구협회 회원이자 영국 워릭 대학에서 현대사를 가르치는 마크 리번(Mark Levene)은 렘킨의 제노사이드 개념을 다음과 같이 이해한다.

---

[3] Raphael Lemkin, *Axis Rule in Occupied Europe : Laws of Occupation, Analysis of Government, Proposals for Redress*, Carnegie Endowment for International Peace, Division of International Low, 1944, p.80.
[4] F. Chalk and K. Jonassohn, *The History and Sociology of Genocide*, New Haven & London: Yale University Press, 1990, p.8.
[5] Raphael Lemkin, op.cit., p.80.
[6] Samantha Power, 앞의 책, 80쪽.

렘킨에 따르면, 제노사이드는 국가와 국가의 대립에 따른 전쟁이 아니다. 즉 상대 국가를 완전히 혹은 부분적으로 절멸시키려는 시도가 아니라, 한 국가의 지도층이 특정 공동체에 가한 학살을 뜻한다. 요컨대, 제노사이드는 한 집단의 생물학적 구조를 파괴하는 데 목적을 둔 행위로, 연령과 성의 차이를 따지지 않는다는 것이 렘킨의 견해이다. 젊은 남자와 늙은 남자, 심지어 임신한 여자와 어린아이까지 학살함으로써 집단 전체의 몰살을 목표로 한 행위가 바로 제노사이드이다.[7]

결국 렘킨의 제노사이드 개념은 그 기본 전제, 대상의 범위, 그리고 파괴의 정도에서 전쟁에서의 폭력행위와 다음 몇 가지 점에서 분명히 구별된다. 첫째, 전쟁이 국가와 국가, 민족과 민족 간의 대등한 관계 속에서 나름대로의 절차를 갖고 이루어지는 상호적 폭력행위(Mutual Violence)라면, 제노사이드는 국가와 민간인, 국가의 지도층과 국가 내외의 특정 민간 공동체 간에 이루어지는 일방적 폭력행위(One-sided Violence)이다. 둘째, 전쟁이 폭력 행위의 대상을 특정 권력집단 내지 군인을 살해한다는 면에서 제한적 폭력행위(Limited Violence)라면, 제노사이드는 폭력 행위의 대상을 비무장 민간인, 즉 성인 남녀를 포함하여 어린이에 이르기까지 광범위하게 걸쳐있다는 점에서 무제한적 폭력행위(Unlimited Violence)이다. 셋째, 전쟁은 상대 국가 내지 민족의 군사 시설과 같은 부분적 파괴를 통해 소기의 목적을 달성하고자 하는 점에서 부분적 파괴행위(Partial Destruction)이지만, 제노사이드는 특정 집단의 기반 시설 및 생물학적 구조 전체를 파괴 및 절멸시키려 한다는 면에서

---

[7] Mark Levene, 「제노사이드, 현대 세계의 필연적 악몽인가?」, 『문화란 무엇인가 1』, 시공사, 2003, 260쪽.

총체적 절멸행위(Total Annihilation)라 할 수 있다.

한편, 렘킨은 가해자(학살자)의 의도성이라는 관점에서 제노사이드의 세 가지 유형을 발견했다. 첫째, 희생 집단이나 국가에 대한 총체적인 혹은 그에 가까운 파괴를 낳는 제노사이드 유형이다. 고대나 중세기의 절멸 전쟁과 같은 것들이 여기에 속한다. 둘째, 육체적인 파괴가 아닌 문화적 파괴로 정의되는 유형으로서, 이는 근대에 이르러 나타난 현상이다. 셋째, 나치 형태의 제노사이드이다. 이것은 고대와 근대의 제노사이드 형태를 결합하여 새롭게 제시된 유형이다. 즉 어떤 집단에 대해서는 즉각적인 절멸이나 파괴(Destruction Policy)를 수행하고, 다른 집단에 대해서는 인종말살적 동화정책(Imposition Policy)을 기획하는 것이다.[8]

렘킨은 위의 세 가지 유형 중에 마지막에 주목한다. 어쩌면 그가 목격했던 유형이라 할 수 있는 나치 형태의 제노사이드를 설명하기 위해 앞의 두 유형을 첨가했는지도 모른다. 그는 나치가 수행한 유태인 학살 프로그램에서 제노사이드의 두 국면, 즉 파괴정책과 동화정책을 동시에 발견했다.[9] 예컨대, 전자의 경우, 공공시설 이용을 제한하는 차별정책, 주요 고위 공직을 제한하는 정책, 시민권을 박탈하는 정책, 유태인 공동체를 특정 지역에 격리시키는 게토화 정책 등을 공공연하게 전개하는 것으로 나타나기 시작했다. 동시에, 후자의 경우는 독일 민족의 생물학적 우월주의를 바탕으로 그들이 점령한 국가에 자국의 인구를 유입시키는 과정을 거쳐 점령한 국가의 사람들을 '독일화(Germanization)'시키는 것으

---

[8] F. Chalk and K. Jonassohn, *The History and Sociology of Genocide*, p.9.
[9] Raphael Lemkin, "Chapter IX : Genocide" in *Axis Rule in Occupied Europe*, pp.79~82.

로 진행되었다. 파괴정책이 군사적 혹은 물리적 제노사이드의 측면이라면, 동화정책은 문화적 제노사이드의 측면이라고 할 수 있다.

나아가, 그는 히틀러가 자신의 제노사이드 정책을 수행하기 위하여 여덟 가지의 독특한 방법을 갖고 있었다고 분석한다. 1) 한 국가의 정치적 자율권을 파괴하기 위하여 자결능력(self-determination)을 박탈하는 정책 2) 분리방법(segregation)을 통한 열등 민족 배제 정책 3) 나치가 규정하는 열등 민족에 대한 육체적, 생물학적 절멸 정책 4) 구조적으로 기근이나 가난을 조장함으로써 가해지는 경제적 살상 정책 5) 교회 파괴 및 성직자 박해를 통한 종교 절멸 정책 6) 사회적 엘리트 및 인텔리들에 대한 마녀 사냥식 살해 정책 7) 공동체의 일반적이고 상식적인 도덕원리 및 행동규범을 해체하고 파시즘적 코드로 대체하는 정책 8) 인종학살(ethnocide)을 통한 국가적 정체성을 박탈하는 총체적인 문화 절멸 정책이 그것이다.[10]

〈제노사이드 협약〉과 제노사이드 개념의 국제법화

렘킨이 1944년 『점령된 유럽에서의 추축국 지배(Axis Rule in Occupied Europe)』를 출판한 지 4년 후, 제노사이드라는 용어는 "제노사이드 범죄의 방지 및 처벌에 관한 협약(Convention on the Prevention and Punishment of the Crime of Genocide : 이하 제노사이드 협약, Genocide Convention)"이라는 이름으로 재탄생하기에 이른다. 1948년 12월 9일 파리에서 열린 유엔 총회는 1946년의 제노사이드 결의안을 바탕으로 모두 19개 조항으로 이루어진 이른바 '제노사이드 협약'을 92개국의 찬성으로 통과시킨 것이다.

---

[10] Eric Markusen & David Kopf, *The Holocaust and Strategic Bombing*, Oxford: Westview Press, 1995, p.40.

제노사이드 협약의 체결은 렘킨 자신의 실존적 경험과 목격에서 비롯된 개인적 담론이었던 '제노사이드'라는 용어가 두 차례에 걸친 세계대전의 경험, 특히 나치의 유태인 학살이라는 역사적인 사건과 렘킨의 끈질긴 노력으로 세계적인 담론의 중심으로 확대·재생산되었음을 의미한다. 또한 이 사건은 '제노사이드' 논의가 윤리적 영역으로부터 국제법적인 영역으로 넘어가게 되는 역사적 전환을 뜻한다. 그리고 이것은 제노사이드에 관한 학문적 연구의 출발이자 토대가 되기도 했다.

제노사이드 협약이 비록 19개 조항으로 이루어졌으나 핵심적인 부분은 제노사이드의 개념 규정에 관한 것으로 제2조에 명기되어 있다. 협약 제2조에 따르면, "본 협약에서 제노사이드라 함은 국민적, 인종적, 민족적 또는 종교적 집단을 전부 또는 일부 파괴할 의도로서 행하여진 행위(acts committed with intent to destroy, in whole or in part, a national, ethnical, racial or religious group)"로 규정하고 있다. 그 구체적인 행위로는 다음 다섯 가지 사례를 제시하고 있다.

(a) 집단 구성원을 살해하는 것
(b) 집단 구성원에 대하여 중대한 육체적 또는 정신적인 위해를 가하는 것
(c) 전부 또는 부분적으로 육체적 파괴를 초래할 목적으로 의도된 생활조건을 집단에게 고의로 과하는 것
(d) 집단 내에 있어서의 출생을 방지하기 위하여 의도된 조치를 과하는 것
(e) 집단의 아동을 강제적으로 타 집단으로 이동시키는 것

협약 제2조에서 규정된 제노사이드의 개념은 기본적으로 다음

세 가지 범주에 집중되어 있음을 알 수 있다. (1) 파괴의 대상 및 보호 집단 (2) 파괴의 범위 및 정도 (3) 의도성의 여부가 그것이다.11)

첫째, 파괴의 대상(protected group-issue)에 대한 부분이다. 이 범주는 곧 보호집단에 관한 규정이기도 하다. 협약은 보호해야 할 집단으로 국민 집단, 민족 집단, 인종 집단, 그리고 종교 집단으로 한정했다. 여기서 '국민 집단(national group)'이 국적이나 출신 국가를 공유하는 구성원들로 이루어진 집단이라면, '민족 집단(racial group)'은 공통의 문화적 전통과 언어 혹은 유산을 갖고 있는 집단을 의미한다. '인종 집단(ethnical group)'은 신체적 특성이 같은 집단을 말하며, '종교 집단(religious group)'은 공통의 종교적 신조와 신념, 교의, 실천 혹은 예배 의식을 공유하는 집단을 뜻한다.12)

렘킨은 기본적으로 제노사이드의 대상을 패배한 민족이나 국가 집단으로 이해하고 있었다.13) 이러한 그의 이해는 제노사이드가 두 집단 간의 권력(힘)의 불균형과 일방성에 의해 이루어진다는 폭력의 기본전제를 인식한 데서 온 것이라 볼 수 있다. 두 집단 간의 권력 충돌 과정에서 상대적으로 약한 집단이 제노사이드의 대상이 될 수 있다는 것은 자연스런 논리적 귀결이다. 문제는 현실적으로 나타나는 제노사이드 현상은 그 힘의 균형이 절대적으로 무너져 비교할 수 없을 정도로 극단적인 대조를 이루게 될 때 일어난다는 것이다. 렘킨은 바로 이 상황에서 제노사이드는 상대적으로 힘이 약한 집단을 파괴하기 위한 정교화된 전략 및 수단으로

---

11) Leo Kuper, *Genocide : Its Political Use In the Twentieth Century*, p.30.
12) 최호근, 『제노사이드 : 학살과 은폐의 역사』, 책세상, 2005, 36쪽.
13) Helen Fein, *Genocide : A Sociological Perspective*, London: SAGE Publications, 1990, p.9.

이해하고 있다.14)

물론 보호 집단의 범주가 이상의 네 가지 집단으로 규정된 것은 협약 관련국들 사이의 이해관계에 따른 논쟁의 결과였다. 원래 렘킨은 그의 저서 『점령된 유럽에서의 추축국 지배』에서는 여덟 가지 분야, 곧 정치 집단을 비롯하여 사회적 집단, 문화적 집단, 경제적 집단, 생물학적 집단, 물리적 집단, 종교적 집단, 그리고 도덕적 집단을 언급했었다.15) 그러나 유엔 사무국이 작성한 초안에서는 단지 세 가지 범주, 즉 물리적 집단, 생물학적 집단, 그리고 문화적 집단만이 선택되었을 뿐이다.16) 그러던 것이 전문위원회(Ad Hoc Committee)의 초안 과정에서는 생물학적 집단과 문화적 집단이 논란의 여지를 줄이기 위해 보다 세밀하게 규정되면서 약화되기에 이른다.

특히 사회적 집단, 정치적 집단, 그리고 경제적 집단을 뺀 것에 대해서는 후에 학자들 사이에서 많은 논쟁을 불러일으켰다. 정치적 집단을 제노사이드 협약에서 보호 집단의 범주에 넣을 경우 소련의 공산주의 혁명이나 중국의 문화혁명 당시 이루어졌던 대량학살 사례들까지 포함해야 하기 때문에 소련과 중국은 이를 받아들이려 하지 않았다. 소련은 정치적 집단이 포함될 경우, 스탈린 치하에서 일어난 대규모의 정치적 학살이 국제 사회에서 쟁점으로 부각될 것을 꺼려했고, 그 밖의 다른 여러 나라들에서도 감추고 싶은 과거의 '상처'가 국제 법정에서 다루어지는 것을 용납하려 하지 않았던 분위기가 법률 위원회를 지배했다.17)

---

14) Ibid.
15) Raphael Lemkin, *Axis Rule in Occupied Europe*, pp.82~89.
16) Leo Kuper, *Genocide : Its Political Use In the Twentieth Century*, p.30.

경제적 집단에 관해서는 과거 식민주의 시대 경제적 목적을 갖고 아프리카 대륙이나 중남미 대륙 등을 점령하여 경제적 이득을 취하는 과정에서 이루어졌던 학살 사건들도 이에 포함해야 하는데, 이 경우 19세기 식민주의 시대 열강들은 여기서 자유로울 수 없었다.

반면, 문화적 집단의 제노사이드 문제는 정치 집단의 경우와는 달리 소련을 비롯한 동유럽 국가들은 포함시킬 것을 주장하고, 서유럽 국가들은 뺄 것을 요구했다. 문화적 제노사이드의 경우 과거에 식민지 정복과 지배를 했던 서유럽 국가들은 점령 지역의 문화적 전통 파괴와 문화유산 수탈을 자행했던 과거의 역사가 있었다. 특히 미국의 본토 원주민(소위 '인디언') 절멸의 역사는 문화적 제노사이드의 대표적인 사례라 할 수 있다. 결국 최종 표결에서 각국의 과거 역사적 과오와 이해관계가 맞물리면서 논쟁이 될 만한 집단들을 배제하면서 국제법상의 보호 대상으로 국민 집단, 민족 집단, 인종 집단, 그리고 종교 집단으로 한정하고 말았다.

둘째, 파괴의 범위 및 정도(extent of destruction-issue)에 관한 것이다. 유엔 사무국이 작성한 초안에 포함되어 있던 "전체 또는 부분(whole or in part)"이라는 표현은 전문 위원회의 초안에서는 삭제되었다가 총회에서 통과된 최종안에는 다시 들어갈 정도로 치열한 논쟁을 불러일으킨 항목이다.[18] 렘킨에게 있어서 이 문제는 제노사이드의 실행에 대한 두 가지 등급으로 이해되었다. 즉 그는 어떤 집단들(예컨대, 유태인 학살 프로그램)은 즉각적이고 총체적인 파괴의 대상이 될 수 있고, 다른 어떤 집단들(예컨대, 폴란드의

---

[17] 최호근, 『제노사이드 : 학살과 은폐의 역사』, 책세상, 2005, 40쪽.
[18] 위의 책, 44쪽.

경우)은 느슨하고 부분적인 파괴의 대상이 될 수 있음을 인식하고 있었다.19)

이 항목이 쟁점으로 부각한 이유는 '부분'의 의미를 어떻게 보아야 하는가에 대한 해석의 문제를 안고 있기 때문이다. 만일 집단 전체의 절멸만을 문구에 삽입하게 되면 역사 속에 일어난 수많은 제노사이드 사건들이 면죄부를 받게 될 것은 자명한 일이었다. 나치의 유태인 학살 정도만이 제노사이드 범주에 들어갈 수 있을 것이다. 물론 그것도 '전체'라고 할 수 있을지에 대해서는 의문의 여지가 있다.

제노사이드 협약에서 파괴의 범위에 '부분'을 추가한 이유는 무엇인가? 역사 속에서 일어난 대량학살이나 인종청소와 같은 사건들이 희생 집단의 절멸을 목표로 하고 수행되었다 하더라도 결과적으로 집단 '전체'가 파괴되거나 절멸되는 경우는 거의 없기 때문이다. 예컨대, 히틀러의 나치는 유태인 '전체'를 절멸하기 위한 체계적이고 구체적인 학살 프로그램을 수행한 20세기 최대의 학살로 평가받는 사건이었고, 580만 명이라는 엄청난 수의 유태인들을 살해했다 하더라도 그것은 결코 유태인 '전체'를 절멸시키지는 못했다. 따라서 제노사이드 협약에서 파괴의 범위를 '전체'로만 한정한다면, 그것은 제노사이드를 현실적으로 인정하지 않겠다는 이상주의적 논의에 그쳤을 것이다.

제노사이드 협약 체결국들은 바로 이러한 논리의 약점을 인식하고 있었기 때문에 파괴의 범위에 '부분'을 첨가하게 되었다. 그러나 문제는 한 집단의 구성원들 중에서 도대체 몇 퍼센트가 희생

---

19) Helen Fein, *Genocide : A Sociological Perspective*, p.9.

되어야 의미 있는 '부분'이 될 수 있는가에 있었다. 이 문제에 대해서는 협약에 참여한 국가들 중 어느 나라도 뚜렷한 견해를 제시할 수 없었다. 만일 이 협약이 '의미 있는 퍼센트'라는 구체적이고 명시적인 숫자를 제시했을 때, 제노사이드 가해자들은 '의미 있는 퍼센트' 바로 직전에서 학살을 멈추면 되기 때문이다.

이 문제에 관하여 사만다 파워(Samantha Power)는 "만약 제노사이드를 규정하는 법이 살인에 대한 일정한 수의 규정이 있고 그 기준을 넘어서야만 외부 국가 및 국제 사회가 대응할 수 있다면, 범법자들은 비겁한 지점까지 자유로운 행동을 보장받게 될 것이 분명했다."[20]고 주장한다. 레오 쿠퍼(Leo Kuper)는 협약의 과정을 지켜보면서 당시 법률위원회로서는 제노사이드 협약의 구속력을 약화시키지 않는 한에서 상당한 또는 두드러진 희생자의 수가 어느 정도인지를 판별할 수 있는 구체적인 기준을 마련하기가 쉽지 않았을 것이라고 평가하고 있다.[21]

그럼에도 불구하고 '부분'이라는 용어가 갖는 의미는 중요했다. 렘킨은 부분적인 파괴는 명백히 한 집단이 갖는 존재 가치에 영향을 주는 그런 실제적인 특성을 갖고 있어야 한다고 강조했다. 그는 부분적인 파괴라는 것은 한 나라의 뇌를 절단함으로써 몸 전체를 마비시키는 것과 같은 원리로 이해할 것을 요청했다.[22] 그의 요청을 받아들인 소위원회는 '부분'의 의미를 '해당 집단의 실질적 특성'으로 해석한다는 약정을 포함시키도록 권고했다. 결국 협약에서는 파괴의 범위를 '전체' 혹은 '부분'이라는 다소 추상적이고

---

[20] Samantha Power, op.cit., p.122.
[21] Leo Kuper, *Genocide : Its Political Use In the Twentieth Century*, p.32.
[22] Samantha Power, op.cit., p.124.

모호한 표현으로 처리할 수밖에 없었다.

셋째, 의도성의 여부(intention-issue)에 관한 문제이다. 제노사이드에 있어서 의도성 문제는 우발성이라는 용어와 대립하면서 사건의 동기를 분별하는 데 있어서 중요한 점으로 부각되었다. 일반적인 상식에서 볼 때, 우발적으로 발생한 대량학살이나 인종청소를 법적인 용어로서의 제노사이드로 인정하기는 어렵다. 무엇보다도 협약에서 의도성을 강조하게 된 표면적인 이유는 분명했다. 즉 일단 시작되면 엄청난 인명 손실을 가져오는 제노사이드의 특성을 고려할 때, 사건이 본격화되기 전, 선전선동과 법령들을 통해 절멸의 의도가 드러나는 시점에서부터 국제사회가 개입해야 참사의 확대를 막을 수 있기 때문이다.[23] 상당히 설득력 있는 논리이다. 결국 법률위원회(Legal Committee)에서는 "……을 이유로(with intent)"라는 문구를 삽입하게 된다.

이 결정 후 다양한 논쟁과 문제들이 촉발되었다. 제노사이드의 가해자들은 법적 책임을 회피하기 위해 자신들의 학살 행위를 입증할 어떠한 증거도 남기려 하지 않는 것이 보통이다. 따라서 학살 행위에 대한 국제 사회의 비난과 소추에 대하여 가해자는 단지 우발적으로 일어난 일이었다고 항변할 수 있는 여지를 주고 말았다. 즉 의도성이 없었다고 변명하고 그에 대한 증거자료를 숨기거나 폐기해 버리면 그만이었다. 이러한 문제점을 인식한 영국 대표단은 처음부터 "……을 이유로"라는 문구를 배제할 것을 요구했지만 받아들여지지 않았다.[24]

〈협약〉에서 의도성을 강조하고 이를 내용에 넣은 것에 대하여

---

[23] 최호근, 『제노사이드』, 43쪽.
[24] United Nations, *Legal Committee, Session 3*, 15 October 1948, pp.118~121.

많은 학자들은 우려의 목소리를 내며 부정적인 평가를 하고 있다. 최호근은 "희생자와 가해자가 명백하게 존재하는 상황에서도 '의도'가 없었다고 우기기만 하면 제노사이드는 없었던 것으로 되어버린다는 '경험의 지혜'는 모든 제노사이드 가해자들에 의해 학습되고 공유되었다."25)고 비판적인 견해를 제시한다. 그래서 헬렌 페인(Helen Fein)은 제노사이드 협약에 있어서 의도성의 문제는 '모호(ambiguity)'했다고 평가하면서 의도성이란 분명한 '목적 행위(purposeful action)'로서 동기(motive)의 개념과 구별할 것을 주장했다.26)

한편, 이시도르 왈리만(Isidor Wallimann)과 마이클 돕코우스키(Michael N. Dobkowski)는 이 문제를 구조적 폭력의 본질과 역사의 흐름과 연관하여 다음과 같이 지적한다.

> 우리는 이 문제와 관련하여 오직 의도적이거나 계획적인 대량학살만을 제노사이드로 간주해야 한다는 주장은 수긍하기 어려운 부적절한 판단이라고 본다. 그것은 구조적인 폭력이 의도적이고 계획적인 학살만큼이나 인간의 생명을 파괴하였다는 사실을 간과하고 있다. 또한 구조적 폭력의 존재는 계획적인(의도적인) 폭력의 사용을 촉진시킨다. 여기서 문제는 의도를 증명하는 어려움에 있는 것이 아니라, 오히려 정상적인 외관 속에서 학살의 과정에 연루된 대부분의 개인이 윤리적 결정의 필요성을 느끼지 못하고 자신의 행동 결과를 예상하지 못하게 만드는 파괴의 과정을 무시하는 데 있다.…… 역사는 특정 개인의 의지에 입각해 형성된 지배체제(중세)로부터 시장 메커니즘, 관료기구, 위원회의 의사결정 등 익명적 권력에 입각한 지배체제로

---

25) 최호근, 「1948년 유엔 〈제노사이드 협약〉의 성립과 문제점」, 『제2회 제노사이드연구회 워크샵 자료집』, 제노사이드연구회, 2005. 1. 21~23, 43쪽.
26) Helen Fein, *Genocide : A Sociological Perspective*, p.10.

이동해 왔다. 따라서 의도성에 대한 강조는 거의 시대착오적으로 보인다.27)

두 학자의 통찰은 적어도 현대사회가 갖고 있는 익명적인 속성, 첨단적인 기술주의, 노동 분업에 따른 책임 분화의 문화 속에서 가해자의 '의도성' 여부를 분별하는 일은 그만큼 어렵다는 것이다. 20세기에 일어난 학살의 역사에서 절멸의 의도성을 판별할 수 있는 사례는 나치의 유태인 학살 정도에 불과할 것이다. 이 사건은 공식문서를 통해서도 의도성이 분명히 드러나기 때문이다. 그러나 대부분의 집단학살에서는 생존자의 증언 외에는 직접적인 증거가 없기 때문에 의도성 여부를 찾아내기에는 상당한 어려움이 있는 것이 사실이다.

무엇보다도 이들의 주장 속에 담겨진 독특한 통찰은 오늘날 가시적으로 드러나는 학살의 폭력보다는 비가시적으로 숨겨져 있는 것 같으나 잠재적으로 엄청난 파괴를 불러일으킬 수 있는 구조적 폭력의 존재를 주목해야 한다는 점이다. 그런 면에서 제노사이드의 의도를 판별하기 위해서는 가시적이고 분명하게 드러나는 명시적 의도성(explicit intent)뿐만 아니라 비가시적이고 은폐되어 있는 암시적 의도성(implicit intent)을 함께 고려해야 한다는 최호근의 제안28)은 학살의 의도성에 다양한 측면이 있음과 동시에 의도성 분별을 위한 다양한 접근이 필요함을 지적해 주었다고 할 수 있다.

---

27) Isidor Wallimann / Michael N. Dobkowski, "Introduction", *Genocide and the Modern Age*, 장원석 · 강경희 · 허호준 · 현신웅 옮김, 『현대사회와 제노사이드』, 도서출판 각, 2005, 33~34쪽.
28) 최호근, 「1948년 유엔 〈제노사이드 협약〉의 성립과 문제점」, 46쪽.

커트 조나선(Kurt Jonassohn)은 제노사이드 협약에서 가장 중요했던 사안이 제노사이드를 어떻게 판별할 것인가에 대한 기준 수립이었음을 언급하면서 그 기준으로 다음 세 가지 사례를 제시했다. 첫째, 의도성에 대한 증거가 비록 상황적일지라도 존재하고 있는가? (의도성의 존재 여부) 둘째, 실제로 희생자 집단이 존재하고 있는가? (희생자 집단의 존재 여부) 셋째, 희생자 집단의 피해가 일방적이었는가? (피해의 일방성 여부)[29] 그는 여기서 의도성을 판별하는 문제는 매우 모호한 것임을 밝히면서 그 이유로 자료의 부재, 가해자의 진실 은폐 혹은 조작 가능성, 그리고 역사적으로 보도되지 않는다는 점[30]을 들었다. 결국 의도성 여부 판별의 문제는 실제적으로 일어나고 있는 제노사이드 현실 앞에서는 무기력할 수밖에 없었다.

〈협약〉 이후, 제노사이드 논쟁과 개념의 확장

1948년 유엔총회에서의 제노사이드 협약이 체결된 이후 '제노사이드' 개념을 둘러싼 논쟁과 토론은 계속된다. 역사적으로 제노사이드를 행한 국가와 그 국가에 대한 국제사회의 정치적 제재와 처벌을 위한 '국제법적인 논쟁'으로부터 제노사이드의 개념과 유형, 그리고 메커니즘과 예방 등에 관한 체계적인 학문적 접근으로서의 '사회학적 토론'에 이르기까지 다양한 담론이 잇따랐다. 이는 렘킨으로부터 시작되면서 유엔총회의 제노사이드 협약을 거쳐 완성된 '제노사이드'라는 개념 자체가 그 출발부터 학술적이면서도 법적

---

[29] Kurt Jonasshn, "What is Genocide?" in *Genocide Watch* Edited by Helen Fein, New Haven, London: Yale University Press, 1992, p.19.
[30] Ibid., p.20.

인 측면, 나아가 도덕적이고도 정치적인 측면을 동시에 함축하고 있었기 때문이다.

제노사이드 협약 이후 제노사이드 논의는 국가들 간에 크게 두 가지 상반된 입장으로 갈라진다. 제노사이드의 가해자 경험이 있는 국가들은 제노사이드 개념을 가능한 한 협소하게 해석하는 경향을 보였고, 반면 희생자 입장에 있었던 국가들은 할 수 있는 한 그 범주를 넓게 잡으려 했다. 가해자였던 사람들은 제노사이드를 소위 '국제적 표준'에 따라 엄밀하게 해석하려고 하는 데 반해, 피해자였던 사람들은 '국제적 표준'을 뜯어 고쳐서라도 자신들의 경험을 제노사이드의 '반열'에 올려놓으려는 노력을 보였다.[31] 물론 피해자 국가의 사람들 중에서도 제노사이드 범주에 대하여 제한적인 입장을 취하는 일도 있다.

한편, 학자들 사이에서는 〈협약〉의 주요 사안을 놓고 여러 상이한 입장과 이론들이 팽팽하게 제시되기 시작했다. 특히 희생자 집단의 범주에 대해서는 많은 학자들의 주장이 제기되면서 다양한 이론과 개념들이 재규정될 뿐만 아니라 새로운 용어가 등장하기도 했다. 어떤 학자들은 정치적 집단을 배제할 것을 주장하는가 하면, 또 다른 학자들은 정치적 집단뿐만 아니라 경제적 집단까지 포함해야 한다고 강조한다.[32]

희생자 집단을 제한해야 한다고 주장하는 학자군을 대표하는 사람으로서는 스티븐 카츠(Steven Katz)를 들 수 있다. 정통파 유태인들의 입장을 대변하는 홀로코스트 전문 연구가인 그는 기본적으로 나치의 유태인 580만 명 학살 사건, 소위 유태인들만의 경험

---

[31] 최호근, 「1948년 유엔〈제노사이드 협약〉의 성립과 문제점」, 44쪽.
[32] Leo Kuper, *Genocide : Its Political Use in the Twentieth Century*, pp. 27~28.

적 용어인 '홀로코스트(Holocaust)' 외에는 어떠한 대량학살 사건도 제노사이드 범주에 들어갈 수 없다고 주장한다. 그래서 그들은 자신들의 학살 경험을 제노사이드라고 부르지 않고 홀로코스트라는 종교적 개념을 사용하여 차별화하려 한다. 이러한 그의 제한적 입장은 자신의 제노사이드 개념 정의에서도 잘 드러나고 있다.

> 제노사이드라는 개념은 한 집단 전체(물론 그 집단은 가해자에 의해 규정된다)를 물리적으로 파괴하기 위한 의도가 실현되었을 경우에만, 그것도 성공적으로 완수되었을 경우에만 사용할 수 있다. 여기서 제시된 정의를 충족시키지 못하는 모든 형태의 집단학살은 제노사이드와 동일시될 수 없다.[33]

이러한 그의 제한적 입장은 제노사이드 역사에서 희생자 집단으로서의 경험을 했던 여타 국가들과 공감할 수 있는 여지가 있음에도 불구하고 자신들의 '홀로코스트' 경험만을 제노사이드 범주에 등재시키려 함으로써 세계 역사 속에서 일어나고 있는 제노사이드 경험을 위계서열화하고 차별화하는 오만함을 저지를 수 있다. 이른바 '홀로코스트 예외주의'라 부를 수 있을 것이다.

그의 주장을 그대로 받아들일 경우 제노사이드 범주에 들어갈 수 있는 사례는 나치의 유태인 학살과 터키의 아르메니아인 학살 정도에 불과할 것이다. 앞으로 필자가 다루게 될 한국의 제주4·3은 그 숫자에서나 희생자 집단, 의도성 여부를 따져볼 때 제노사이드 범주에 들어갈 수 없을 것이다. 바로 여기에 스티븐 카츠 같

---

33) Steven Katz, *The Holocaust in Historical Perspective, Vol. 1 : The Holocaust and Mass Death Before the Modern Age*, New York: Oxford University Press, 1994, pp.128~129.

은 제한적 입장을 주장하는 학자들의 한계가 있다. 그들의 입장은 제노사이드 논의를 더 이상 발전시킬 수 없게 할 뿐만 아니라, 역사 속에 지속적으로 일어나고 있는 학살의 문제를 국제사회가 함께 공유하고 연대할 수 없게 하는 학문적 독선주의이자 차별주의로 볼 수밖에 없다.

한편, 제한적 입장에 반대하여 제노사이드 범주를 확장 내지 재생산하려는 학자들의 움직임도 만만치 않다. 스티븐 카츠의 입장에 가장 극단적인 대립각을 세우고 있는 대표적인 학자는 이스라엘 차니(Israel W. Charny)일 것이다. 그는 『제노사이드 백과사전(Encyclopedia of Genocide)』에 올린 논문에서 "모든 집단학살 사건을 제노사이드로 다루어져야 한다. 물론 이때에도 필요하고 정당하게 제노사이드를 법적·학문적으로 서로 다른 하위 유형으로 구분할 수 있도록 하기 위해 모든 유형이나 특징을 범주화하는 세부적인 일들은 이루어져야 한다."[34]고 주장한다. 그의 논리에 따르면, 희생자 집단이 어떤 집단이건, 얼마나 많은 수가 희생되었건, 의도성이 있건 없건 모든 학살 사건은 제노사이드로 보아야 한다는 매우 급진적인 주장이다.

레오 쿠퍼(Leo Kuper)는 이스라엘 차니에 비해 다소 완화되고 온건한 입장을 견지하는 중도적 입장의 학자 가운데 한 명이다. 그는 제노사이드 협약에 대하여 기본적으로는 따를 것임을 밝혔다. 왜냐하면 국제적으로 공인을 받은 이 〈협약〉은 효과적인 행동을 강구할 수 있게 해 주는 최소한의 근거이자 출발점이라고 인정했기 때문이다. 물론 이것은 지극히 제한적인 인정이라는 것도 아

---

[34] Israel W. Charny, "Classification of Genocide Multiple Categories", *Encyclopedia of Genocide*, pp.4~5.

울러 밝혔다. 그는 본질적으로 〈협약〉에서 정치 집단을 배제한 것에 대해서는 동의할 수 없었다. 그는 〈협약〉이 정치 집단을 뺀 것에 대하여 다음과 같은 이유를 들면서 문제를 제기한다. "나는 보호집단의 목록에서 정치 집단을 배제시킨 것은 중대한 실수라고 믿는다. 오늘날 세계를 보면, 민족, 인종, 국가, 종교 집단들에 대하여 자행되는 제노사이드도 일반적으로 그 중심에는 정치적 차이 혹은 갈등과 직간접적으로 관련되어 있기 때문이다."35)

쿠퍼의 이러한 논리는 모든 대량학살 및 인종청소와 같은 집단폭력의 현상 배후에는 항상 정치적 요소가 전제되어 있음을 밝혀주고 있다. 비록 외형적으로는 민족 간의 차이에서 오는 갈등, 종교와 신념의 차이에서 비롯된 갈등 혹은 다른 인종으로 인한 차별과 갈등으로 나타나지만, 결국 이러한 갈등의 원인을 촉발시키거나 갈등의 고리를 만들어가는 것은 분명히 정치적인 메커니즘 혹은 작동원리를 따르는 것이 사실이다. 그런 면에서 제노사이드를 정치적 관점으로 보는 쿠퍼의 주장은 시의적절한 통찰이다.

바바라 하프(Barbara Harff)와 테드 거(Ted R. Gurr) 또한 레오 쿠퍼처럼 〈협약〉이 규정하고 있는 제노사이드 범주를 인정하면서도 정치 집단을 뺀 것에 대해서는 비판적인 입장을 견지한다. 그들은 나아가 정치적 집단학살, 이른바 '폴리티사이드(politicide)'라는 용어를 만들어내면서 이를 제노사이드와 동등한 수준에서 다루고 있다. 그들은 제노사이드와 정치적 집단학살을 일컬어 "어떤 집단 내에 속한 상당수의 구성원을 죽음으로 몰아가는 국가 내지 그 대리자들에 의해 자행된 정책 집행 내지 조장 행위"36)라고 규정한다.

---

35) Leo Kuper, *Genocide : Its Political Use in the Twentieth Century*, p.39.
36) Barbara Harff & Ted R. Gurr, "Toward empirical theory of genocides and

그러면서도 그들은 세부적으로는 제노사이드와 폴리티사이드의 개념을 다음과 같이 구분한다.

> 제노사이드와 폴리티사이드의 차이는 그 특성상 집단 구성원들이 국가에 의해 규정된다는 데 있다. 제노사이드의 경우, 희생자 집단은 기본적으로 그 구성원들이 갖고 있는 공통의 특성, 즉 종족, 종교, 민족의 측면에서 규정된다. 반면, 폴리티사이드에서 희생자 집단은 일차적으로 지배집단 혹은 정권에 대한 정치적 반대나 위계서열적 지위에 따라 규정된다.[37]

하프와 거의 '폴리티사이드' 개념은 루돌프 럼멜(Rudolph J. Rummel)에게 이르러 더 크게 확장되면서 제노사이드 논의의 새로운 지평을 맞는다. 그는 제노사이드 개념으로는 장구한 인류 역사에서 일어난 학살의 현상을 충분하게 설명할 수 없다고 보았다. 그래서 그가 창안해 낸 신조어가 바로 '데모사이드(democide)', 이른바 '인민학살'이다.

그는 역사적으로 나타난 집단 사망의 원인을 의도적인 원인과 비의도적인 원인으로 크게 나눈 후, 의도적인 원인으로 국제전 및 내전을 포함한 전쟁, 그리고 데모사이드로 구분한다. 그리고 데모사이드 안에 제노사이드, 폴리티사이드, 대량학살(mass murder or massacre), 그리고 테러를 포함시켰다. 따라서 그의 '데모사이드'라는 용어는 제노사이드와 폴리티사이드 모두를 하위 개념으로 포함하는 일종의 총칭개념으로 사용되었다.[38]

---

politicides", in International Studies Quarterly 32-3, 1988, p.360.
[37] Ibid., p.360.
[38] Rudolph J. Rummel, Death by Government, New Brunswick and London:

럼멜은 그의 저서 『정부에 의한 죽음(Death by Government)』 제2장 "데모사이드라는 새로운 개념"에서 이를 다음과 같이 정의하고 있다.

> 나는 공적인 학살에 비유될 수 있는 개념으로 데모사이드 또는 권위를 가지고 활동하는 정부의 대리인에 의한 살인이라는 용어를 제안한다. 데모사이드의 필요충분한 의미는 무장하지 않은 사람들이나 인민에 대한 정부의 의도적 살해이다. 제노사이드와는 달리 데모사이드는 인민에 대한 의도적 살해에 국한되며, 다른 수단에 의해 문화, 인종 또는 민족을 제거하려는 시도까지 확장되지는 않는다. 나아가, 데모사이드는 제노사이드의 살인이나 폴리티사이드, 대량학살, 또는 테러에 국한되지 않는다. 데모사이드는 살인이 정부기구에 의해 의도적으로 이루어진 활동, 정책, 과정인 경우에는, 이 모두를 포함하는 개념이다.[39]

새로운 개념으로서의 데모사이드 논의에서 럼멜이 주목하는 부분은 학살의 가해자로서의 '정부'에 대한 강조이다. 그는 제노사이드를 비롯하여 모든 종류의 학살 사건에서 나타나는 가해자 집단의 주체를 정부로 보고 있다. 그가 정부를 데모사이드의 주체로 부각시킨 이유는 정부가 국가권력을 집행하는 기구이기 때문이다. 그의 이러한 시각은 그가 이해하고 있는 권력의 원리에서 비롯하는데, 이른바 "권력은 사람들을 죽인다. 그리고 절대적인 권력은 절대적으로 사람들을 죽인다."[40]는 그의 전제가 이를 뒷받침한다.

Transaction Publishers, 1994, pp.31~42.
[39] Ibid., p.36.
[40] Ibid., p.xvi. "Preface"

그런 면에서 그는 정부의 권력 형태에 따라 데모사이드의 형태 내지 빈도가 다르게 나타난다고 본다. 그에 의하면, 민주적인 권력 형태를 가진 국가가 전체주의적 권력 형태를 가진 국가에 비해 데모사이드의 빈도가 훨씬 적게 이루어지고 있음을 자신의 연구 결과를 통해 밝히고 있다.[41]

이런 맥락에서 어빙 루이스 호로위츠(Irving Louis Horowits)는 럼멜의 사상과 그 전제에 있어서 맞닿아 있다. 그는 제노사이드를 사회과학 분야의 주제로 처음으로 주목한 학자로서, 특히 정부 차원의 대량학살을 사회학의 연구 초점으로 삼은 최초의 인물이었다. 그는 전체주의 국가는 민주적인 국가보다 제노사이드라는 수단에 더 쉽게 이끌릴 수 있는 여지가 있음을 지적했다. 왜냐하면 전체주의 국가는 기본적으로 강력한 권력으로 반대 세력을 쓸어 버릴 수 있을 만큼 쉽게 조작 가능한 지배권력을 갖고 있기 때문이라고 본다.[42] 반면, 그는 소위 '민주국가'라고 불리는 나라들은 자국 내에서보다는 자국의 경계를 넘어 타국에 가서 제국주의 형태 속에서 제노사이드를 저질러 왔음도 아울러 지적한다.[43] 즉 형태만 다를 뿐 제노사이드를 수행했던 역사적 경험은 민주국가라고 불리는 나라들도 전체주의 국가와 결코 다르지 않음도 감지되는 부분이다.

따라서 정부권력이 강력할수록 국내외 인간 집단에 대한 폭력

---

[41] Ibid., pp.1~27. 한편, 럼멜은 20세기에 데모사이드에 의해 살해된 수를 1억 7천만 명이라고 결론짓고, 이 중에서 84%인 1억 2천8백만 명이 절대권력에 의해 살해되었음을 강조하고 있다. p.3.
[42] Eric Markusen & David Kopf, *The Holocaust and Strategic Bombing*, Oxford: Westview Press, 1995, p.45.
[43] Ibid.

의 수위도 강해지고, 민주적인 정부일수록 대량학살이 적다는 럼멜의 편향적인 주장에 대해 벤자민 발렌티노(Benjamin A. Valentino)는 구체적인 사례를 들면서 다음과 같이 신랄하게 비판한다.

> 미국은 1899년에서 1902년 사이 필리핀에서 20만 명을 학살한 사건과 제2차 세계대전 당시 26만 명에서 90만 명에 이르는 일본 민간인을 학살한 경험, 그리고 영국과 연합하여 30만 명 내지 60만 명의 독일인을 살해한 사례가 있고, 소위 민주국가라고 불리는 프랑스는 알제리에서 10만 명의 시민을 학살하고 베트남에서 25만 명을 죽인 사례 등은 민주적인 국가라고 해서 결코 제노사이드로부터 자유로울 수 없었음을 보여주는 예이다. 아울러, 소위 민주국가라고 불리는 나라들은 해외에서 일어나고 있는 대량학살의 가해자로 알려진 국가의 정권들에게 경제적, 군사적 원조들을 제공해 왔다.[44]

이처럼 1948년 유엔총회의 제노사이드 협약이 체결된 이후 제노사이드 문제는 92개 관련국들 사이의 역사적 경험과 이해관계 속에서 다양하게 해석되고 논쟁에 붙여지는 역사적 과정을 거치게 되었을 뿐만 아니라, 본격적으로 사회과학이라는 학문의 영역에서 중요한 주제로 부각되기 시작했다. 물론 렘킨의 노력으로 〈협약〉이 체결되고 이것이 국제법적인 효력을 갖게 되었다는 면에서 제노사이드 논의는 일단락되었지만, 〈협약〉 자체가 갖고 있는 국가 간의 정치적 이해관계의 복잡함으로 인해 실제적인 제재력 및 처벌 능력은 현실적인 한계를 노출시킬 수밖에 없다.

---

[44] Benjamin A. Valentino, *Final Solusions : Mass Killing and Genocide in the Twentieth Century*, Ithaca and London: Cornell University Press, 2004, p.27.

오히려 제노사이드와 관련한 문제는 학문의 영역에서 더 활발하게 논의가 진전되었고, 그 과정에서 이 개념은 더욱더 다양하게 확장되기도 하고 재규정되면서 체계적인 이론 작업이 수행되기에 이르렀다. 이제 제노사이드 문제는 단순히 한 국가의 문제가 아니라 전 세계가 함께 풀어가야 할 공동의 윤리적 요청이 되었다.

2. 원인론 : 제노사이드는 왜 발생하는가

제노사이드라는 개념에 대한 연구가 제노사이드 현상의 본질적인 이해를 위해 가장 우선적으로 수행되어야 할 부분이라면, 제노사이드 현상의 원인에 관한 규명 작업은 사회학적·역사적 현상으로서의 제노사이드 연구를 위하여 본격적으로 이루어져야 할 부분이라 할 수 있다.

이 장에서 필자는 제노사이드가 일어나게 되는 원인, 제노사이드를 가능하게 한 주변의 역사적 혹은 사회적 배경, 나아가 제노사이드가 발생하게 되는 구조적 조건 내지 환경적 요인 등을 살펴볼 것이다. 이른바 제노사이드 원인에 대한 고찰이 될 이 장에서 필자는 크게 간접 원인과 직접 원인으로 대별하여 살필 것이다. 이를 두 범주로 구분하게 된 것은 제노사이드 원인에 대한 학자들의 접근과 그에 따른 입장들이 다양하게 나타났으며, 결국에는 이 입장들이 크게 두 가지 원인으로 범주화될 수 있기 때문이다.

여기서 간접 원인이라 함은 제노사이드가 발생하게 된 철학적이고 사상적 요소들을 규명하는 작업이고, 직접 원인이란 제노사이드가 일어나게 된 사회적·정치적 그리고 구조적 상황들을 찾아내는 작업이라 할 수 있다. 말 그대로 간접 원인은 제노사이드에 직접적인 연관성을 갖기보다는 간접적·잠재적 혹은 배경적인 원인이 되었던 상황들을 언급하고, 직접 원인은 제노사이드가 발생하게 된 구체적·실제적 혹은 구조적 상황들을 고찰하는 방식이 될 것이다.

근대성의 철학과 민족주의 사상

일반적으로 역사적으로 일어난 대량학살 및 인종청소와 같은 소위 '제노사이드적'인 학살 현상은 근대 이전부터 지속된 인류 보편적인 것이지만, 소위 '제노사이드'라는 개념이 확립되고 그 개념 안에 포섭될 수 있는 제노사이드 현상은 20세기의 산물이다. 이러한 구분은 제노사이드 연구에 있어서 중요하다. 왜냐하면 앞 장에서 규정한 제노사이드 개념에 따른 제노사이드 현상은 특히 20세기에 가장 많이 일어났기 때문이다. 따라서 필자가 이 장에서 말하고자 하는 제노사이드의 원인 및 배경은 20세기라는 지난 100년의 역사에 한정된 것임을 밝힌다.

이와 관련해 제노사이드 발생의 간접 배경 혹은 원인에 대한 규명을 놓고 자연스럽게 제기되는 질문들이 있다. 과연 20세기라고 하는 특정한 역사적 맥락이 갖고 있는 사상사적 흐름은 무엇이었는가? 소위 '근대성(Modernity)'으로 대표되는 20세기의 철학사적 의미는 무엇인가? 근대성의 핵심이라 할 수 있는 진보적 계몽사상이 인류에게 끼친 영향은 무엇인가? 산업혁명을 기점으로 전개된 진보와 문명화의 수레바퀴는 제노사이드에 어떤 영향을 줄 수 있었는가? 그리고 근대역사의 산물인 '민족주의'는 제노사이드와 무관한가? 과학과 이성의 발전이 인간의 삶의 질을 높여줌과 동시에 인간폭력의 기제로 작용하지는 않았는가? 이 질문들은 20세기라는 역사적 특징과 맞물려 제기된 것들로서 20세기적 현상으로서의 제노사이드 원인 규명에 간접적인 배경으로서 작용할 가능성이 있다고 보는 것이 필자의 전제이다.

제노사이드의 간접 원인으로 볼 수 있는 요인으로 필자는 20세기 초 진보적 계몽사상과 도구적 이성을 대표하는 '근대성', 19세기 말 탈식민화의 역사적 과정을 거치면서 20세기 새롭게 등장한 '민족주의' 현상에 주목한다. 이 두 가지 현상이 20세기 제노사이드 역사에 어떻게 간접적인 원인 혹은 배경적 요인으로 작용했는가를 밝히는 것은 제노사이드가 단순히 일시적이고 우연적인 일회적 사건이 아니라 인류 역사의 맥락 속에서 배태되고 생산된, 그리고 반복적으로 재생산되는 일종의 '역사적 경험의 산물'이자 '메커니즘적 분석이 가능한 현상'임을 보여준다 하겠다.

첫째, 제노사이드의 간접적인 원인으로서 근대성의 철학이다. 20세기 초 세계 철학사의 흐름은 근대성(Modernity)이라는 거대한 철학적 개념 안에 포섭되는 다양한 담론의 집합체였다고 말할 수 있을 것이다. 근대성이라는 말은 역사적으로 15세기부터 종교개혁 이후 르네상스 시대를 거치면서 나타난 세속화의 과정과 더불어 시작된 것이지만, 오늘날 우리가 말하는 근대성이란 개념은 19세기 초 산업혁명이라는 역사적 과정을 거치면서 일어난 계몽주의 사상과 진보의 개념, 과학과 기술의 발달에 따른 합리성과 이성의 시대를 일컫는 포괄적 의미로 보아야 한다.

20세기 제노사이드 발생에 대한 간접 원인의 한 요소로서의 근대성에 대한 논의는 인간의 역사에 화려한 미래를 보장할 것으로만 보였던 근대성이 갖고 있는 밝은 미래의 신화에 대한 또 다른 이면적 담론일 수 있다. 혹은 근대성이라는 역사적 과정 자체 안에는 이미 인간 역사를 폭력으로 이끌어갈 어떤 잠재된 메커니즘이 내재되었음을 드러내는 고발적 담론일 수도 있다.

제노사이드와 관련하여 근대성이 갖는 폭력적 본질에 대하여 나름대로 폭넓게 비판적 성찰을 제기하는 국내 학자로는 이삼성을 꼽을 수 있다. 그는 1998년 출판한 『20세기의 문명과 야만』에서 20세기에 일어난 전쟁의 야만성을 근대문명과 연관하여 비판한다. 그는 20세기를 기계문명과 정치혁명의 시대였던 동시에 야만의 시대로 규정하고, 그 야만성을 기계화에 바탕한 대량생산을 가능하게 한 시대였다[45]고 지적한다.

이삼성은 먼저 인간의 이성과 과학이 인류에게 가져다줄 진보된 미래에 대한 계몽 사상가들의 기대에도 불구하고 왜 근대문명은 파시즘과 홀로코스트를 낳게 되었는가를 묻는다. 물론 이러한 질문은 그가 처음으로 던진 것은 아니다. 파시즘과 홀로코스트의 정신사적 충격 속에서 근대 이후 인류의 문명화 과정이 내포한 허구성을 드러내고자 했던 프랑크푸르트 학파가 이미 던진 문제였다.

이삼성은 이들 학파의 주장에 따르면 근대가 발전시킨 인간의 이성은 기술이성 혹은 마르쿠제가 말한 도구적 이성(instrumental reason)이었으며, 이것은 신을 과학으로 대체한 계몽과 그것에 바탕을 둔 근대문명이 자기 파괴의 과정을 밟게 된 근본이유였다고 보았다.[46] 한편, 그는 과학기술의 진보와 경험주의, 인간이성에 대한 신뢰에 근거한 합리주의의 확산의 결과로서 발전한 서구문명의 합리화가 가져올 미래에 관하여 비판적인 전망을 내놓은 막스

---

[45] 이삼성, 『20세기의 문명과 야만』, 한길사, 1998, 135쪽.
[46] 위의 책, 138쪽.

베버(Max Weber)에 주목한다. 그는 베버의 이러한 전망에 대하여 대하여 "20세기 대량학살이 고도로 관료화된 군대조직의 일사분란한 학살집행의 메커니즘을 보여준 것으로 볼 때, 베버가 지적한 인류문명의 합리화와 관료체계화에 대한 경고는 예언적 의미가 있었다."47)고 평가한다.

그는 나아가 "근대성의 한 축으로서의 과학적 합리성은 인간을 해방시키는 것이 아니라 인간 삶의 무의미를 증대시켰으며, 오히려 인류를 정신적 공황상태로 몰고 갔다."48)고 비판한다. 그는 이를 다음과 같이 요약하고 있다.

> 일찍이 막스 베버가 거론하기 시작했으며 이어 프랑크푸르트 학파가 본격적으로 논의한 근대문명의 특징인 도구적 합리성은 관료주의의 발전으로 연결되었다. 그리고 그것은 20세기 현상인 우파와 좌파 모두의 전체주의적 타락과 무관하지 않았다. 그것이 파시즘의 중요한 문명적 기초의 하나였다. 도구적인 기술이성의 지배는 도덕적·정치적 가치들에 대한 비판적 이성을 매몰시키는 경향이 있었다.49)

결국 이삼성은 이른바 '근대성'으로 포섭되는 과학적 합리성과 합리주의화, 과학적 발전과 기술의 진보에 따른 도구적 이성, 이에 따른 관료화된 군대조직을 비롯한 인류문명의 합리화와 관료체계화를 20세기 대량학살 및 전쟁의 한 간접적 원인 및 배경적 요인으로 제시하고 있다. 즉 그는 20세기에 일어난 독일인에 의한 아우슈

---

47) 위의 책, 140쪽.
48) 위의 책, 141쪽.
49) 위의 책, 143~144쪽.

비츠, 일본군들에 의한 난징대학살, 베트남의 미 라이 학살, 캄보디아의 킬링필드, 보스니아의 인종청소 등은 이러한 근대성의 특성들 속에 내재된 인간의 야만성을 확대재생산한 제노사이드의 전통을 확립해 준 역사적 사례들이라고 결론짓는다.50)

한편, 나치즘과 관련하여 과학과 이성이 어떻게 작동했는지에 대해서 임지현 같은 학자는 과학이 객관적 진실이라는 대중의 맹목적 믿음과 결부되면서 나치즘을 옹호하고 정당화하는 대중적 기반을 만드는 데 일조했음을 밝히면서, 나아가 합리적이고 이성적인 질서에 통합될 수 있는 우월한 인종과 그렇지 못한 열등한 인종을 구분한 민족주의는 철저히 계몽사상의 산물이었음을 주장하고 있다.51) 그의 이러한 언급은 이삼성의 논의와 맥을 같이 하지만 제노사이드 논의와 깊이 맞닿아 있다는 면에서는 이삼성의 논의보다 좀 더 구체적이라 하겠다.52)

이삼성의 근대성에 관한 비판적 논의가 프랑크푸르트 학파를 비롯한 몇몇 사회학자들의 논거에 기대어 20세기 대량학살 및 전쟁의 원인으로 연결하는 것이 다소 추상적이고 일방적인 논리를 보이기는 하지만, 근대성이 갖고 있는 폭력적이고 억압적인 면을

---

50) 위의 책, 135쪽.
51) 임지현,『적대적 공범자들』, 소나무, 2005, 89쪽.
52) 폴란드의 맑스주의 이론가 지그문트 바우만(Zygmund Bauman)과의 대담에서 임지현은 홀로코스트의 필요 조건은 합리주의의 강박증, 근대의 관료제, 사회 공학 등 도구적 합리성을 향해 나아가는 근대 사회였다고 말하고 있다. 이에 대하여 바우만은 홀로코스트는 과거의 사건이 아니라 오늘날 우리의 근대적 삶 속에 숨어 있는 잠재적인 위험임을 전제하고, 홀로코스트는 도구적 이성의 발전, 과학과 도덕의 결합이라는 근대성의 바깥에서는 존재할 수 없는 근대의 현상이라고 주장한다. 임지현, 위의 책, 90~91쪽.

드러내고 이를 20세기 제노사이드 현상의 간접적인 원인 혹은 배경적인 조건으로 비판적인 제시를 해준 것에 대해서는 의미 있는 연구라 할 수 있다.

둘째, 근대성의 철학과 함께 배태된 것으로서 민족주의(혹은 인종주의) 사상을 들 수 있다. 역사학자 임지현은 바우만과의 대담에서 수단, 동티모르, 보스니아, 시에라리온에서 벌어진 참극은 모두 '범주적 살인(categorical murder)'이라는 점에서 홀로코스트와 비슷한 양상을 보여주고 있다고 말한 바 있다.53) 즉 어른, 아이, 남자, 여자 가릴 것 없이 이들은 단지 절멸되어야 할 특정한 범주에 속한다는 점 때문에 학살의 대상이 된다는 것이다.

필자는 여기서 그가 말하는 '범주적 살인'이라는 말 속에서 '범주'라는 용어에 주목한다. 필자가 관심을 갖는 것은 제노사이드가 범주적 살인이라는 단순한 개념적 의미가 아니라, 제노사이드를 범주적 살인으로 설명하게 된 이유가 무엇인가에 대한 것이다. 이른바, 절멸시켜야 할 범주와 보호해야 할 범주를 구분하는 경계선은 어떻게 그어지는 것인가? 소위, 살아야 할 '우리'와 죽어야 할 '그들'은 어떻게 나누어지는가? 그리고 죽어야 할 '그들'을 어떻게 타자화시킬 수 있는가? 필자는 바로 여기에서 범주적 살인을 가능케 하는 소위 '경계 짓기'의 중심에 '민족주의'라는 신화적 이데올로기가 숨어있다고 본다.

그렇다면 범주적 학살을 가능케 하는 촉진적 요소로서 '민족주의(Racism)'라는 허구는 무엇인가? 민족주의가 제노사이드에 간접원인으로서 어떻게 작동하며 영향을 주고 있는가? 이 부분에 대해

---

53) 위의 책, 86쪽.

서 지그문트 바우만(Zygmunt Bauman)의 민족주의에 대한 연구는 통찰력 있는 시각을 제공해 준다. 그에 따르면, 민족주의적 사고는 근대 과학 기술에 대한 숭배, 완벽한 질서에의 추구 등과 함께 사실상 홀로코스트를 밀고 나간 또 다른 요인이었다.[54] 그는 자신의 저서 『Modernity and the Holocaust』에서 무엇보다도 민족주의가 근대성의 산물이었음을 전제하면서 다음과 같이 그 관계를 설명한다.

> 민족주의는 근대 과학, 근대 기술, 그리고 국가권력의 근대적 형태의 성취 없이는 생각할 수 없는 것이다. 근대성은 민족주의를 가능하게 만들었고, 나아가 민족주의에 필요한 수요를 창출시켜 주었다. 이른바 민족주의란 전근대적인 투쟁의 산물로 이용된 철저히 근대적인 무기이다.[55]

근대성의 아들로 태어난 민족주의는 근대성이 갖고 있는 과학 기술의 진보, 문명화, 동일성의 철학, 전체주의적 사고, 그리고 주객분리 철학 등의 맥락 속에서 탈식민화의 역사적 과정을 거치면서 새롭게 등장한 정치적 담론들 가운데 한 핵심개념이라 할 수 있다. 따라서 근대성 속에서 민족주의가 배태되었고, 민족주의 안에는 근대성이 살아있는 것이다.

앞서 언급했듯이, 민족주의는 범주적 학살에 있어서 중요한 도구적 작용을 하는 개념이다. 일본의 심리학자인 고자카이 도시아키는 그의 저서 『민족은 없다』에서 사회심리학에서 이루어진 실증적인 연구를 예로 들어 범주화의 기능과 그 힘을 설명한다. 그

---

[54] 임지현, 「바우만과의 대담」, 『적대적 공범자들』, 95쪽.
[55] Zygmunt Bauman, *Modernity and the Holocaust*, Cambridge: Polity Press, 1989, pp.61~62.

에 따르면, 두 집단 사이에 이해대립이 전혀 없는 경우라도 단지 범주화가 일어나는 것만으로 자신이 속한 집단을 우대하고 다른 집단의 구성원을 차별하는 경향이 생긴다.56) 즉 각 집단의 가치가 독립적으로 문제가 되는 것이 아니라 그 사이의 관계 혹은 차이가 좀 더 근본적인 요인이 되는 것이며, 범주화 자체가 차별적 행동을 낳는 것이다.57) '우리'와 '그들'이라는 구별이 강하면 강할수록 차별과 대립은 강화되고 약화되면 그만큼 완화될 수 있다. 범주화에 따른 구별화는 사회적으로 양극대립구조를 만들어주면서 내분이 발생하기 쉬운 사회적 상황을 낳을 수 있다. 이러한 사회적 상황을 발생시키기에 가장 알맞은 개념이 바로 민족주의이다.

민족주의를 강화시키는 사회적 상황 속에서 '우리'와 '그들'의 구별이 발생하고, 그 구별은 차별로 이어지며, 곧 그 차별은 타자화된 '그들'을 배제하게 되고, 나아가 배제는 강화되면서 폭력으로 나타나고, 파괴과정을 거치면서 절멸화라는 종말로 치닫는다. 제노사이드와 관련하여 민족주의는 무엇보다도 '우리'와 '그들'을 구별짓는 첫 단계에서부터 작동하는 간접 원인의 메커니즘을 수행하고 있다고 볼 수 있다.

---

56) 고자카이 도시아키, 방광석 옮김, 『민족은 없다』, 뿌리와이파리, 2000, 39쪽.
57) 위의 책, 40~41쪽. 고자카이 도시아키는 범주화를 통한 차별적 인식이 어떻게 발생하는가를 예를 들어 설명한다. 그에 따르면, 자기 팀의 이익을 최대화하려는 의도보다도 자신과 타인의 차이를 최대화하려는 동기에서 차별이 발생한다고 보았다. 예컨대, 자기 팀의 구성원이 각각 1,000원을 받고, 상대팀의 구성원이 800원을 받는 상황 A와, 자기 팀의 구성원이 500원을 얻고 상대팀의 구성원이 200원을 받는 상황 B 가운데 한쪽을 선택할 경우, 사람들은 상황 A보다 상황 B를 선호하게 된다. 여기서 구성원들에게 중요한 것은 자기에게 주어진 독립적 가치가 아니라 범주화된 타자와의 관계 속에서의 차별화된 가치였다.

바우만은 구체적으로 민족주의가 제노사이드로 가는 세 단계의 길을 분석했다.[58] 첫째, 초보적 민족주의(primary racism) 단계이다. 여기서 대부분의 사람들은 낯선 외부인의 존재에 대한 자연적인 반응으로서의 당혹감(puzzling), 반감(antipathy), 그리고 일종의 혐오감(heterophobia)을 갖는다. 물론 이 단계에서는 공격적인 반응까지 보이지는 않는다. 타자에 대하여 특별한 이유나 목적을 갖고 싫어하는 것이 아니라, 막연하지만 그냥 혐오스럽고 부정적인 감정만을 느낄 정도의 단계이다.

둘째, 합리화된 민족주의(rationalized racism) 단계이다. 이것은 외부집단 내지 낯선 인종에 대하여 막연하게 분개하고 혐오해 왔던 것에 논리적 근거를 제공할 어떤 이론이 제공될 때 나타나는 변화이다. 이 단계에서는 혐오의 대상이 되는 타자가 악한 존재이거나 '객관적으로' 해로운 존재로 표현되기 시작한다. 특히 그들을 혐오하는 집단의 복지나 안정에 위협적인 대상으로 비쳐질 때 더욱 그러하다. 예컨대, 혐오의 대상이 되는 집단은 혐오하는 집단의 종교적인 시각에서 볼 때 마치 영적으로 악한 세력과 결탁되어 있는 것처럼 그려지거나, 경제적인 측면에서는 사악한 경제 동물 내지 경쟁자로 묘사된다. 외국인에 대한 혐오증(xenophobia) 혹은 자종족중심주의(ethnocentrism)는 합리화된 민족주의 단계의 가장 일반적이고 대표적인 사례라 할 수 있다.

셋째, 신비적으로 조작화된 민족주의(mystifactory racism) 단계이다. 이것은 앞의 두 가지의 낮은 단계의 민족주의 특성을 갖고 있으면서 준-생물학적 논쟁(quasi-biological argument)의 전개에 따

---

[58] Zygmunt Bauman, *Modernity and the Holocaust*, pp.62~66.

른 단계라 할 수 있다. 여기서 신비적으로 조작한다는 말은 이른바 타자(외부 집단)의 해악한 '타자성'이 갖고 있는 치료불가능성 혹은 돌이킬 수 없는 운명을 강조하기 위하여 생물학적 논쟁을 촉발시킴으로써, '그들'은 본질적으로 '우리'와 함께 할 수 없는 존재일 뿐만 아니라 사라져야 할 존재라고 인식시키는 이데올로기적 허구화 과정이다. 근대 민족주의의 생물학적 형태는 그 속성, 작동 방식, 그리고 기능에 있어서 타자를 배제하고 박탈하는 전통적인 담론과 크게 다르지 않게 나타난다. 따라서 신비적으로 조작화된 민족주의 단계는 일종의 '광적인 편집증(deliric paranoia)' 혹은 '극단적인 사변주의(extreme speculativess)'의 형태로 볼 수 있다.

결국 바우만에게 있어서 민족주의는 외국인 혐오증과 같은 단순한 감정에서 출발하여 점점 그 정도가 이상의 세 단계를 거치면서 타자를 절멸시키는 데 결정적인 사회적 추동 내지 촉진 작용체로서 그 기능을 수행하는 개념이라고 말할 수 있다. 특히 20세기 세계 곳곳에서 일어났던 제노사이드들 가운데 홀로코스트를 비롯하여 르완다, 보스니아, 동티모르, 수단 등의 사건들은 모두 민족주의라는 허구적 이데올로기에 휩싸였던 경우라고 볼 수 있다. 왜냐하면 민족주의는 그 속성상 타자와의 분리를 위한 '구별 짓기' 전략, 타자를 '타자'로 배타시키는 '배제하기' 전략, 그리고 타자를 하나의 범주로 묶고 절멸시키는 '파괴하기' 전략과 불가피하게 관련되어 있기 때문이다.

사회정치적 요인

제노사이드의 간접 원인으로서의 근대성과 민족주의가 철학적이고 사상적인 측면에서 다루어진 것이라면, 필자가 이 절에서 다룰 제노사이드의 직접 원인에 관한 논의는 사회구조적, 정치적, 사회심리적, 나아가 문화적 측면에서 볼 수 있을 것이다. 간접 원인에 대한 분석이 근대성과 민족주의라는 두 핵심 개념을 중심으로 이루어졌다면, 직접 원인에 대한 고찰은 학자들마다 견해와 입장이 다양하고 복잡하기 때문에 핵심적인 개념을 중심으로 다루기에 다소의 어려움이 있다. 따라서 필자는 제노사이드의 직접 원인에 대한 논의는 여러 학자들 나름대로의 입장에 따른 연구 결과들을 살펴보는 방식으로 진행할 것이다.

토마스 커쉬만(Thomas Cushman)은 제노사이드에 대한 구조적 접근의 필요성을 강조한 학자이다[59]. 그는 제노사이드를 어떤 사회적 행동의 유형으로 볼 것이 아니라 구조적 과정의 산물로 볼 것을 주장한다. 오히려 구조(structure)와 행위(agency) 사이의 상호작용으로 보아야 한다고 보았다. 그는 제노사이드의 구조적 조건으로 배경 조건, 개입 조건, 가속화 조건으로 구분한다. 여기서 제노사이드의 직접 원인과 관련된 부분은 배경 조건이다. 그는 제노사이드의 배경 조건으로 정치적 반란(political upheaval), 집단의 정체성 강화(strength of group identity), 그리고 정권의 구조(regime structure)를 꼽았다.

커쉬만의 이러한 접근은 제노사이드를 촉발하는 원인적 요소들을 정치적 구조의 변화(정치적 반란), 사회 구조의 변화(집단의 정체성 강화), 그리고 국가권력 구조의 변화(정권의 구조)라는 구조적 변수에서 찾은 결과이다. 필자는 커쉬만의 구조적 분석에 '변화'라는 용어를 삽입함으로써 그가 말하는 구조가 정적인 것이 아

---

[59] Thomas Cushman, "Is genocide preventable? Some theoretical consideration", in *Journal of Genocide Research*, 2003, 5(4) December, pp.532~533.

니라 동적인 것임을 강조하고자 한다. 실제로 제노사이드는 그가 말한 세 가지 조건을 필요로 하는데, 이 조건들 모두 급격한 역사적 전환 내지 변동을 겪는 가운데 이루어졌다. 따라서 그가 제시하는 구조적 접근이란 움직이는 역사의 변화에 대한 구조를 의미한다고 볼 수 있다.

최근 커쉬만의 연구와 더불어 좀 더 포괄적이고 종합적인 시각을 갖고 제노사이드의 원인에 대한 분석을 시도한 학자는 벤자민 발렌티노(Benjamin A. Valentino)를 들 수 있다. 그는 제노사이드의 원인에 대하여 세 가지 입장을 가진 그룹이 있다고 보았다.[60]

첫째, 집단과 집단 사이의 사회적 균열(social cleavages)에 주목하는 입장(사회적 균열론)이 있다. 이 이론은 제노사이드의 원인을 사회집단 내부의 여러 소집단들 사이에서 빚어지는 갈등 및 마찰을 통해 나타나는 것으로, 내부적 요인으로 볼 수 있다. 그러나 현실적으로 이 입장은 사회갈등의 이론으로는 적합할지 모르나 제노사이드를 촉발할 만한 필요 조건적 작용 요인으로 보기에는 다소 무리가 따른다고 볼 수 있다. 그래서 발렌티노는 이 입장이 제노사이드에 중요한 원인이 될 수는 있으나 본질적이고 핵심적인 원인으로는 보기 어렵다고 말한다.

둘째, 대량학살의 단초를 제공할 수 있는 전쟁이나 혁명, 국제적인 위기 상황과 같은 요인에 초점을 맞추는 입장(국가적 위기론)이다. 이것은 국가적 위기 상황에서 발생하는 제노사이드를 설명하는 이론으로써 여기에는 다시 희생양 이론과 정치적 기회 이론

---

[60] Benjamin A. Valentino, *Final Solution : Mass Killing and Genocide in the Twentieth Century*, Ithaca and London: Cornell University Press, 2004, pp.16~29.

이라는 세부적인 설명체계가 사용되고 있다. 발렌티노는 국가적 위기 상황이 제노사이드를 고무하는 이유는 혁명을 일으킨 지도자가 제노사이드를 정당화할 이데올로기를 조작해 낼 수 있고, 자신의 정치권력을 확고히 하기 위한 기회로 이용할 수 있기 때문이라고 보았다. 히틀러가 자신의 정치권력을 확고히 하기 위해 국가적 위기론을 이용하여 유태인 학살을 도모한 사례나 구소련이 공산주의 체제로 급격히 전환하는 가운데 정치적 반대 세력들을 학살하는 명분으로 사용한 사례, 한국의 이승만 정권이 남한의 공산화라는 국가적 위기를 내세워 제주4·3의 학살을 감행한 사례 등이 여기에 속한다.

셋째, 이러한 종류의 폭력을 야기하는 가장 강력한 주체라고 할 수 있는 정부의 정치권력 집중화에서 그 원인을 찾는 입장(권력집중론)이 있다. 권력 집중론은 정부의 권력이 집중되는 정치 체제일수록 제노사이드 발생이 더 쉽게 일어날 수 있다는 럼멜의 이론에서 기인한다. 특히 권력구조가 전체주의 정권이나 독재적인 정권일수록 권력이 집중되고 독점화되기 때문에 그만큼 권력의 남용이 이루어지기 쉽고, 제노사이드는 그러한 권력남용의 극대화된 현상으로 볼 수 있다. 히틀러 중심의 나치즘의 권력구조, 뭇솔리니 중심의 파시즘의 정치구조, 스탈린 중심의 구소련 공산당의 권력구조, 밀로세비치 중심의 세르비아 정권의 권력구조, 천황 중심의 일본 군국주의 정권 구조 등에서 우리는 20세기 제노사이드 발생국의 권력구조가 어떠했는지 알 수 있다. 그들은 철저히 전체주의적이고 중앙집권적이고 1인 중심의 독재적 권력 형태를 갖고 있었다. 그러나 발렌티노는 소위 민주적 체제를 가진 국가들이라고 해서 제노사이드로부터 면죄부를 받을 수 있는 것은 아니라고 주장한다. 그런 국가들도 역사적으로는 식민지 점령 형태의 문화적 제노사이드를 저질렀으며, 전체주의 정권이 저지르고 있는 제노사이드를 묵인하거나 지원했던 경험을 갖고 있다고 비판한다.

벤자민 발렌티노와 함께 바바라 하프(Barbara Harff)가 제시하는 제노사이드의 발생 원인에 대한 분석은 좀 더 포괄적이고 일반적인 설명 체계를 보여 준다. 그는 먼저 대량학살(mass killing)과 제노사이드를 구별하면서, 제노사이드가 어떠한 조건들 속에서 이루어지는지 다음과 같이 묻고 있다.

> 일부의 대량학살은 대중적 광기가 유발한 폭력행위로서 설명될 수 있지만, 대부분의 제노사이드는 살인의 충동을 야기하는 감정적 분위기가 결여되어 있다. 정반대로, 학살의 지도자는 선거에 의해서 선출된 후 자신의 병적인 철학을 합법적으로 전파하며 충분한 시간을 갖고 치밀하게 계획하고 집행한다. 그렇다면 도대체 어떠한 환경이 공식적으로 허가된 조직적 폭력을 허용하는가?[61]

그의 말을 유추해 보면, 제노사이드라는 현상은 겉으로 보기에는 인간의 극단적인 광기의 표출이라고 볼 수 있지만, 결코 감정적이거나 즉흥적이고 일시적인 우연적 사건이 아니라 철저할 정도로 치밀하고 계획적이고 냉정할 뿐만 아니라 법적인 테두리 안에서 수행되는 매우 '합리적'인 과정을 갖고 있다고 보아야 한다. 따라서 제노사이드가 발생하는 데는 그에 따른 철저한 필요충분적 환경 조성이 중요하다.

---

[61] Barbara Harff, 「제노사이드의 발생원인」, 『현대사회와 제노사이드』, 도서출판 각, 2005, 91쪽.

바바라 하프는 제노사이드가 발생하게 된 조건들로서 다음 세 가지 이론을 제시한다.[62] 첫째, 구조적 변화론이다. 이른바 국가적 격변이라는 것은 정치공동체의 급격한 변화를 의미한다. 하프는 폭력적 갈등을 통한 국가의 탄생, 국경의 재편, 전쟁에서의 패전 등을 예로 들었다. 그는 특히 패전은 국민적 긍지를 파괴하고 때때로 적으로 인식된 집단에 대한 제노사이드를 유발한다고 보았다.

둘째, 집단 간 내부 균열론이다. 하프는 구조적 변화는 제노사이드를 촉발하는 필요조건이지만 충분조건은 아니라고 보면서, 내부 균열론은 집단 간 투쟁의 역사를 통해 나타나는 극심한 내부 균열의 존재라고 파악한다. 경쟁하는 집단 사이에 내부적인 일체감이 높을수록 상대방에 대해서 극단적인 조치가 취해질 가능성이 많다는 것이다. 여기서 양극화는 보통 종교, 가치, 전통, 이데올로기 등의 차이에 의해서 심화될 수 있다. 하프는 소위 기독교인 대 유태인, 이슬람교도 대 힌두교도, 파시스트 대 공산주의자, 독일인 대 집시, 백인 대 흑인과 인디언 등의 갈등은 나치독일, 방글라데시, 우간다, 독일령 서남아프리카, 기타 여러 국가에서 제노사이드의 원인이 되었다고 분석한다.

셋째, 학살정권에 대한 외부세계의 견제 결여 및 지원론이다. 하프는 악명높은 인권 침해자들에 대한 국제적 제재와 개입의 부재는 예외적인 현상이 아니라 일반적인 현상으로 보아야 한다고 말한다. 국익이 연관되지 않거나 개입능력을 보유하지 않는 경우에 지역주민의 고통을 덜어주기 위한 국제적인 노력은 거의 존재하지 않는다는 것이다. 이 부분에 대해서는 사만다 파워는 자신의

---

[62] 위의 책, 91~93쪽.

저서 『미국과 대량학살의 시대』에서 얼마나 많은 국가들이 타국에서 일어나는 제노사이드에 무관심하고 무책임했는지를 국제관계 자료들의 분석을 통해 제기한 바 있다. 그녀의 연구는 하프의 이 이론을 뒷받침할 중요한 논거로 사료된다.

문화사적 · 상황적 · 사회심리학적 요인들

이상의 바바라 하프, 벤자민 발렌티노, 그리고 토마스 커쉬만이 밝힌 제노사이드 원인 분석들은 주로 사회정치적 구조의 변화와 밀접한 관련 속에서 다루어진 것들이다. 그런 면에서 린다 울프(Linda M. Wolf)와 마이클 헐시저(Michael R. Hulsizer)는 앞의 학자들보다 그 범주를 대폭 확대하여 종합적인 분석을 시도하고 있다. 이 두 학자는 제노사이드의 발생 원인을 문화역사적 요인, 상황적 요인, 그리고 사회심리학적 요인으로 나누어서 설명한다. 앞의 세 학자의 분석은 이 두 학자가 두 번째로 내놓은 상황적 요인이라는 범주에 해당된다고 볼 수 있다. 그러면 이들이 말하는 제노사이드 발생 원인은 무엇인가? 그들은 최근(2005년) 『Journal of Genocide Research』에 발표한 논문에서 이를 다음과 같이 밝히고 있다.[63]

첫째, 문화역사적 요인이다. 문화적으로 공격의 역사를 가진 국가, 우월주의 이데올로기를 가진 민족 집단의 경우가 여기에 속한다. 공격 역사의 문화 혹은 폭력 찬양의 문화는 다양한 형태의 폭력을 촉발 내지 지속시킬 수 있는 위험성을 내포하고 있다. 애국주의와 민족주의는 민족적 우월의식과 편견을 낳는다. 우월주의

---

[63] Linda M. Wolf & Michael R. Hulsizer, "Psychosocial roots of genocide: risk, prevention, and intervention" in *Journal of Genocide Research*, 2005, 7(1) March, pp.101~128.

이데올로기는 비인간화 역사의 기초가 된다.

　제노사이드의 문화사회학적 원인에 대한 분석은 레오나르드 뉴만(Leonard S. Newman)과 랄프 어버(Ralph Erber)같은 학자들도 자신들이 편집하여 엮은 책 『Understanding Genocide』에서 제노사이드를 발생시킬 수 있는 문화적 특징 여섯 가지를 제시한다.[64] 1) 문화적 평가절하 : 잠재적인 희생자에 대한 평가절하는 그 집단을 적으로 규정하는 이데올로기의 결과로서 분리와 차이, 나아가 차별의 정책으로 발전할 수 있다. 2) 권위에 대한 복종의 문화 : 절대권력에 대한 절대복종의 문화는 절대권력자의 잘못된 정책을 그대로 수행하는 결과를 낳는다. 3) 획일주의 문화 : 대부분의 제노사이드는 전체주의적 정치 형태 속에서 나오며, 전체주의는 획일주의와 맥을 같이 한다. 4) 문화적 자기허영 : 이는 문화적, 민족적 우월주의와 함께 자민족중심주의로 발전하면서 타자에 대한 폭력적 태도를 부추긴다. 5) 과거 희생의 역사경험에서 치유받지 못한 상처 : 문화적 우월주의도 그렇지만 반대로 문화적 피해주의, 패배주의도 똑같은 폭력적 반응을 불러일으킬 수 있다. 6) 호전성과 공격의 역사 경험 : 전쟁과 침략을 반복했던 역사적 경험은 자연스럽게 제노사이드에 대하여 무감각할 수밖에 없고, 제노사이드를 수행하는 데 별 어려움을 느끼지 못할 수 있다.

　둘째, 상황적 요인이다. 울프와 힐시저는 제노사이드를 발생시키는 상황으로는 체제붕괴의 위기와 권위주의적 지도자의 등장을 꼽았다. 체제붕괴의 위기로는 경제 위기, 정치 위기, 그리고 전쟁을 들 수 있는데, 이것들은 바로 제노사이드가 일어나기 직전에

---

[64] Leonard S. Newman & Ralph Erber, *Understanding Genocide*, New York: Oxford University Press, 2002, pp.15~19.

보이는 징후적 조건들이다. 터키의 아르메니안 대학살, 나치의 유태인 학살, 캄보디아의 킬링필드, 유고슬라비아의 인종청소, 르완다 투치족 학살 등은 발생 직전에 체제붕괴의 위기 과정을 보여주는 대표적인 예라 할 수 있다. 한편, 권위주의적 지도자는 정적을 제거하고 권력을 집중화하며 경제적 자기이해를 추구하며 파괴적 하부구조 및 문화를 창출하며, 파괴적인 이데올로기를 공인하여 그것을 도덕적이고 이상적인 형태로 표현함으로써 제노사이드 촉발에 핵심적 역할을 진행한다.

상황적 요인과 관련하여 에릭 와이츠(Etic D. Weitz)는 근대 제노사이드의 발생 원인으로 정치적 결정론과 위기상황론을 제시한다. 정치적 결정론에 따르면, 제노사이드는 위기의 상황에서 내려진 정치적 결정이다. 위기상황론은 정치, 사회체계의 우선적 범주로서의 근대민족과 국가에서의 비상사태라는 복잡한 역사적 과정에 따른 것이다.[65] 울프와 헐시저의 요인분석과 비교하면, 와이츠는 좀 더 일반화된 설명체계를 사용한 점 외에는 크게 다르지 않다고 볼 수 있다.

셋째, 사회심리학적 요인이다. 울프와 헐시저는 제노사이드 발생의 사회심리학적 요인으로는 무엇보다도 '우리'와 '그들'을 구분 짓는 사회적 인식을 들었다. 이른바, '구분 짓기', '경계 짓기'는 타자를 적대시하는 감정을 촉발시키는 기제이다. 그런 면에서 반유태주의는 대표적인 구분 짓기의 사회적 인식이다. 이러한 사회심리적 요인들은 곧이어 선전용으로 조작하는 단계로 진행되고, 뉴스같은 미디어를 통해서 학살을 조장하거나 문학작품을 통해 외

---

[65] Eric D. Weitz, *a century of genocide : Utopia of Race and Nation*, Princeton and Oxford: Princeton University Press, 2003, p.2.

부집단을 악한 적으로 묘사하게 된다. 나아가, 울프와 헐시저는 이러한 사회심리학적 요인들을 통하여 제노사이드는 7가지 단계의 전개과정, 이른바 이데올로기와 같은 가치를 통한 폭력 혹은 외부집단에 대한 부정적 태도와 차별의식 조성 → 기회와 특권의 박탈, 권리에 대한 부정, 조직으로부터의 배제, 능력 제한 → 시민권 박탈이라는 비인간화 과정 → 고립화와 게토화 → 인간의 기본권 박탈, 도덕적 배제과정 → 위협, 파괴, 공격의 과정 → 부정의 과정으로 진행한다고 분석했다.

3. 유형론 : 제노사이드는 어떤 형태로 나타나는가

제노사이드에 대한 유형적 연구는 1970년대에 접어들면서 많은 사회학자 및 역사학자들 사이에서 논의되기 시작한 분야이다. 이 현상을 유형화 한다는 것은 이미 역사적으로 수많은 제노사이드 사건들이 축적되었다는 것과 각각의 사건들이 어떤 기준에 따라 일정한 범주로 묶여질 수 있음을 의미한다. 이와 동시에, 제노사이드가 학문적 연구 대상으로 본격화되기 시작했음을 뜻한다고 볼 수 있다.

제노사이드를 유형화하려는 학자들은 주로 가해자의 동기 혹은 의도라는 관점에서 연구하는 경우가 많았다. 이런 점에서 유형화는 원인 및 배경 연구와 맥을 함께 한다. 왜냐하면 가해자의 동기 및 의도가 제노사이드의 직간접적 발생 원인이 될 수 있기 때문이다. 아울러, 제노사이드 사건들의 역사적 범주를 잡는 문제는 크게 두 가지로 나누어진다. 하나는, 근대 이전의 사건들과 20세기의 사건들을 통틀어서 연구하는 통역사적 관점이다. 대부분의 학자들이 이런 입장에서 접근하고 있다. 다른 하나는, 제노사이드라는 용어 자체가 20세기에 만들어진 것이고, 제노사이드 현상 또한 20세기에 가장 많이 일어난 점을 들어 20세기의 사건들에만 집중하는 관점이다.

필자는 이 장에서 제노사이드 유형화의 논의를 여러 학자들의 유형론을 중심으로 다룰 것이다. 왜냐하면 무엇보다도 지금까지 연구되어온 유형들을 하나로 묶어 필자 나름대로 종합하기에는 학자들마다의 의견이 너무 다양하기 때문이다. 비록 가해자의 동기 혹은 의도라는 기준적 관점에서는 일치하지만, 연구 결과들은 학자들마다 달랐고 거기에 따르는 사례들도 분분했다. 그만큼 제노사이드 현상은 연구자가 처한 역사적, 경험적, 국가적 입장에 따라 다양한 결과를 산출할 수밖에 없었다. 이는 마치 제노사이드 협약에서 92개국의 체결국들이 자국의 입장에 따라 개념 정의를 달리할 수밖에 없었던 상황과 유사하다고 볼 수 있다.

가해자의 동기에 따른 유형

제노사이드 유형화에 있어서 전형적인 연구를 보여주는 대표적인 인물로는 프랭크 쵸크(Frank Chalk)와 커트 조나선(Kurt Jonassohn)을 꼽을 수 있다. 그들은 가해자의 동기에 기초하여 다음과 같이 네 가지 유형을 제시하고 있다.[66]

첫째, 적대세력의 위협을 제거하기 위한 제노사이드이다. 고대,

---

[66] Frank Chalk & Kurt Jonassohn, *Genocide*, p.29.
_____, 「제노사이드의 유형과 인권의제」, 『현대사회와 제노사이드』, 54~59쪽.

특히 아시아, 아프리카, 유럽의 무역로였던 중동에서 일반적으로 일어났던 현상으로서, 지중해 상권 장악을 위한 카르타고와 로마의 포에니 전쟁에서 로마가 카르타고를 완전히 몰살시킨 사건이 대표적이다. 칭기즈칸의 주민 대량학살 등 근대 이전의 전쟁 형태에서 주로 나타났던 유형이다. 성서에 나타난 대량학살도 이 유형에 포함되리라 본다. 모세시대 유아학살, 예수시대 유아학살, 사울의 아말렉족 학살, 사울의 제사장마을 학살 등은 모두 잠재적 적대 세력의 위협으로부터 사전 방지 차원의 목적으로 이루어진 것으로 볼 수 있다.

둘째, 실제 혹은 잠재적 적들 사이에 공포(테러)를 조성하기 위한 제노사이드이다. 시기적으로 다소 후대의 현상으로서 제국의 건설 및 유지와 관련되어 있다. 타민족을 정복하고 그들을 굴종시키기 위해서는 대규모의 군대가 필요하고 점령군에 대한 지속적인 투자가 요청된다. 쵸크와 조나선에 따르면, 칭기즈칸은 공포(테러)야말로 가장 효과적인 수단임을 자각한 인물이었다.

셋째, 경제적 부의 획득을 목표로 하는 제노사이드이다. 이 유형은 고대로부터 유래한 것으로 자신의 영토가 제공할 수 있는 이상의 부를 추구하는 사람들은 타인의 부에 욕심을 갖고 비옥한 토지와 자연자원은 이동이 불가능하므로 그것을 차지하기 위해서는 해당 지역을 점령하고 현지 주민을 노예로 삼거나 학살하는 것밖에는 방법이 없다고 보는 데서 출발한다. 제국의 팽창에 따른 식민정책의 일환으로 일어났던 수많은 원주민 학살, 신대륙 발견에 따른 원주민 이동 및 절멸의 역사, 호주의 태즈메니안들의 절멸 등이 이에 속한다.

쵸크와 조나선은 이상의 세 가지 유형은 근대 이전 역사의 현상으로서 근대국가가 출현하면서 자취를 감추었다고 보았다. 왜냐하면 승자가 패배한 적을 몰살시키기에는 국가라는 규모가 너무 커졌기 때문이다.

　이제 두 학자는 네 번째 유형을 제시하는데, 이것은 역사적으로 20세기의 제노사이드 현상을 두고 하는 것이다. 이른바, 이데올로기, 이론, 신념을 이행하기 위한 제노사이드가 그것이다. 이 유형은 이상의 세 가지 유형과 성격을 달리할 뿐만 아니라 최근의 현상으로서 신념, 이론, 이데올로기의 실현을 목표로 한다. 역사적으로 교회나 국가에 의해 획일성이 강조될 때 지배적 신념체계로부터의 이탈은 극단적인 경우 처형의 방식이 동원될 수 있다. 여기서 중요한 것은 가해자가 희생자를 어떻게 정의하는가의 여부이다. 가해자의 정의는 자신의 신념, 이론, 이데올로기에 근거하는데 희생자 집단은 실체일수도 있고 가상적인 존재일수도 있다.

　여기서 쵸크와 조나선은 특정집단과 그들에게 씌워진 혐의라는 두 개 변수의 결합은 다음 4개의 하위 유형을 만들어낼 수 있다고 밝히고 있다.[67] 1) 집단의 실체 및 혐의내용 모두가 사실일 경우로써, 알비주아 십자군의 희생자들은 실제로 존재하는 이단그룹 카타리파였고 교황청으로부터 비난을 받았었다. 2) 집단의 존재나 혐의내용이 모두 가해자에 의해 가공된 경우이다. 중세의 마녀 사냥이 대표적인 사례이다. 이는 제노사이드라기보다는 제노사이드적 학살로 보아야 한다. 3) 실존하는 집단에 대해서 허위 음모가 가해지는 경우로써, 터키의 아르메니아인에 대한 1915년의 제노사이드가 이에 포함된다. 아르메니아인들은 공통의 언어와 종교를

---

[67] 위의 책, 58~59쪽.

보유한 실존집단이었지만, 터키인들은 국가 전복 음모를 이유로 아르메니아인들을 고발한 것은 크게 과장된 행동이었다. 4) 가상의 집단이 실재하는 음모의 책임을 지는 유형인데, 국가가 적대세력을 색출하지 못하지만 그들이 존재한다는 증거를 갖고 있는 경우 발생한다. 정부는 체제 내에 가장 인기 없는 집단을 희생양으로 삼는다. 이러한 유형의 사태는 빈번히 발생하지만 제노사이드의 규모로 진행되는 경우는 거의 없다. 신념이나 이데올로기에 입각한 제노사이드는 중세부터 시작되었지만 20세기에 들어 빈번해졌으며, 오스만 터키, 스탈린의 러시아, 히틀러의 독일, 폴 포트의 캄보디아 등이 여기에 속할 것이다.

한편, 로저 스미스(Roger Smith)는 가해자의 동기에 따라 다음과 같이 다섯 가지 유형을 제시하고 있다.[68] 물론 그 또한 통역사적 관점을 따르고 있다는 점에서 위의 두 학자와 동일하다.

첫째, 응징적 제노사이드이다. 스미스에 따르면, 응징은 합리화의 명분이자 희생자를 비난하는 하나의 방식으로써, 가해자는 응징을 통해 희생자에게 부여된 비인간적 속성을 문제 삼는다. 응징이 제노사이드의 주요 동인이 되는 경우는 드물지만, 칭기즈칸과 같은 정복자의 경우에는 응징의 방법으로 대량학살을 수행한다.

둘째, 제도적 제노사이드이다. 고대 및 중세 시대에 정치적으로 승인된 대량학살의 주요 원인이 되는 유형이라고 할 수 있는 제도적 제노사이드는 공포를 조성하고 힘을 과시하며 미래의 보복을 제거하기 위해 동기화되는 경우이다. 정복 전쟁의 형태로 나타나는 제도적 제노사이드는 남자를 살해하고 여자와 어린이를 노예

---

[68] Roger Smith, 「인간의 파괴와 정치 : 제노사이드 시대로서의 20세기」, 『현대사회와 제노사이드』, 도서출판 각, 2005, 88~92쪽.

로 취하며 도시와 인근 마을을 파괴하는 방식으로 수행된다. 정치의 대용물이기도 한 제도적 제노사이드는 도시를 지배하고 공물을 거두며 자신의 권위 속으로 통합을 시도하는 대신 사회를 초토화시키는 방식으로 진행한다. 따라서 제도적 제노사이드는 정복의 제노사이드라고도 한다. 십자군 운동의 일부에서 이런 유형이 나타나고 있으며, 동유럽에서는 티무르 렌크와 같은 인물에 의해 15세기까지 지속되었지만, 그 후 500년간 정복적 제노사이드는 자취를 감추게 된다. 그러나 스미스는 20세기에 접어들면서 게릴라전과 핵무기 사용으로 이 유형은 재생되었다고 보고, 중요한 점은 제도적 제노사이드는 힘을 가진 자에 의한 광범위한 파괴와 무모한 양민의 대규모 학살로 나타나는 것이라고 말한다.

셋째, 공리적 제노사이드이다. 이 유형은 아메리카, 오스트레일리아, 태즈매니아, 아프리카 등지에서 식민지 시대와 토착민 착취가 공식화되던 16세기와 17세기에 두드러졌던 현상이다. 20세기 진보와 발전의 이름으로 소위 '인디언'들에 대한 제노사이드적 공격은 계속되었고, 가해자의 목표는 토착민들의 토지(목재, 광석, 가축)와 노동력(고무나무 수액 체취)에 집중되어 있다. 여기서 스미스는 공리적 제노사이드의 근본명제는 다른 사람들이 잘 살기 위해서는 누군가는 죽어야 한다는 경제적 희소성의 원칙을 적용하고 있다.

넷째, 독점적 제노사이드이다. 20세기 이전의 대부분의 제노사이드는 영토 경계 외부집단에 대한 것이었다. 그러나 20세기 이후의 대부분의 제노사이드는 자국의 구성원을 파괴하는 내부적 현상으로 나타나고 있다. 그런 면에서 히틀러의 유태인 학살은 외부집단을 겨냥함으로써 내부 권력의 집중화를 목표로 한 예외적인 사례로 꼽힌다. 그러나 무엇보다도 20세기에 가장 빈번히 발생했던 제노사이드의 근원은 정권의 형태에 관계없이 권력의 독점을 위한 투쟁으로 볼 수 있으며, 파키스탄이나 부룬디, 나이지리아 등 심각한 인종적, 종교적 균열을 보였던 사회에서 갈등의 중요한 원인으로 작용했다. 폴 포트의 캄보디아의 경우 권력독점을 위한 투쟁이 이데올로기적 형태의 제노사이드로 나타났던 사례로 볼 수 있다.

다섯째, 이데올로기적 제노사이드이다. 스미스는 20세기 대다수의 제노사이드가 이데올로기적이라고 보기는 어렵다고 말하면서, 그러나 그것이 이데올로기적일 때는 엄청난 재앙을 초래했다고 주장한다. 20세기 이전에 이데올로기는 종교의 형식을 가지고 인간의 파괴에 한 몫을 했다. 근대 이전의 이데올로기는 스페인에게는 인디언 정복의 명분으로, 유태인들에 대한 반복적 공격의 근거로, 16~17세기에는 종교전쟁의 원인으로 작용했다. 20세기에 들어오면서 이데올로기는 사회를 변형시키기 위한 처방, 이른바 질서, 정의, 인류애 등을 보완하는 새로운 천지창조의 시도로 사용된다. 소위 '유토피아'의 이름으로 나타나는 이데올로기는 구원을 모색하는 동시에 불순물을 제거하고 싶어 하는 강력한 욕망에 의해 동기화되었다. 히틀러의 나치가 사회 정화를 말하고, 폴 포트의 캄보디아 크메르 루즈 정권이 인간 청소를 부르짖고, 스탈린의 구소련이 완벽한 공산주의 세계와 유토피아를 주장하는 것들이 바로 그것이다.

지도자의 형태 및 희생자 숫자에 따른 유형

벤자민 발렌티노(Benjamin Valentino) 같은 사람은 제노사이드와 지도자 관계에 주목한 학자로서, 그는 가해자들이 대량학살을 자신들의 목적을 이루기 위한 최종적 해결의 한 방법으로 인식하고 사용했다고 주장한다. 그에 따르면, 대량학살의 원인은 전략적 관점에서 연구되어야 하며, 대량학살은 타집단과의 관계 속에서 중요한 정치적, 군사적 목적을 성취하기 위해 계산된 도구적 정책의 일환이다. 즉 가해자의 관점에서 볼 때, 대량학살은 어떤 이데올로기를 수행하거나 위협을 가하기 위한 합리적 과정이자 방법으로 보인다는 것이다.

이러한 전제 속에서 발렌티노는 대량학살을 야기하는 동기에 따라 크게 두 가지 범주로 나누고, 각각의 범주 안에 세 가지 유형들을 포함시키는 이른바, '2범주-6유형론'을 제시한다.[69] 물론 그의 분석은 20세기의 사례들로 국한하고 있다. 첫째, 강탈적 대량학살(Dispossessive Mass Killing) 범주이다. 발렌티노는 먼저 민족적 순결성, 타민족 집단에 대한 비인간화, 다른 여타 목적들에 앞서는 국가안보, 희생집단을 그보다 큰 국가 혹은 공동체로부터 배제하는 정치적 공식 등을 가장 위험한 이데올로기라고 규정한다. 그런 다음 그는 강탈적 대량학살의 원인은 가해자들이 이런 류의 폭력이 단시간에 정치적, 군사적 목적을 이루는 데 가장 실제적인 전략이라고 결론지을 때 일어난다고 주장한다. 이 범주 안에는 역사상 최악의 대량학살로서 공산주의 교리에 따른 사회변혁을 시도하기 위하여 농업의 집단화 정책을 수행하는 과정에서 사유재산을 강탈하는 수단으로 수행되었던 '공산주의 정권의 대량학살 유형', 민족주의 정권이 가해자가 되어 타민족에 대한 두려움에서 촉

---

[69] Benjamin Valentino, *Final Solutions*, pp.66~90.

발하여 인종청소와 같은 형태로 나타나는 '민족 대량학살 유형', 그리고 제국주의 정권이 영토 및 경제적 이해관계를 확장하기 위한 목적으로 이루어지는 '영토적 대량학살 유형'이 있다.

둘째, 억압적 대량학살(Coercive Mass Killing) 범주이다. 여기에는 알제리 전쟁, 소련의 아프카니스탄 침공, 에디오피아 내전, 과테말라 내전처럼 게릴라전을 통하여 독립이나 정권창출을 이루려는 집단에 대한 억압으로서의 '대게릴라전 대량학살 유형', 독일과 일본에 대한 연합군의 테러 폭격, 독일에 대한 연합군의 해상봉쇄, 남베트남에서의 베트공의 테러, 기근과 같은 방식으로 전개되는 '테러전 대량학살 유형', 그리고 서부 유럽에 대한 독일의 점령, 일본의 동아시아 점령과 같이 제국 건설에 필요한 경비 경감을 목적으로 한 정복과 반란의 과정에서 일어나는 '제국주의 대량학살 유형'이 있다.

한편, 럼멜(R. J. Rummel)은 제노사이드 개념으로는 장구한 인류 역사에서 일어난 학살의 현상을 충분하게 설명할 수 없다고 보았다. 그래서 그가 창안해 낸 신조어가 바로 '데모사이드(democide)', 이른바 '인민학살'이다. 그는 역사적으로 나타난 집단 사망의 원인을 의도적인 원인과 비의도적인 원인으로 크게 나눈 후, 의도적인 원인으로 국제전 및 내전을 포함한 전쟁과 데모사이드로 구분한다. 그리고 데모사이드 안에 제노사이드, 폴리티사이드, 대량학살(mass murder or massacre), 테러를 포함시켰다. 따라서 그의 '데모사이드'라는 용어는 제노사이드와 폴리티사이드 모두를 하위 개념으로 포함하는 일종의 총칭개념으로 사용되었다.[70]

---

70) Rudolph J. Rummel, *Death by Government*, New Brunswick and London: Transaction Publishers, 1994, pp.31~42.

〈표 2〉 벤자민 발렌티노의 대량학살 유형론

동기 및 유형	전개방식	사례들
강탈적 대량학살		
공산국가의 대량학살	농업 집단화 정책 정치적 테러	소련(1917~1953) 중국(1950~1976) 캄보디아(1975~1979) 터키의 아르메니아(1915~1918)
인종적 대량학살	인종청소	유태인 학살(1939~1945) 르완다 (1994)
영토적 대량학살	식민지 확장	북남미에서의 유럽 식민지배 독일 점령의 남서 아프리카 헤레로지역에서의 제노사이드(1904~1907)
	전쟁의 확대	독일의 서폴란드 침략 (1939~1945)
억압적 대량학살		
대게릴라전 대량학살	게릴라전	프랑스로부터 독립운동 차원의 알제리전쟁(1954~1962) 소련의 아프카니스탄 침공(1979~1988) 에디오피아 내전(1970, 1980) 과테말라 내전(1980)
테러전 대량학살	테러 폭격	독일과 일본에 대한 연합군의 폭격(1940~1945)
	기근/봉쇄/ 포위공격전	독일에 대한 연합군의 해상봉쇄(1914~1919) 비아프라에 대한 나이지리아 육지봉쇄(1967~1970)
	반군/반란형 테러리즘	알제리독립운동에서의 FLN테러리즘(1954~1962) 남베트남에서의 베트공의 테러리즘(1957~1975) 모잠비크에서의 르나모 테러리즘(1976~1992)
제국주의 대량학살	제국주의 정복과 반란	서부 유럽에 대한 독일점령(1940~1945) 일본의 동아시아 점령(1910~1945)

럼멜은 20세기에 발생한 제노사이드에서 희생된 사상자 수에 대한 남다른 통계 자료를 갖고 있는 보기 드문 학자 가운데 하나이

다. 다른 대부분의 학자들이 가해자의 의도 및 동기에 따라 유형화를 시도한 반면, 그는 학살의 규모에 따른 유형화를 제시했다. 전자가 제노사이드의 원인과 배경에 근거한 유형화라면, 후자는 결과에 근거한 유형화로 볼 수 있다. 크게 세 가지로 구분한 그의 작업은 20세기에 한정되어 있다.[71]

첫째, 초대형급 대량학살(The Dekamegamurderers) 유형으로, 여기에서는 1.2억(128,168,000) 명이 희생되었다. 세부적으로 보면, 소비에트하에서 61,911,000명 살해, 중국 공산주의하에서 35,236,000명 살해, 나치하에서 20,946,000명 살해라는 엄청난 규모의 숫자가 학살된 유형이다.

둘째, 대형급 학살(The Lesser Megamurderers) 유형으로, 19,178,000명이 학살되었다. 일본의 제국주의하에서 5,964,000명 살해, 크메르 루즈 정권하에서 2,035,000명 살해, 터키의 제노사이드적 인종청소로 1,883,000명 살해, 베트남전에서 1,670,000명 살해, 폴란드의 인종청소로 1,585,000명 살해, 파키스탄에서 1,503,000명 살해, 티토하에서 1,072,000명 살해 등이 여기에 속한다.

셋째, 의심스러운 대형급 학살(The Suspected Megamurderers) 유형으로 4,145,000명이 죽었다. 북한의 김일성 독재체제하에서 1,663,000명 살해 추정, 멕시코에서 1,417,000명 살해 추정, 봉건 시대의 러시아에서 1,066,000명 살해 추정이 그것이다. 그러나 이들 세 국가의 경우, 분명한 숫자를 파악할 수 없었다는 점에서 '의심스러운' 대형급 학살로 명명되었다.

---

[71] Ibid., pp.79~404. 물론 럼멜은 20세기 이전의 역사에서 나타난 인민학살(Democide)에 대해서도 조사를 했다. 그는 20세기 이전에 일어났던 데모사이드에서 희생된 수는 133,147,000명으로 추정하고 있다.

종합적 유형

국내 학자들 가운데 최호근은 20세기 세계사 속에서 발생했던 수많은 제노사이드들 중에 열 세 건의 사례를 선택하여 다섯 가지 유형으로 나눈 후, 각 사례의 전개 과정과 결과, 동기와 특징들을 파악한 유일한 인물이다. 그는 열 세 건의 제노사이드를 선별하는 데 있어서 발생 시기와 지역, 국내외의 정치 상황과 조건, 희생자 집단의 특성을 종합적으로 고려했고, 각 사례들을 고찰함에 있어서 "언제, 어디서, 누가, 누구를, 왜, 어떻게, 얼마만큼 죽였는가?"라는 물음을 관찰의 축으로 삼고 있다.[72] 그의 유형화는 기존의 해외 학자들이 가해자의 의도와 동기에 주로 맞춘 데 반해 그 관점의 폭을 종합적으로 넓혔다는 데 의의가 있다. 그가 밝히고 있는 '5유형-13사례'의 내용은 다음과 같이 요약될 수 있다.[73]

첫째, 프런티어 제노사이드이다. 이는 유럽인들이 아시아와 아프리카, 그리고 아메리카 대륙에서 식민지를 개척하는 중에 발생한 제노사이드를 일컫는 말이다. 프런티어 제노사이는 영토의 침탈을 주목적으로 삼았다는 점에서 '개척지의 제노사이드(antipodean genocide)'라고도 한다. 이것은 주로 3단계의 진행과정을 거친다. 첫 단계는 유럽 출신의 식민지 개척자들의 침입으로 시작한다. 두 번째 단계는 생산 기술이나 무기 면에서 백인들을 도저히 당해낼 수 없었던 토착민들의 저항과 투쟁이다. 세 번째 단계는 백인 식민지 정부가 대대적인 절멸 작전을 시행함으로써 직접적 학살이 시작되고, 여기에서 살아남은 소수의 토착민들을 '보호구역'이라고 명명된 수용소로 강제 이주시키면서 간접적 학살을 자행하였다. 여기에

---

[72] 최호근, 『제노사이드』, 책세상, 2005, 99~100쪽.
[73] 위의 책, 101~343쪽.

는 17~19세기에 일어났던 북아메리카 대륙의 인디언 학살과 영국에 의해 자행된 태즈메이니아인 학살(1803~1847)이 대표적이다.

둘째, 문명의 한복판에서 일어난 나치 독일의 제노사이드(1933~1945)이다. 홀로코스트라고도 불리는 나치에 의한 유태인 학살은 이후에 펼쳐질 제노사이드의 거의 모든 모습을 만화경처럼 보여주는 사건이다. 나치는 인종적·민족적 이유에서 유태인과 집시, 폴란드인과 소련인을 학살했고, 종교적인 이유에서 여호와의 증인 신자들을 절멸했으며, 기강을 바로잡기 위해 동성애자들을 죽였고, 건강하지 못하다는 이유로 정신적·육체적 장애인을 집단적으로 살해했다. 여기서 최호근은 홀로코스트가 일어나게 된 원인적 배경을 나치의 인종주의 이데올로기와 독일인 특유의 상명하복 정신, 그리고 철저함에 대한 집착이라고 분석했다. 그는 홀로코스트는 이 세 요소가 결합해 폭발적인 상호 작용을 일으키는 과정에서 빚어진 비극이라고 보았다.

셋째, 민족과 종교의 학살 이중주 : 남동부 유럽에서 일어난 제노사이드이다. 다민족 국가는 단일민족 국가에 비해서 제노사이드에 노출될 가능성이 더 많다. 특히 다민족 국가 중에서도 한 국가 내에 공존하는 민족 집단들의 종교가 다를 경우 제노사이드의 개연성은 그만큼 높아진다. 여기서 혁명이나 내전, 또는 국가 간 전쟁이 발생하여 정치적 갈등이 표면화되기 시작하면 지배와 피지배, 학살과 보복 학살로 얼룩진 과거의 기억들이 정치가들의 선동을 타고 그 갈등을 돌이킬 수 없는 지경으로 몰아갈 수 있다. 20세기 최초의 제노사이드(1915~1916)로 기록되는 터키의 아르메니아인 학살, 보스니아와 코소보의 인종청소(1991~1999)라 불리는 밀로세비치하에서 이루어진 유고슬라비아의 제노사이드가 여기에 속한다.

 넷째, 혁명의 이름으로 일어난 제노사이드이다. 스탈린이 통치하던 소련에서 일어난 몇 차례의 학살(1930~1946)과 크메르 루즈의 집권 뒤 캄보디아에서 일어난 학살(1975~1979)은 사회주의 혁명을 완성하는 과정에서 일어난 정치적 학살(politicide)의 전형이다. 학살의 규모 면에서 스탈린 치하의 소련의 경우는 2,000만 명 이상의 초대형급 대량학살74)로 기록될 정도로 컸다. 그러나 제노사이드 개념에 관한 장에서 이미 밝혔듯이, 1948년 유엔 제노사이드 협약에서 이 두 학살은 정치적 학살을 제노사이드 개념에서 배제시켰기 때문에 국제법적으로는 제노사이드로 인정되지 않는 상태이다. 더구나, 이 두 사례의 기본적인 성격은 동족에 대한 학살이었는데, 동족 학살은 제노사이드 협약이 정한 처벌 대상에서 벗어나 있다. 그러나 최호근은 제노사이드에 관한 광의적 개념을 따르는 학자의 입장에서 이를 제노사이드의 한 유형으로 보고 있다.

 다섯째, 식민화와 탈식민화 과정에서 일어난 제노사이드이다. 최호근은 탈식민화 과정은 곧 제노사이드의 과정이라고 말할 수 있을 정도로 수많은 집단 학살을 동반했다고 보았다. 그것은 무엇보다도 식민지 본국이 도모했던 고도의 분열 정책에 기인하는데, 계급·지역·종교 갈등뿐만 아니라, 다민족·다인종 국가의 경우에는 민족과 인종 사이에 존재했던 갈등까지 엄청나게 증폭되는

---

74) 럼멜은 이를 초대형급 대량학살(The Dekamegamurderers) 유형으로 규정하고, 여기에서 소련의 경우는 61,911,000명으로 추산하고 있다. 그런 면에서 최호근이 밝힌 희생자 수와는 상당한 차이를 보이고 있다. 이 차이에 대해 최호근은 럼멜의 주장이 소련 전문가들에 의해 너무 과장되어 있다고 비판받는 것을 언급하면서, 대다수의 학자들이 주장하듯 2,000만 명에서 2,500만 명에 동의하고 있다.

결과를 낳았다. 이 같은 다층적 갈등은 해방 후의 국가 수립 과정에서 정치 불안으로 이어졌고, 정치 불안은 다시 쿠테타와 내전을 낳았다. 그리고 쿠테타와 내전은 집단 학살의 주요 원인이 되었다. 130년 동안 프랑스의 식민지 지배를 받아왔던 알제리가 독립하는 과정에서 일어났던 프랑스에 의한 알제리인 학살(1945~1960), 아프리카 르완다의 후투족과 투치족 간의 종족 분쟁의 결과로 발생하여 오늘날 새롭고 현대적인 제노사이드의 기준이 되어버린 르완다 제노사이드(1994), 인도네시아로부터 독립하는 과정에서 빚어졌던 수하르토 주도의 인도네시아의 동티모르인 학살(1975~1999)이 여기에 해당한다.

이 외에도 여러 학자들이 가해자의 동기에 따른 유형들을 제시하고 있는데, 위의 세 학자와 큰 맥락에서는 같고 세부적인 용어 선택에서 약간의 차이를 보이고 있다. 따라서 필자는 간략하게 그들의 유형론을 소개하도록 하겠다.

배하큰 대드리안(Vahakn Dadrian)은 가해자의 의도에 따라 다섯 가지 유형을 언급했다. 그 또한 통역사적 관점에서 보았다는 면은 위의 학자들과 같다. 첫째, 문화적 동화를 목적으로 하는 문화적 제노사이드(cultural genocide), 둘째, 폭격에 의한 민간인 사망이나 침략에 따른 질병 피해 등 의도하지 않은 결과로서의 잠재적 제노사이드(latent genocide), 셋째, 지배적 집단에 도전하는 소수 세력을 처벌하기 위한 응징적 제노사이드(retributive genocide), 넷째, 경제적 자원을 확보하기 위해서 대량살육을 시도하는 공리적 제노사이드(utilitarian genocide), 다섯째, 아르메니아인 학살이나 유태인 홀로코스트의 경우에서 보듯이 특정 집단의 총체적 말살을 꾀하는 최적의 제노사이드(optimal genocide)가 그것이다.[75]

그의 이러한 유형화는 의도성뿐만 아니라 의도하지 않은 사태까지 분석에 혼용함으로써 분류의 엄격성을 약화시키고 있으며, 가해자의 동기, 의도하지 않은 결과, 문화말살, 비(非)제노사이드적 학살들을 섞어서 분석했다는 비판을 면하기 어려운 면이 있다.

헬렌 페인(Helen Fein)은 민족국가의 등장 이전과 이후를 나누어 각각의 유형을 제시했다. 그녀는 민족국가 이전에는 다른 신념을 갖는 구성원들을 제거하기 위한 제노사이드와 동화를 거부하는 타부족을 절멸시키기 위한 제노사이드로 양분할 수 있다고 보았다. 민족국가의 등장으로 제노사이드는 세 가지 유형으로 분류될 수 있는데, 이른바 지배집단의 도구로서 자신의 존재를 정당화하기 위해 국가가 자행하는 대량학살, 자신의 영토팽창과 발전을 저해하는 원주민을 제거하기 위해 국가가 저지르는 대량학살, 그리고 국가가 반역자들을 처형하기 위해 수행하는 대량학살이 그것이다.[76]

레오 쿠퍼(Leo Kuper) 또한 가해자의 동기에 따라 종교적, 인종적 차이를 해결하기 위해 계획된 제노사이드, 식민지를 정복하는 과정에서 사람들을 위협하기 위해 계획된 제노사이드, 그리고 정치적 이데올로기를 강요하거나 완성하기 위해 계획된 제노사이드로 유형화했다.[77]

---

[75] Vahakn Dadrian, "A Typology of Genocide", *International Review of Modern Sociology* 5, 1975, pp.201~202.

[76] Helen Fein, *Genocide : A Sociological Perspective*, New Jersey: SAGE Publications, 1990, p.29.

[77] Leo Kuper, *Genocide : Its Political Use in the Twentieth Century*, pp.57~83.

<표 3> 여러 학자들의 다양한 유형론

학자 \ 유형	I	II	III	IV	V
다드리안 (1975)	최적형	응징형	공리형	잠재형	문화형
쿠퍼 (1981)	희생양 집단 제거	탈식민화에 따른 이중지배체제	토착민 제거	제노사이드적 대량학살	
페인 (1984)	이데올로기형	응징형	발전형	독재형	
스미스 (1987)	이데올로기형	응징형 독점형	공리형	제도형	
쵸크&조나선 (1990)	신념, 이데올로기 강요형	적대세력의 위협 제거형	경제적 부 획득형	적대세력 사이에 공포 조성형	
하프&거 (1988)	외국인 혐오형	패권주의형	응징형 억압형 혁명형		
럼멜 (1994)	초대형급 대량학살	대형급 대량학살	의심스런 대형급 학살		
발렌티노 (2004)	강탈형 대량학살		억압형 대량학살		
최호근 (2005)	프런티어형	나치형	민족·종교형	혁명형	식민·탈식민형

4. 메커니즘론 : 제노사이드는 어떻게 진행되는가

20세기 세계 곳곳에서 일어났던 다양한 제노사이드의 사건들 속에는 일종의 공통된 법칙 같은 것이 있다. 이 말은 제노사이드가 전개되는 과정에는 나름대로 정해진 순서와 일정한 메커니즘이 숨어있음을 의미한다. 물론 각각의 대량학살의 현상 자체는 발생하게 된 원인과 배경, 역사적 상황, 학살자의 권력 형태와 희생자 집단의 사회적 정황 등이 복잡할 뿐만 아니라, 각각의 사건이 각각의 역사적 상황을 다양하게 보여주기 때문에 어떤 종합적이고 보편적인 원리(Universal Principle)를 도출할 수는 없다. 그럼에도 불구하고 제노사이드가 수행되는 실제적인 과정 속에는 모든 경우의 사건들이 따르는 일종의 원리적 법칙, 촉진 수단 혹은 전개 방법 등이 일정하게 순서를 따라 이루어지고 있음을 발견할 수 있다.

이를 폭력론의 측면에서 다시 추상화시켜 재고하면, 폭력이 이루어지는 데는 이를 촉진하는 단계적 요소들이 있으며, 본격적으로 전개되는 과정에서는 정해진 순서에 의한 일정한 메커니즘에 따라 진행된다고 볼 수 있다. 이러한 폭력의 진행 법칙이 가장 극단적인 형태 속에서 최대의 폭력효과를 생산하면서 광범위하게 수행되는 폭력의 현장이 바로 제노사이드라 할 수 있다. 제노사이드의 수행 메커니즘에 관한 분석은 곧 폭력의 진행 메커니즘에 관한 성찰과 맞닿아 있다고 볼 수 있다. 이 장에서 필자는 제노사이드를 촉진하게 되는 요소들과 방법들, 그리고 일정한 단계와 정해진 순서를 메커니즘의 시각에서 고찰할 것이다.

이 장이 중요한 것은 앞으로 다루게 될 제주4·3의 학살 메커니즘 분석에 대한 이론적인 토대이자 방법론적 준거가 될 수 있기 때문이다. 필자는 제노사이드 메커니즘을 연구한 몇몇 학자들의 이론들을 소개 및 정리하고, 이론적으로 설명된 여러 메커니즘들이 제주4·3의 과정에서는 구체적으로 어떻게 나타났는지를 보려 할 것이다. 폭력의 메커니즘 연구는 기존의 폭력에 대한 가치판단과 선악 여부를 묻는 전통적인 윤리학적 연구를 넘어, 표층적으로 드러난 폭력의 맥락과 심층적으로 작동하는 폭력의 맥락 속에 흐르는 일정한 메커니즘을 찾아 이로부터 폭력의 작동원리와 본질을 규명함으로써, 폭력의 최소화 내지 예방이라는 현실적 대안을 모색하고자 하는 일종의 사회학적 연구를 포괄한다.

학살의 촉진 메커니즘

그렇다면 제노사이드를 촉진하고 진행하게 하는 요소들은 무엇인가? 에릭 마르쿠젠(Eric Markusen)은 20세기 인류가 직면한 모든 문제 가운데 무방비 상태의 시민들에 대한 정부 대리인이나 정부의 묵인하에 행동하는 인간들이 저지른 대량학살보다 더 중요하고 긴급한 것은 없다[78]는 말로 문제의 심각성을 제기한다. 그는 제노사이드가 일종의 총력전(Total War)과 같은 성격을 갖고 있음을 간파하고 이를 촉진시키는 요소 혹은 방법과 수단에 대하여 고찰한다. 그는 학살의 주체자들이 제노사이드를 수행할 때 어떤 요소들을 이용하는가, 혹은 제노사이드 전개 과정에서 나타나는 촉진 메커니즘은 무엇인가를 묻고, 이에 대하여 이데올로기, 관료주의, 그리고 기술주의를 제시한다.

첫째, 제노사이드 수행에 정신적 요소이자 초기적 메커니즘이라 할 수 있는 것으로서의 이데올로기(Ideology)이다. 마르쿠젠에 따르면, 이데올로기가 특정 정책을 채택하거나 특별한 관행을 수행하기 위한 심리적·정치적 합리화의 체계로 정의될 수 있다면, 20세기가 대량학살 프로젝트에 관여하는 데 풍부한 이데올로기적

---

[78] Eric Markusen, 「제노사이드와 총력전 : 예비적 비교」, Isidor Walliman · Michael N. Dobkowski, 『현대 사회와 제노사이드』, 도서출판 각, 2005, 168쪽.

동기를 사용했음은 명백한 사실이라고 말한다.[79] 이데올로기는 대량학살을 동기화하고 정당화하는 데 결정적인 요소로 작동한다. 그런 점에서 20세기의 가장 야만스런 몇몇 대량학살 프로젝트를 정당화하고 촉진하는 데 사용된 이데올로기는 민족주의였다. 마르쿠젠은 대량학살 옹호자들이 사용하는 민족주의 이데올로기란 국가안보를 토대로 한 자신들의 정책을 정당화함으로써 시민들의 협력 가능성을 촉발시키고, 민족의 권위를 강조하여 민간인과 병사들을 이에 복종시켜 개인의 양심의 가책을 버리도록 하는 데 사용했다[80]고 주장한다.

이데올로기의 효과는 일단 정부의 학살 프로그램의 표적이 된 대상들이 소수집단의 구성원이든, 적국의 시민이든 관계없이 자신의 집단이나 국가를 지속하기 위해서는 제거되어야 할 존재라는 집단적 의식을 창조해 내는 데 있다. 마르쿠젠은 여기서 나치의 유태인 학살 과정에 참여한 친위대 의사들이 소위 '치료'라는 이름으로 참여했던 것이나, 희생자들을 동물이나 벌레, 물건과 같은 도구적 존재로 비유하여 표현하는 비인간화 과정 등이 모두 이데올로기적 조작의 결과임을 밝힌다.[81] 여기서 어떤 집단에 대한 비인간화는 광범위하고 무차별적인 폭력을 자행하기 위한 의지에 대해 어떠한 도덕적으로 공감할 수 있는 제약들을 제거할 수 있다. 마르쿠젠에 따르면, 희생자가 상이한 종교와 종족의 구성원일 때 비인간화는 더 빨리 촉진되며, 이는 미국이 일본에 대한 폭격정책을 추진할 때 대중매체들이 일본인을 인간보다 벌레와 유사하다

---

[79] 위의 책, 192쪽.
[80] 위의 책, 193~194쪽.
[81] Eric Markusen, 「제노사이드와 총력전 : 예비적 비교」, 194~196쪽.

거나 폭격작전이 군사작전이라기보다 해충박멸에 더 가깝다고 주장했던 행태들 속에서 발견되고 있다.[82] 결국 이데올로기적 요소는 제노사이드 수행에 대한 동기부여와 이를 정당화하기 위한 집단적 의식화 및 대중적 조작에 있어 근본적인 촉진제 역할을 하고 있다고 볼 수 있다. 제노사이드를 위한 일종의 사전 정지 작업의 일환이라 하겠다.

둘째, 제노사이드 수행 과정에 조직적 요소이자 구조적 메커니즘으로서의 관료주의(Bureaucracy)이다. 좀 더 구체적으로 말하자면, '관료주의적 정치사회 조직의 파급능력'[83]이다. 대량학살을 수행하는 데에는 정책을 입안하는 개인, 실행 등을 결정하고 공포하는 개인, 그리고 필요한 기계의 업무를 맡거나, 수송 및 공급의 병참업무에 공조하거나, 사무문서를 만들거나 발송하거나 보관하는 것, 감시하거나 평가하는 개인 등 수많은 사람들이 존재한다.

여기서 관료조직은 대량학살 프로젝트의 전반적인 효율성을 증진시키는 역할을 맡는다. 공식적인 위계구조로 짜여 있는 관료조직의 특성상 낮은 지위에 있는 개인들은 그들이 수행하고 있는 정책이나 최종적인 산출에 있어서 아무런 개인적 책임감을 갖지 않는 경향을 보인다. 오직 개인들은 자신들의 윗 조직을 통해 내려오는 '명령을 따르고' 있을 뿐이다. 마르쿠젠은 이러한 관료주의적 구조를 두고 권위에 대한 무조건적 충성을 강하게 주입받는 군대에서 적용되는 원리와 유사하다고 보았다.[84] 관료주의 조직하에서의 개인적 책임감의 축소는 개인이 자신이 조직 내에서 차지하

---

[82] 위의 책, 196~197쪽.
[83] 위의 책, 198쪽.
[84] 위의 책, 199쪽.

는 지위에서 공식적으로 분리됨으로써 발생하는데, 할당된 과제는 근무시간 동안만 수행되고 그 후 개인은 다른 활동이나 이익들을 자유롭게 추구할 수 있도록 해 준다.

이런 면에서 랜달 콜린스(Randall Collins)가 관료주의가 과거의 잔인함을 새로운 종류의 잔인함으로 바꿈으로써 이에 대응하려는 '잔인한' 얼굴, 즉 냉담함 또는 '감정 없는 잔인함'이라고 보고, 구조적 관료조직은 냉정한 폭력의 범행에 유일하게 적합한 것이라고 말한 것[85]은 관료주의에 대한 마르쿠젠의 이해와 그 맥을 같이 한다고 하겠다. 따라서 관료주의가 가지고 있는 초도덕적 합리성은 권위에 대한 복종, 이에 따른 개인의 책임윤리 축소, 그리고 기술적으로 숙련된 업무 능력을 통해 제노사이드 수행을 촉진하는 효과를 만들어낸다.

셋째, 20세기 제노사이드 사상자 숫자에 결정적으로 기여한 도구적 메커니즘으로서의 기술주의(Technology)이다. 마르쿠젠에 따르면, 기술은 학살자들에게 유례없는 치명적 무기를 제공하고 학살자와 희생자 간의 물리적·감정적 거리를 두게 함으로써 대량학살에 기여했다.[86] 기술을 통한 학살자와 희생자 간의 거리 만들기는 희생자들에 대한 비인간화 경향을 증대시켜 주는 효과이기도 했다. 구체적으로 그는 나치의 유태인 학살에서 기술의 역할을 두 가지로 보았다. 하나는 기술을 통해 학살자들의 업무가 용이해진 점이다. 의사소통 기술은 그들이 학살 프로젝트에 협조할 수 있도록 해 주었고, 운송기술은 유태인과 다른 희생자들이 광범위하게

---

[85] Randal Collins, "Three Faces of Evil : Toward a Comparative Sociology of Evil", *Theory and Society* 1, 1974, p.432.
[86] Eric Markusen, op.cit., p.201.

분포된 주거지들로부터 학살지로 운반하기 위해 개발되었다. 다른 하나는 학살과 시체 처분을 위한 새로운 과학기술은 '희생자의 산출'을 증대시켜 준 점이다. 2천 명을 수용할 수 있는 가스실, 거대한 통풍장치, 수천 명의 시체를 처리할 화장터는 결정적으로 더 많은 사상자의 수를 얻도록 하는 데 도움을 주었다.[87]

일반적으로 '타자의 인간성 인식은 감지하는 자와 감지받는 자 간의 차이의 증가와 함께 감소한다'[88]는 사회학자 루이스 코저(Lewis Coser)의 통찰은 대량학살에서 가해자와 피해자 간의 물리적·감정적 거리, 즉 비인간화 과정이 얼마나 중요한 역할을 수행하는지 잘 말해 주는 대목이다. 이러한 비인간화를 발생시킬 수 있는 요소 가운데 하나가 바로 기술이다. 나아가, 기술은 관료주의처럼 학살자로 하여금 도덕적 책임이나 윤리적 제약을 제거한다.

이처럼 마르쿠젠이 파악한 제노사이드 촉진 요소로서의 이데올로기는 희생자에 대한 비인간화, 배제화, 그리고 타자화를 통하여 제노사이드를 동기화하고 정당화하는 '정신적 메커니즘'으로, 관료주의는 학살자 집단을 조직화하고 조직 내의 역할을 분업화하고 분절화하여 개인의 도덕적 책임감을 제거하는 '구조적 메커니즘'으로, 그리고 기술주의는 가해자와 희생자 간의 물리적·감정적 거리를 만들어 비인간화시키고 살인의 효율성을 극대화하는 '도구적 메커니즘'으로 작용한다고 볼 수 있다.

한편, 학살의 중요한 기제인 이데올로기와 관련하여 에릭 와이츠(Eric D. Weitz)는 2003년 출간한 『a century of genocide : Utopia of Race and Nation』에서 새로운 제노사이드 전개 메커니즘을 제시

---

[87] Ibid., p.203.
[88] Lewis Coser, "The Visibility of Evil", *Journal of Social Issues* 25, 1969, p.105.

하고 있다. 그는 히틀러 나치의 독일, 스탈린 치하의 구소련, 폴 포트의 크메르루즈 정권하의 캄보디아, 그리고 전 유고슬라비아, 즉 세르비아와 보스니아의 내전사태라는 4개국의 사례를 연구한 후, 이를 다음 5가지 단계의 메커니즘으로 설명하고 있다.[89]

첫째, 권력과 유토피아(Power and Utopia)의 단계이다. 이 과정은 권력을 잡은 정권이 추구하고 제시하는 정치적 이데올로기의 방향에 관한 것이다. 정치 지도자들은 미래에 대한 강력한 비전에 사로잡혀 있고, '지금 바로 여기에서(here and now)' 자신들의 유토피아를 창조하려는 욕구로 충만해 있다. 그들이 추구하는 변혁은 오로지 혁명적 이데올로기로 무장되어 있다. 지도자들은 국가를 미래 사회를 창조하기 위한 핵심적인 주체로 인식하며, 한 사회를 총체적으로 통제할 수 있는 국가를 건설하기를 원한다. 그들은 사회 집단 내에 존재하는 차이를 없애고, 동일한 국민으로 이루어진 사회를 상상한다.

둘째, 주민의 범주화(Categorizing the Population) 단계이다. 동일한 인종, 동일한 종교, 동일한 민족성을 가진 사회 집단을 만들기 위해서 모든 정권들은 자신들의 지배하에 있는 주민 집단을 집요하리만큼 분할하고 계층화한다. 그런 다음 그들은 나름대로 자기 정체성에 대한 법적인 기준을 정의하고, 자신들이 정한 소위 '적절한' 계급, 국가적·민족적 위치에 따라 개개인을 분류하기 시작한다. 분류 과정에서 정권들은 이미 어떤 집단들에 대해서 차별과 배제의 대상으로 설정하면서 그 집단들에 대한 극도의 부정적인 특징들을 쏟아내고, 끊임없는 비난과 독소적인 선전선동을 퍼붓는

---

[89] Eric D. Weitz, *a century of genocide : Utopia of Race and Nation*, Princeton and Oxford: Princeton University Press, 2003, pp.14~15.

다. 나치의 독일에서는 이 과정에서 아리아인과 비(非)아리아인을 구별하고, 비(非)아리아인으로서 유태인과 집시를 선정했다. 결국 이들은 제노사이드의 희생자로 범주화된다.

셋째, 주민 숙청(Purging the Population)의 단계이다. 제노사이드에 대한 예비적 과정이라 할 수 있다. 희생자로 분류된 집단에 대한 학살 초기 단계로서, 정치적 혹은 계급적 대적자들은 이미 억압되고 살해되기 시작하며, 광범위한 주민 숙청 작업이 준비된다. 이 단계는 결정적인 역사정 과정으로서 제노사이드에 대한 본격적이고 본질적인 배경이 된다. 물론 이런 야만적이고 엄격한 정책들이 완전한 제노사이드를 구성하는 것은 아니다. 본격적인 제노사이드는 오직 거대한 집단 내부적 변혁이나 전쟁 혹은 엄청난 정치적 기회와 같은 극단적인 사회적 위기 상황의 순간에 이르렀을 때 수행된다. 이런 상황이 되면 모든 정권들은 가장 극단적인 학살 정책의 형태를 만들어내기 시작한다.

넷째, 궁극적 숙청(The Ultimate Purge)의 단계이다. 각 정권이 차별하기와 부분적 살해의 단계를 넘어 좀 더 체계적이고 극단적인 제노사이드 정책을 수행하고 지속시킴으로써 본격적인 학살을 시작하는 단계이다. 20세기에 일어난 제노사이드들은 너무 광범위하고 체계적이었는데, 이는 권력을 잡은 정권들이 댐 건설과 같은 일에서부터 불순한 주민 숙청을 위한 엄청난 시위(선전선동) 행사에 이르기까지 모든 종류의 활동에 국민들을 동원하는 거대한 사회적 프로젝트들을 관여하고 조종할 수 있었기 때문이다.

다섯 번째, 주민 숙청 이후의 제의화(Ritual s of Population Purges) 단계[90]이다. 제노사이드 이후, 목격자의 증언, 재판의 기록, 회고록, 인터뷰, 시 혹은 소설과 같은 문학작품들은 얼마나 많은 사람들이 제노사이드의 잔인한 현장에 적극적으로 가담했는지를 밝혀 준다. 학살의 가담자들은 대부분 명령에 따라 행동하지만, 때로는 스스로 학살의 과정을 더 발전시키는 경향이 있다. 즉 한 번 일상화된 학살은 이를 제의화하고 의식화하기에 이른다. 대량학살이 일상이 되었다는 것은 국가와 민족에 대한 충성심과 전문가로서의 책임감 있는 행위를 했다는 것에 대한 정당화와 더불어 학살이 자신의 삶의 일부가 되었음을 의미한다. 따라서 폭력은 본능적이고 항상 실재하는 삶의 요소가 된다. 이 단계에서 주민을 정화(숙청)한다는 것은 희생자의 몸을 제거하는 것뿐만 아니라, 학살의 기억을 말살하고 희생자의 과거 삶의 궤적과 흔적들을 파괴하는 것을 포함한다. 예컨대, 서적을 불태워 없앤다거나 희생자들의 역사를 증언하는 박물관을 파괴하는 일은 희생자의 존재에 대한 기억을 말살시키는 정신적 파괴의 목적을 의미한다.

사회학적 측면에서 본 학살 메커니즘

린다 울프와 마이클 헐시저(Linda M. Wolf & Michael R. Hulsizer) 같은 학자들은 사회심리학적 접근을 통하여 제노사이드의 메커니즘을 분석한다. 그들은 제노사이드를 촉진하는 사회심리학적 도구들로서 사회적 인식의 요소, 사회적 영향의 요소, 그리고 사회적 관계의 요소라는 삼중구조의 틀에서 다음과 같이 제시하고 있다.[91]

첫째, 사회적 인식(Social Cognition)의 요소이다. 여기서는 우리와

---

90) Ibid., pp.132~140.
91) Linda M. Wolf & Michael R. Hulsizer, "Psychosocial roots of genocide: risk, prevention, and intervention", *Journal of Genocide Research*, 2005, 7(1), March, pp.108~113.

그들, 내부 집단과 외부 집단 사이의 경계짓기, 주체와 타자의 구별짓기가 이루어지는 초기적 단계에서 일어나는 것으로 타자를 적대시하는 사회적 감정이 형성되기 시작한다. 내부 집단의 높은 사회적 정체성을 성취하기 위해서는 외부 집단에 대한 편견, 차별, 그리고 어떤 경우에는 폭력을 가할 수 있는 사회적 분위기가 이루어진다. 나치의 유태인 학살 프로그램이 진행되기 전 유럽 전역에 뿌리 깊게 박혀있던 반유태주의(anti-Semitism)가 대표적인 사례이다.

둘째, 사회적 영향(Social Influence)의 요소이다. 이 단계에 들어서면 사회적 인식으로서의 타자 집단과의 경계짓기, 타자를 적대시하는 사회적 감정을 선전용으로 조작하는 일이 벌어진다. 특히 국가의 정치 지도자들은 그러한 사회심리학적 요인들을 자신들의 선전문구(agenda)로 만들어 조작하여 퍼뜨리기 시작한다. 예컨대, 뉴스와 같은 미디어를 통하여 학살을 조장하거나, 문학작품을 통해 외부 집단을 악한 적으로 묘사하는 등 다양한 방법들이 동원된다.

셋째, 사회적 관계(Social Relations)의 요소는 한 사회 내에 흩어져 있는 다양한 편견들과 폭력이 어떻게 연결되어 있는가를 이해하는 데 관심이 집중되어 있다. 사회적 편견과 공격의 관계성을 설명하는 고전적인 이론 가운데 하나는 희생양 이론이다. 이 이론에 따르면, 내부 집단의 사람들이 경제적인 난국과 같은 상황에 처하게 될 때 그들은 분노하게 되고, 그 분노는 외부 집단, 특히 그 사회의 변방에 있는 사람들을 향하여 분출하게 된다. 특히 여성들, 어린이, 인종적 혹은 종교적 소수자들처럼 자기 방어 능력이 없는 사람들은 공격의 표적이 되기 쉽다. 그런데 여기서 특기할 것은 희생양 이론은 특정한 외부 집단이 표적으로 선택되는 이유에 대해서는 분명하게 설명해 주지 않는다는 것이다.

이처럼 권력의 자리에 있는 자들은 건설적인 행위이든 파괴적인 행위이든 광범위하게 사회심리학적 요인들을 조작할 수 있다는 것이다. 이들은 정부의 통제력 혹은 대중매체의 통제력을 강화함으로써 가장 용이하게 조작할 수 있다. 그들은 이러한 사회심리학적 요인들을 조작하기 위한 자신들의 능력을 보여주기 위해 계획적 혹은 비계획적 사건들을 이용할 수 있다. 르완다의 후투족 대통령의 비행기 사고나 캄보디아가 미국에 의해 폭격을 받은 사건 등은 학살자에 의해 제노사이드를 촉진하는 계기로 이용된 바 있다.[92]

이러한 사회심리학적 촉진 요소들을 토대로 린다 울프와 마이클 헐시저는 좀 더 구체적으로 제노사이드가 수행되는 7단계 메커니즘을 다음과 같이 설명한다.[93]

첫째, 차별하기(Discrimination)의 과정이다. 이데올로기와 같은 가치의 폭력, 외부 집단에 대한 부정적인 태도가 이 단계에 속한다. 특히 우월주의 이데올로기와 같은 가치 폭력은 앞으로 전개될 폭력의 과정을 위한 토대를 제공해 준다. 둘째, 낙인찍기(Stigmatization)의 과정이다. 여기서는 외부 집단으로 구별된 타자에 대하여 구체적인 사회적 표지를 통해 차별화하는 단계를 말한다. 기회와 특권의 박탈, 권리에 대한 부정, 조직으로부터의 배제, 능력의 제한, 투표권 박탈 등으로 나타난다. 셋째, 비인간화(Dehumanization)의 과정이다. 이 과정은 외부집단에 대한 부정적 이미지와 고정관념을 증진시키면서 시작한다. 비인간화는 종종 개개인이 다른 인간에 대하여 부정적으로 행동할 때 발생할 수 있는 인지적 불일치를 감소

---

[92] Ibid., p.113.
[93] Ibid., pp.113~119.

시켜 줄 필요한 수단이 된다. 넷째, 고립화(Ghettoization)의 과정이다. 만일 시민권 박탈과 같은 낙인찍기의 과정이 수행될 때 조금이라도 저항이 발생하게 되면 외부 집단에 대한 고립화 정책은 아주 용이해진다. 고립화, 국외 추방, 특정 지역에 대한 인종청소와 같은 예들은 외부 집단을 고립시키는 주요한 전략이다. 다섯째, 도덕적 배제(Moral exclusion)의 과정이다. 이전 단계에서 나타났던 시민권 박탈이나 고립화는 외부 집단에 대한 기본적인 인권의 박탈로 빠르게 진행된다. 외부 집단의 개개인은 교육이 금지되고 적절한 의식주 생활이 어려워진다. 표적이 된 외부 집단에 대한 고립 정책이 강화되면 될수록 대다수 국민들에게는 이러한 일들을 은폐하기는 더 쉬워진다. 여섯째, 공격(Aggression)의 과정이다. 제노사이드의 핵심적 과정이라고 볼 수 있는 이 단계에서 외부 집단의 구성원들은 자신들의 실존이 매우 위협을 받고 있음을 발견한다. 이 과정에서 학살자들은 본격적인 파괴와 공격을 감행함으로써 외부 집단을 제거하기 시작한다. 마지막 일곱째는 부정(Denial)의 과정이다. 제노사이드 사후에 항상 나타나는 현상으로써 학살의 주체들은 자신들이 저지른 만행에 관하여 다양한 형태의 왜곡과 부정을 시도한다.

이상과 같이 린다 울프와 마이클 헐시저가 사회심리학적 측면에서 7단계 제노사이드 수행 과정을 파악했다면, 그레고리 스탠톤(Gregory H. Stanton)같은 학자는 그의 논문 "르완다 제노사이드는 예방될 수 있었는가("Could the Rwandan genocide have been prevented?", *Journal of Genocide Research*, 2004, 6(2), June)"에서 1994년에 일어났던 르완다 사례라는 구체적인 사회학적 현상을 통해 다음과 같이 제노사이드 8단계 전개 메커니즘[94]을 제시했다.

첫째, 분류화(Classification) 단계이다. 소위 '우리와 그들(us versus them)'에 대한 사회적 구별이 형성되는 단계이다. 내부 집단과 외부 집단, 우리 민족과 다른 민족, 우리 종교와 다른 종교 등 타 집단에 대한 구별짓기, 타자화를 시도하는 과정으로 볼 수 있다. 린다 울프와 마이클 헐시저에게 이 단계는 차별하기와 낙인찍기가 해당될 것이다. 이미 르완다 내에서는 전통적으로 사회적 집단을 투시족, 후투족, 그리고 트와족으로 구별하는 분위기가 자리잡고 있었다.

둘째, 상징화(Symbolization) 단계이다. 이 과정에서 분류된 각각의 집단들은 상징화되기에 이른다. 각각의 집단들은 나름의 명칭들과 상징들이 주어지며, 그들에게 자신들의 문화적 전통과 법에 따른 의복을 입도록 요구받게 된다. 르완다라는 국가에 속한 국민으로서의 정체성이 아니라, 국가 내에 존재하는 각각의 종족 집단(후투, 투시, 트와)의 정체성을 나타내는 주민등록증을 발급받음으로써 상징화는 구체화된다. 이러한 ID 카드는 이 집단에서 다른 집단으로 이동하기에 불편하게 할 뿐만 아니라, 대량학살의 도구로 사용될 수 있다. 왜냐하면 이 카드는 학살자로 하여금 희생자를 구별하고 결정하는 데 용이하게 해 주기 때문이다.

셋째, 비인간화(Dehumanization) 단계이다. 비인간화는 제노사이드라는 죽음의 소용돌이가 시작되는 과정이다. 희생자에 대한 비인간화가 시도되기 시작한다. 희생자를 짐승이나 질병으로 비유하여 명명한다. 기생충, 쥐, 암덩어리, 전염병 등의 말들이 희생자를 일컫는 표현으로 등장한다. 르완다의 경우 가해자 후투족이 희생자 투시족을 향하여 사용한 언어는 바퀴벌레(inyenzi)였다. 제노사

---

94) Gregory H. Stanton, "Could the Rwandan genocide have been prevented?", *Journal of Genocide Research*, 2004, 6(2), June, pp.213~217.

이드 전개에 있어서 이 과정이 필요한 이유는 학살자들에게 이데올로기적 정당성을 부여하여 자신들이 사회를 정화한다고 주장하도록 해야 하기 때문이다. 그럼으로써 외부 집단이 인간이 아닌 것으로 규정하여 그들을 죽이는 것이 살인이 아닌 것으로 합리화할 수 있는 것이다. 학살이 일어나기 4년 전인 1990년 후투족에서 발행하는 신문 캉구라(Kangura)는 소위 '후투족 10계명'을 발표하여 투시족에 대한 비인간화를 시도하였는데, 각종 카툰과 사설에서 투시족을 바퀴벌레와 뱀, 후투족을 잡아먹는 악마로 묘사하기 시작했다.

넷째, 조직화(Organization) 단계이다. 본격적으로 제노사이드 학살자 집단이 조직화되기 시작하는 과정이다. 이 단계에서 증오하는 집단이 조직화되는데, 특히 군사조직은 무장하거나 훈련에 돌입하게 되고, 무장화된 권력은 의도된 희생자 집단의 많은 사람들을 숙청하기 시작한다. 신문이나 방송 같은 선전선동 기관들이 강화되며, 이들에게 재정이 지원되기에 이른다. 실제로 1990년에서 1994년까지 4년 동안 르완다에서는 약 1억 달러가 군사비로 사용되었다.

다섯째, 양극화(Polarization) 단계이다. 이 과정에서 온건주의자 혹은 중간자적인 입장에 있는 사람은 학살자의 표적이 되거나 사살된다. 여기서 학살자들이 내세우는 선전문구는 "우리 쪽이 아니면, 너희는 우리를 반대하는 자이다."라는 극단의 선택을 강요하는 내용이다. 중간지대란 존재하지 않는다. 평화를 추구하고 협상하려는 온건주의자는 배신자라는 이름으로 비난을 받고 심지어는 살해되기도 한다.

여섯째, 계획화(Preparation)의 단계이다. 이 과정에서는 제노사이드를 위한 구체적인 계획이 수립된다. 즉 학살되어야 할 사람들의 명단이 정리되기 시작한다. 이 명단을 기초로 하여 본격적인 대량학살을 수행하기 전에 시험적인 학살들을 진행한다. 시험적인 학살은 학살자들에게는 훈련의 의미와 더불어 자기들이 저지른 만행에 대하여, 자신들이 억류하고 있는 포로들에 대하여 국제적인 비난이 있는지, 아니면 국제적으로 승인하고 있는지 여부를 시험하는 의미를 갖는다.

일곱째, 절멸화(Extermination)의 단계이다. 이 과정에서 살해는 법적으로 제노사이드로 규정될 수 있다. 학살자는 희생자를 인간 이하로 생각하고, 자신들에게 위협을 주는 존재로 생각하기 때문에 '절멸'시킴으로써 자신들의 사회를 '정화'한다고 생각한다. 본격적인 제노사이드 과정이라고 말할 수 있다. 이 단계에서 이루어지는 학살의 양태는 다양하며, 폭력의 극단적인 형태가 나타나는 과정이다.

여덟 번째, 부정화(Denial)의 단계이다. 제노사이드가 일어나는 과정에서나 일어난 후, 모든 학살자는 자신들이 저지른 범죄행위를 부정한다. 그들은 자신들의 행위를 정당한 살해라고 묘사하며, 희생자의 시체를 묻어 폐기하거나 희생자 수를 최소화하려 한다. 나아가, 학살자들은 희생자를 비난하고, 학살의 원인이 희생자 자신의 행동에 있었음을 주장한다. 그들은 학살이 의도적인 정부의 정책이었다고 말하지 않는다. 오히려 희생자들의 약탈행위에 대한 자발적 대응이라고 강조한다. 요컨대, 그레고리 스탠톤의 8단계 전개 메커니즘은 모든 제노사이드의 진행이 "분류화→상징화→비인간화→양극화→계획화→절멸화→부정화"라는 일정한 순서를 따라 진행될 수 있음을 보여준 것으로, 일종의 제노사이드 전개에 대한 체계적 나열이라고 볼 수 있다. 그러나 일정한 시간의 순서와 규칙을 따르는 것이 메커니즘의 속성이라고 볼 때, 그가 제시한 각각의 단계들은 결코 일정한 시간의 순서를 따르지 않을 수 있음을 볼 수 있다. 예컨대, 분류화는 상징화와 함께 이루어지는 경우가 많으며, 비인간화는 상징화와 양극화를 포섭할 수 있고, 계획화는 제노사이드 초기의 분류화 과정에 함께 삽입될 수 있다. 나치의 유태인 학살 프로그램의 경우, 이미 계획화 단계가 초기부터 있었음을 보여주는 사례이며, 비인간화 또한 분류화 과정과 함께 이루어졌다고 볼 수 있다. 따라서 스탠톤의 8단계 전개 메커니즘 분석은 엄밀한 의미에서 일정한 순서를 따르는 메커니즘으로 보기에는 어려운 점이 있고, 오히려 제노사이드의 8가지 촉진 요소를 나열한 것으로 보는 것이 적절할 것이다.

언어적 측면에서 분석한 학살 메커니즘

허버트 허쉬(Herbert Hirsch)는 제노사이드의 전개 메커니즘을 언어라는 측면에서 설명한 학자이다. 그는 이를 위해 신화를 사용한다. 그에 따르면, 신화는 복잡한 정치적 현실을 단순화하는 기능을 갖고 있는 언어적 도구이다.[95] 그는 신화에서 사용되는 언어를 통하여 제노사이드의 메커니즘을 읽어내고 있다. 그는 제노사이드가 전개되는 과정을 크게 네 가지 단계로 구분하고, 각 단계마다 어떤 언어들이 사용되는지를 다음과 같이 밝히고 있다.[96]

---

[95] Herbert Hirsch, *Genocide and the Politics of Memory : Studying Death to Preserve Life*, Chapel Hill & London: The University of North Carolina Press, 1995, p.100.

[96] Ibid., pp.100~108.

첫째, 외부 집단 규정짓기(Defining The Out-Group) 단계이다. 이 과정에서 정치 지도자들은 자신들의 폭력을 남용할 대상들을 찾게 되면, 그들을 비하하고 비인간화시킬 수 있는 언어들을 발견하여 부정적으로 특징화하는 방법을 개발한다. 예컨대, kike(유태인을 경멸하는 말), wop(이탈리아인을 경멸하는 말), bohunk(동유럽계 이민자들을 경멸하는 말), Jap(일본인을 경멸하는 말), Chink(중국인을 모욕하는 말), dago(남유럽인을 경멸하는 말) 등의 사용이 그것이다. 그러나 무엇보다도 역사적으로 외부 집단을 규정짓는 단계에서 가장 대표적인 예는 반유태주의(anti-Semitism) 신화 혹은 이데올로기이다.

외부 집단에 대한 증오와 민족주의라는 이데올로기는 그들을 절멸 내지 억압해야 할 인간들을 비인간화하는 기능을 갖게 되며, 이러한 비인간화 이데올로기는 학살을 지속시키는 자의 행위를 정당화한다. 앞에서 언급한 학자들(마르쿠젠, 린다 울프와 마이클 헐시저, 그레고리 스탠톤)의 주장과 맥락을 함께하는 부분이다. 허쉬는 여기서 히틀러가 유태인에 대하여 갖고 있는 신화를 소개한다. "유태인은 완전히 문화적 인간이 갖추어야 할 가장 본질적인 자질조차도 갖추지 못한 존재들이다. 그들은 기생충이요 기식자인데, 마치 유해한 세균 덩어리 같아서 점점 더 넓게 그 지경을 넓혀 가고 있다. 유태인은 다른 사람들의 피를 빨아먹는 독이다."[97] 결국 외부 집단으로 규정된 자들에 대한 내부 집단의 신화는, 그레고리 스탠톤의 논리에 따르면, 분류화와 상징화, 그리고 양극화와 비인간화의 요소들을 담고 있다고 볼 수 있다. 이 단계는 문화적

---

[97] Ibid., p.102.

이고 민족적 차원에서 이루어지는 메커니즘이다.

둘째, 내부 집단에게 행동을 요구(Call to Action)하는 단계이다. 이 과정에서 정치 지도자들은 국가의 살 길을 찾기 위해 학살이 필요함을 선언하고 폭력행위를 정당화하고 행동할 것을 요청함으로써 대량학살에 참여할 조직과 사람들을 준비한다. 그들은 이를 위해 학살 대상자들에 대한 부정적인 상징체계를 사용하여 살해 메커니즘을 합법화하고 정당화함으로써 내부 집단 구성원들의 행동을 독려한다. 나아가, 정치권력은 잠재적인 혼란의 배후에 대항하여 안정과 질서의 이미지를 만들어내고 이를 지속시키고자 한다.

따라서 언어들은 점차 그 본래의 의미를 상실하면서 악마적인 정의(definition)를 획득하게 되고, 절멸의 언어로 전환되기 시작한다. 예를 들면, 유태인과 폴란드인과 러시아인은 두 개의 다리를 가진 이(lice)이며 악취를 풍기는 기생충(vermin)이다. 그러므로 선한 아리아인은 벽에 붙어있는 바퀴벌레를 짓이겨야 하듯 그들에 대해서도 그래야 한다고 선동한다.

그러나 어떤 단어들은 특정한 상태를 묘사하는 개념을 사용하는 대신 행위를 위한 신실한 요청의 이미지로 사용되기도 한다. 예컨대, '살해'나 '처형'이라는 말은 유태인에 대하여 수행된 행위를 가리키는 말로 전혀 사용되지 않고, 오히려 '이동(removal)', '제거(elimination)', '청소(clearing up)', '특별취급(special treatment)', '소개(evacuation)', '솎아냄(thining out)', 심지어는 '정화(cleansing)'와 같은 은유적 언어를 통해 추종자들로 하여금 절멸정책을 수행할 수 있도록 동기화한다. 그러므로 지도자의 언어는 행동을 유발하고, 권위적 명령에 대한 복종을 보증하는 데 사용된다.

셋째, 지도자에 대한 복종(Language and Obedience)의 단계이다.

두 번째 단계에서 일어나는 언어의 전용 속에서 유태인은 죽어야 할 존재가 아니라 깨끗하게 소독되어야 할 존재로 바뀐다. 이런 언어들은 나치 의사들이 군사적 의료 행위에 참여하는 것을 정당화 해 주고 무책임하게 해 준다. 따라서 나치 의사들은 이런 언어를 통하여 탈현실, 현실부정, 무감각의 심리적 세계로 빠져든다. 이 과정에서 지도자들은 자신이 속한 국가(집단)의 복지와 지도자에 대한 복종 사이의 연관성을 가정함으로써 제노사이드 수행들을 위한 인구집단을 준비시킨다. 결과적으로 시민들은 지도자를 오로지 그가 지도자라는 이유만으로 '옳다'고 여긴다. 시민들에게 권위는 복종해야 할 대상이며, 절멸은 질서를 위해 수행되어야 할 것으로 생각된다. 허쉬는 여기서 베트남에서 미군에 의하여 100여 명의 현지 주민이 살해된 미라이 양민학살 사건에 참여했던 한 군인의 고백을 소개한다. "나는 워싱턴에 있는 분들은 나보다 더 똑똑하고 현명하다고 생각한다. 그들이 내게 공산주의가 나쁘다고 하면 나쁜 것이다. 나는 그들을 믿는다."[98] 이는 권위에 대한 맹목적인 복종의 결과가 보여주는 극단적 의식화이다.

그럼에도 불구하고 상식적 판단을 하지 못하고 극단적 인식을 하게 되는 이유는 무엇인가? 허쉬에 따르면, 지도자들은 추종자들에게 복종에는 보상이 따름을 강조하고, 그들에게 의무, 명예, 용기와 같은 영광스러운 용어들을 부여함으로써 그들의 행동을 고무하기 때문이라고 보았다.[99] 또한 이러한 복종은 자기 가치와 정체성을 파괴하고 또 다른 정체성을 주입하는 과정을 통해 강화된다. 군사훈련이 대표적인 경우이다.

---

[98] Herbert Hirsch, *Genocide and the Politics of Memory*, p.106.
[99] Ibid.

넷째, 정당화(Language and Justification)의 단계이다. 제노사이드와 같은 인간파괴의 행위들은 사전 혹은 사후에 완곡어법의 언어에 의해 위장되는 경우가 많다. 특수용어와 완곡어법을 통한 언어의 목적은 실재(현실)를 위장하고 핵무기 같은 대량살상무기 체계가 받아들여질 수 있다는 환상을 만들어내고, 버튼을 누르도록 명령만 떨어지면 바로 복종하도록 확신시키고, 나아가 대량파괴를 정당화하기 위한 것이다.

이른바 대량학살의 주체들은 핵무기의 의인화를 통하여 대량살상이 무엇인지에 대한 안전한 탈출구를 제공한다. 예컨대, 핵 전쟁(Nuclear war)을 핵 교환(Nuclear exchange)으로, 도시 파괴(City destorying)를 대응 가치(Countervalue)로, 무고한 시민 살해(Killing innocent civilians)를 부차적 피해(Collateral damage)로, 폭탄이나 미사일(Bomber or missile)을 이동 도구(Delivery vehicle)로, 무기(Weapons)를 하드웨어(Hardware)로, 표적 파괴(Destroying a target)를 표적 획득(Taking out a target)이라는 말로 완화 내지 의인화함으로써 현실을 위장하는 경우들이다. 결국 수백, 수천 만의 인간 학살 및 파괴 행위도, 나치의 유태인 학살에서 그러했듯이, 몇몇 언어들을 통하여 부정되거나 왜곡될 수 있음을 볼 수 있는 대목이다. 지금까지 제노사이드의 메커니즘을 연구한 학자들의 주장을 정리하여 도표화하면 다음과 같다.

〈표 4〉 폭력 메커니즘의 유형과 단계

주창자	분류	메커니즘
켈만	3단계 메커니즘	1. 권위화 → 2. 일상화 → 3. 정당화
에릭 마르쿠젠	3단계 메커니즘	1. 이데올로기 → 2. 관료주의 → 3. 기술주의
린다 울프 & 마이클 헐시저	7단계 메커니즘	1. 구별짓기 → 2. 낙인찍기 → 3. 비인간화 → 4. 고립화 → 5. 도덕적 배제화 → 6. 공격 → 7. 부정화
그레고리 스탠톤	8단계 메커니즘	1. 분류화 → 2. 상징화 → 3. 비인간화 → 4. 조직화 → 5. 양극화 → 6. 계획화 → 7. 절멸화 → 8. 부정화
허버트 허쉬	4단계 메커니즘	1. 외부집단 규정짓기 → 2. 내부집단 행동요구 → 3. 지도자에 대한 복종하기 → 4. 정당화
에릭 와이츠	5단계 메커니즘	1. 권력과 유토피아 → 2. 주민의 범주화 → 3. 주민숙청(예비적 학살) → 4. 궁극적 주민숙청(본격적 학살) → 5. 제의화

3장 한국형 제노사이드 제주4·3

사례의 지평

한국형 제노사이드 제주4·3

1. 제주4·3의 일반적 개요

국가폭력으로서의 제주4·3

한국의 근대사를 폭력과 학살의 역사로 규정하는 데에는 제국주의 쇠퇴와 함께 시작된 탈식민주의 과정과 제2차 세계대전 후 새롭게 재편된 미소 냉전 구도의 등장, 이러한 국제적 흐름의 틈바구니에서 일제 제국주의로부터의 해방과 새로운 국가형성의 과제를 앞둔 국내적 정치 상황이 복잡하게 얽히면서 이루어진 과도기적 현상으로서의 폭력과 혼돈의 역사적 사실에 기인한다. 1945년 해방과 더불어 시작된 국내 정치적 상황은 미국과 소련을 중심으로 양분된 공산주의와 자본주의 이념의 대립이 남과 북의 정치적 갈등으로 확대되면서 폭력의 양상으로 증폭되었고, 1950년 한국전쟁을 기점으로 그 강도는 최고조에 이르면서, 이른바 한반도의 근대사는 폭력과 학살의 역사 그 자체였다. 즉 전쟁 상황을 전후로 하여 한반도에서는 극단적이고 잔혹한 민간인 학살들이 전국 곳곳에서 벌어졌고, 정부 혹은 준정부 조직은 이러한 폭력행위를 통하여 자신의 권력을 구축하는 수단으로 활용했다.

여기서 말하는 폭력이란 정확히 국가에 의한 폭력을 의미한다. 박명림은 일반 국민에 대한 국가폭력이 이처럼 극단적으로 나타나게 된 이유는 국가 정통성을 다투는 국가형성을 위한 북한과의 전쟁과, 그것과 연계된 내부의 도전세력에 대한 진압, 즉 국내평정(internal pacification)을 결합하였기 때문에 나타난 현상이라고 보았다. 따라서 근대국가 형성의 과정이란 폭력의 독점, 정당성을 다투는 세력들의 영토 내에서의 체계적 배제과정임과 동시에 영토 내의 인민들에 대한 국민적 통합, 국민형성의 과정을 의미한다고 정의했다.[1] 결국 한국 근대사의 국가폭력은 새로운 국가 형성의 과정에서 정부의 권력 구축에 방해가 되는 도전세력을 평정하는 목적에서 이루어진 의도적 행위이다.

제주4·3은 이러한 한국의 근대사에서 어떠한 역사적 의미를 갖고 있는가? 제주4·3의 역사적 위치는 한국의 근대사에서 현대사로 넘어가는 정점에 있었으며, 탈식민과 해방정국의 상황에서 한반도의 새로운 독립 국가 탄생을 위한 과도기적 기간에 걸쳐 있다고 볼 수 있다. 한반도에 하나의 독립된 국가가 세워져야 할 역사적 당위성이 있었음에도 불구하고 현실은 김일성과 이승만으로 대변되는 각각의 독립된 분단국가 건설이 진행되는 상황이었다.

이와 동시에, 국제적으로 제주4·3은 제2차 세계대전을 거치면서 새롭게 재편된 미소 냉전 구도의 국제 질서 속에서 공산주의와 자본주의라는 날카로운 이념의 대립이 격화되는 소용돌이 가운데

---

[1] 박명림, 『한국 1950 전쟁과 평화』, 나남출판, 2002, 360~361쪽.

놓여 있었다. 이른바 '과도기적 기간'이라는 말은 일제로부터의 탈식민화의 과정과 냉전이라는 세계질서의 구도가 맞물리면서 한반도에 새로운 국가를 탄생시켜야 한다는 국가형성의 과제가 삼중적으로 얽혀있는 역사적 상황을 의미한다.

이처럼 한국 근대사의 복잡한 상황 속에서 발생한 제주4·3은, 서중석이 지적했듯이, 당시의 역사적 상황을 가장 잘 요약해 놓은 지도(縮圖)일 수밖에 없다. 그는 이를 5천 년 한국사에서 찾아보기 드문 사건임을 다음과 같은 말로 지적한다.

> 제주도에서 민간인이 3만 명 내외가 희생된 것은 제주도가 협소한 지역임을 고려해 넣지 않더라도 어떠한 말로도 표현할 수 없는 범죄행위이며, 이는 삼국통일 전쟁기에도, 거란이나 몽골이 쳐들어왔을 때에도, 임진왜란, 병자호란에서도 볼 수 없었던 것으로써, 일제로부터 해방되었을 뿐만 아니라 지극히 현대 세계에서 저질러진 것이라는 사실이다.[2]

그러나 필자가 볼 때 제주4·3은 무엇보다도 국가폭력으로서의 제노사이드의 살아있는 역사이자, 대량학살 메커니즘, 좀 더 광의적으로 말해서, 폭력 메커니즘의 대표적인 한국형 표본으로서의 자리 매김 또한 중요하리라고 본다. 즉 제주4·3은 한국 근대사의 축도(縮圖)일 뿐만 아니라 한국 근대사에 나타난 국가폭력의 축도이자 학살 메커니즘의 축도라고 말할 수 있다.

1948년에 발생한 제주4·3은 민간인에 대한 학살의 원인과 유형, 잔학성의 강도와 살해 대상의 범위, 그리고 폭력의 메커니즘과 작

---

[2] 서중석, 「제주4·3의 역사적 의미」, 『제주4·3연구』, 역사비평사, 1999, 124쪽.

동원리로 볼 때, 같은 해 12월 제네바 유엔 총회에서 통과된 〈제노사이드 협약〉의 논의 맥락에서 고찰할 수 있는 유일한 민간인 대량학살의 한국적 사례로 볼 수 있다. 유태인 법학자 라파엘 렘킨(Raphael Lemkin)에 의해 입안되고 고안된 용어인 '제노사이드(genocide)'는 1948년 유엔 총회에서 92개국이 참가한 가운데 "제노사이드 범죄의 방지 및 처벌에 관한 협약(Convention on the Prevention and Punishment of Crime of Genocide : 이하 제노사이드 협약, Genocide Convention)"이라는 이름으로 통과되면서 국제법상 효력을 갖게 되었다. 그 이후 20세기 역사에서 발생한 다양한 제노사이드 현상들은 이때 결의된 〈제노사이드 협약〉의 기준에 따라 규정되거나 처벌되기에 이르렀다.

그런 면에서 한국 학계에서의 제주4·3에 대한 논의는 이제 새로운 국면 속에서 전개되어야 할 시점에 도달했다. 지금까지 제주4·3의 연구는 먼저 오랫동안 사건의 진상에 대한 규명과 진실에 대한 실증적 역사를 찾기 위한 '기초적 진실에 대한 자료 구축'의 차원에서 연구가 이루어져왔다. 그러던 것이 사건의 진상과 기초적 진실이 어느 정도 밝혀지면서 역사학적 의미 해석과 사회학적 담론 형성을 위한 연구들이 그 뒤를 이었다. 제주4·3이 갖고 있는 역사적 의미와 가치를 어떻게 해석하고, 이를 사회학적 담론으로 어떻게 확대 재생산할 것인가를 묻는 작업이 진행되었다.

그러나 이 책에서 제주4·3 연구는 근본적으로 역사적 진실규명이나 의미해석 혹은 사회학적 담론형성을 위한 관심보다는, 국제적인 제노사이드 이론 체계에 비추어 제주4·3이라는 한국의 제노사이드 사건을 해석하고, 제주4·3 사건의 과정에서 나타난 폭력의 메커니즘 탐구를 통해 제노사이드 이론 체계를 확대하는 데 있다.

제주4·3을 보는 다양한 관점

제주4·3은 넓게는 세계사적 관점으로부터 좁게는 한 작은 변방 지역사적 관점에 이르기까지 다양한 스펙트럼에서 평가되고 있다. 이를테면, 2차 세계대전 직후 미국과 소련을 중심으로 벌어지는 동서냉전 구도가 형성되는 세계사적 흐름에서 보는 관점(세계사적 맥락)을 비롯하여, 넓게는 5천 년 한국통사 좁게는 한국근대사의 첫출발이었던 '해방공간'의 역사에서 보는 관점(한국사적 맥락), 당시 제주도 인구의 10분의 1 이상의 비무장 주민이 죽임을 당한 민간인 대량학살의 맥락에서 보는 관점(학살적 맥락), 공산주의와 반공주의의 정치 이데올로기적 충돌로서 보는 관점(이데올로기적 맥락), 민중항쟁 혹은 저항의 맥락에서 보는 관점(민중항쟁적 맥락), 미국의 패권주의 세계전략의 한 측면에서 보는 관점(패권주의적 맥락) 등 다양하다.

이 중에서 한국통사적 맥락에서 역사학자 서중석은 제주4·3을 당시 한반도의 상황을 축약해 놓은 지도(縮圖)라고 정의했다.[3] 그는 제주도에서 민간인이 3만 명 내외가 희생된 것은 제주도가 협소한 지역임을 고려해 넣지 않더라도 어떠한 말로도 표현할 수 없는 범죄행위이며, 이는 삼국통일 전쟁기에도, 거란이나 몽골이 쳐들어왔을 때에도, 임진왜란, 병자호란에서도 볼 수 없었던 것으로써, 일제로부터 해방되었을 뿐만 아니라 지극히 현대 세계에서 저질러진 것임[4]을 주목하면서 이 사건이 5천 년 한국통사에서 갖는 독특한 의미를 강조했다. 박명림은 제노사이드 현상이 20세기 근대역사의 특징이라는 면에서 제주4·3을 한국근대사의 범주 안에

---

[3] 위의 책, 143쪽.
[4] 위의 책, 124쪽.

서 살피고 있는데, 그에 따르면 근대 한국의 기점이라 할 수 있는 1876년 개항의 시점까지 거슬러 올라가더라도 오늘에 이르기까지 이러한 사건은 존재하지 않았다[5]고 말한다. 학살의 강도와 희생자의 숫자 면에서 그는 한국전쟁을 포함하더라도 한 지역에서 이토록 집중적으로 이처럼 짧은 기간에 많은 사람이 죽어간 사건은 없었음[6]을 밝히면서, 바로 이런 면이 이 사건이 갖는 특별한 위상임을 주장한다.

제주4·3은 세계사적인 측면에서도 중요한 의미를 갖는 사건이기도 하다. 현재 제주도 출신의 국회의원이자 제주4·3연구소 소장을 지냈던 강창일은 이 사건을 한민족 사상 최대의 양민학살 사건이자 동서냉전 체제기에 미국의 동아시아 전략이 개재된 세계사적 사건으로 정의했다.[7] 이른바 민족사적 문제와 인류사적 차원의 문제를 통합하여 보고 있다. 이러한 관점은 제주4·3이 해방 후 미군정하에서 일어난 일이었음과 당시 소련과 함께 세계 패권 경쟁 구도의 한 축이었던 미국의 세계전략이 해방공간의 한반도를 중요한 거점으로 보고 있었다는 역사적 사실에 기인한다.

한편, 제주4·3을 정치적 이데올로기 충돌의 과정에서 일어난 민간인 희생 사건으로 보는 측면도 있다. 2003년 제주4·3사건 진상규명 및 희생자명예회복위원회가 펴낸 『제주4·3사건 진상조사보고서』는 대한민국 정부의 공식입장을 담은 문서로서 이러한 관점을 명확하고 구체적으로 적시하고 있다. 이 보고서에 따르면,

---

[5] 박명림, 「민주주의, 이성, 그리고 역사이해 : 제주 4·3과 한국현대사」, 『제주4·3연구』, 역사비평사, 1999, 426쪽.
[6] 위의 책.
[7] 강창일, 『굴곡의 역사를 헤치며』, 도서출판 각, 2004, 96쪽.

"제주4·3사건은 1947년 3월 1일 경찰의 발포사건을 기점으로 하여, 경찰·서청의 탄압에 대한 저항과 단선·단정 반대를 기치로 1948년 4월 3일 남로당 제주도당 무장대가 무장봉기한 이래 1954년 9월 21일 한라산 금족지역이 전면 개방될 때까지 제주도에서 발생한 무장대와 토벌대 간의 무력충돌과 토벌대의 진압과정에서 수많은 주민들이 희생당한 사건"[8]이라고 정의했다.

제주4·3을 민중항쟁의 측면에서 보는 관점은 이승만 정권의 단정·단선에 대한 반대와 미군정의 실책에 대한 저항이라는 두 가지 맥락을 담고 있다. 그런 면에서 김성례는 이러한 관점을 잘 대변하는 종교학자라 할 수 있다. 그녀에 따르면, "제주4·3사건은 조국통일과 완전독립을 위하여 단정선거를 거부하고 미군정에 저항하는 제주 민중의 무장투쟁으로 시작하였으나, 1948년 남한에 정부가 수립되면서 군대와 경찰력의 반공주의에 입각한 초토화 작전으로 양민이 대량으로 학살당한 사건"[9]이다. 이러한 표현은 제주4·3을 '공산주의자 폭동'으로 보는 지난 50여 년 동안 주류담론으로 지속되어 왔던 정권적 관점을 정면으로 반박하는 입장으로 볼 수 있다.

다음은 민간인 대량학살이라는 측면에 중점을 두는 관점이 있다. 이는 다소 최근의 분위기로서 국제적인 제노사이드 논의와 무관치 않아 보인다. 이 관점은 피해자로서의 희생자 숫자에 민감하고 희생된 주체가 비무장 민간인이었다는 사실에 주목한다. 이런

---

[8] 제주4·3사건진상규명 및 희생자명예회복위원회, 『제주4·3사건 진상조사보고서』, 도서출판 선인, 2003, 536쪽.
[9] 김성례, 「근대성과 폭력 : 제주4·3의 담론정치」, 역사문제연구소·역사학연구소·제주4·3연구소·한국역사연구회 편, 『제주4·3연구』, 역사비평사, 1999, 239쪽.

맥락에서 권귀숙은 제주4·3이 우리나라의 대표적인 대량학살 사건으로서 희생자 수만 당시 제주도 인구의 10%인 3만여 명으로 추정될 뿐만 아니라 희생자의 다수가 비무장 민간인이었음[10]을 강조하면서, 이를 학살담론 속에서 고찰하고 있다. 아울러, 최호근은 이러한 관점을 유엔 〈제노사이드 협약〉에 나타난 국제적인 제노사이드 담론 속에서 구체화한 대표적인 학자이다. 그는 제주4·3의 본질을 다음과 같이 정의하고 있다.

> 희생자 가운데는 어떤 이유로도 그들에 대한 살인이 정당화될 수 없는, 10세 이하와 61세 이상의 주민이 10퍼센트 이상 포함되어 있었다. 제주의 참사가 대부분의 다른 제노사이드들과 달리 동일한 민족 구성원을 대상으로 벌어졌다는 점, 그리고 집단을 파괴하는 방법 면에서 원거리 강제 이주 같은 방법이 아니라 직접적인 학살이 주를 이루었다는 점을 되새겨볼 때, 이 희생자 비율은 숫자 이상의 의미를 갖고 있다고 할 수 있다. 그러므로 제주4·3의 본질은 민간인에 대한 무차별 집단 학살이었다고 말하는 것이 타당하다.[11]

여기서 최호근은 희생 주체로서의 민간인, 그것도 어린이와 노약자의 희생비율을 언급함으로써 제주4·3이 대등한 정치세력 간의 무력충돌이나 이데올로기 갈등의 차원이 아니라 정부·군대·경찰이라는 절대권력의 힘없는 민간인에 대한 비대칭적 무차별 폭력이었음을 강조하고 있다. 또한 그는 학살의 대상이 다른 국가의 학살과는 달리 동일민족 구성원에 대해 가해졌다는 점, 그리고

---

[10] 권귀숙, 『기억의 정치』, 문학과지성사, 2006, 71쪽.
[11] 최호근, 『제노사이드』, 385~386쪽.

학살의 방법이 초토화 작전이라는 직접학살이라는 점에서 제주 4·3만이 갖고 있는 독특한 폭력적 본질을 부각시키고 있다.

필자 또한 학살의 관점에서 제주4·3을 고찰했다. 그러나 필자의 경우는 학살의 규모나 잔인성, 나아가 국제법적 범죄여부 판단에 관한 관심이 아니라 학살의 진행과정에서 일어나는 일반적 작동원리, 즉 메커니즘 분석을 통한 폭력의 본질 혹은 기원을 밝히는 데 있다.

정치적 학살로서의 제주4·3 시기의 새로운 설정

필자는 이 책에서 제주4·3을 학살의 관점에서 역사를 재구성하고자 한다. 이를 위해 필수적으로 수행해야 할 일이 이 사건에 대한 역사적 시기 구분이다. 기본적으로 제주4·3의 시기 구분은 이 사건을 보는 관점만큼이나 다양하다. 이는 곧 사건을 보는 시각에 따라 역사를 구분하는 방법 또한 달라질 수 있음을 의미한다. 사건으로서의 제주4·3이라는 말 자체가 담고 있는 일차적 함의는 '1948년 4월 3일 남로당 제주도당 무장대가 무장봉기한 날'[12]이다. 그러나 역사로서의 제주4·3은 이날을 기점으로 하여 전후 역사적 과정을 포괄한 일정한 시기를 뜻한다. 여기서 '일정한 시기'는 이 사건을 연구하는 주체들의 관점과 시각에 따라 전체 시기가 짧아지거나 길어질 수 있고, 세부적인 시기 구분 연구 방법론에 따라 그 지점이 다를 수 있다.

지금까지 제주4·3에 대한 가장 포괄적이고 총체적인 역사적 접

---

[12] 인용부호 안에 들어가는 4·3사건에 대한 정의는 제주4·3사건 진상규명 및 희생자명예회복위원회의 『제주4·3사건 진상조사보고서』의 그것을 따른 것이다. 536쪽.

근을 시도한 연구는 제민일보4·3취재반의 10년 동안의 결실인 『4·3은 말한다』 연재기획물[13]이다. 4·3취재반은 이 사건에 대한 전체시기를 1945년 8월 15일 해방을 시작으로 마지막 토벌이 끝난 시점인 1954년 9월 21일까지로 잡았다. 총 8년 1개월의 기간이다. 취재반은 이를 다시 4·3 이전 시기와 이후 시기로 구분하여, 이전 시기를 둘로, 이후 시기를 여덟 개로 세분, 총 10기의 시기 구분을 통해 역사를 재구성했다.

취재반은 먼저 4·3 이전 시기로 제1기 '인민위원회 주도기(1945. 8. 15~1947. 2. 28)'와 제2기 '미군정 공세기(1947. 3. 1~1948. 4. 2)'로 나눈다. 이 시기는 4·3 사건 발발의 배경과 원인이 되는 기간으로써, 소위 '해방공간'이라고 불리는 한국 현대사의 출발 시점으로 볼 수 있다. 취재반에 따르면, 인민위원회 주도기는 일제하 민족해방투쟁을 전개했던 인물들을 중심으로 조직된 건국준비위원회·인민위원회가 전도에 걸쳐 주도권을 장악한 시기로, 미군정과의 일정한 긴장관계를 유지하면서도 나름대로의 헤게모니를 가지고 있었다.[14] 표면적으로는 균형관계를 유지하면서 잠재적으로 갈등관계가 심화되어 가는 시기로 볼 수 있다. 그러던 것이 1947년 '3·1절 발포사건'과 이어 벌어진 전도적인 총파업을 계기로 인민위원회와 미군정의 대립이 본격화되면서 육지에서의 응원경찰과

---

[13] 제주도민들의 성금으로 출발한 제민일보 특별취재반의 10년 동안의 노력으로 이루어진 『4·3은 말한다』는 〈제주4·3사건〉의 전모를 총체적으로 조망한 역사기획물로써, 현대사의 가장 은폐된 배면을 충격적으로 드러내 준 획기적인 역사기록물이다. 신문연재를 거쳐 현재 다섯 권의 단행권으로 출간된 이 책은 기존의 국내외 광범위한 역사자료 위에 당시 사건 현장의 생존자들의 생생한 증언을 담아냄으로써 대단히 통합적인 역사연구물로 평가받고 있다.
[14] 제민일보4·3취재반, 『4·3은 말한다-1』, 진예원, 1994, 9쪽.

서북청년단 등 극우단체 입도, 여러 차례의 검거선풍, 군정경찰에 의한 2,500명 구금, 1948년 3월 발생한 3건의 고문치사 사건 등이 잇따라 터지면서, 이른바 잠재적 갈등관계가 표면적 갈등관계로 비화되면서 무력항쟁의 분위기가 형성된다.

그런 다음 취재반은 4·3 이후 시기를 1948년 4월 3일 사건 발발일로부터 마지막 토벌이 종결되는 1954년 9월 21일까지, 총 6년 6개월의 기간으로 설정하고 있다. 이 시기를 다시 8기로 세분한 취재반은 주로 미군정·이승만 정권·군경 토벌대의 무장대에 대한 진압 및 토벌을 중심으로 서술하면서, 그 과정에서 일어난 민간인 학살의 역사를 담아내고 있다.

취재반이 구분한 4·3 이후의 8시기는 다음과 같이 요약된다. 4월 3일 첫 봉기를 시발로 무장대가 공세의 주도권을 잡게 된 제1기 '무장대 공세기(1948. 4. 3~5. 11)', 토벌의 주도권을 장악한 경비대의 작전이 강력히 전개되면서 무장대의 공세가 비교적 약화되는 제2기 '경비대 주도 토벌기(1948. 5. 12~10. 19)', 토벌대의 무제한적인 초토화 작전 전개로 인명피해가 극심했던 제3기 '사태의 유혈기(1948. 10. 20~12. 31)', 9연대와 교체된 2연대가 도착한 후 무장대의 공세가 한때 활기를 띠었으나 육·해·공 3군의 합동작전에 의한 토벌이 강화되면서 무장대 세력이 다시 약화된 제4기 '육·해·공 합동 토벌기(1949. 1. 1~3. 1)', 제주도지구 전투사령부(3월)가 설치되고, 이승만 대통령의 내도(4월)와 국회의원 재선거(5월)가 실시되는 등 정부의 통치력이 회복되면서 토벌대에 의한 선무공작과 빗질작전을 통한 잔여 무장대가 궤멸상태에 이르는 제5기 '선무활동기(1949. 3. 2~5. 15)', 제주도지구 전투사령부 해산 후 독립 1개 대대가 잔여 무장대 소탕작전에 나서면서 무장대 사령관 이덕구가 사살되는 제6기 '소강상태기(1949. 5. 16~1950. 6. 24)', 6·25 발발 직후부터 보도연맹 가입자와 입산자 가족 등이 대거 예비검속 되어 많은 인명이 처형되는 제7기 '대대적 예비검속기(1950. 6. 25~10. 9)', 끝으로 제주도의 비상계엄령이 해제된 이후 제100 전투경찰사령부 창설, 유격전 특수부대 투입 등으로 무장대 세력이 완전히 소멸된 제8기 '마지막 토벌기(1950. 10. 10~1954. 9. 21)'로 이루어진다.15)

  4·3취재반의 이러한 시기 구분은 기본적으로 미군정·이승만 정권·경비대·군정경찰·서북청년단으로 표현되는 토벌세력이 남로당·좌익·빨갱이로 표현되는 무장대 세력을 어떻게 진압하고 토벌했는지를 보여주고 있으며, 각 시기가 보여주는 과정은 상호 권력 작용이 전환되는 시점을 따르고 있다.

  박명림은 제주4·3의 역사를 폭력의 관점에서 구분한 대표적인 학자이다. 그는 이 사건을 국가형성 과정에서 발생한 산물로 보고 권력의 형성과정, 주체, 행사 방법의 문제와 관련하여 매우 무겁고 복합적인 주제임을 전제하면서 국가형성의 과정은 필연적으로 폭력의 독점, 정당성을 다투는 세력들의 체계적인 배제과정, 아울러 영토 내의 인민들에 대한 국민적 통합, 국민형성의 과정을 의미한다16)고 주장한다. 즉 그는 제주4·3을 국가형성 과정에서 일어나는 필연적인 폭력 현상의 사례로 본 것이다.

  박명림은 좀 더 구체적으로 이 사건에서 폭력이 발생한 이유는 무엇이며, 그 크기는 어떻게 비교할 수 있으며, 어느 쪽이 더 잔인

---

15) 위의 책, 9~12쪽.
16) 박명림, 「민주주의, 이성, 그리고 역사연구 : 제주4·3과 한국현대사」, 『제주4·3연구』, 역사비평사, 1999, 445쪽.

했는지, 폭력의 교환은 결과에 있어서 왜 그렇게 큰 차이를 초래했는지, 나아가 잔혹성의 극을 달리게 한 요인은 무엇이었는지17)를 묻는다. 이를 단순화하면, 폭력의 원인과 유발자, 확대증폭의 과정, 행사 주체, 행사의 방법, 행사의 결과 문제로 압축된다. 이러한 문제 설정으로부터 그는 제주4·3을 다음 네 시기로 구분한다.

(1) 1945년 해방에서 1947년 3·1절 기념시위 시기 : 폭력의 원인과 유발자
(2) 3·1절 기념시위에서 4·3 발발까지의 시기 : 확대증폭의 요인과 과정
(3) 4·3 발발에서 그해 가을까지의 시기 : 행사 주체 및 방법, 대상
(4) 그해 가을 집중학살의 시작으로부터 49년 봄 학살의 종료의 시기 : 행사 결과18)

이렇게 구분함으로써 박명림은 제주4·3으로부터 폭력의 원인과 유발자, 폭력의 확대증폭의 요인과 과정, 폭력의 주체와 대상, 그리고 폭력의 귀결을 파악할 수 있다고 보았다. 나아가, 그는 초기 낮은 수준의 폭력대결이 확대증폭 되면서 대량 참살로 귀결되고만 과정과 이유도 규명할 수 있음을 강조했다.19)

정해구는 제주4·3의 시기를 구분함에 있어 이를 미군정의 정책과 관련하여 시도한 인물이다. 그는 사건의 발발과 확산 그리고 그에 따른 대량학살의 주요 요인을 미군정 정책의 실패로 보고, 미

---
17) 위의 책.
18) 위의 책, 445~446쪽.
19) 위의 책, 446쪽.

국의 대한반도 정책이 규정하는 한계 속에서 제주도에 대한 미군정의 구체적인 정책이 어떻게 4·3항쟁의 발생과 확산 그리고 대량학살사태로 이어졌는지를 규명했다.[20] 이러한 전제하에서 그는 해방 후 4·3항쟁을 포함한 제주도 지역의 갈등 상황의 전개과정을 다음과 같이 네 가지 국면의 단계적 과정으로 구분하고 있다.

· 제1국면(1945. 8~1947. 2)
 제주 - 지역좌파 주도 자율적 지역공동체 질서 유지
 육지 - 미군정·우파블럭 對 민중·좌파블럭 대립격화
 【국면전환시점】 3·1절 발포사건

· 제2국면(1947. 3~1948. 4. 3)
 제주 - 제주도 갈등의 본격화
 육지 - 미군정·우파블럭의 통제력 강화
 【국면전환시점】 4·3항쟁 발생

· 제3국면(1948. 4. 3~1948. 10)
 제주 - 4·3항쟁과 1차 진압
 육지 - 단선단정 갈등
 【국면전환시점】 여수 14연대 반란사건

· 제4국면(1948. 11~1949. 5)
 제주 - 2차 진압과 대량학살
 육지 - 게릴라 투쟁의 시작

이러한 4단계 국면 과정을 통해 정해구는 제주도에서 일어났던 갈등 상황의 전개와 이에 대한 미군정 정책의 내용을 분석한 후,

---

[20] 정해구, 「제주4·3항쟁과 미 군정정책」, 『제주4·3연구』, 역사비평사, 1988, 183쪽.

당시 미군정의 정책적 오류를 분명하게 지적했다. 그에 따르면, 당시 미군정은 기본적으로 제주도 특유의 민중적 삶을 이해하지 못했고, 제주도의 갈등 상황을 소련·북한·중앙남로당·지방남로당으로 이어지는 좌파세력의 선동이라는 시각에서만 보려 했으며, 이에 경찰 등 반공물리력을 동원하여 민중들의 요구와 항의를 탄압하는 방식을 선택한 결과, 양민의 대량학살이라는 역사적 오류를 낳게 되었다는 것이다.[21]

한편, 제주4·3을 '민중항쟁'으로 보는 진보적인 진영에서는 색다른 시기 구분을 시도하고 있다. 최근 21세기코리아연구소(이하 '연구소')[22]가 출간한 『21세기 역사이야기』[23]는 제주4·3을 항쟁주체자의 입장에서 무장투쟁의 전개과정이라는 이름으로 역사를 서술하고 있는 대표적인 책이다. 여기서 연구소는 제주4·3의 시기를 다음과 같이 5단계로 구분하여 설명하고 있다.[24]

- 1단계 : 무장투쟁 준비기(1948년 4월~5월)
    - 4·15 남로당 제주도당 대회
    - 단독선거 저지 성공
- 2단계 : 군경토벌대의 공세기(1948년 5월~6월)
    - 11연대 진압작전 투입
    - 유격대 체제 개편

---

[21] 위의 책, 204쪽.
[22] 2003년에 창립된 진보적인 연구소로서 진보정당과 통일전선, 정세전망과 관련한 논문을 집필하고 심포지엄, 공개강좌 등을 개최하고 있다.
[23] 이 책은 2005년 21세기코리아연구소가 내놓은 진보적인 우리역사입문서로서 민족주체적 역사관에 의거하여 우리 역사 100년사를 20장으로 나누어 간명하게 서술하고 있다.
[24] 21세기코리아연구소, 『21세기 역사이야기』, 코리아미디어, 2005, 28쪽.

· 3단계 : 상대적 휴지기(1948년 7월~8월)
　　　- 8 · 25 선거참여 투쟁
　　　- 봉기 지도부의 제주도 탈출
· 4단계 : 군경토벌대의 유혈진압기(1948년 8월~1949년 4월)
　　　- 집단학살 자행
· 5단계 : 항쟁의 종식(1949년 4월~1950년 6월)
　　　- 이승만의 제주도 방문
　　　- 1949. 5. 10 제주도 국회의원 선거

이처럼 연구소는 제주4 · 3을 민중항쟁의 역사로 봄에 따라 다른 연구주체들에 비해 총 기간이 상대적으로 짧게 설정되어 있음을 알 수 있다. 즉 1948년 4월 3일을 무장투쟁의 기점으로 시작하여 군경토벌대에 의해 진압되어 항쟁이 종식되는 시점인 1950년 6월 25일, 이른바 한국전쟁 직전까지로 보고 있다. 이른바 사건의 총 기간을 2년 3개월로 구성한 것이다.

연구소는 제주4 · 3을 민중의 5 · 10 단선 및 단정 반대와 미군 없는 통일된 자주 독립 국가를 위한 항쟁이었다는 점, 미군정과 이승만 정권은 이를 좌익세력의 폭동으로 규정했다는 점, 그리고 소위 '빨갱이 사냥(Red Hunt)'이라는 이데올로기를 통해 항쟁세력을 진압하는 과정에서 일어난 학살의 역사였음을 강조한다.[25] 또한 이 항쟁의 선봉에 제주도가 있었고, 제주도민은 항쟁의 자발적 주체였음을 부각시키고 있다. 이렇듯 사건을 2년 3개월이라는 기간으로 상대적으로 축소하고, '항쟁'이라는 주제로 사건을 이해함으로써 연구소는 역사적 진실에 대한 총체적이고 객관적인 이해의 빈곤함을 드러냈으며, 역사적 사실을 항쟁이라는 개념에 몰입시켜

---

[25] 위의 책, 35쪽.

사실을 지나치게 주관화하거나 이념화하는 논리적 비약성을 보여 주고 있다. 따라서 진보적인 입장에서의 접근 태도는 제주4·3에 대한 사실적·객관적 이해보다는 이념적·이데올로기적 이해에 편향되어 있다는 비판을 면하기 어려워 보인다.

필자는 제주4·3을 학살의 관점에서 고찰할 것이다. 학살의 관점이란 이 사건을 소위 '공산당 폭동'이니 '민중항쟁'이니 하는 이데올로기의 갈등 내지 충돌과 같은 이념논쟁으로 보는 것과는 달리 당시 정치적·군사적 권력체였던 미군정과 이승만 정권, 그리고 군경토벌대가 '초토화 작전'이라는 이름으로 수행한 제주도민에 대한 가장 잔혹한 폭력행위로 규정되는 민간인 학살의 형태로 이해하는 것을 의미한다. 이 관점은 절대 권력을 가진 세력에 의하여 절대 무권력자인 비무장 민간인 3만 명이 희생당했다는 결과적 사실을 토대로 한다. 즉 희생자 중심적 관점이라 할 수 있다.

이러한 전제하에 필자는 학살의 관점에서 제주4·3의 시기를 다음 4단계로 구분하였다.

· 제1기 : 학살 잠재기(1945. 8. 15~1947. 2. 27)
· 제2기 : 학살 촉발기(1947. 3. 1~1948. 4. 3)
· 제3기 : 학살 수행기(1948. 4. 3~1954. 9. 21)
· 제4기 : 학살 이후기(1954. 9. 21~2003. 10. 31)

학살 잠재기는 소위 '해방공간'이라 불리는 시기로써 해방정국 속에서 한국의 독립 정부 수립을 위한 과도기적 기간이다. 이 시기를 잠재기로 본 것은 학살의 사회적 조건 가운데 하나인 사회적 균열의 분위기가 감지되기 때문이다. 이른바 인민위원회와 미군정 간의 갈등, 신탁 통치에 대한 반탁진영과 찬탁진영 간의 갈등, 우파세력과 좌파세력 간의 갈등이 잠재적으로 부각되면서 급기야 미군정 당국의 실정에 대한 민중세력의 불만이 조성되기 시작하는 기간이다. 학살의 간접원인 혹은 배경적 조건이 되는 시기로서 학살의 서막이라 할 수 있다.

학살 촉발기는 1947년에 일어났던 경찰의 3·1절 발포사건을 시작으로 다음해 1948년 4·3 무장봉기까지의 기간이다. 3·1절 발포사건은 군정 당국에 대한 민심이반과 반감을 불러일으켰고, 그럼에도 불구하고 계속된 군정경찰의 탄압국면 속에서 급기야 1년 후 4·3 무장봉기라는 저항의 형태로 분출되기에 이른다. 이렇듯 미군정과 군정경찰의 실정과 탄압에 대한 민중의 무장투쟁 형태의 저항은 이승만 정권으로 하여금 학살을 서서히 고려하게 만든 촉발요인으로 작용하게 된다.

학살 수행기는 1948년 4월 3일에 일어난 무장봉기로 미군정과 이승만 정권은 학살을 본격적으로 구체화하기 시작하고 이를 진압의 형태로 수행해 나간다. 초기 무장대의 공세 속에서 미군정은 제주비상경비사령부를 설치하면서 진압정책을 수립해 간다. 학살의 초기 단계인 이 시기에 미군정은 경비대를 조직하여 투입함으로써 토벌정책을 한층 강화하기 시작한다. 그러나 동시에 무장대와의 전투가 빈번해지고 사태가 악화되면서 민간인 학살이 산발적으로 자행되기 시작하는 시기이기도 하다. 10월에 접어들면서 이른바 '초토화 작전'이라는 이름으로 수행된 본격적인 학살이 시작된다. 이승만 정권은 이를 위하여 국가보안법을 통과시키고, 사실 여부를 확인할 수 없는 계엄령을 선포함으로써 학살의 법적 근거를 마련했다. 여수14연대의 반란사건을 기점으로 제주도 사태를 빨리 종식시키기 위하여 이승만 정권은 학살전위대인 서청을 강화하고 언론 통제와 해안 봉쇄, 중산간 마을 방화 및 소개, 예비검속 등을 수행함으로써 학살의 보편적인 메커니즘을 그대로 보여주고 있다. 명분과 형식은 공산 무장대의 토벌이었지만, 내용은 민간인 대량학살의 결과를 낸 이 시기는 학살이 가장 극에 달했던 때로서 이 사건의 정점이라 할 수 있다.

학살 이후기는 1954년 9월 21일 한라산 금족해제와 함께 찾아온 학살의 사실상의 종결 이후 2003년 10월 31일 정부의 공식사과가 있었던 약 50여 년간의 시기를 의미한다. 이 시기는 물리적인 폭력으로서의 학살은 끝났으나, 희생자의 유족들을 상대로 이루어진 국가권력에 의한 정신적 학살이 지속된 기간이다. 이른바 상징폭력(Symbolic Violence)의 기제를 통하여 정부 및 가해자 집단세력이 학살의 역사에 대한 정당화 내지 합리화, 그리고 부정함으로써, 사건 이후에도 여전히 학살은 진행되었다고 보는 시각에 따른 것이다. 필자는 이 부분이 학살 연구에서 쉽게 간과되고 있으나 '학살의 지속화', '학살의 현재화', '정신적 학살'이라는 차원에서 학살 이후기가 어떻게 전개되었는지에 대한 관심이 매우 중요하다고 본다.

2. 제주4·3 학살의 역사적 과정

1) 학살 잠재기 : 해방 직후 다층적 갈등 구조
   (1945. 8. 15~1947. 2. 27)

앞서 언급했듯이, 잠재기는 소위 '해방공간'이라 불리는 시기로 해방정국 속에서 한국의 독립 정부 수립을 위한 과도기적 기간이다. 이 시기를 학살의 잠재기로 본 것은 학살의 사회적 조건 가운데 하나인 사회적 균열 내지 갈등의 분위기가 감지되기 때문이다. 사회적 갈등의 과정은 본격적인 학살 이전의 예비 단계로 볼 수 있는데, 학살이 '비대칭적' 내지 '수직적' 권력관계에서 이루어지는 일방적 폭력행사라면, 학살 이전의 단계에서 볼 수 있는 갈등 현상은 '대칭적' 혹은 '수평적' 권력관계 속에서 이루어지는 상호적 폭력작용을 의미한다.

1945년 8월 해방 후 1947년 3·1절 발포사건 이전까지, 곧 3년 정도의 기간은 1948년 4·3 무장봉기를 기점으로 본격화될 학살의 조건을 잠재적으로 구조화하는 과정으로 볼 수 있다. 이는 사회적 균열의 양태로 나타나는데, 이른바 인민위원회와 미군정의 갈등, 신탁통치안에 대한 국내 반탁과 찬탁을 둘러싼 정치적 갈등, 우파 세력과 좌파 세력 간의 정치 이념의 갈등, 그리고 미군정과 민중의 갈등이 그것이다. 그러나 이 시기에서의 사회적 갈등은 표면화되어 나타났다기보다 오히려 서로 간의 권력을 견제하면서 균형을 유지했던 것으로 볼 수 있다. 특히 제주도의 경우 1947년 3·1절 발포사건 이전까지는 거의 갈등이 없었다.[26]

인민위원회와 미군정 간 견제와 균형

먼저 인민위원회와 미군정과의 갈등 양상을 살펴보자. 1945년 8월 15일 일제의 패망과 더불어 해방정국 초기 정국의 주도권을 장악했던 것은 좌파세력이었다. 인민위원회의 조직은 이 시기 대표적인 좌파세력으로서, 기본적으로 그들은 아래로부터의 내적인 힘

---

[26] 정해구, 「제주4·3항쟁과 미 군정정책」, 『제주4·3연구』, 186쪽.

에 바탕을 둔 조직체였다.27) 초기 인민위원회28)는 치안을 확보하고 현존시설·기계·기구·자재·자본 등을 보존, 관리하는 임무도 가졌지만, 기본적으로는 독립국가를 탄생시키기 위한 과도기적 임무를 수행하는 데 그 목적이 있었다. 이때에는 이데올로기 문제로 대립하는 일도 없었고, 의식 있는 사람들끼리 해방된 조국에서 무언가 해야 한다는 공감대 아래 결성됨으로써, 여기에는 소문난 친일세력만 배제되었을 뿐 웬만한 사람들은 거의 참여하는 형국이었다.29)

당시 제주도 인민위원회는 온건하면서도 강력했고 독자성을 갖고 있었다. 이는 1946년 전국적으로 일어난 대구 10·1사건에 불참했고 다른 도에서는 반대했던 과도입법의원 선거에 참여하는 것으로 나타났다. 이는 다른 지방에 비해 특이한 현상으로, 제주도 인민위원회가 중앙의 좌파세력으로부터 일정하게 독립적인 활동을 했으며 온건적인 노선을 걸었음을 의미한다.

한편, 1945년 8월부터 1948년 8월까지의 3년은 공식적으로 미군정시대로 불린다. 1945년 9월 9일 조선총독부가 자리 잡았던 중앙청에서는 항복조인식에 이어 일장기가 내려지고 성조기가 게양됨

---

27) 해방정국 초기 좌파세력이 아래로부터의 막강한 지지를 기반으로 그 주도권을 확장해 나간 반면, 우파세력의 조직화는 거의 이루어지지 못했으며, 특히 좌파성향이 강했던 제주도에서는 거의 영향력을 발휘하지 못하고 있었다.
28) 인민위원회의 태생은 건국준위원회에서 비롯된 단체로서 제주도 건준은 1945년 9월 10일 결성되었다. 아울러 건준의 지방조직이 '인민위원회'로 불리게 된 것은 중앙의 건준이 9월 6일 조선인민공화국(이하 인공) 창건을 선언한 이후부터이다. 제주4·3사건 진상규명 및 희생자명예회복위원회, 『제주4·3사건 진상조사보고서』, 도서출판 선인, 2003, 74~76쪽.
29) 제민일보4·3취재반, 『4·3은 말한다 1권』, 전예원, 1994, 68쪽.

으로써 38선 이남에서는 미군정 시대가 시작되었다. 당시 한반도에 대한 미국의 기본 정책은 미국의 국익과 관련하여 소련의 남하를 막는 것이며, 남한의 친소적 정권의 수립을 배제하는, 이른바 한국에 공산주의에 대한 방벽을 구축하는 것이었다.30) 구체적으로 미군정체제 구축 초기 과정에서 그들이 가장 관심을 기울였던 것은 다음 두 가지로 압축된다. 첫째, 강력하게 조직화되고 있었던 좌파세력에 대항하여 우파세력을 강화시킴으로써 자신의 지지기반을 강화하는 일이다. 둘째, 인공 및 인민위원회에 의해 상당 정도 행사되고 있던 정부의 기능을 회복함으로써 미군정 자신의 통치 기능을 정비하고 강화하는 일이었다.31)

무엇보다도 미군정은 그 당시 남한에서 대중적 지지를 얻을 수 없었던 친일 경찰을 자신들의 군정경찰의 골간으로 삼았다. 이는 남한 내 친소정권 수립을 막고 전국적으로 뿌리내린 인민위원회 조직을 통제할 수 있는 효과적인 방법으로 보았기 때문이다.32) 제주도의 사정도 비슷했는데, 일제시대 관리들이 대거 미군정 관리에 재등용되고, 친일경력의 경찰관들마저도 군정경찰관으로 변신하였다. 특히 제주도에서 미군정은 지역사정을 고려하지 않은 무리한 곡물수집정책을 수행하는 과정에서 주민들과 마찰을 빚기 시작했고, 미군정 관리와 모리배와의 결탁문제가 부각되면서 사회적 물의를 일으키기도 했다.33)

---

30) 위의 책, 116쪽.
31) 정해구, 「제주4·3항쟁과 미 군정정책」, 187쪽.
32) 제민일보4·3취재반, 『4·3은 말한다 1권』, 120쪽.
33) 제주4·3사건 진상규명 및 희생자명예회복위원회, 『제주4·3사건 진상조사보고서』, 83쪽.

해방정국 초기 인민위원회와 미군정이 상호 견제와 협조의 관계를 유지하던 것이 갈등 국면으로 서서히 접어들기 시작한 것은 제주도제 실시에 따른 미군정의 공권력 강화가 이루어지면서부터이다. 1946년 8월 1일 미군정은 제주도를 행정구역상 전라남도에서 분리하면서 도로 승격시킨다. 현지 군정 당국의 주도로 이루어진 도제 실시는 그동안 군정 당국과 비교적 협력관계를 유지해 왔던 인민위원회와 불편한 관계에 놓이게 되는 새로운 국면과 더불어 독자적인 지방행정에 따른 경찰기구와 경비대조직의 신설[34]이 가능하게 됨으로써 미군정의 권력 강화의 의도도 함축하고 있다.

일제시대 101명이던 제주도 경찰력은 제주도제 실시 이후 1947년 2월에는 330명으로 늘어난다. 특히 그해 3·1절 시위에 대비해서 본토에서 응원경찰 100명이 추가로 파견되었는데, 바로 이들에 의해 발포사건이 유발된다. 이에 제주 출신 경찰관들이 발포사건에 항의하며 사임하게 되면서 대대적인 개편 증원작업을 진행하여 1947년 4월에는 500명으로 늘리면서 육지 출신 경찰관 245명을 제주경찰로 흡수, 제주도에서 무장봉기가 일어난 직후에는 응원경찰까지 합쳐 한때 경찰력이 2,000명에 이르기까지 한다.[35]

이처럼 잠재기 초기 미군정과 인민위원회의 관계는 외적으로는 협력과 견제의 양태로 시작되었지만 한반도에 대한 기본 인식과

---

[34] 1946년 8월 1일 제주도가 도로 승격된 후 40일 만인 9월 11일자로 제주경찰기구도 제주감찰청으로 승격되었다. 그해 12월 4일 종래 전남 소속일 때 22구 경찰서로 불리던 제주경찰서를 제주감찰청 산하 제1구 경찰서로 개칭하고 서귀포지서를 제2구 경찰서로 승격시킨다. 아울러, 1946년 11월 16일 제주도 모슬포에서 조선경비대 제9연대가 창설되었고 초대 연대장으로 장창국 부위가 발령되었다. 제주4·3특별취재반, 위의 책, 168~170쪽. 제주4·3사건진상규명 및 희생자명예회복위원회, 앞의 책, 87쪽.

[35] 제주4·3사건진상규명 및 희생자명예회복위원회, 앞의 책, 87쪽.

정책에서 근본적으로 상반된 입장을 견지하고 있었으므로 갈등은 이미 내재화되어 있었다고 볼 수 있다. 항일 경력자 출신으로 구성되고 폭넓은 민중의 지지를 기반으로 형성된 인민위원회와 행정 및 군·경찰 분야를 강화하는 데 친일 경력자들을 다시 등용하는 정책을 구사했던 미군정은 처음부터 양립하기 불가능한 정치적 두 주체의 관계였다고 할 수 있다.[36] 학살의 과정적 측면에서 볼 때, 미군정은 이미 이때부터 좌파 세력을 압박할 수 있는 공권력을 강화시킴으로써 서서히 학살의 기본조건을 구축해 나가는 단계로 볼 수 있다.

신탁통치 논쟁과 국내 이념갈등

1946년의 한국 정치사는 반탁과 찬탁을 둘러싼 정치논쟁과 격렬한 좌우의 대립으로 특징지을 수 있다. 1945년 12월 말 모스크바 삼상회의에서 결의한 한반도에 대한 신탁통치안은 국내 정치 세력의 이데올로기적 대립을 최초로 명백하게 표출한 계기가 되었을 뿐만 아니라, 한국 현대정치사에 가장 특기할 만한 정치논쟁을 불러일으켰다. 또한 이를 세계적 시각에서 보면 미소 간의 갈등에 있어서 하나의 획을 긋는 사건이기도 했다. 한 마디로, 이 정치논쟁은 국내 정치 구도를 반탁과 찬탁이라는 이분법적인 대립과 갈등의 국면으로 치닫게 했던 것으로, 제주도까지 그 여파에 휩싸이게 한 중요한 정치사적 사건으로 평가된다.[37]

---

[36] 당시 인민위원회와 미군정의 갈등에 대하여 정해구는 인공 및 인민위원회 결성을 통해 정부로서의 통치기능을 행사하고자 했던 좌파세력 측과 이를 부인하고 군정체재를 강화시키고자 했던 미군정 사이의 '이중권력적 상황'에서 비롯된 것으로 분석한다. 정해구, 「제주 4·3항쟁과 미군정 정책」, 『제주4·3연구』, 188쪽.

모스크바 협정은 이른바 한국의 독립을 부활시켜 식민지적 잔재를 청산하기 위하여 한국 임시정부를 수립시킨다는 점과 이 한국임시정부와 협의하면서 미·영·소·중 4개국이 5년을 기한으로 하는 신탁통치를 하겠다는 내용으로 요약된다. 그런데 문제는 이 모스크바 삼상회의에서 한국의 신탁통치가 결정되었다는 소식이 12월 28일 국내에 알려지면서부터 벌어진 충격과 혼란[38]의 정치 논쟁과 사회적 갈등의 양상이었다.

그런데 여기서 특기할 사실은 일부 언론에서 미국은 즉시 독립을 주장했고 소련은 탁치를 주장했다는 식으로 왜곡 보도함으로써 반탁운동이 곧 반소운동으로 번지기 시작했다는 것이다. 이 상황에서 소련은 남북의 공산당과 좌파세력의 지지를 기반으로 모스크바 협정의 실현을 추구한다는 원칙적 태도를 고수한다. 그러나 미국은 일종의 딜레마에 빠진다. 만일 미국이 반탁운동으로 인하여 민중의 지지를 회복하고 우파세력을 지지한다면 모스크바 협정을 파기하는 것이 되고, 반대로 모스크바 협정 실현이라는 원칙적 입장을 지킨다면 미국의 유일한 지지기반인 우파세력을 잃을 수 있었기 때문이다.[39]

그러나 신탁통치 논쟁을 통해 한국의 정치세력 사이의 대립이 신국가 건설을 위한 기존의 민족 대(對) 반민족의 대립구도에서 좌우 대립구도로 전환하게 되면서, 미군정은 자신들의 점령 목적

---

[37] 제민일보4·3취재반, 『4·3은 말한다-1』, 135쪽.
[38] 당시 한국의 신탁통치 결정 소식이 국내에 알려졌을 때 대다수의 국민들은 신탁통치란 말을 일본의 식민지 통치와 다름없는 것으로 받아들였다. 단지 한국을 지배하는 나라가 종래의 1개국이 아니라 4개국으로 늘어난다는 인식이었기 때문에 모욕적이고 충격적일 수밖에 없었다.
[39] 제민일보4·3취재반, 앞의 책, 138~141쪽.

을 국내의 정치적 대립구도와 일치 및 단순화시킴으로써 미군정에 대한 반대세력을 모두 좌익으로 몰아 탄압할 수 있는 명분과 이데올로기적 해석권을 가질 수 있게 되었다.40) 이는 미군정으로서는 호재였다. 일단 좌우 대립의 의미가 미군정에 의해 새롭게 규정된 후 '좌=빨갱이'라는 의미는 그 외연을 확장하기에 이른다. 결국 당시의 좌우대립은 우리 민족의 내부 정치적 대립의 산물이 아니라, 미국의 대소 냉전정책이 국내 정치에 이식되고 구현된 것으로, 철저히 외부적으로 주어진 정치 상황이었다.41)

한편, 제주도에서는 신탁문제를 둘러싸고 이런 중앙의 흐름과는 다르게 표출된다. 육지에서는 우파세력이 반탁을, 좌파세력이 초기에는 반탁이었다가 찬탁으로 돌아서면서 좌우대립 구도가 형성되면서 정치쟁점화 되어 있었다. 이런 상황에서 1946년 1월 초순 제주읍에서는 대대적인 신탁반대 궐기대회를 시작으로 각 면 단위로 반탁대회가 열린다. 그런데 이 대회를 주도한 정치세력이 좌파세력을 대표하는 건준과 인민위원회 조직이었다는 점이다. 그리고 민전 조직42)도 남한 각 지방에서는 1946년 상반기에 거의 편성 되었으나, 제주도에서는 좌파세력이 강했음에도 불구하고 1947년

---

40) 정용욱, 「제주4·3연구와 미군정 자료」, 『4·3과 역사』 창간호, 도서출판 각, 2001, 197쪽.
41) 위의 책, 197쪽.
42) 중앙에서 좌파세력의 연합체인 '민주주의 민족전선'이 결성된 것은 1946년 2월 15일이었다. 이 조직은 신탁문제가 정치쟁점화 되면서 우파진영이 그 해 2월 14일 미군정의 자문기관인 '민주의원'(의장 이승만)을 발족한데 대항하여 좌파진영에서 조직한 단체이다. 따라서 민전은 일종의 정당이라기보다는 조선공산당, 인민당, 신민당을 비롯한 좌파 정당과 노동단체인 '전평', 농민단체인 '전농', 청년단체인 '청년동맹', 그리고 부녀단체인 '부녀동맹'과 문화단체 등을 총망라한 좌파세력의 통일전선이라고 볼 수 있다. 제민일보4·3취재반, 앞의 책, 218~219쪽 참조.

2월에 이르러서야 비로소 결성된다. 제주도 좌파세력은 얼마 후 상부의 지시를 받고 찬탁운동에 동조하여 모스크바 삼상회의 지지 입장을 밝혔으나 대중적인 지지를 받지는 못한다.

이처럼 1946년은 한반도에 대한 신탁통치를 놓고 좌우대립의 정치논쟁이 격화되면서 새로운 사회 갈등의 양상을 보이기 시작한 해로 규정할 수 있다. 물론 좌우 정치 이념에 따른 다양한 정치세력들은 해방 전후에 이미 조직되기 시작했지만, 초기에는 새로운 국가 수립이라는 공통의 민족주의적 역사 인식 속에서 배제되거나 적어도 수면 아래 가려져 있었다. 그러나 신탁통치 문제가 당시 한반도 전체를 휘몰아친 정치 논쟁이 되면서 좌우 정치 이념은 사회적 균열의 양상으로 표면화되기에 이른 것이다.

신탁통치 논쟁을 통해 본격화된 좌우 정치 이념의 대립은 여기저기서 조직되는 다양한 정치단체들의 등장과 더불어 사회적 갈등으로 발전한다. 먼저 좌파 단체들을 살펴보자. 해방 직후 제주에서 최초로 결성된 정당조직은 조선공산당 전남도당 제주도위원회이다. 당시 제주도의 유일한 좌파정당인 조공 제주도위원회는 1946년 11월 23일 중앙에서 조선공산당·조선인민당·남조선신민당 등 3개 좌파 정당의 통합으로 남조선노동당(남로당)이 결성되면서 남로당 제주도위원회로 개편한다. 남로당은 원래 대중정당을 표방했기 때문에 초기부터 활발하게 당원 배가운동을 전개하여 1947년 3·1절 기념집회를 주도하는 과정에서는 전국의 당원 수가 3,000명가량으로 늘어난다. 이와 함께 좌파 청년단체는 초기에는 청년동맹으로 결성되어 주로 건준 및 인민위원회 산하의 치안대로 활동하다가 1947년 1월 12일 조선민주청년동맹(민청) 제주도위원회가 창설된다.

한편, 제주도 우파진영은 해방 직후 홍순녕을 중심으로 건준 운동에도 참여했으나 점차 좌파세력에 밀려 인민위원회 활동에는 소극적으로 대응한다. 그러다가 이승만과 김구의 귀국과 반탁운동을 계기로 활기를 띠기 시작한다. 이처럼 우파세력의 확장에도 불구하고 1947년 초까지는 좌파세력에 밀리는 형국이었다. 제주도 우파청년단체가 태동한 시점은 정국이 찬탁과 반탁 논쟁에 휩싸여 전국적으로 우파청년단체의 조직이 확대되던 시기이다. 이 밖에 1947년 2월 서북청년회 제주도단부, 그해 조선민족청년단 제주도단부가 결성되면서 제주도의 우파진영은 1947년 3·1절 발포사건 이후 좌파세력에 대한 검거선풍이 불면서 더욱 활기를 띠고 세력 확장에 나서게 된다.[43]

신탁통치 논쟁으로 표면화된 다양한 좌우 정치세력의 등장은 앞으로 이루어질 학살의 전개과정에서 크게는 토벌대와 무장대로 양분되면서 각각 학살의 수행자 혹은 대리인으로서 새롭게 자리매김된다는 면에서 매우 중요한 폭력의 예비 주체들이다.

미군정과 제주도민 간 갈등의 격화

잠재기에 있어서 앞서 언급한 미군정과 인민위원회와의 갈등, 신탁통치 논쟁에서 격발된 국내 좌우 정치 이념 대립에 의한 사회적 갈등은 학살의 간접적인 요인으로 작용할 수는 있지만, 사회적 갈등이 곧 학살로 이어지는 경우는 거의 없다. 학살은 '비대칭적 상호 권력의 관계' 내지 '일방적인 권력독점'에서 발생하는 폭력의 극단적인 형태이다. 따라서 미군정과 인민위원회의 갈등은 어느

---

[43] 제주4·3사건진상규명 및 희생자명예회복위원회, 앞의 책, 97쪽.

한쪽의 일방적인 권력독점 관계가 불가능한 상태였기 때문에 학살의 가능성으로 발전하기 어려웠으며, 국내 좌우 정치적 갈등 또한 대칭적 권력 관계 구조 속에서 이루어진 것이므로 극단의 폭력 형태로 전개될 여지는 그리 높지 않았다.

그러나 미군정과 제주도민과의 갈등은 앞의 두 경우와 권력관계의 질과 형태에 있어서 그 차원을 달리하고 있다. 이 두 집단은 점령국의 지위를 가지고 한반도에 들어온 미국이라는 최고의 권력주체와 그 아래서 일시적이지만 지배를 받는 원주민의 관계 속에서, 이른바 '일방적 권력관계' 내지 '비대칭적 권력관계'의 구도를 갖추고 있다. 당시 국가권력의 전부를 독점할 수 있었던 무장 가능한 미군정과 그러한 권력 앞에 무장해제 되어 있는 제주도민들의 관계가 극단으로 치닫게 될 경우, 학살의 가능성은 언제든 현실화될 수 있기 때문이다. 그런 면에서 학살 잠재기의 미군정과 제주도민의 갈등은 앞으로 발생할 학살 양상의 기본 구도라고 볼 수 있다. 이러한 두 주체는 앞으로 미군정·이승만 정권·군경조직으로 묶이는 국가권력집단과 제주도민이라는 희생자 집단의 관계로 확장되면서 전자의 후자에 대한 국가공권력을 통한 일방적인 폭력작용이 학살의 형태로 전개될 것을 예고하는 일종의 '잠재적 갈등 관계'를 의미한다.

해방 직후 제주도는 귀환자들이 심각한 실직난에 허덕이고, 일본 노동시장에서 보내오던 송금이 끊기고, 일본과의 교역이 불법화되고, 이에 따라 생필품의 부족현상까지 겪으면서 극도로 곤궁한 상황을 맞는다. 여기에다 1946년에 들어서면서 불어 닥친 콜레라의 만연과 극심한 보리농사 흉년까지 겹치는 사태 속에서 그해 제주도는 극심한 기아에 허덕이게 된다. 이런 상황에서 민심을 자극시킨 것 중의 하나가 미군정의 곡물정책이었다. 당시 미군정은 1945년 10월 5일 일반고시 제1호 미곡의 자유시장을 통하여 일제시대의 미곡공급 배급제를 폐지하고 미곡의 자유판매제를 도입하여 자본주의 시장경제를 이식하려 했다. 그러나 그 결과는 쌀값 폭등으로 나타났다. 이에 미군정은 다시 1946년 1월 군정청 법령 제24호 미곡수집령을 공포하여 일제가 행하던 미곡수집체제, 곧 쌀 공출제도를 부활시켰는데, 이에 농민들은 크게 반발하고 좌파 진영에서는 이를 정치 쟁점화하여 반대운동을 전개한다. 결국 제주도는 전국적으로 곡물 수집 실적이 가장 부진한 곳으로 남게 되었다.[44]

그럼에도 불구하고 1946년 말까지 제주도 내에서 미군정과 제주도민이 직접 충돌하는 사건은 없었다. 적어도 1946년 10월 대구사건을 계기로 미군정과 좌파세력이 치열한 대립국면으로 접어들게 되는 육지의 상황과는 비교되는 상황이었다. 오히려 해방 직후 제주도에는 뜨거운 교육 열기가 고조되면서 마을마다 주민 자치적으로 초등학교 설립운동을 전개하고, 면 단위별로는 중등학교 세우기 운동이 추진되고 있었다. 제주도의 뜨거운 교육 열기는 곧 진보적인 학생운동으로 이어지면서 일제 잔재 교육과 파쇼 교육에 반대하는 동맹휴학운동으로 전개된다.

이러한 제주도의 진보적인 분위기는 현지 사정을 제대로 이해하지 못한 미군정의 누적되는 실책에 대하여 사회운동화로 나타나기 시작한다. 1947년 초 비로소 직접적인 반미시위가 벌어지는데 그 대표적인 사건이 바로 '양과자 반대운동'[45]이다. 제주 시내에서

---

44) 제주4·3사건진상규명 및 희생자명예회복위원회, 앞의 책, 98~99쪽.
45) 당시 제주신보는 이 사건에 대하여 "양과자 절대배격! / 1,000여 학도 궐

벌어진 이 운동은 한때 전국의 학생들에게 유행처럼 파급된다. 이 사건으로 전국적으로는 반미감정을 일으키는 계기가 되었지만, 동시에 응원경찰의 입도와 같은 미군정의 공권력을 증강하는 요인으로 작용하기도 했다.46)

이 시기 미군정에 대한 제주도 주민의 극단적인 도덕적 불신을 야기한 사건이 터지는데, 이른바 1947년 1월에 발생한 '복시환 사건'47)이 그것이다. 이 사건은 해방 이후 밀반입 물자를 둘러싸고 제주도에 벌어졌던 대표적인 모리배 행위로서, 이는 단순한 모리 사건이 아니라 제주 현대사에 미친 충격적인 사건으로 평가받는다. 이 사건은 제주경찰이 중앙으로부터 불신을 받는 계기를 유발

기 일대 시위 전개"라는 제목의 기사로 다음과 같이 보도하고 있다. "방금 노변에 혹은 점포 앞에 일석(一昔)을 회고케 하는 때 아닌 양과자가 가경(可驚)할 고가로 번매(繁賣)되어 항간에 널어져 가는 현상에 감(鑑)하여 도내 중등학교 연맹에서는 10일 '조선의 식민화는 양과자로부터 막자'라는 '슬로건'을 내걸어 동원된 제농(濟農), 오중(五中), 제중(濟中), 교양(敎養) 등 무려 천 수백 명이 관덕정 광장에 집회하에 '양과자 수입을 절대 반대하자'라는 아우성 천지를 울리게 외치며 일대 시위행렬을 전개하였다." 『제주신보』 1947년 2월 10일자.

46) 제민일보4·3취재반, 『4·3은 말한다-1』, 218쪽.
47) 당시 제주에서는 밀무역이 성행했는데, 일본에 있던 재산을 반입하거나 생필품을 실어 나르기 위해 어선들이 현해탄을 넘나들었지만 경찰에서는 이를 밀수 행위로 간주하여 단속을 벌였다. 이들 가운데 모리배들과 손을 잡고 이런 사례들을 적발하면 법적으로 처리하기보다는 뒷거래로 잇속을 채우는 일이 종종 발생했다. 이런 모리 행위에 미군정 관리와 경찰 고위간부까지 가담하면서 사회문제화 된 예가 바로 '복시환 사건'이다. 이 사건은 1947년 1월 11일 일본에서 화물을 싣고 서귀포항으로 가던 화물선 '복시환'이 성산포 근해에서 목포 주둔 해안경비대 경비선에 의해 밀수선으로 나포되면서 시작되었다. 당시 제주도 사회에서 유행한 모리배라는 단어에는 미군정 관리와 경찰을 불신하는 상징적인 의미도 담겨 있었다. 제주4·3사건진상규명 및 희생자명예회복위원회, 앞의 책, 100~101쪽.

하면서 응원경찰의 제주 파병에 직간접적으로 영향을 미친다. 그 때 파병된 응원경찰이 2개월 후에 터질 3·1절 대회에서 시위군중에게 발포하는 역사의 악순환으로 나타났다.

이처럼 미군정과 제주도 주민과의 갈등 양상은 해방 직후 제주도에 불어닥친 뜨거운 교육열기와 이에 따른 활발한 진보적 학생운동의 분위기와 1946년부터 나타나는 질병과 흉년이라는 자연적 재해로 인한 경제적 궁핍, 미군정의 계속되는 실책, 양과자 반대운동, 복시환 사건 등이 충돌하면서 심화되기 시작한다. 이 무렵부터 경무부가 제주섬을 '붉은 섬'으로 규정해 가는 징후들이 나타나면서 잠재된 학살의 가능성은 현실화 단계로 서서히 접어들기 시작한다.

2) 학살 촉발기 : 폭력의 표출과 확대 재생산 (1947. 3. 1~1948. 4. 3)

학살 촉발기는 1947년에 일어났던 경찰의 3·1절 발포사건을 시작으로 다음 해 1948년 4·3 무장봉기까지의 기간이다. 3·1절 발포사건은 군정 당국에 대한 민심이반과 반감을 불러일으켰고, 곧 이어 이어진 초유의 민·관(민간인과 공무원) 총파업 사태는 이반된 민심을 파업의 형태로 표출한 대표적인 사건으로, 잘못 수행된 공권력에 대한 비무장 민중저항이었다. 이에 미군정은 검거선풍이라는 또 다른 형태의 폭력을 행사하면서 민중을 탄압하는 국면으로 접어들게 되고, 이와 동시에 경찰력 증강 및 우익세력 지원을 통하여 공권력을 강화하게 된다. 이러한 과정에서 민·관(민간인과 경찰) 충돌 사건들이 여기저기서 일어나면서 1948년 초에 이르러 급기야 3건의 고문치사사건이라는 충격적인 사태들이 발생하고, 이는 결국 '4·3봉기'라는 조직적 무장투쟁의 저항을 낳는다.

이처럼 이 시기에 일어난 미군정·군정경찰 세력과 제주도민과의 관계는 학살 잠재기에서 견제와 균형, 갈등과 긴장의 형태 속에서 수면 아래 억압되어 있던 폭력이 이제는 무장경찰의 발포로 인한 인명살상이라는 구체적 폭력사태로 표면화되고 이에 대한 민중의 저항적 폭력이 반복적으로 상호교환, 상승작용을 거쳐 확대 및 재생산되는 양상을 띠기 시작한다. 따라서 이 시기는 잠재되어 있는 폭력이 표면화되었고, 표면화된 폭력은 앞으로 전개될 학살을 촉발하게 되었다는 의미에서 '학살 촉발기'로 규정할 수 있다. 이른바 미군정과 군정경찰의 실정과 탄압의 폭력과 이에 대한 민중의 무장투쟁 형태의 저항폭력의 상호교환은 점차 이승만 정권으로 하여금 학살을 서서히 고려하게 만든 촉발요인으로 작용하기 시작했다고 볼 수 있다. 물론 여기에는 '4·3 무장봉기' 조차도 학살의 촉발 요소에 포함된다. 이는 제주4·3 연구에서 모든 관심의 초점을 '4·3 무장봉기'에 맞추어 원인과 배경 및 전개과정을 기술하고 있는 기존의 연구자들과 다른 관점이라 할 것이다.

3·1절 발포사건과 민관총파업

1947년 3월 1일은 제주현대사에서 분수령으로 기록될 만큼 역사 흐름의 한 획을 그은 날이다. 제28주년 3·1절 기념일을 맞아 제주도 좌파세력이 주도한 시위에서 군정경찰이 관람하는 군중들에게 발포함으로써 빚어진 이날의 사건은 중요한 기폭제가 되어 그때까지도 큰 소요가 없었던 제주사회를 들끓게 만든다.[48]

---

48) 제민일보4·3취재반, 『4·3은 말한다-1』, 253쪽.

사건의 개요는 이렇다. 그날 오전 11시 '제28주년 3·1절 기념 제주도대회'가 열리던 제주북초등학교 주변에는 약 2만 5천~3만 명으로 추산되는 인파가 모였다. 그날 기념집회가 오후 2시쯤 끝난 후 가두시위가 시작되었고, 50분 후 관덕정 광장에서 한 기마경관이 탄 말에 어린이가 채어 소란이 일어난다. 기마경관은 관덕정 옆 제1구 경찰서로 보고하기 위해 가던 중 한 어린이에게 상처를 입힌다. 그러나 그 경관은 말굽에 어린이가 치인 사실을 의식을 못했는지, 아니면 무시했는지 아무런 조치를 취하지 않고 경찰서 쪽으로 그대로 가려고 했다. 이를 주변에서 목격했던 관람군중들이 야유를 하면서 몰려들기 시작했다. 이들은 말굽에 치인 어린이에 대하여 아무런 사과 한 마디 없이 그냥 가려는 기마경관에 대하여 흥분하여 돌멩이를 던지며 뒤쫓아 가기 시작했고, 그러던 중 관덕정 앞에서 경찰의 발포가 이어졌다. 이 발포로 주민 6명이 사망했고, 6명은 중상을 입는 결과가 초래되었다.

이 사건은 바로 제주 사회에 엄청난 파장을 불러 일으켰고, 미군정과 군정경찰에 대한 민심은 크게 동요하기 시작한다. 사회적 파장이 커지자 강인수 감찰청장은 곧바로 다음과 같은 요지의 성명을 발표한다. "기마경찰이 어린이를 치어 부상을 입힌 사건은 좌익진영에서 역이용, 기마경찰대가 어린이를 치어 죽였다고 흑색 선전해 멋모르는 1만여 군중이 경찰서를 습격하려고 해서 부득이 발포하게 되었다."[49] 이른바 경찰의 해명논리는 시위대가 먼저 경찰관서를 습격하려고 했기 때문에 할 수 없이 정당방위 차원에서 발포했다는 것이다.

---

[49] 제주도경찰국, 『제주경찰사』, 1990, 284쪽.

그러나 당시 현장에 있었던 목격자들의 증언과 현장상황을 종합하여 조사한 제민일보4·3특별취재반에 따르면, 경찰의 발포는 관덕정 앞쪽의 망루에서 앞서거니 뒤서거니 거의 동시에 일어났던 것으로써, 희생자의 대부분은 시위대가 아니라 관람군중이었다는 점, 피격 지점이 경찰서와 동떨어졌다는 점, 검안 결과 희생자 대부분이 총탄을 등 뒤에서 맞았다는 점 등 여러 정황으로 볼 때 그 상황이 과연 발포할 수밖에 없는 '위급상황'이었나 하는 점에 대해서는 의문의 여지가 있다.50)

이 사건으로 제주도 민심은 흉흉해지고, 특히 육지부에서 내려온 응원경찰에 의해 발포되었다는 점, 그리고 희생자들이 시위대가 아니라 관람군중이었다는 사실이 속속 밝혀지면서 좌파진영 뿐만 아니라 우파진영 인사들조차도 우려의 빛을 나타냈다. 여기에 경찰의 '정당방위 차원의 불가피성 발포였다'는 성명은 민심을 더욱 자극하게 된다. 이때 좌파세력은 이러한 민심이반의 흐름을 놓치지 않고 조직적인 반경활동으로 전개하기 시작하였고, 이 사건을 둘러싸고 경찰과 언론도 첨예하게 대립하는 기류가 형성된다.

무엇보다도 3·1절 발포사건은 지금까지 배후에서 정책을 조종하고 지시하는 후견자의 모습을 견지하던 미군정이 그 실체를 드러내는 계기가 되었다는 점에서 매우 의미 있는 사건이었다. 전국적으로 벌어진 3·1절 소요사건 진압에 미군이 직접 개입한 곳은 제주도가 유일한 지역일 뿐만 아니라, 미군정은 이 사태를 중시하

---

50) 제민일보4·3취재반, 앞의 책, 278~279쪽. 특히 당시의 발포는 단순히 경고성 위협사격이 아니고 무차별 난사였다는 점에서 경찰의 해명에 대한 의심은 더욱 증폭될 여지가 많다. 바로 이 점이 훗날 3·1사건의 치유에 최대의 걸림돌로 작용한다.

여 카스티어 대령을 반장으로 한 미군조사반을 파견하여 정세분석을 하고 나서 강공정책 국면으로 선회하게 된다. 이러한 국면은 조병옥 경무부장의 내도, 응원경찰대의 증파, 특별수사대, 그리고 서청의 파견으로 이어진다. 이와 동시에, 제주도를 '붉은 섬'[51]으로 규정하는 이데올로기적 의식화 작업이 이때부터 노골화되기 시작한다.

공권력에 의한 국가폭력이 있으면 이에 대한 민중의 저항폭력이 따르듯이 경찰에 의한 3·1절 발포사건은 열흘도 되지 않은 3월 10일 한국에서는 유례가 없었던 민·관 총파업 사태를 불러일으킨다. 관공서뿐만 아니라 통신기관, 운송업체, 공장근로자, 각급 학교, 심지어는 미군정청 통역단 등 공무원과 회사원, 노동자, 교사, 학생까지 참여하는 대규모의 파업이었다. 1947년 3월 10일 오후 1시 박경훈 제주지사와 김두현 총무국장을 비롯한 100여 명의 직원들이 참석한 가운데 제주도청 청원대회가 열린다. 이 자리에서 많은 직원들은 "3·1절 발포사건의 책임은 미군정과 경찰에 있는데도 애매한 주민들을 탄압하고 있다."[52]고 지적하고 부당한 조치들이 즉각 중단되고 도민들의 권익을 찾기 위해서는 전면 파업이 불가

---

[51] 3·1절 발포사건에 대하여 경무부 차장 최경진은 "제주도는 원래 주민의 90%가 좌익색채를 가지고 있으며 목하 경관이 420명 배치되어 있는데 이번 사태로 인하여 전남북으로부터 경관 300명을 급거 응원으로 파견하였다."고 밝힘으로써, 당시 군정경찰 수뇌부의 제주도 인식이 어떠했음을 잘 보여주고 있다. 『한성일보』1947년 3월 13일자. 한편, 미군 당국은 카스티어 대령팀이 현지조사 결과 비록 경무부가 주장하는 90%의 좌익설을 인정하지는 않았지만, 최소한 제주섬 주민 70% 가량이 좌익성향을 갖고 있다고 정세분석, 응원경찰 파병을 승인했다. 제민일보4·3취재반, 앞의 책, 320쪽.
[52] 『제주신보』1947년 3월 12일자.

피하다는 요지의 성명을 냈다.

독립신보는 "3·1절 유혈참사에 기인하여 먼저 도청원이 파업에 들어가자 파업과 맹휴의 선풍은 삽시간에 전도를 휩쓸어 불과 이틀 동안에 관공서는 물론 은행, 회사, 중학교, 초등학교, 교통, 통신기관 등 156개 단체 직원이 총파업에 참여했다."고[53] 보도했는데, 여기서 3·1 발포사건의 여파를 '선풍'으로 표현함으로써 당시 총파업 분위기가 거세었음을 암시해 주고 있다.

이렇게 되자 군정지사 스타우드 소령은 파업에 대해 매우 불편한 심기를 드러내면서도 이는 조선인에게 그 영향이 돌아가는 것이며 미군정에는 하등 영향이 없고 조선인 자신에게 해가 될 것이라는 냉소적 반응과 함께 애써 외면하려는 듯한 입장을 보였다.[54] 그는 카스티어 대령팀의 조사가 끝나는 대로 진상조사 결과를 발표하겠다고 했으나, 그 이후 그들의 발표문은 없었다. 이는 3·1 발포사건과 총파업 사태에 대하여 미군들이 그 책임을 모면하기 위해 발을 뒤로 빼려했음을 의미한다. 그 대역을 맡아 전면으로 나선 사람이 바로 조병옥 경무부장[55]이다.

조병옥은 3·1 발포사건과 총파업을 군정경찰에 대한 제주도민의 불가피한 저항으로 보지 않고 '폭동'으로 인식하고 있으며, 이

---

53) 『독립신보』 1947년 4월 5일자.
54) 『제주신보』 1947년 3월 14일자 인터뷰.
55) 조병옥은 3·1 발포사건뿐만 아니라 그 후 1년 뒤에 전개되는 '4·3'과도 뗄 수 없는 역사적 인연을 맺고 있다. 해방공간의 논의에서 미군정과 한민당, 조병옥의 관계가 중요하듯이 '4·3'의 진상규명 작업에서 조병옥의 역할에 대한 재조명은 반드시 짚고 넘어가야 할 과제가 아닐 수 없다. 조병옥은 제주도민들로부터 원성을 샀던 응원경찰과 서북청년단을 제주도에 집중적으로 투입시킨 장본인이었다. 제민일보4·3취재반, 앞의 책, 315쪽 참조.

'폭동'은 제주도민의 자발적 동기가 아니라 '공산주의' 세력의 배후 조종에 의한 것으로 봄으로써, 제주도를 '붉은 섬'으로 규정했던 경무부 수뇌부의 의식을 그대로 드러내고 있다. 또한 그는 이러한 사태들은 '조선건국'이라는 국가적 이데올로기[56])에 방해 요소로 인식하여 더 이상 방치할 수 없음을 강조한다.

이러한 인식에 따라 그는 육지부로부터 응원경찰대와 서북청년단을 제주에 투입시키기 시작하였고, 점차적으로 제주경찰은 뒷전으로 밀리기 시작한다. 특히 제주경찰관 가운데 일부가 파업에 동조하여 근무지를 이탈하는 일들이 벌어지면서 더욱 불신을 받는 계기가 되었고, 경무부 수뇌부가 제주도를 의심의 눈초리로 보듯, 응원경찰들도 제주섬 주민들을 사상적으로 불신하는 경향이 짙어져 갔다.[57])

---

56) 에릭 와이츠(Eric D. Weitz)는 2003년 출간한 *a century of genocide : Utopia of Race and Nation*에서 독특한 제노사이드 전개 메커니즘을 제시하고 있다. 그는 히틀러 나치의 독일, 스탈린 치하의 구소련, 폴 포트의 크메르루즈 정권하의 캄보디아, 그리고 전 유고슬라비아, 즉 세르비아와 보스니아의 내전사태라는 4개국의 사례를 연구한 후, 이를 다섯 가지 단계의 메커니즘으로 설명하고 있다. 그중에 첫 단계가 권력과 유토피아(Power and Utopia)의 단계이다. 이 과정은 권력을 잡은 정권이 추구하고 제시하는 정치적 이데올로기의 방향에 관한 것이다. 정치 지도자들은 미래에 대한 강력한 비전에 사로잡혀 있고, '지금 바로 여기에서(here and now)' 자신들의 유토피아를 창조하려는 욕구로 충만해 있다. 그들이 추구하는 변혁은 오로지 혁명적 이데올로기로 무장되어 있다. 지도자들은 국가를 미래 사회를 창조하기 위한 핵심적인 주체로 인식하며, 한 사회를 총체적으로 통제할 수 있는 국가를 건설하기를 원한다. 그들은 사회 집단 내에 존재하는 차이를 없애고, 동일한 국민으로 이루어진 사회를 상상한다. 조병옥이 밝힌 '조선건국'이라는 표현은 에릭 와이츠의 논리에 따르면 학살 메커니즘의 첫 단계에서 보여주는 유토피아적 이데올로기 의식을 보여준다 하겠다. Eric D. Weitz, *a century of genocide : Utopia of Race and Nation*, Princeton and Oxford: Princeton University Press, 2003, pp.14~15.

검거선풍과 우익세력의 강화

3·1절 발포사건이 공권력의 폭력으로 발생하고, 민관총파업이 이에 대한 저항폭력이었다면, 또다시 이어지는 검거선풍은 공권력의 또 다른 형태의 보복폭력으로 규정할 수 있다. 여기에 우익세력을 강화하기 시작하는 미군정의 정책은 제주도민 혹은 제주도민을 자신들의 저항세력으로 배후조종하고 있다고 여기는 좌파세력에 대한 절대적인 힘의 비대칭적 우위를 선점하고 주도하기 위한, 이른바 학살의 예비조건을 구축하는 과정으로 볼 수 있다.

3월 10일부터 시작된 제주도 총파업은 3월 20일을 전후해서 소강국면으로 접어들었다. 그러나 이때부터 시작된 경찰 당국의 대량 검속이 새로운 국면으로 부각되었다. 조병옥 경무부장의 진두지휘 아래 3월 15일부터 파업단 관련자 검거에 나선 경찰 당국은 단속 첫날 3·1절 기념행사를 주도한 김두훈, 고창무 등 제주 민전 간부들을 구속하는 것을 시발로 파업 중이던 직장의 간부들을 속속 연행 취조하기 시작했다. 이러한 검거선풍은 제주도를 초긴장 상태로 치닫게 했는데, 특히 이 일이 3·1절 기념식 군중들에게 발포하여 민중들로부터 비난을 받고 있던 미 군정경찰에 의해 이루어졌다는 점에서 더욱 민심을 자극했다.

경찰의 검거작전이 시작된 지 3일 만에 200명이 구금되었고, 3·1절 사건이나 총파업에 연루된 사람들은 일단 연행 명단에 올려지고, 3월 말에 이르러 연행구금자는 300명으로 늘어났으며, 4월에 가서는 그 숫자가 500명을 돌파하기에 이르렀다.[58] 경찰의 검

---

[57] 제민일보4·3취재반, 앞의 책, 321쪽.
[58] 제민일보4·3취재반, 앞의 책, 361쪽. 취재반은 당시 제주도의 분위기를 이렇게 기술한다. "3·1절 사건 이후 응원경찰대가 들어오면서 마을의

속은 계속되어 1947년 3·1절 사건 이후 1948년 '4·3' 발발 직전까지 1년 동안 2,500명이 검속되었다. 이로 인해 유치장은 차고 넘쳐났다.[59]

이 시점에서 군정사령관 하지 중장은 미국이 남한만의 단독정부를 빠른 시일 안에 확고하게 수립하는 계획을 세우지 않은 상태에서 미소공동위원회가 실패로 끝나면 미국의 한국점령정책 또한 실패할 것이라고 판단한다. 곧이어 그는 남한만의 단독정부를 수립하기 위해 그동안 합법적 활동을 허용해 온 남로당을 불법화시키고 극우진용을 활용해야 한다는 결론에 도달한다. 이러한 예비검속 성격의 검거선풍은 결국 하지의 '남한에서의 공산당 활동 불법화'라는 좌파세력의 불법화와 탄압의 서막[60]이었다.

검거선풍과 함께 미군정이 병행한 정책 가운데 하나가 우익세력 강화였다. 미군정 당국은 3·1절 사건과 총파업의 여파가 어느 정도 진정 국면에 접어들자 제주도의 수뇌부 인사를 전면 교체하기 시작한다. 1947년 3월 31일 강인수 청장의 후임으로 제주경찰감찰청장에 서울 출신의 김영배를 임명하는 것을 시작으로, 4월 2일에는 제주도 군정장관 스타우드 소령의 후임으로 베로스 중령을 임명한다.

공기는 예전과 달라졌는데, 툭하면 지서로 끌려가는 일이 잦아지고 모든 집회는 지서에 신고 없이 비공개로 열렸다. 이에 대해 경찰은 이런 집회를 모두 불법집회로 간주, 참석자들을 검속하기 일쑤였다." 445쪽.
[59] 훗날 미군 감찰반은 당시 상황을 다음과 같이 증언하고 있다. "제주도의 유치장은 한국의 어떤 행형시설과 비교해 보아도 죄수들이 넘쳐나는 최악의 경우를 나타내고 있다. 10×12피트(3.04×3.65m)의 한 감방에 35명이 갇혀 있다. 비교적 작은 감옥 안에 전체 365명의 죄수가 수감되어 있다." 제민일보4·3취재반, 앞의 책, 128쪽.
[60] 위의 책, 480~482쪽.

군정장관 베로스 중령은 제주도 부임 이전부터 제주를 '붉은 섬'으로 인식한 인물로서, 그해 12월 제3대 제주도 군정장관 맨스필드 중령과 교체될 때까지 8개월 동안 제주의 군정업무를 총괄했다. 그가 재임하는 동안 서청, 대청 등 우익청년단의 강화와 함께 우익단체의 백색테러가 빈발했다. 유해진 도지사[61]는 엄격하게 좌익을 배격하고 우익 일변도의 정책을 편 극우주의자이자 철저한 반공주의자로서, 그는 이미 제주도가 빨갱이 섬이라는 선입견을 갖고 있었고, 이런 선입견을 구체적으로 표출시킨 것이 바로 서청을 자신의 호위병으로 삼은 일이었다.[62]

우파진영의 세력확장은 1947년 8·15 기념일 검거사건과 9월의 한반도 문제 유엔 이관을 계기[63]로 더욱 증폭된다. 이는 1947년 10월 대동청년단(대청) 제주도지단부 결성, 11월 서북청년회(서청) 제주도지부 결성, 12월 조선민족청년단(족청) 제주도단부 결성 등

---

[61] 그는 부임하면서 "나의 지향하는 바는 극우 극좌를 배제하고 중앙노선에 입각한 정치이념에서 우러난 행정을 추진하겠다."고 밝혔지만, 그의 실제 제주행적은 '극우파'로 표현될 정도로 재임 기간 동안 오로지 정치적 반대파를 척결하는 데 심혈을 기울였다. 『제주신보』 1947년 4월 22일자 참조.

[62] 당시 제주도에서 서청은 공산당을 때려잡는다는 구실 아래 애매한 사람들까지 때려 잡는 일이 많아서 제주도민과 가장 마찰을 빚던 집단 가운데 하나였다. 그런 서청이 제주에 출현한 동기가 신임 도지사의 호위에서 비롯되었다는 것은 역사의 아이러니로 남아있다. 제민일보4·3취재반, 앞의 책, 404~405쪽.

[63] 제2차 미소 공동위원회가 결렬되고 1947년 9월 한반도 문제가 미국에 의해 서방진영 국가가 압도적으로 많이 가입된 유엔에 상정되면서 미소관계는 더욱 악화일로를 걷게 되었고, 국내 정세도 양극화는 첨예한 양상으로 나타났다. 남한에서 우익진영의 세력이 급속도로 강화되던 시기가 바로 이 시점이다. 제주4·3사건진상규명 및 희생자명예회복위원회, 앞의 책, 141쪽.

으로 나타났다. 이러한 우파단체들은 자신들의 세력확장과 자금확보 등을 위하여 일부 지역에서 백색테러를 자행하는 일이 많아졌고, 우파진영의 여성단체 등이 결성되기 시작한 것도 바로 이 시기이다. 물론 이들의 성장에는 미군정의 적극적인 지원이 있었다.[64]

특히 응원경찰대의 제주파병은 우익세력 강화에 주요한 요인이다. 이들의 제주파병은 제주사회에 커다란 파문을 일으켰다. 응원경찰대가 제주도에서 한 일은 대량검거 600명, 대량구속 200명, 대량 군정재판 회부 260명, 대량 제주경찰관 파면 66명 등으로 이어지는 강경진압으로 특징지을 수 있다. 특히 응원경찰대가 민심의 이반을 불러일으킨 자극적인 요인 가운데 하나는 무차별 고문행위를 자행했다[65]는 점이다. 이러한 행위들은 가시적인 치안질서의 회복은 가능하게 했으나, 전통적인 제주지역민들의 공동체 의식과 외부세력과의 갈등의 구조를 심화시키는 결과를 초래했다.[66] 육지부 경찰의 제주 배속 양상의 증가는 민과 경찰의 사이를 더욱 벌렸을 뿐만 아니라, 경찰 내부에서도 제주 출신과 육지 출신으로 분리되면서 갈등의 골은 더욱 깊어졌다.

관민충돌과 고문치사, 그리고 4·3 무장봉기

1947년에 들어 3·1절 발포사건과 곧이어 터진 민관총파업, 이에 대한 군정 당국의 검거선풍과 우익세력 강화, 그리고 경찰력의 증강 과정은 미군정·경찰로 대변되는 권력집단과 제주도민으로

---

[64] 위의 책, 497~498쪽.
[65] 응원경찰대에 의해 제주에 접목시켰던 경찰의 고문행위는 4·3을 겪으면서 더욱 기승, 한때는 반공 이데올로기만 앞세우면 될 정도로 제주섬에서 맹목적으로 사용되었다. 제민일보4·3취재반, 앞의 책, 414쪽.
[66] 위의 책, 411~412쪽.

상징되는 민중집단 간의 갈등을 심화시키면서 이른바 관·민 충돌의 양상으로 발전해 갔다. 여기서 군정 당국의 주민과의 관계는 인민위원회와 미군정, 좌익과 우익과의 관계와는 달리 비대칭적 권력관계이자 학살의 예비적 조건을 충족시키는 관계구도임은 앞서 밝힌 바 있다. 3·1절 발포사건 이후 빈발해지는 관·민 충돌 현상은 그 진행 강도에 따라서 언제든지 학살을 촉발할 수 있는 상황이 되기에 충분하다. 즉 지역주민과 경찰의 충돌 발생의 빈발은 1948년 2월 3건의 고문치사 사건으로 이어졌고, 이 사건은 곧바로 4·3 무장봉기라는 새로운 국면의 폭력을 야기하게 되었다.

이 시기에 발생했던 대표적인 관·민 충돌로는 1947년 3월 14일 우도의 민청 대원들이 대중 시위를 감행한 후, 우도경찰관 파견소의 간판을 파괴·소각한 '우도 사건',[67] 1947년 3월 17일 시위 군중에게 응원경찰이 발포하여 주민 8명이 부상당한 '중문리 사건',[68] 1947년 6월 6일 민청의 불법집회를 단속하던 경찰관 3명이 오히려 집회 참석 청년들로부터 집단 구타를 당해 중상을 입은 '종달리 사

---

[67] 이날 성산포 동쪽 해상에 위치한 우도 주민 절반가량인 1,000여 명은 초등학교에 집결하여 3·1 발포사건 대책위원회를 조직하는 한편 경찰의 발포에 항의하는 성명서를 발표한다. 그리고 우도 섬을 한바퀴 돌면서 시위행진을 벌인 후 민청 간부 몇 명이 경찰관 파견소에 찾아가 삐라를 압수한 데 항의하고 파견소 간판을 불태워 버렸다. 이 사건은 발생 12일 만에 비로소 경찰에 알려져 응원경찰대 15명이 급파되었다. 제주4·3사건진상규명 및 희생자명예회복위원회, 앞의 책, 129쪽.
[68] 이 사건은 3월 13일 중문지서 주임 양경한 등 제주 출신 경찰관 6명이 3·1절 발포가 부당하다고 주장하며 사직하면서 시작되었다. 이에 당황한 경찰 측은 응원경찰 20명을 중문지서에 배치하고 곧 총파업에 가담했던 지역 인사들을 연행했다. 이에 3월 17일 지역주민 1,00여 명이 모여 면민대회를 열어 수감자 석방을 요구하며 중문지서로 몰려갔고, 사태가 심각해지자 응원경찰대가 발포하여 강상준 등 지역주민 8명이 중경상을 입었다. 위의 책.

건',69) 그리고 1947년 8월 13일 조천면 북촌리에서 불법 삐라를 단속하던 경찰관과 지역주민들이 충돌, 쌍방의 부상자를 낸 '북촌리 사건'70) 등을 들 수 있다. 이처럼 경찰과 주민의 충돌이 잦아졌다는 사실은 이 시기 제주 지역의 민심과 사회적 분위기가 어떠했는지를 정확히 보여주는 요인이며, 이는 '거대폭력'을 야기할 예비적 성격을 띤 '미시폭력'으로 규정할 수 있을 것이다.

 1948년 3월 경찰에 연행되었던 청년 3명이 경찰의 고문으로 잇따라 사망하는 사건이 발생했다. 조천지서에 연행되었던 조천중학원 2학년 학생 김용철이 유치 이틀 만인 3월 6일 별안간 죽었고, 3월 14일 모슬포지서에서 유치 중이던 대정면 영락리 청년 양은하 역시 경찰의 고문으로 목숨을 잃었다. 그리고 3월 말에는 서청 경찰대에 붙잡힌 한림면 금릉리 청년 박행구가 곤봉과 돌로 찍혀 초주검상태에서 끌려가다가 총살당한 사건이 발생했다. 이른바 '조천지서 고문치사사건'은 뒤이어 발생한 '모슬포지서 고문치사사

---

69) 이날 밤 8시를 전후해 구좌면 종달리 바닷가에서는 마을 청년 200명가량이 참석한 가운데 마을 민청 집회가 열리고 있었다. 미군정은 5월 16일 행정명령으로 민청을 해산했는데, 중앙 민청에서는 5월 21일부터 제2차 미소 공동위원회가 재개되자 이에 대응하기 위해 6월 5일 합법단체로 민애청을 조직, 군정청에 등록한다. 종달리 민청은 이런 과도기에 민청의 진로를 모색하기 위해 이날 집회를 소집한 것이다. 위의 책, 130쪽.

70) 광복절 비상근무에 들어간 경찰은 이날 오전 11시 순찰 도중 북촌리에서 삐라를 붙이던 사람들이 달아나자 뒤쫓으면서 총격을 가한다. 이 발포로 10대 소녀 장윤수를 비롯해 여자 2명과 남자 1명 등 주민 3명이 총상을 입었다. 이에 흥분한 한 소녀가 사이렌을 울려 마을 주민들을 집결시키고, 경찰과 대항할 것을 결의한다. 마침 마을을 벗어나지 못한 김병택 순경 등 경찰관 2명이 붙잡혀 집단 폭행을 당했지만, 북촌 주민들은 이에 그치지 않고 함덕지서를 찾아가 항의시위를 벌였다. 함덕지서에서는 지서 지붕에 기관총을 장착, 공포를 쏘면서 시위군중을 해산시켰다. 위의 책, 131쪽.

건', 그리고 '금릉리 총살사건'과 더불어 민심을 극도로 자극시킨 사건이었고, 이에 대해 미군정 당국도 심각한 사태로 인식하고 대응했다.71)

그러나 연달아 터진 고문치사사건의 여파는 쉽게 수그러들지 않았다. 특히 '금릉리 총살사건'에 대한 재판 결과가 채 나오기도 전에 '4·3 무장봉기'가 발생하면서 폭력의 상호교환은 급물살을 타며 확대·재생산되는 형태로 전개되었다. 1948년 4월 3일, 좌익 무장자위대는 이날 새벽 도내 24개 지서 가운데 제1구(제주) 경찰서 관내 화북·삼양·조천·세화·외도·신엄·애월·한림지서와 제2구(서귀포) 경찰서 관내 남원·성산포·대정지서 등 11개 지서를 일제히 공격하였다. 이른바 '무장봉기'의 형태로 일어난 '4·3 사건'은 하루 동안에만 △경찰=사망 4명, 부상 6명, 행방불명 2명 △우익인사=사망 8명, 부상 19명 △무장대=사망 2명, 생포 1명의 인명피해가 발생했다.72)

이는 지금까지 일어났던 단일 사건들과 비교했을 때 최대 규모로서, 미군정과 경찰 당국, 제주도민 모두에게 충격적인 사태로 받아들여졌다. '4·3 무장봉기 사건'은 권력집단의 폭력73)에 대한 민

---

71) 일각에서는 이 3건의 고문치사사건을 '4·3'을 부채질한 한 요인이 되었다고 해석하기도 하며, 미군정 당국에서도 '4·3' 발발 이후 이 일련의 사건을 중시하여 관련 경찰들을 군정재판에 회부해 무거운 징역형을 언도했다. 조천지서사건의 경우 경찰관 5명 모두에게 징역 3~5년의 실형을 선고했다. 제민일보4·3취재반, 앞의 책, 568쪽.
72) 제주4·3사건진상규명 및 희생자명예회복위원회, 앞의 책, 173쪽.
73) 여기서 권력집단의 폭력이라는 것은 '4·3'의 원인을 살펴보면 그 구체적인 윤곽이 드러날 수 있다. 일반적으로 '4·3'의 발발 원인은 남로당 제주도당부 무장봉기의 무모성 못지않게 한반도 문제를 둘러싼 미군정의 실정, 관공리의 부패, 경찰의 가혹행위, 그리고 서청의 만행 등을 꼽는다. 한편, 4·3 관련자 재판 주심으로 2주일간 제주도에 머물렀던 서울지방

중 저항 형태의 무장폭력으로서는 가장 강력한 사건으로, 앞으로 가시화될 학살을 촉발하는 데 분수령이 되었다고 볼 수 있다. 경찰은 사건이 발생하자마자 이를 '폭동'으로 규정하고, 사건의 주동자는 제주도민이 아니라, 육지부에서 침입한 악질불량 도배들이 협박 및 위협 등으로 도민을 선동시켜 야기된 것이라는, 이른바 '외부유입설'을 주장했다.[74] 이러한 주장은 곧이어 무장대원 가운데 중국 팔로군 출신이 개입되었다는 주장과 더불어 북한군 유입설[75]로 확대되면서 '무장대의 잔혹성'을 선전하는 데 이용되었다. 외부유입설이 곧 낭설로 밝혀지기는 하지만, 이를 통해 미군정과 경찰 당국은 '4·3 사건'을 자신들의 반공 이데올로기를 강화하는 계기로 활용하면서, 앞으로 전개할 강경작전의 중요한 명분으로 삼았다.

3) 학살 수행기 : 초토화 작전과 학살의 정치학 (1948. 4. 4~1954. 9. 21)

학살 수행기는 제주4·3에서 '학살'이라는 개념이 현실화된 시기

심리원 양원일 판사가 지적하는 원인 6가지를 보면 당시 미군정과 경찰의 폭력이 어떠했는지 알 수 있다. 1. 해방 후 사실상 정부행세를 해왔던 인민위원회에 대한 제주도민들의 과대평가. 2. 경찰이 가혹행동으로 인심을 잃은 점. 3. 청년단원들이 경찰 이상의 경찰권을 행사하는 혹독한 짓으로 도민의 원성을 샀던 점. 4. 밀무역 단속을 빙자한 관공리의 모리행위가 도민들로부터 멸시를 당한 점. 5. 강력한 세력에 아부, 지위와 재산을 보존하려는 도민들의 타산적이고 지회주의적인 경향. 6. 남북협상에 대한 과대평가와 이에 많이 의지했던 점. 『조선일보』 1948년 6월 17일자.
[74] 『제주신보』 1948년 4월 8일자.
[75] 이 주장은 미군정장관이 딘 소장에 의해 처음으로 제기되었다. 제주4·3 사건진상규명 및 희생자명예회복위원회, 앞의 책, 177쪽.

로 학살과정 연구에 있어서 핵심적인 부분이라 할 수 있다. 1947년 3·1절 발포사건을 시작으로 촉발된 1년 여 동안의 민관충돌의 과정은 무장대에 의한 1948년 4·3 무장봉기 사건을 계기로 새로운 전환점을 맞는다. 미군정은 이제 제주사태를 더 이상 미군정의 정책에 대한 제주도민의 시위 차원의 민심이반 현상으로 보지 않고, 공산주의자에 의한 위협적 도발과 제주도민의 무장투쟁으로 인식하고 이를 '치안상황'으로 규정한다. 이제부터 미군정은 이를 진압하기 위한 정책을 수립하기 시작하는데, 결과론적으로 이는 학살의 현실화를 의미했다.

산발성·상호성 학살 (1948. 4. 4~1948. 8. 14)

1948년 4월 3일 무장대에 의한 무장봉기가 일어나자 미군정은 이 사건을 치안상황으로 간주하고 본격적인 대응책을 신속하게 수립해 나가기 시작했다. 우선 미군정은 사건 이틀 후, 4월 5일 아침 전남 경찰 약 100명을 응원대로 편성해 급파하고 동시에 제주경찰청 내에 제주비상경비사령부를 설치해 사령관으로 경무부 공안국장 김정호를 임명하고 파견한다.[76] 그다음 날 4월 6일, 경무부장 조병옥은 서청본부에 서청단원 500명을 제주에 파견해 줄 것을 요청하여 받아들여졌고, 이와 같은 때에 대동청년단 중앙본부에서도 단원들을 특파하게 된다.[77] 4월 10일, 미군정은 제주도를 육지부와의 해상교통망을 일체 차단한다는 제주도 도령을 발표하고 즉각 미군함정을 동원해 해안을 봉쇄한다.[78] 같은 날, 경무부는 국립경

---

[76] 『독립신보』 1948년 4월 7일자.
[77] 『대동신문』 1948년 4월 13일자.
[78] 『조선일보』 1948년 4월 17일자.

찰전문학교 간부후보생 100명을 2차로 파견해 경찰력을 강화한다.[79] 4월 13일, 9연대는 미군주둔지와 정부시설 경비목적으로 특별경비대를 제주읍에 파견하고, 미군 당국은 본토에서 미군을 증파한다. 4월 16일, 딘 군정장관은 향보단을 조직하겠다는 계획을 발표하고, 그다음 날 9연대에 진압작전 출동을 명령한다.

사태 발생 후 보름 동안 미군정이 보여준 대응은 오로지 진압 일변도의 정책이었음을 알 수 있다. 즉 사태의 원인에 대한 처방 대신 응원경찰과 우익청년단의 힘으로 진압한다는 정책은 도리어 도민들의 반발과 사태악화를 초래했고, 여기서 응원경찰의 경우 제대로 교육을 받지 못한 채 급파되는 바람에 무리한 행동으로 도민들과 갈등을 낳는다.[80] 한편, 무장봉기가 일어났을 때 경비대 9연대장 김익렬 중령은 이 사건을 도민과 경찰·서청 간의 충돌로 간주하고 군이 개입할 것이 아니라는 입장을 표명한다. 이런 태도에 대하여 경찰은 경비대가 사태 진압에 적극 나서지 않는 데 대해 불만을 표시하면서 이른바, 군·경 사이의 불편한 관계를 보여준다.[81]

5월 3일 이후 브라운 소장, 딘 군정장관 등 현지 지휘사령부의 명령에 의하여 단시일 해결책으로 공격작전으로 전환함으로써 무장대에게 항복할 기회를 주어 사태를 평화적으로 해결하기 위한

---

[79] 『동광신문』 1948년 4월 13일자.
[80] 제주4·3사건진상규명 및 희생자명예회복위원회, 『제주4·3사건 진상조사보고서』, 189쪽.
[81] 물론 사태가 악화되면서 경비대 제9연대는 4월 13일 제주읍에 특별부대를 파견하게 된다. 그러나 진압이 아니라 경비치안, 즉 정부의 재산과 인민의 생명재산을 환수하기 위한 목적으로 제한한다는 성명을 통해 소극적으로 개입한다. 병력이 10명 미만이었음이 이를 잘 보여주는 대목이라 하겠다. 『제주신보』 1948년 4월 16일, 18일자.

귀순공작은 파기되고 무력에 의한 강경진압이 채택된 것이다.[82] 주한 미군을 책임지고 있는 하지 장군은 이미 4월 27일 슈 중령을 제주에 보내 사태 진압을 위한 두 가지 방법에 대해 점검했는데, 이른바 귀순공작을 확인·감독하는 동시에 무력진압에 대비해 대대적인 수색작전을 펼쳐 무장대의 전력을 확인한 바 있다. 그러나 5·10 선거를 앞둔 상태에서 사태의 조기진압에 비중을 두고 있던 하지 장군은 무력진압 방침을 이미 채택했던 것이다.

이러한 미군정과 군정경찰의 일련의 모든 대응들은 오로지 5·10 선거 전에 조기 진압을 통해서 사태를 조속히 마무리하고 선거를 무사히 치르고자 하는 목적하에 이루어진 것이었다. 그러나 예정된 선거일이 다가오면서 전국의 상황은 혼란을 거듭하며 소용돌이 속으로 빠져 들어갔다. 전국적으로 5·10 선거 반대자들에 의한 경찰서, 선거사무소 습격이 줄을 이었고, 좌파뿐만 아니라 김구 계열의 우파와 김규식 계열의 중도파에서조차 5·10 선거가 한반도를 영구적으로 분리시키는 단선·단정 획책이라고 주장하면서 강력한 반대 입장을 분명히 했다. 특히 제주도에서는 '단정·단선 반대'가 4월 3일 무장봉기를 일으킨 무장대의 주요 슬로건 가운데 하나였기 때문에 미군정은 더욱 긴장할 수밖에 없었다. 따라서 미군정은 경비대 9연대장의 교체, 경비대 병력 증강, 응원경찰 파견, 향보단 조직 및 배치, 군정 수뇌부의 현지 시찰 등의 대책을 수립한다. 아울러, 미군정은 미군과 경비대, 향보단까지 동원하여 선거를 독려했다.

그러나 5·10 총선거에 대한 미군정의 이와 같은 다각적인 노력

---

[82] 당시 경비대총사령부 총참모장 정일권 대령의 증언.『한성일보』1948년 8월 14일,『경향신문』1948년 8월 14일자.

에도 불구하고 당일 제주도 각지에서는 선거 거부 사태가 발생했고, 결국 제주도는 선거를 거부한 남한의 유일한 지역으로 역사에 남게 되었다.[83] 제주도에서의 단선 파탄의 의미는 단순한 2개 선거구 파탄의 의미를 넘어 2차 세계대전 후 미국이 추구해 왔던 대한반도 정책의 완벽한 실패를 보여주는 가장 상징적인 의미를 갖는 사건이었다.[84] 결국 이 사태는 미국의 자존심에 심한 상처를 주었지만, 오히려 이로 인해 강경진압 작전으로 선회할 수 있는 강력한 명분을 주기도 했다. 즉 이제는 자신들의 정치권력에 대하여 정면으로 거부한 도전 세력에 대하여 무제한의 폭력을 사용할 수 있다[85]는 정치적 명분이 바로 그것이다.

미군정은 제주도에서 5·10 선거가 무산되자 5월 20일, 미 6사단 예하 광주 주둔 제20연대장인 브라운 대령을 제주지구 미군사령관으로 파견해 현지 모든 진압작전을 지휘 통솔하도록 했다. 당시 법조, 언론, 재경제주도민 등 각계에서는 이미 4·3의 원인에는 억압에 못 이겨 민심이 폭발한 복잡한 원인이 있으므로 이를 찾아

---

[83] 최종 선거인 등록 결과 제주도 등록률은 64.9%로 전국 평균 91.7%에 훨씬 못 미치는 전국 최하위를 기록했다. 결국 제주도의 투표상황은 북제주군 갑구는 투표구 중 31개 투표구, 북제주군 을구는 61개 투표구 중 32개 투표구만 선거를 실시한 것으로 집계되어 2개 구의 최고득표자 양귀진과 양병직의 당선이 무효로 인정된다. 딘 군정장관은 5월 26일 제주도 2개 선거구에 대한 선거가 무효라는 내용을 포고를 발표한다. 『조선일보』 1948년 5월 27일자.

[84] 박명림, 『제주도 4·3 민중항쟁에 대한 연구』, 고려대 석사논문, 1988, 118쪽. 박명림은 나아가 이 사건의 의미가 상징적인 이유는 점령지역 내에서조차 미국 점령정책의 최종적 귀결이었던 단선을 거부한 지역이 존재했다는 것은 곧 미국의 점령논리 그 자체에 대한 총체적 거부를 의미하기 때문이라고 평가한다.

[85] 위의 책, 119쪽.

치유할 것을 거듭 제시했다. 그러나 브라운 대령은 '원인에는 흥미가 없고 오로지 진압만이 자신의 할 일'이라고 밝힘으로써 당시 미군정의 사태 인식이 얼마나 단순하고 일방적이었는가를 짐작할 수 있다. 이러한 그의 인식은 곧바로 강경진압작전으로 나타났고, 그가 밝힌 작전의 형태는 다음과 같다. 경찰은 한라산을 중심으로 한 주변도로로부터 4km까지 사이에서 치안을 확보하는 임무를 수행하고, 국방경비대는 제주도의 서쪽으로부터 동쪽 땅까지 모조리 휩쓸어 버리는 작전을 진행시키며, 해안경비대는 하루에 두 번씩 제주도 일대 해안을 순회할 것을 명령했다.[86] 이에 발맞추어 5월 18일 조병옥 경무부장은 소극적인 대책을 떠나 실력으로써 적극적으로 폭도들을 진압섬멸할 방침을 담은 담화를 발표한다.

5·10 선거를 전후하여 벌어졌던 폭력의 양상은 토벌대와 무장대 간의 상호 보복 폭력의 교환으로 나타났다. 토벌대에 의한 가혹행위 못지않게 산 쪽을 지지하던 좌익청년들에 의한 잔혹한 행동이 자주 저질러졌다.[87] 그 대표적인 사건이 바로 제주읍 도두마을의 우익 진영 가족들을 연쇄적으로 납치 살해한 '도두연쇄 납치사건'이다. 이 사건은 또 다른 보복폭력을 생산하여 군경토벌대로 하여금 좌익분자의 가족들을 색출하여 사살하는 데 혈안이 되어 주민들을 무차별 학살하게 했다. 그러나 이는 또다시 보복폭력을 재생산하여 무장대 측에서 원수를 갚는다며 3차례에 걸쳐 도두마을을 공격하여 주민들을 학살한다. 이러한 폭력의 상호교환 및 악

---

[86] 제주4·3사건진상규명 및 희생자명예회복위원회, 앞의 책, 216쪽.
[87] 이 사건은 한 마을에서 열흘새 선거관리위원과 대청단원 및 그 가족 등 12명이 잇따라 납치 살해되었는가 하면 희생자 가운데는 부녀자들과 아홉 살 난 어린이도 포함되어 있어 충격적으로 받아들여졌다. 제민일보 4·3취재반, 『4·3은 말한다-3』, 45쪽.

순환으로 도두마을에서는 군경토벌대에 의해 170여 명이, 무장대 측에 의해 30여 명이 더 희생되는 결과를 초래했다.

5·10 선거 저지에 일단 성공한 제주도의 무장대는 자신들의 세력 확장을 위해 경찰과 우익집단에 대한 공격의 강도를 높였고, 이 과정에서 경찰관 가족이나 대동청년단 가족 등 무고한 민간인들이 희생되었다. 이에 대응하여 본격적인 토벌전에 나선 군경토벌대[88]는 산악지대 소탕전에 주력하게 되는데, 이 과정에서 중산간 지대의 주민들을 마구잡이식으로 잡아들여, 토벌 한 달 만에 체포된 포로가 6천 명에 이르렀다.[89] 이는 무장대를 대상으로 한 토벌이 아니라 주민들에 대한 '무차별 체포'였음을 의미한다. 이러한 대규모의 체포는 그해 11월에 전개될 '초토화 작전'의 원형적 성격을 보여주었다고 할 수 있다.

그러나 이때까지만 하더라도 토벌대와 무장대 간의 주도권이 팽팽히 유지되면서 일종의 상호성·산발성 학살의 형태였다는 점이다. 여기서 폭력의 양태가 상호성을 갖는다는 것은 토벌대와 무장대 간의 무력충돌로 나타남을 의미하는데, 문제는 이들이 주고받은 폭력이 서로를 향한 것이 아니라 그 사이에 제주도민이라는 비무장 민간인들에게 향해 있었다는 점이다. 즉 군경토벌대는 '토벌'이라는 이름으로 무장대를 토벌한 것이 아니라 주민들을 살해했고, 무장대는 '무장투쟁'이라는 이름으로 군경토벌대를 공격한 것이 아니라 무고한 중산간 마을 사람들을 죽였던 것이다. 결국

---

[88] 1948년 5월부터 경비대의 주도 아래 게릴라 토벌전이 전개되기 시작했다. 아울러 본격적인 산악소탕도 추진되었는데, 이때 동원된 경비대 병력이 4천 명에 이르렀다는 기록도 있다. 제민일보4·3취재반, 『4·3은 말한다-3』, 148쪽.
[89] 『조선일보』 1948년 6월 12일자.

폭력의 양상은 이른바 폭력에 대응해 폭력으로 맞설 수 있는 무장한 두 세력에게 향한 것이 아니라, 폭력에 대응하지 못하는 비무장 민간인에게만 향했던 것이다. 결국 '복수전'이란, 중간에 '희생양'을 만들어 놓고 벌인 상호적 학살 행위에 다름 아니었다.

이처럼 중산간 마을을 누비고 다니면서 불과 한 달 사이에 수천 명의 포로를 양산해 낸 박진경 연대장의 작전은 미군의 인정을 받아 대령으로 승진하게 되지만, 주민들을 더욱 산으로 도망치게 했고 자신은 결국 부하들에게 암살당함으로써 사태를 더욱 악화시키고 장기화시키는 결과를 초래했다.[90] 더구나 그의 강경일변도의 진압정책은 내부적으로 부작용을 일으켜, 5월 20일에는 9연대 소속 하사관 11명을 포함한 병사 41명이 무기와 장비, 탄약 5,600발을 갖고 모슬포 부대를 탈영하여 무장대 측에 가담한 사건이 발생한다. 군인들의 입산은 무장대의 무장을 강화시켰고 투쟁을 장기화하는 데 한 요인이 되었으며, 또한 미군정의 토벌정책을 더욱 강화시켜 주는 계기가 되었다.

5월 말 미군정은 탈영사건을 일으킨 9연대를 해체하고 제주도 토벌부대로 11연대를 재편하여 한라산을 중심으로 소탕작전을 벌

---

[90] 박명림은 박진경 중령의 무차별 체포작전에 대하여 다음과 같이 구체적인 평가를 하고 있다. "박진경의 무차별 체포작전은 경비대의 힘을 과시함으로서 일반 민중들에게 두려움을 심어주고, 유격대와 그들을 분리시켰으며, 유격대를 더욱 더 깊은 산속으로 몰아넣었다는 점에서는 성공이었다. 그러나 그의 작전은 민중들이 그때까지 갖고 있던 경비대에 대한 상대적 호감을 반감으로 전환시켰으며, 경비대 내부를 동요시켰고 유격대에게 경비대도 경찰과 마찬가지로 자신들의 적이라는 인식을 심어주어 더 큰 대립과 갈등을 불러일으켰으며, 그들을 더욱 깊은 산속에 몰아넣음으로써 사태를 더욱 장기화시켰다는 점에서 실패라고 볼 수 있다." 박명림, 『한국사 18』, 한길사, 1994, 297쪽.

이던 중 박진경 대령의 피살로 최경록 중령을 후임으로 임명하고 부연대장에 송요찬 소령을 부임시켰다. 새로 개편한 경비대는 6월 말 다시 대대적인 수색작전과 주민 연행을 실시했지만, 7월 초부터 시작된 장마로 폭우가 잦아지고 무장대의 대응이 없는 데다 평화적으로 사태를 해결하라는 각계의 압력이 거세게 일어나자 '작전행동보류'를 선언한다. 또한 최경록 중령은 교통차단 해제, 어획금지 해제, 통행시간 연장, 도내 여행증명제도 폐지 등의 조치를 취함으로써 일시적인 소강상태를 맞기도 했다.

이 시기에 중앙에서는 7월 20일 이승만이 국회에서 초대 대한민국 대통령으로 선출되었고, 한 달 후인 8월 15일 대한민국 정부가 수립되기에 이른다. 남한의 정부 수립과 함께 제주도의 상황은 새로운 국면으로 접어들게 되는데, 이른바 본격적인 학살의 수행이 이루어지기 시작한 것이다.

집중성·일방성 학살(1948. 8. 15~1949. 3. 1)

7월부터 8월 초까지 장마와 함께 사태는 상대적으로 소강상태에 접어들었으나, 이는 폭발이 잠복해 있는 평온기라고 볼 수 있다. 외형상으로는 무력충돌이 줄어든 것은 분명했지만, 7월 중순경부터 시작된 남한 전역에서 벌어진 지하선거는 또 다른 사태악화의 변수로 떠올랐다. 북한 정권의 수립에 따라 당시 남한 전역을 술렁이게 했던 지하선거란 해주에서 열리는 인민대표자회의에 참가할 남측 대표자 1,080명을 뽑는 선거를 의미했다. 그러나 일반 민중들은 백지날인 형식으로 이루어지는 지하선거에 참여하여 투표를 했다기보다 산 쪽을 지지하는 서명에 동참했다고 생각했다. 이에 대해 경찰은 비상경계에 돌입하면서 한동안 소강상태를 보이던 제주도는 지하선거를 추진하려는 무장대와 이를 막으려는 경찰 간의 충돌로 또다시 인명피해가 발생하기 시작한다. 당시 도장 찍는 일은 전국적으로 수백만 명이 참가하는 등 일반적으로 벌어진 일이었지만, 제주도에서는 이른바 '초토화 작전'이 전개되면서 이 일이 빌미가 되어 엄청난 인명이 희생되는 결과를 낳았다.

한동안 잠잠하던 제주도는 8월 말부터 큰 변화를 보이기 시작한다. 이미 남한에서는 7월 20일 이승만이 대한민국 초대 대통령으로 선출되고, 8월 15일에는 대한민국 정부가 수립된 것을 공포하는 역사적 전기를 맞는다. 이승만 정부의 수립은 제주도 사태에 새로운 변화를 몰고 올 대단원의 시작을 알리는 신호였다. 그러나 8월 24일 이승만 대통령과 하지 주한미군사령관 사이에 체결된 '한미군사안전잠정협정'으로 여전히 한국군의 작전권은 계속 미군에 귀속되어 있었다. 독립적인 정부 수립을 공포했음에도 불구하고 실질적인 군사작전권이 여전히 미군의 손에 넘겨져 있는 상황은 이승만 대통령에게 있어 제주도 사태를 조기 수습하여 안정된 국정운영토대를 앞당겨야 한다는 강박감을 줄 수밖에 없었다. 초대 정부에 있어 제주도의 상황은 완전한 국가 수립에 치명적인 걸림돌이 될 수 있기 때문에 하루라도 빨리 종결되어야 할 '문제거리'로 인식되었다.

이승만 정부의 이러한 상황 판단에 따라 8월 20일을 전후로 응원경찰 800명가량이 제주에 증파되고, 8월 25일 제주도비상경비사령부의 '최대의 토벌전이 있으리라'는 경고성 포고문 발표[91], 그리고 8월 26일 주한미군 임시군사고문단(PMAG) 설치를 통해 그대로

---

[91] 『서울신문』 1948년 9월 3일자.

반영되었다. 여기에 제주도 무장대 총책 김달삼이 해주에서 열린 남조선인민대표자대회에 참석하기 위해 8월에 제주를 떠난 일은 제주사태에 또 하나의 전환을 가져왔다. 물론 무장봉기를 주도했던 김달삼의 월북이 사태의 기본적 성격을 변화시킨 것은 아니지만, 분단된 남과 북에 적대적인 두 개의 정권이 수립되는 과정에서 무장대 지도부가 북한 정권을 지지하고 나섰다는 사실은 대한민국 정부로 하여금 더욱 강경한 정책을 취할 수 있는 명분과 이데올로기를 주기에 충분했다.[92] 여기에다 9월 9일 김일성을 수상으로, 박헌영·홍명희·김책을 부수상으로 하는 조선민주주의인민공화국 수립이 선포된 일은 이승만 정권의 제주 사태에 대한 조기 진압의 의지를 가속화했다.

같은 시기 9월 초 제주 사태에 대한 중앙언론의 우려 표명에 이어 각 정당, 단체들의 무력 토벌 중지 성명이 잇따라 발표되지만, 정부의 강경토벌 정책은 변함없이 진행되었다. 최경록에 이어 9연대장으로 임명된 송요찬 소령은 9월 한 달 동안 산중에 근거를 둔 무장대에 대한 소탕작전을 개시하여 토끼몰이식 수색작전을 실시했다. 그러나 무장대원들은 항상 그물망에서 빠져나가고 애꿎은 중산간 마을 주민들만 잡혀감으로써 마구잡이식 수색작전은 실패로 끝났다. 첫 작전이 무위로 끝나자 송요찬은 10월로 접어들면서 강도 높은 토벌전을 채택했는데, 이른바 '중산간 초토화 작전'이다.

본격적인 학살의 전개는 10월 17일 송요찬 연대장의 포고문 발표와 함께 시작되었다. 포고문에 따르면, 제주 해안에서 5km 이상 지역에 통행금지를 명령하면서 이를 어길 시 이유여하를 막론하고

---

[92] 제주4·3사건진상규명 및 희생자명예회복위원회, 앞의 책, 240쪽.

총살에 처하겠다[93]는 내용이다. 여기서 제주도의 지형상 진압대상 지역으로 설정한 '해안선으로부터 5km 이외의 지점'은 한라산 등 산악지역에만 국한된 것이 아니라 해변을 제외한 중산간 마을 전부를 의미한다. 즉 주민이 살고 있는 마을에서의 통행금지란 결국 거주 자체를 금지하겠다는 말이다. 따라서 중산간 마을에서 거주하는 사람에 대해 바로 총살하겠다는 것으로, 이는 전시상황에서도 어려운 즉결심판권 발동을 뜻한다. 무차별 학살을 정당화하기 위한 권위화 내지 합법화 과정이라고 볼 수 있다.

이와 함께 군은 강경작전을 전개하기에 앞서 언론 통제와 해안 봉쇄 조치를 취함으로써 제주도를 철저히 고립시키기 시작한다. 포고문이 발표된 다음 날 10월 18일 제주해안은 바로 봉쇄된다. 해군은 7척의 함정과 수병 203명을 동원해 제주해안을 차단한다. 한편, 언론과 진압당국 간의 갈등은 강경작전이 진행됨에 따라 필연적으로 발생할 것을 예상하고 일찍부터 언론인 체포, 신문사 접수 및 폐쇄, 그리고 사전 검열을 통해 언론을 통제했다. 진압당국은 고립화 전략을 통하여 제주도를 고립무원의 섬으로 만듦으로써 본격적인 학살의 토대를 철저히 구축한다.

여기에 여순반란사건은 또 다른 돌출 변수로 떠올랐다. 여순반란사건은 이승만 정권으로 하여금 제주도에 대한 토벌정책을 가속화한 요인으로 작용했다. 나아가 이승만은 여순사건을 계기로 더욱 반공정책을 강화시키면서, 긴장된 정국의 분위기를 적극 활

---

[93] 이 내용은 그 해 5월 미 CIC 장교가 김익렬 연대장에게 제안했던 '해안선으로부터 5km 지점부터 적지로 간주, 소탕전을 벌이라'는 초토화 작전의 기본 구상이었고, 실제로 5개월 만에 이는 실제상황이 되어버리고 말았다. 제민일보4·3취재반, 『4·3은 말한다-3』, 294쪽 ; 『조선일보』 1948년 10월 20일자.

용하여 국회를 몰아붙여 경찰에 무제한의 권력을 부여하고, 동시에 국가보안법도 입안 통과시킴으로써 주도권을 잡아 나갔다. 무엇보다 여순사건을 계기로 정부가 취한 가장 강도 높은 조치 중 하나는 숙군작업이었다. 1949년 7월에 막을 내린 대숙군의 결과 모두 4,749명의 장병이 처벌을 받았다.[94] 이 외에도 제주 사태에 대한 이승만의 진압 의지는 비록 미국으로부터 거절당했지만 국군이라는 5만 병력 훈련과 장비 지급을 요청한 일이나, 주한미군의 계속 주둔을 요구한 일을 비롯하여, 11월 17일 대통령령 제31호로 제주도 전역에 불법적인 계엄령을 선포한 일[95] 등에서 잘 드러나고 있다.

1948년 8월 15일 대한민국 정부 수립 선포를 시작으로 이승만 정부가 진행시킨 3개월 동안의 과정은 이른바 '초토화 작전'으로 불리는 강경진압작전 수행을 위한 토대구축의 기간이었다. 8월 25일 제주도비상경비사령부의 최대 토벌전 선언을 시작으로, 군경 수뇌부의 강경파 인물로의 대대적인 교체, 중산간 마을 통행 및 거주 금지 포고, 언론 통제, 해안 봉쇄, 여순반란사건의 적극적 활용, 경찰 권력의 극대화, 대숙군 작업, 제주전역에 대한 계엄령 선포, 괴선박 출현설의 유포 및 이용 등은 11월 중순부터 시작되는 대학살극을 위한 준비단계로 볼 수 있다.

1948년 11월 중순, 초토화 작전이라는 이름[96]으로 군경토벌대는 중산간 마을을 덮쳐 온 가옥에 불을 지르고 주민들을 남녀노소 가리지 않고 닥치는 대로 살해하기 시작한다. 제주4·3의 역사에서

---

[94] 제민일보4·3취재반, 앞의 책, 66쪽.
[95] 제주4·3사건 진상규명 및 희생자명예회복위원회, 앞의 책, 276쪽.
[96] 김정무, 2002. 9. 25. 채록증언.

가장 참혹하고 무자비한 학살극이 벌어진 것이다. 이 시점부터 1949년 3월까지 약 4개월 동안 벌어진 중산간 마을에 대한 방화와 학살은 상상을 초월하는 것으로, 수만 명의 제주도민이 희생되었고 대부분의 중산간 마을이 불에 타는 등 작전명 그대로 '초토화' 되었다.97) 그동안에도 산발적인 총살이 곳곳에서 벌어지기는 했으나 그 강도와 희생의 규모 면에서, 그리고 전지역에 걸쳐 동시에 전개되었다는 점에서 '11월 중순 이후'는 그 이전 기간과 뚜렷한 차이를 보인다. 11월 중순 이전에는 주로 젊은 남자들이 희생된 데 반하여 이후부터는 남녀노소 가리지 않고 총살됨으로써 제주4·3의 전체 희생자 중 대부분이 이때 발생했다. 공식 통계에 따르면, 15세 이하 전체 어린이 희생자 중 1948년 11월부터 1949년 2월까지의 희생자가 전체의 76.5%를 차지했고, 61세 이상 희생자 중에서는 이 기간에 76.6%가 희생되었다.98)

 이러한 통계가 의미하는 바는 무엇인가? 다시 말해서 초토화 작전은 분명히 군대의 작전 용어임에도 불구하고 사상자가 상대방의 군인이 아니라 비무장 주민이었다는 점은 무엇을 말해 주는가? 이는 제주4·3이 일종의 국지전이나 내전이 아니라, 반란에 대한 진압작전의 이름으로 자행된 일방적인 학살로 규정할 수밖에 없음을 의미한다. 이 시기에 나온 주한미군사령부의 일일정보 보고서에 따르면, "11월 13일 경비대 작전결과, 구좌면 행원리에서 무장대 115명 사살" 또는 "11월 24일 제주읍 노형리 부근의 전투에서 무장대 79명 사살"99) 등의 전과기록이 나오는데 진압군의 희생자

---

97) 제민일보4·3취재반, 『4·3은 말한다-4』, 341쪽.
98) 제주4·3사건진상규명 및 희생자명예회복위원회, 앞의 책, 293쪽.
99) Hq. USAFIK, G-2 Periodic Report, No. 989. November 16, 1948 ; November

는 한 명도 없었다. 국내언론의 한 보도에 따르면, "11월 21일부터 이틀간 남제주군 중문면 부근 한라산록 일대를 소탕해 폭도 88명을 사살했는데 국군 측에는 아무런 손해가 없었다."[100] 또한 다른 신문에서는 "11월 14일 노형리에서 폭도 79명을 사살했는데 국군 측 손해는 없었다."[101]고 보도했다.

일반적으로 당시 토벌대의 진압작전은 일종의 대테러전, 대게릴라작전 혹은 공비소탕작전의 성격으로 볼 수 있는데, 아무리 진압군의 병력이 월등하다 해도 서로가 상당한 피해를 입는 게 상식이다. 전투가 벌어졌다면서 토벌대의 사망자는 거의 없고 무장대만 사살되었다는 미군의 보고나 언론의 보도는 토벌대와 무장대 간의 상호 교전이 있었던 것이 아니라 중산간 마을에 있는 주민들을 무차별로 총살했음을 의미할 뿐이며, 이를 진압 당국은 작전상의 결과물로 왜곡·은폐한 것으로밖에 볼 수 없다.

당초 토벌대의 작전개념은 중산간 마을 주민들을 해변마을로 소개시키고 해변마을에서는 주민감시체계를 구축하여 무장대의 근거지를 없앤다는 것이었다. 여기서 소개령이란 다수의 제주도민들이 '폭도의 정신적 가담자'라는 전제 아래 주민들을 집단 이주시키는 것을 말하며, 토벌대는 소개 후 '보갑제'라는 연대책임식 주민감시체계를 구축해 일반주민과 무장대를 차단시키려고 했다. 따라서 산간 벽지의 사람들을 해안지대로 내려오라고 하여 안 내려오는 사람은 모두 무장대로 간주하기로 한 것이다. 그러나 진압군은 일부 중산간 마을의 경우 소개령이 채 전해지지 않은 상태에서 마

27, 1948.
[100] 『조선일보』 1948년 11월 26일자.
[101] 『독립신문』 1948년 11월 27일자.

을을 덮쳐 가옥을 방화하고 주민들을 총살하기 시작했다. 이렇게 전개된 토벌대의 작전은 12월 중순에 접어들면서 중산간 마을 주민의 소개와 무장대 차단이라는 당초의 작전개념에서 벗어나 이른바 '전과 올리기'로 변질하면서 학살은 잔혹해지고 가속화되어 걷잡을 수 없는 참살극 형태로 빠져 들어갔다.

소위 '머릿수 채우기' 내지 '전과 올리기'로 변질된 토벌대의 초토화 작전은 또한 다양한 학살의 방법을 통해 그 잔혹함을 드러냈다. '대살', '자수사건', '함정토벌' 등은 당시 주민들을 대상으로 벌인 토벌대의 대표적인 학살 방법으로 볼 수 있다.[102] 첫째, 대살(代殺)이란 중산간 마을에서 소개해 온 사람이든 본래 해변마을 사람이든 한 자리에 모아 놓고 가족 중 청년이 사라진 집안의 사람들을 '도피자 가족'이라 하여 총살하는 것을 말한다. 이 방법이 주민들을 집결시킨 후 총살극을 구경시켰다 하여 '관광총살'이라고도 불렀다. 둘째, 자수사건은 토벌대가 주민들을 모아놓고 과거 조금이라도 잘못한 사람은 자수할 것을 권하고 자수하면 살려주지만 나중에 발각되면 총살할 것이며, 이미 관련자 명단을 가지고 있다고 협박하는 방법을 말하는데, 겁에 질린 주민들이 자수하면 따로 데리고 가서 총살시켰다. 셋째, 함정토벌은 토벌대가 무장대 복장을 하고서 민가에 들어가 협조요청을 하여 응하는 사람들을 총살하는 방법이다. '곰도 무섭고 범도 무서운 세상'이라는 말은 당시 일반 주민들의 심정을 잘 표현한 것으로, 낮에는 토벌대가 마을을 장악해 폭도 혐의자라 하여 총살하고, 토벌대가 물러간 밤에는 무장대가 들이닥쳐 반동분자라 하여 숙청하는 상황에서 일반 주민

---

[102] 제민일보4·3취재반, 『4·3은 말한다-5』, 51~86쪽 ; 제주4·3사건진상규명 및 희생자명예회복위원회, 앞의 책, 299~300쪽.

들이 무장대의 요구도 거절할 수 없었던 약점을 토벌대가 역이용한 것이라 할 수 있다.

이 시기의 초토화 작전에 대하여 김동춘은 '과잉 진압의 정치학'이라는 용어를 사용하여 설명한다. 그에 따르면, 국가권력이 민간인들에 대하여 강간이나 학살 후 불에 태워 죽이는 잔혹한 방법을 사용하는 이유는 이들을 완전히 없애서 이들의 가족이나 친지가 다시는 대항세력으로 등장하지 못하도록 하고, 그러한 사실을 목격한 사람들이 감히 권력에 저항하지 못하도록 하는, 이른바 이중적인 효과를 노리고자 함[103]이라는 것이다. 따라서 군경토벌대에 의한 초토화 작전이란 국가 건설 과정에서 적에 대해 잔혹하게 대처하고, 적 또는 '희생양'들을 완전히 재기 불능상태로 만들고 국가의 위엄을 과시하며, 이를 목격한 일반 민중들로 하여금 국가권력에 대한 공포감과 무조건적인 복종심을 가지도록 하려는 정치적 행동으로서, 그는 이를 '학살의 정치학'이라고 규정했다.[104] 결국 이승만 정권에 의해 수행된 이 작전은 남한의 극우 반공 정권 수립이라는 이데올로기적 목적을 위한 고도의 정치적 전략 속에서 이루어진 국가폭력의 한 방법이었던 것이다.

종료성·예방성 학살(1949. 3. 2~1954. 9. 21)

초토화 작전이 마무리가 될 즈음이던 1949년 3월 2일 제주도지구전투사령부(사령관 유재흥 대령, 참모장 2연대장 함병선 중령)가 창설된다. 9연대에 이른 2연대의 강경진압작전으로 무장대가 거의 궤멸된 상태인데도 새삼스럽게 대령급 사령관 규모의 부대가

---

103) 김동춘, 『전쟁과 사회』, 돌베게, 2000년, 259쪽.
104) 위의 책.

창설된 이유는 5·10 재선거 때문이었다. 실제로 재선거를 무사히 마치고 난 직후인 5월 15일 전투사령부가 폐지된 것도 그런 맥락으로 볼 수 있다.

제주도지구전투사령부의 작전은 크게 진압작전과 선무작전으로 나눌 수 있다. 이는 함병선 2연대장이 주도한 제1기(3월 2일~3월 마지막 주)와 유재흥 사령관이 제주에 도착하여 진두지휘한 제2기(3월 마지막 주~5월 15일)로 각각 대별된다. 전투사령부가 창설되고 지휘관이 유재흥 대령으로 발령이 났으나, 실질적으로 초기 사령부의 작전은 함병선 2연대장이 이끌었다. 그는 1948년 12월 9연대와 교체하면서 제주 사태에 개입한 지휘관으로 이미 초토화 작전의 연장선상에 있는 인물이었다. 그의 작전방침은 한 마디로 섬멸전이었다. 한 언론 보도에 따르면, "온건·완화 작전을 취하여 오던 국군은 최후적 결의를 갖고 제3단계인 무력소탕 태세에 들어가게 되었으니 3월 1일부터 동월 말일까지의 일대 섬멸전이 그것이다."[105]

3월 마지막 주에 제주에 도착한 유재흥 사령관은 지금까지 해안마을에 주둔하고 있던 병력을 산악지역으로 이동 배치한다. 그리고 해변마을에서는 주민들을 집결시킨 가운데 상공에 정찰기를 날게 하거나 로켓포 시범사격을 보여줌으로써 위세를 과시하는 등 이른바 진압·선무 병용작전을 전개했다. 그러나 그는 선무작전에 비중을 더 두었는데, 이는 중산간 마을들이 이미 초토화되었고 무장대도 거의 궤멸되었다는 상황 인식에서 비롯되었다. 이 기간 동안의 작전에 대하여 한 미군 비밀문서는 제1기를 '가혹한 작

---

[105] 『경향신문』 1949년 4월 1일자.

전(severe tactics)'으로, 제2기를 '사면계획(program of amnesty)'으로 규정함으로써,106) 제주도지구전투사령부의 작전이 진압과 선무를 병행했음을 드러내 주고 있다.

1949년 12월 27일 5개월간의 주둔을 마치고 철수한 독립대대 후속으로 28일 해병대(사령관 신현준 대령)가 제주에 도착한다. 해병대는 토벌전과 민심수습을 병행하는 작전을 자신들의 주임무로 내세웠다. 그러나 민심수습은 실패로 돌아갔고, 6·25 한국전쟁 직후 예비검속자 총살로 많은 인명을 불법 살해하는 등, 이른바 '유지사건'107)이라 불리는 '인민군환영준비위원회 사건'을 조작해 제주도 내 유력인사들을 고문하는 일을 자행했다.

한편, 초토화 작전이 막을 내리고 제주도지구전투사령부가 선무작전을 한참 진행할 무렵인 1949년 4월 21일, 국민보도연맹이 결성 준비모임을 거쳐 6월 5일 창립선포대회를 서울 시공관에서 개최한다.108) 보도연맹은 남한 내 좌익세력을 전향시켜 남·북로당을 배격하고 분쇄하자는 데 그 목표를 갖고 결성되었다. 즉 외적인 명분으로는 좌익전향자들을 '보호하고(保) 계도한다(導)'는 취지를 내

---

106) "Visit to the Island of Cheju," May 18, 1949, RG 319: Records of the Army Staff, Entry 85: Army-Intelligence Document File, Box 3736.
107) 이 사건은 1949년 8월 법원장, 검사장, 제주읍장, 변호사, 사업가, 교육자 등 유지급 인사 16명이 '인민군환영준비위원회'를 결성했다는 혐의로 제주지역 계엄사령부(사령관 신현준 대령)로 연행된 일을 말한다. 계엄사는 8월 8~9일 이들을 전격 구속함으로써 제주지역 사회는 공포 분위기에 휩싸이고, 도민들은 현직 법원장, 검사장이 계엄군에 검속되어 죽을 위기에 처하는 것을 목도하면서 극도로 위축된다. 이 사건은 8월 20일 예비검속자에 대한 집단총살과 함께 이루어져 8월 한 달은 공포와 전율의 시간이었다.
108) 『동아일보』 1949년 6월 6일자. 국민보도연맹의 결성은 1948년 12월 1일 국가보안법이 제정된 지 4개월 후의 일이다.

세웠지만, 실질적으로는 전향자가 제출한 자백서를 통해 좌익세력을 섬멸하겠다는 목적이 숨어 있었다.

　1949년 11월 제주지역에서는 5,283명의 전향자가 보도연맹에 가입하는데, 이는 서울·경기 지역을 제외하고는 가장 많은 숫자였다. 이 수는 계속 증가하여 한국전쟁을 전후하여 27,000명의 맹원을 기록했다. 제주도의 경우 보도연맹에 가입한 사람들은 주로 소위 좌익 활동 경력이 있는 사람들을 비롯하여, 과거 인민위원회 간부, 3·1 발포사건 관련자, 4·3 사건 관련 재판을 받았거나 수형 사실이 있는 사람 등이 그 대상이 되었지만, 대동청년단처럼 군경에 우호적인 사람들도 과거에 전력이 있으면 강제로 가입되기도 했다.

　보도연맹 가입이 참혹한 학살로 이어지게 된 것은 1950년 한국전쟁의 발발이 그 계기가 되었다. 사실 보도연맹원은 장기적으로는 전향시킬 자들이었지만 전쟁이 난 상황에서 그들은 잠재적 위협세력이자 적(敵)으로 인식될 수밖에 없었다. 따라서 전쟁의 발발과 함께 이승만 정부는 전국 각 지역 경찰서에서 파악하고 있던 보도연맹원과 반정부혐의자들에 대한 예비검속을 실시한다. 정부의 예비검속 지시에 따라 제주도에서는 즉각 요시찰인에 대한 일제 검거를 실시하는데, 6월 말부터 8월 초 공무원, 교사에서 학생과 부녀자 등에 이르기까지 예비검속을 실시한다. 특히 제주도 경찰 당국은 검속자에 대한 범죄의 경중에 따라 급별 심사를 비밀리에 사정하여 이를 제주도 주둔 해병대 사령부에 넘겨주었다.

　제주도에서의 예비검속은 7월 말부터 8월 하순에 이르기까지 제주읍과 서귀포, 모슬포 등지에서 실시되면서 여러 차례 대대적인 총살 집행으로 이어졌다. 예비검속자에 대한 당국의 학살은 그 잔혹함과 규모에 있어서 초토화 작전에 버금가는 강력한 것이었음에도 불구하고 잘 알려지지 못한 것은, 앞서 언급했듯이, 당국의 철저한 보안유지 및 기록 폐기에 따른 역사적 은폐 의도에 따른 것이다. 따라서 예비검속에 의한 희생자들은 사망일이나 처형 장소가 밝혀지지 않은 채 50년 동안 역사에 묻혀 지내야 했다. 그나마 모슬포에서 집단으로 처형된 132구의 사체 발굴로 예비검속에 의한 학살극의 역사는 밝혀졌지만, 누가 누군지 알 수 없어 대정면 상모리 586-1번지 묘지를 매입하여 안장하고 '백 할아버지의 한 자손'이라는 의미로 '백조일손지지(百祖一孫之地)'라고 명명했다. 이 말은 예비검속에 의한 학살이 얼마나 비밀리에 참혹하게 진행되었는지를 상징적으로 보여주고 있다.

한국전쟁 이후 무장대에 대한 진압 당국의 작전은 잔여 무장대를 소탕한다는 개념 위에 수립되었다. 내무부 치안국은 제주도지구 '잔비섬멸작전계획'을 세우고 김준종 총경을 반장으로 하는 7명의 작전지도반을 제주도에 파견하여 1952년 4월 1일부터 4월 30일까지 1개월간 작전을 전개했다. 경찰은 사찰유격대와 특수공작진을 운용하여 잔여 무장대의 귀순작전을 추진했다. 6개월 후, 윤석렬 도경국장 후임으로 이경진 총경이 제주도경찰국장으로 취임하자마자, 그는 적극적인 무장대 섬멸계획을 세우고 11월 1일 100전투경찰사령부를 창설한다. 제주경찰은 100사령부와 사찰유격대로 한라산의 무장대를 토벌하고, 각 경찰서에서는 무장대의 하산 및 습격에 대비해 주요지역에서 잠복근무를 하거나 기동대를 대기시켰다. 여기에다 1953년 초 창설된 육군 무지개부대와 3개월간 합동작전을 전개하면서 토벌은 계속되었다.

계속된 진압작전으로 경찰은 잔여 무장대 5명이 있으나 크게 문제될 것이 없다고 판단하여 1954년 4월 1일을 기하여 산간부락 입주 및 복귀를 허용함으로써 한라산의 일부를 개방하는 조치를 취한다.109) 그러던 것이 8월 28일 이경진 국장 후임으로 신상묵 경무관이 제주도경찰국장으로 취임하면서 상당 기간 잔존 무장대 5명의 행적이 포착되지 않게 되자 9월 21일자로 한라산 금족령을 완전히 해제했다. 한라산을 전면 개방하고 주민들의 성곽경비로 철폐함으로써 무장대에 대한 진압작전의 종료를 선언한 것이다.110) 이른바 제주4·3의 공식적인 역사는 여기까지로 볼 수 있다.

그 이후 5명의 무장대에 대한 토벌은 3년 여 동안의 지리한 추적전 끝에 산발적으로 소탕되었다. 1956년 4월 3일 사찰유격중대가 무장대 3명과 교전 끝에 한 명을 사살하고, 1957년 3월 21일 여자 무장대 한순애를 체포했으며, 3월 27일 경찰국 사찰유격대가 총책 김성규 등 2명을 사살하고, 마지막 무장대 오인권을 4월 2일 생포함으로써 무장대에 대한 실질적인 토벌은 막을 내리게 되었다.

4) 학살 이후기 : 정신적 학살과 기억의 정치학 (1954. 9. 22~2003. 10. 31)

제주4·3은 1948년 4월 3일에 시작되어 1954년 9월 21일 마지막 무장대가 산에서 내려오고 한라산 금족령이 해제되어 제주도민들이 한라산 출입이 재개되는 시점을 끝으로 막을 내린 사건이다. 따라서 제주4·3에 대한 역사는 1945년 8월부터 시작된 미군정 시

---

109) 『제주신보』 1954년 3월 18일자.
110) 물론 아직도 5명의 무장대가 어딘가에 있을 것을 고려하여 오랫동안 흔적을 찾지 못하자 1955년 2월 9일에는 신 국장이 직접 5명의 무장대 가족을 방문, 자수하면 생명을 절대 보장한다는 등의 자수를 권고하고 설득하는 선무작전을 펼치기도 한다.

대를 시작으로 한라산 금족령이 해제된 1954년 9월 21일까지, 곧 8년 여의 시간으로 볼 수 있다. 이것이 제주4·3에 대한 공식적이고 일반적인 역사 인식이다.

그러나 제주4·3의 역사 기간에 대한 이러한 인식은 학살, 좀 더 추상적으로 말해서, 폭력의 관점에서 보기 시작하면 달라질 수 있다. 즉 가시적 폭력 사태로서의 제주4·3의 역사는 끝났지만, 비가시적 폭력 사태로서의 제주4·3은 아직 끝나지 않았다. 신체적·물리적 학살로서의 제주4·3은 마무리되었지만, 정신적·문화적 학살로서의 제주4·3은 끝나지 않고 50년 이상 지속되고 재생산되어 제주도 공동체를 파괴시켜왔다. 국가권력의 입장에서 볼 때, 8년 여의 제주4·3의 역사가 '학살의 정치학'을 통한 폭력이었다면, 그 이후 50년 동안의 제주4·3의 역사는 '기억의 정치학'을 통한 폭력, 곧 제2의 학살기로 볼 수 있다.

기억의 정치학이란 기억을 조작하거나 정치적 신화를 창조하는 것을 말하는데, 그것은 집단적 기억의 망각과 왜곡, 부인, 조작의 정치를 의미한다.[111] 이것은 철저히 가해자인 권력집단에 의해 이루어지는 것으로 자신들이 저지른 역사적 사실을 부정함으로써 피해자의 역사적 진실에 대한 기억을 다양한 방식으로 파괴하여 그들을 지속적으로 희생자이자 죄인으로 남아있도록 통제·억압하는 정치 메커니즘을 말한다. 대한민국 정부는 8년 여의 제주4·3 동안에는 오로지 군사적 형태를 통한 폭력만으로 이를 수행했지만, 그 이후 50년 동안에는 극단적인 반공 이데올로기를 비롯하여 체계적인 역사적 왜곡과 조작, 언론의 확대·재생산 역할 등의 다

---

[111] Herbert Hirsch, *Genocide and the Politics of Memory : Studying Death to Preserve Life*, p.10.

양한 폭력형태들을 동원하여 정신적·문화적 학살을 지속시킬 수 있었다. 이른바 상징폭력(Symbolic Violence)의 기제를 이용한 비가시적 폭력 구조를 형성하여 제주도민들로 하여금 자신들을 '피해자·희생자'로 인식하기보다 '죄인·빨갱이'로 생각하도록 함으로써 제주4·3의 폭력을 구조적으로 영속화시키고자 했던 역사로 볼 수 있다.

따라서 필자는 기억의 정치학을 통한 가해자 권력의 정신적 학살, 문화적 학살이라는 관점을 포함할 수 있을 때에만 진정한 학살의 역사를 이해할 수 있다고 본다. 제주4·3의 진정한 역사적 종결은 1954년 9월 21일이 아니라, 2003년 10월 31일 노무현 대통령으로 대변되는 대한민국 정부의 공식 사과와 함께 이루어졌다고 말할 수 있다. 이른바 '이후기'의 역사적 과정, 곧 기억의 정치를 통해 국가권력에 의해 가해진 지속적인 정신적·문화적 학살과 이에서 벗어나지 못하는 제주도 공동체의 정신적·문화적 희생과 자기파괴, 그럼에도 불구하고 그 속에서 끊임없이 분출되어 온 진실규명과 명예회복의 역사를 제주4·3에 포함시켜야 할 이유가 바로 여기에 있다. 그러므로 물리적 학살과 정신적 학살을 포괄하는 관점에서의 제주4·3은 8년이 아니라 58년으로 확장해야 한다고 본다.

역대 정권의 지속적 학살 : 부정화 & 정당화

1954년 9월 21일 한라산 금족령이 해제된 시점은 사태로서의 제주4·3의 종결임과 동시에 새로운 제2의 학살을 위한 출발점이었다. 이후 제주4·3에 대하여 대한민국 정권들이 보여준 학살의 메커니즘은 한 마디로 '부정화(Denial) 혹은 정당화(Justification)'로 표현할 수 있다. 이것은 일반적으로 대량학살 사후에 항상 나타나는 현상으로, 학살의 주체자들은 자신들이 저지른 만행에 관하여 다양한 형태의 왜곡과 부정을 시도한다.112) 그들은 자신들의 행위를 정당한 살해라고 묘사하고 희생자의 시체를 묻어 폐기하거나 희생자 수를 최소화할 뿐만 아니라, 희생자를 비난하고 학살의 원인이 희생자 자신의 행동에 있었다고 주장함으로써, 학살이 정부의 의도적인 정책이 아니라 희생자들의 잘못된 행위에 대한 자발적인 대응이었음을 강조한다.113)

나아가, 학살의 가담자들은 스스로 학살의 과정을 더 발전시킴으로써 학살을 일상화시키는 경향을 보여준다. 학살이 일상이 되었다는 것은 국가와 민족에 대한 충성심과 전문가로서의 책임감 있는 행위를 했다는 것에 대한 정당화와 더불어 학살이 자신의 삶의 일부가 되었음을 의미한다. 따라서 이 단계에 이르면 주민을 학살한다는 사실은 희생자의 몸을 제거하는 것뿐만 아니라, 학살의 기억을 말살하고 희생자의 과거 삶의 궤적과 흔적들을 파괴하는 것을 포함한다.114) 예컨대, 서적을 불태워 없앤다거나 희생자들의 역사를 증언하는 박물관을 파괴하는 일은 희생자의 존재에 대한 기억을 말살시키는 정신적 파괴를 목적한다. 이는, 앞서 밝혔듯이, 학살의 정치학을 통한 물리적 폭력이 이제는 기억의 정치학을 통한 정신적 폭력으로 전환했음을 의미한다.

---

112) Linda M. Wolf & Michael R. Hulsizer, "Psychosocial roots of genocide: risk, prevention, and intervention", *Journal of Genocide Research*, p.119.

113) Gregory H. Stanton, "Could the Rwandan genocide have been prevented?", *Journal of Genocide Research*, p.217.

114) Eric D. Weitz, *a century of genocide :Utopia of Race and Nation*, p.140. 일종의 역사수정주의의 일환으로 볼 수 있는 이러한 행위는 기억의 정치학이 갖고 있는 대표적인 모습이다.

그렇다면 제주4·3 이후 50년간 대한민국 정부가 지속시킨 제2의 학살은 어떻게 전개되었는가? 남한의 정권들이 수행했던 기억의 정치학 속에 내포하고 있는 다양한 폭력 형태들은 어떻게 나타났는가? 즉 제주4·3이라는 학살의 역사를 자행한 가해 주체들은 자신들의 만행을 어떻게 은폐·왜곡·부정·정당화했는가? 그리고 그들은 이를 어떻게 지속시켰는가?

첫째, 반공 이데올로기를 통한 부정화이다(Denial of Red-Complex Ideology). 사태로서의 제주4·3이 종결된 1954년 9월 21일부터 1960년 4·19혁명까지 이승만 정권하의 남한 사회에서 제주4·3의 담론은 완벽하고도 철저하게 금기시되었다. 이 시기 한국사회의 기본 특징은 극우반공체제로서, 이것은 일상화된 북진통일운동에 의해 더욱 공고화 되었고, 이 운동은 통일을 위한 것이라기보다는 이승만 정권의 권력 강화를 위한 내부 단속적 성격이 강한 것이었다.115) 즉 반공을 국시로 하는 분단체제를 고착화 하고 이승만 권위주의 체제를 유지시켜주는 기능으로 작용한 것으로 볼 수 있다. 따라서 민주주의와 인권에 대한 부족한 인식과 악법도 법이라는 전근대적 법의식에 젖어 있던 시대로서 건국과 전쟁이라는 '비상시대'에 국가의 권력행사에 대해 감히 문제제기란 엄두도 못 낼 상황이었다.116) 사건의 진실은 왜곡·날조되어 죽임을 당한 자들은 좌익운동가나 양민 구별 없이 모두 '빨갱이'로 매도되는 사회적 분위기 속에서 철저히 부정되었고, 이에 대해 강창일은 '범죄행위에 대한 자기합리화의 공적 조작'117)이라고 표현하고 있다.

---

115) 이영권, 「제주도 유력자(有力者) 집단의 변천과 성격 : 1945~1960」, 제주4·3연구소, 『4·3과 역사』 제2호, 도서출판 각, 2002, 303쪽.
116) 강창일, 『굴곡의 역사를 헤치며』, 도서출판 각, 2004, 106쪽.

1960년 4월 혁명으로 이승만 정권이 무너지고 전국적으로 양민학살 진상규명에 대한 요구가 봇물처럼 터지면서 국회 차원의 진상조사가 시작되었으나, 애초 국회는 제주4·3에 대해 조사할 의지가 없었고, 더구나 조사반장 최천은 제주4·3 당시 제주경찰서 감찰반장을 역임한 토벌의 주역이었다. 그럼에도 불구하고 진실규명에 대한 여론이 비등한 가운데 진상조사가 착수되는 듯 했으나, 이듬해 터진 박정희의 5·16 군사쿠데타는 모든 것을 다시 원점으로 돌려놓았다.

권력을 장악한 군부는 양민학살에 대한 진상규명 운동을 철저히 탄압하기 시작한다. 제주도에서 이 여파는 곧바로 제주도의 진상규명 동지회 회원들이 검거되고, 진상의 실상을 보도한 제주신보 신두방 전무가 투옥되고, 잠시 위축되었다 다시 살아난 경찰은 유족들이 세운 위령탑을 부수는 사건으로 나타났다. 이후 양민학살사건에 대한 진상규명의 움직임은 완전히 봉쇄당한 채 물밑에서 옛날이야기 하듯 간혹 흘러나와 전승될 뿐이었다.[118] 박정희 또한 이승만 정권이 내세웠던 극우 반공 이데올로기 체제를 이어가면서 제주4·3을 여전히 '공산폭동'이라는 이데올로기적 사건으로 해석하는 기존의 틀을 지속시켰다.

1979년 10월 26일 박정희의 암살과 더불어 등장한 전두환·노태우라는 또 다른 군사 정권에서 제주4·3의 진실찾기는 아예 상정할 수 없는 분위기로 더욱 악화된다. 더욱이 전두환 정권은 광주사태를 일으키고 광주항쟁에 대한 학살을 자행했던 당사자였기 때문에 더욱 그러했다.[119] 특히 1980년 봄 전두환 정권이 광주에

---

[117] 위의 책, 106쪽.
[118] 위의 책, 108쪽.

서 행한 학살은 1948년 제주에서 일어난 학살의 재현이자 학습 효과로서, 폭력의 확대·재생산의 메커니즘을 그대로 따르는 전형적인 사례였다. 따라서 전두환 정권은 5·18 광주 사태를 부정함에 있어 이승만 정권이 제주4·3을 부정했던 방식을 그대로 답습할 수밖에 없었다. 즉 이승만이 제주4·3의 희생자들을 '빨갱이'로 매도했듯이, 전두환 또한 5·18 광주항쟁의 희생자들을 '용공좌파'요, '공산주의자'로 몰아붙였던 것이다.

 1993년부터 시작된 김영삼·김대중으로 대변되는 문민정부와 국민의 정부가 기존의 군부 정권과는 근본적으로 맥을 달리하고 있음은 분명했다. 이 시기가 제주4·3 문제를 본격적이고 공개적으로 시작할 수 있었다는 면에서 더욱 그렇다. 특히 침묵으로 일관해 오던 정치권에서도 피할 수 없는 과제가 되었다는 것은 특기할 만한 변화였다. 그럼에도 불구하고 여전히 제주4·3에 대한 논의는 합법화되지 못했다. 문민정부가 들어선 후에도 다큐멘터리 '레드헌트'가 이적표현물로 규정되었고, 이를 상영한 서준식은 국가보안법 위반으로 구속되었으며, 다큐멘터리 '잠들지 않는 함성'의 작가 김동만도 국가보안법 위반으로 기소되었다.

 이렇듯 이데올로기를 통한 부정화의 효과는 비록 2003년 10월 31일 참여정부의 공식사과가 이루어졌음에도 불구하고 여전히 우리 사회 속에 왜곡된 정치문화의 형태로 남아서 지배하고 있다. 정치권에서 자주 등장하는 '색깔론 논쟁'이 그 대표적인 경우라 할 수 있다. 이는 한반도의 분단 상황이 계속되는 한 사라지지 않을 기억의 정치학의 한 방법이라 할 수 있다.

---

119) 위의 책, 110쪽.

둘째, 역사적 왜곡을 통한 부정화이다(Denial of Historical Distortion). 앞서 언급했듯이, 국가권력의 이데올로기적 억압 속에서 어느 누구도 제주4·3을 입에 담지 못하던 수십 년 동안 제주4·3에 대한 논의는 군·경의 독점물이었다. 문제는 군과 경찰 측의 자료들이 제주4·3을 크게 왜곡했다는 점이다.[120] 무엇보다도 내용이 부실해 자료적 가치가 없다는 것도 중요한 특징이다. 이들의 역사 왜곡의 핵심은 한국현대사를 흑백논리로 단순화시켜 제주4·3을 '북한 사주에 의한 공산폭동'으로 몰아간 점이며, 이는 자신들이 저지른 제주4·3의 참혹한 양민학살극을 덮기 위한 유일한 논리였다. 한국전쟁을 거치면서 더욱 굳어진 극단적인 반공 이데올로기 속에서 '북한 사주를 받은 빨갱이'란 무조건 제거해야 할 대상으로 규정한 것이다.[121]

학살의 가해 주체였던 군·경의 이러한 논리는 국사 교과서에 그대로 반영되어 재생산되었다.[122] 1982년 초판 발행된 고등학교 국사교과서에서 '제주도 폭동사건'은 북한공산당의 사주 아래 제

---

[120] 김종민, 「4·3이후 50년」, 『제주4·3연구』, 역사비평사, 1999, 351쪽. 예를 들면, 계엄령을 집행했던 군의 자료에 계엄령 선포 일자가 틀리게 기록되었는가 하면, 남로당 제주도당 간부였던 조몽구(趙夢九)의 몽(夢)자가 노(魯) 자로 쓰여져 다른 책자에도 계속 조노구(趙魯九)로 기록되는 식이었다.

[121] 위의 책, 351쪽.

[122] 일반적으로 국사 교과서란 한 국가의 공식적인 역사관, 역사인식을 보여주는 대표적인 이데올로기적 기록물이다. 따라서 국사 교과서에 어떻게 기록되느냐는 그 국가 공동체가 그 역사를 어떻게 기억하고 평가하는가를 잘 보여준다 하겠다. 그런 면에서 제주4·3이 국사 교과서에 어떻게 기록되어 왔는지를 보는 것은 시대적 정황에 따라 해당 정권과 국민들이 제주4·3에 대한 역사적 인식을 어떻게 했는지를 정확하게 알 수 있는 길이기도 하다.

주도에서 공산 무장폭도가 봉기하여, 국정을 위협하고 질서를 무너뜨렸던 남한 교란작전 중의 하나'로 적고 있다. 그러던 것이 1990년에 개정 초판이 발행되었는데, 거기에는 '제주도 폭동사건'이 '제주도4·3사건'이라는 이데올로기적 색채를 벗고 중립적인 용어로 바뀌었을 뿐 전반적인 내용은 그대로 유지하고 있다.123) 1994년 서중석 교수가 현대사의 왜곡된 부분을 바로잡으려고 내놓은 개편 시안이 극우세력들의 극심한 반발로 백지화되는 과정124)을 거치면서 1996년 국사 교과서는 다시 개정되었다. 이때의 내용을 보면, '진압과정에서 무고한 주민들까지도 희생되었으며' 라는 문구가 삽입되면서 처음으로 양민학살이 있었음을 인정했다. 그러나 다른 부분은 기존의 주장을 그대로 따르고 있다.

군·경의 역사의 왜곡은 나아가 역사의 조작으로 발전하는데, 이는 자신들이 제주4·3의 학살 가해자였다는 역사적 사실 자체를 정면으로 부정하려는 고도의 의도적 행위로 볼 수 있는 부분이다. 1990년대 출판된『제주경찰사』에서는 날짜나 경찰관 이름 등 기초적 사실에서조차 오류가 많은 것은 그렇다 하더라도 '북촌리 사건'의 경우 1949년 1월 17일과 18일 이틀 동안 주민 400여 명이 군인들에게 처참하게 총살된, 이른바 집단 양민학살의 상징적 사건임에도 불구하고 가해자를 토벌대에서 무장대로 뒤바꿔 기록하는 역사 조작을 보여주고 있다.125) 1988년 이후 새로운 시각의 제주4·3 재

---

123) 제민일보4·3취재반,『4·3은 말한다-2』, 48~49쪽.
124) 특히 조선일보는 기사는 물론 사설과 기고, 칼럼 등을 총동원하여 서중석 교수에게 연일 집중적으로 공격했다. 보수언론과 학자들은 학술적인 반론을 펴기보다는 '어느 나라 교과서인가'라고 추궁하는 식의 색깔논쟁으로 증폭시켰다. 김종민, 앞의 책, 352~353쪽.
125) 위의 책, 354쪽. 이보다 앞서 1984년 출판된 강용삼의『대하실록 제주백

조명 운동이 폭발적으로 분출하는 시대적 분위기에 대항하기 위해 우익적 관점에서 많은 책들[126]이 쏟아져 나온 것은 같은 맥락으로 볼 수 있다.

무엇보다도 제주4·3의 원인에 대한 역사 왜곡은 가장 중요한 핵심 쟁점 가운데 하나이다. 대부분의 관변자료들이 제주4·3을 공산폭동으로 주장하고 있는데, 그것의 근거로 한때 남로당 지하 총책을 지냈던 박갑동의 저서『박헌영』[127]에 나와 있는 '북한 남로당 지령설'을 내세웠다. 이 주장은 오랫동안 제주4·3의 원인을 보는 대표적인 시각이자 가해자들의 논리를 대변해 주었다. 우익인사들은 이를 근거로 공산폭동론을 주장했고 나중에는 북한사주설로 비약시키기도 했다. 그러나 제민일보4·3취재반의 조사 결과, 그는 중앙지령설은 자신의 글이 아니고 1973년 신문 연재할 때 정보기관에서 고쳐 쓴 것임을 시인했고, 특히 당시 남로당의 노선이 전면적인 비합법 무력투쟁단계는 아니었다는 말을 덧붙임[128]으로

년』은 제주에서 처음으로 제주4·3을 다룬 책으로, 전적으로 토벌대의 입장에서 자신들의 양민학살극은 전혀 다루지 않고, 오히려 북촌리 사건의 가해자를 '공비'라고 사실을 왜곡한 바 있다.
[126] 예컨대, 고문승의『박헌영과 4·3사건』(1989),『제주사람의 설움』(1991)에서는 자신의 주장과 전국의 우익인사들의 글을 함께 실어 '4·3공산폭동론'을 주장하고 있으며, 특히『제주사람의 설움』에서는 '대공문제 전문가 K씨의 글'이라며 수록된 글은 4·3 발발의 도화선이 된 경찰의 고문치사 사건들을 마치 없었던 것으로 왜곡했다. 1993년 조남현의『제주4·3사건의 쟁점과 진실』또한 앞의 책과 같은 맥락에서 그때까지 출판된 몇몇 책자들을 짜깁기 한 후 '……였을 것이다'라는 식으로 자신의 주장을 펼치고 있다. 위의 책, 363~365쪽.
[127] 이 책은 1973년부터 모 중앙일간지에 연재되었던 내용을 1993년에 책자로 엮어 출간된 것이다.
[128] 제민일보4·3취재반, 앞의 책, 48쪽. 이 외에도 취재반은 제주4·3을 연구한 최초의 외국인이었던 존 메릴과의 인터뷰를 통해 중앙당의 지령

써, 이 또한 역사왜곡이었음을 다시 한번 입증시켰다.

셋째, 언론의 확대효과를 통한 정당화이다(Justification of Black Journalism). 제주4·3에 대한 국가권력의 억압적 통제는 언론을 통하여 확대·재생산의 효과를 가져왔다. 반공 이데올로기를 통한 국가권력의 억압이 가시적·물리적 통제의 수단이었다면, 다양한 언론을 통한 역사 왜곡의 확대는 비가시적·정신적 통제의 수단으로 볼 수 있다. 그러므로 언론을 통한 제주4·3 담론의 억압은 가해자들의 행위를 자연스럽게 정당화시켜 줌과 동시에 피해자들에게는 이를 자연스럽게 수용하게 하는 효과를 낳는다. 프랑스 사회학자 피에르 부르디외는 이를 상징폭력의 메커니즘으로 설명하고 있는데, 이른바 권력주체들이 만들어 놓은 왜곡된 사실을 민중들이 아무런 비판적 반응 없이 그대로 수용함으로써 발생하는 '오인'을 통한 폭력의 구조이다.

언론은 적어도 1948년 9월까지만 해도 사실보도와 함께 토벌대의 강경 진압작전에 우려를 표명하는 등 비교적 균형감각을 유지했었다. 그러나 그해 10월 초토화 작전과 함께 언론은 무차별 양민학살에 대해 어떠한 보도도 하지 않았다. 이는 물론 정부의 언론통제 탓도 있지만 언론이 앞장서서 강경토벌에 일조한 면도 없지 않다.[129] 특히 사태의 중요한 고비 때마다 터진 '괴선박 출현설'에 대하여 언론들은 이를 적극적으로 확대·재생산하면서 미군정과 이승만 정부의 강경토벌을 강화시키는 역할을 수행했다.

이 없었던 것을 확인했고, 남로당 대정면책을 지낸 이운방 옹과의 취재에서도 "중앙당의 지령이 있었다면 어째서 봉기 여부를 놓고 도당 내부에서 심각한 논란이 있었겠느냐"는 반문을 통해 제주도당의 독자적 행동이었음을 확인하고 있다. 46~47쪽.

[129] 김종민, 앞의 책, 355쪽.

이후 제주4·3 진상규명운동에 있어서도 언론은 철저히 정부의 반공 이데올로기에 충실히 따르면서 이를 철저히 억압하는 데 기여한다. 1988년 6월 재일동포 작가 김석범의 소설과 자료집『민중항쟁』에 대해 문공부가 좌익서적으로 지정하여 검찰에 고발했을 때, 대부분의 언론은 이를 대서특필하기에 바빴고, 특히 조선일보는 사설을 통해 서적판매금지뿐만 아니라 파괴세력을 분별해 낼 것을 주문했다. 1990년에 일어난 'KBS 사태'는 방송을 통한 제주4·3 담론 억압이라는 전례를 남겼다. KBS의 역사탐험 3부작 가운데 1부 '제주4·3전후'를 놓고 경영진 측이 돌연 방영을 취소한 것에 노조가 반발하여 일어난 이 사건은 제주4·3을 공영방송에서 공론화하려는 첫 시도였다는 점에서 진일보한 것이었으나, 여전히 공적 영역에서의 담론형성이 얼마나 어려웠는가를 단적으로 보여주었다.

이후 진상규명에 대한 많은 진전이 있었던 1998년 8월 21일 제주에서 열린 '제주4·3 제주50주년 기념 국제학술대회'[130]는 제주4·3이 국내의 담론을 넘어 세계적인 담론으로 확장된 획기적인 행사였다. 많은 언론들이 이에 관심을 갖고 취재하는 가운데에서도 조선일보만은 이를 보도하지 않고, 오히려 '대한민국 50년 우리들의 이야기'라는 전시회를 열어 이승만, 박정희를 옹호하고 제주4·3에 대해 '좌익반동세력을 진압했다'는 표현을 통해 제주4·3 논의를 여전히 학살 가해자들의 입장에서 대변하고 있었다.

---

[130] 이 행사는 제주4·3을 주제로 한 첫 국제학술대회인데다 국내의 양심적 지식인은 물론 세계적인 인권운동가(1996년 노벨평화상 수상자인 동티모르의 독립운동가 호세 라모스 오르타 박사와 '김대중 납치사건 진실규명위원회' 일본 측 대표 덴 히데오 참의원 등)들이 참여하는 등 국제적인 관심을 불러일으켰다.

이처럼 제주4·3에 대하여 언론이 50년 동안 보여준 억압적 행태는 어디에서 비롯된 것인가? 외적인 원인을 찾는다면 단순히 국가권력의 언론통제에 기인했다고 말할 수 있겠다. 그러나 대한민국 언론이 내부적으로 갖고 있는 성향에서는 이를 찾을 수 없는가? 이에 대해 언론인 김삼웅 교수는 지난 2003년 프레스센터에서 열린 제25회 기자포럼에서 발제한 글 "제주4·3사건과 한국 언론"에서 그 이유를 여섯 가지로 지적하고 있다.[131]

첫째, 과거의 잘못된 평가, 즉 '폭동·반란론'의 편향된 이념적 경향성으로서, 냉전과 반북 적대의식에 길들여진 언론인들이 제주4·3을 단순하게 이데올로기성 사건으로 인식하고 있다는 것이다. 둘째, 제주도에 대한 차별의식이다. 이런 습성은 제주4·3을 의도적으로 차별하고 축소하는 보도관행으로 이어졌다. 셋째, 언론인들이 갖고 있는 역사인식의 빈곤이다. 해방공간에서 짧은 시간에 3만 명 이상이 희생당한 사건은 조금이라도 역사의식이 있는 언론인이라면 마땅히 관심을 가졌어야 할 일이다. 넷째, 언론인들의 사대의식이다. 제주4·3의 무수한 인명희생에는 미국의 책임이 큼에도 불구하고 언론인들은 그들과 관련한 취재는 꺼려했다. 다섯째, 언론인들의 외신추종 습성이다. 노근리 사건의 경우 국내 일부 잡지에서 상세히 보도했음에도 침묵하다가 AP통신이 보도하자 허겁지겁 보도하는 추종성을 보였다. 여섯째, 언론인들의 법의식의 부재 혹은

---

[131] 김삼웅, 「제주4·3사건과 한국 언론」, 『제25회 기자포럼』, 2003. 이 포럼은 한국언론재단, 제주도의회, 한국기자협회가 주최하고 제주도기자협회가 주관한 행사로 2003년 3월 28일 서울 프레스센터 20층 국제회의장에서 열렸다. 따라서 이 글은 미발행 발제문의 형태로 참석자들에게 나누어준 것으로 페이지를 정확하게 표시하는 데 어려움이 있어 글 제목만을 밝혔다.

법률상식의 무지이다. 2000년 법률 제6117호로 제정된 '제주4·3사건 진상규명 및 희생자명예회복에 관한 특별법'은 독립된 특별법임에도 불구하고, 이보다 구속력이 없는, 그나마 각하된, 헌법재판소의 일부 의견에서 4·3의 해법을 찾으려는 모습들이 그것이다.

그는 지난 50년간 중앙언론들의 제주4·3에 대한 묵살·축소·외면·왜곡 등의 비언론적인 행태는 언론인들의 '미필적 고의'였으며, 특히 대만 언론이 '2·28대학살' 사건을 대했던 태도와 비교할 때 한국 언론은 심해도 너무 심했다고 평가한다.[132] 결국 제주4·3에 대한 대한민국 언론은 국가권력의 전달자이자 재생산자로서의 기능을 너무나도 충실하게 수행했음이 명백해졌다. 이는 마치 제주4·3 당시 학살의 대리자이자 하수인의 역할을 서북청년단이 맡았다면, 이후 제2의 학살의 대행자의 역할은 언론이 감당했다고 볼 수 있다.

제주공동체의 정신적·문화적 고통의 역사

제주4·3 이후 제주 사회는 국가권력의 반공 이데올로기를 통한 억압, 역사 왜곡을 통한 역사진실의 부정화, 언론의 확대효과를 통한 정당화의 폭력 속에서 또다시 제2의 학살을 강요당함으로써 '희생의 대물림'을 겪었다. 제주4·3은 그 진행과정 동안의 희생과 피해만으로도 민족사와 세계사에서 유례를 찾아보기 힘든 참극이었지만, 만행의 현장에서 살아남은 직간접적인 피해자에게 일생 동안 지속될 신체적·정신적 후유증을 남겼다.[133]

---

[132] 위의 책.
[133] 황상익, 「의학사적 측면에서 본 '4·3'」, 『제주4·3연구』, 역사비평사, 1999, 322쪽.

이처럼 제주4·3은 이후 제주공동체에 엄청난 영향을 끼쳤는데, 그 형태는 주로 정신적인 영역에서의 심한 피해의식, 패배주의, 배타주의, 인격분리, 심리적 억압 등 다양하게 나타났다. 억울한 죽음과 희생이 위로의 대상이 되기는커녕 또다시 생존자의 가족과 사망자의 유족들에게 두고두고 지속되는 멍에가 되어 그들의 삶을 짓눌렀던 50년의 역사는 '학살의 대물림', '정신적 학살', '제2의 학살'이라는 말로 대변될 수 있을 것이다. 그렇다면 이 기간 제주공동체가 겪었던 다양한 정신적 학살의 결과는 어떻게 나타났는가? 그들은 국가권력이 가한 제2의 학살 메커니즘 속에서 어떻게 파괴되었는가?

  첫째, '빨갱이 콤플렉스(Red Complex)'에 의한 고통이다. 이것은, 앞서 밝혔듯이, 역대 정권의 반공 이데올로기를 통한 억압 정책에 따른 자연스런 귀결이라 할 수 있다. 8년 여 동안 벌어졌던 제주4·3이라는 사태 자체는 한마디로 '빨갱이 소동'이라 하여도 지나치지 않을 만큼, '빨갱이'라는 용어는 당시 제주도를 시산혈해(屍山血海)의 땅으로 만든 핵심어이다. 이 말은 학살 가해자에게 있어서 학살의 시작이요 끝이며, 학살의 원인이요 결과이며, 학살의 명분이요 정당성이었다. '빨갱이'라는 말이 누군가를 향해 발화(發話)되면, 불가능할 것 같던 폭력이 현실에서 가능해졌다.

  1948년 10월 초토화 작전이 전개되던 시기 제주신보 편집국장이었던 김용수는 "(서청이) 민간인인 나를 몰래 죽여 놓고 나서 '그는 빨갱이였다'라고 말하면 그만이던 세상이었다."[134]고 증언하고 있다. 제주도 또한 해방 이후부터 중앙의 수뇌부와 군정경찰에게 있

---

134) 제민일보4·3취재반, 『4·3은 말한다-4』, 175쪽.

어 이미 '빨갱이 섬'으로 인식되어 있었다.[135] 제주도 전체를 '빨갱이 섬'으로 인식했다는 것은 군·경으로 하여금 제주도민 30만 명을, 그것도 남녀노소 가리지 않고 학살할 수 있다는 정당화된 논리를 부여해 줄 수 있었다.

제주4·3 당시 무수한 사람들이 '빨갱이'라는 손가락질 하나에 목숨을 잃었고, 이후 역대정권이 제주4·3을 '빨갱이'에 의한 공산폭동이라고 규정함으로써, 제주도 사람들은 자신들의 부모가 억울하게 죽임을 당했어도 이에 대해 분노하기는커녕 오히려 '빨갱이 후손'이라는 굴레를 지고 숨죽여 살아야 하는 정신적 고통을 겪어야 했다. 따라서 50년 동안 제주도민들에게 있어서 '빨갱이'라는 말 한 마디는 무시무시한 공포이자 치명적인 폭력이 되어 그들의 정신을 파괴시켜왔다. 이것이 바로 제주도 사람들이 겪었던 '레드 콤플렉스'이다.

이 레드 콤플렉스가 얼마나 지독하게 제주도민들을 괴롭혔는지에 대해 제민일보 김종민 기자는 1987년 12월 13대 대통령 선거를 불과 며칠 앞두고 터진 'KAL기 폭파 사건'과 1992년 10월 6일 14대 대통령 선거를 앞두고 터진 '이선실 간첩 사건' 때 제주도민들이 당했던 정신적 혼란을 예로 들었다. 그에 따르면, KAL기 폭파 사건에서 폭파범 중 한 명이 제주4·3폭동에 가담했던 제주 출신이

---

[135] 1948년 6월 종군기자의 자격으로 제주에 왔던 조덕송(조선통신 특파원, 전 조선일보 논설위원)이 신천지 1948년 7월호에 발표한 현지보고서에 따르면, 제주도에는 해방 이후 좌익세력이 상당히 침투되었으며, 그들의 조직체는 인민위원회를 통하여 전도에 행세를 했음을 밝히고 있다. 따라서 육지부 사람들이 제주도를 보는 시선이 이미 '좌경화된 섬', '공산주의자들의 섬'으로 인식하고 있었다. 제민일보4·3취재반, 『4·3은 말한다-2』, 56~57쪽.

었다는 것, 이선실 간첩 사건에서 이선실이 제주도 대정읍 가파리 출신이었다는 사실이 보도되면서 제주도를 발칵 뒤집어 놓았다는 것이다.136) 심지어 제주4·3때 일본으로 도피했다가 월북한 것으로 알려진 사람들의 가족들은 '요시찰 인물'로 분류되어 당국으로부터 관심의 대상이 되었으며, 당시 돈을 벌기 위해 일본에 다녀온 사람들은 아무 잘못이 없어도 대공 담당 형사들에게 몰래 담뱃값을 쥐어주어야 하는 형편이었다.137) 이처럼 레드 콤플렉스는 제주4·3 당시나 이후 50년 동안 제주도민들의 정신세계 속에 수치심과 죄의식의 형태로 지속적으로 고통을 주었던 정신적 피해의 대표적인 전형이었다.

둘째, 레드 콤플렉스의 확대된 형태로서의 연좌제에 의한 고통이다. 연좌제(連坐制)란 근대법이 확립되기 이전의 전통사회에서 단지 가족원이나 근친 중의 누군가가 범죄 행위를 저질렀다는 이유만으로 행위 당사자와 함께 그 부모·처자·형제를 비롯한 친족에게까지 형벌에 처해지는 경우를 일컫는 말이었다. 한국사회에서 연좌제는 1894년 갑오개혁의 과정에서 제도적으로 철폐되었으나, 일제시대 '요시찰명부'를 통한 감시를 거쳐, 해방 후 남북의 체제 대립상황 속에서 '신원조회'를 통해 '특이자'를 걸러내는 사회적 관행으로 공공연히 실시되어 왔다.138) 제주4·3 당시뿐만 아니라 그 이후 제주도민 대다수는 연좌제에 의한 피해를 겪었다.139) 4·3 당

---

136) 김종민, 「4·3이후 50년」, 370쪽.
137) 위의 책, 370쪽.
138) 제주4·3사건진상규명 및 희생자명예회복위원회, 『제주4·3사건 진상조사보고서』, 497쪽.
139) 2000년 8월 13일 '제주4·3진상규명과 명예회복을 위한 도민연대'가 4·3사건 유가족 75명을 대상으로 설문 조사한 결과, 전체의 86%가 연좌제

시 연좌제의 적용은 토벌대가 가족 중에 산으로 도피하여 무장대에 들어간 가족들을 '도피자 가족'이라 하여 사살하는 데서 비롯한다. 한 사람이라도 산으로 들어간 사람들이 있는 가족은 사상이 같거나 행동을 함께 할 것으로 미리 판단하여 함께 죽였던 것이다. 이를 대살(代殺)이라 한다.

대한민국 정부는 연좌제의 폐해를 인식하고 1980년 8월 1일자로 연좌제를 공식적으로 폐지하기에 이른다. 그러나 연좌제의 법적 효력은 사라졌지만, 사회적 관행으로서의 연좌제 문화는 여전히 남아 있어 공직 임용시 신원조회의 관례로 지속되었다. 연좌제에 의해 피해를 겪었던 홍문평 씨의 증언은 연좌제가 3대 이상 지속되면서 대물림되고 있음을 잘 보여준다.

> 아버지가 돌아가신 후 서북청년단 출신 순경들에게 구둣발로 채이는 수모를 겪었습니다. 6·25가 발발하자 육군에 입대해 항공학교 조종사 모집 시험에 합격했습니다. 1년 동안 100회 이상 출격하는 기록을 세웠지요. 그러나 어느 날 특무대에서 부르더니 아버지의 일을 이야기하면서 더 이상 조종을 하지 못하게 했습니다. 노태우 대통령 시절에는 작은 아들이 ROTC에 합격하고도 못들어 갔습니다.[140]

연좌제에 의한 제주도민의 피해의식은 제주도의회 4·3특별위

피해를 겪었다고 응답했다. 이러한 연좌제의 실시는 4·3사건 희생자 유족들에게 과거 4·3사건으로 인한 쓰라린 기억 위에 현재를 살아가는 고통을 추가함으로써 피해의식을 확대·재생산하였다. 특히 제주도는 혈연공동체 성격이 강한 지역임에 따라 연좌제가 제주사회에 미친 악영향은 지대했다. 위의 책, 498쪽.
[140] 홍문평 씨의 증언, 제민일보4·3취재반, 『4·3은 말한다-5』, 28쪽.

원회가 피해조사를 벌일 때 신고를 기피하는 사람들이 많은 것으로 나타났고, 특히 공무원이나 사회적으로 성공한 사람일수록 더 기피하는 경향을 보였다. 많은 증언자들은 자신들의 부모가 억울하게 희생되었음에도 불구하고 토벌대에게 죽었다는 이유 하나로 자신은 물론 자식들의 미래마저 피해받을 것을 걱정한다. 1996년 유족회 회장단이 토벌대에게 가족이 희생된 유족들로 바뀌었지만, 그 전까지 유족의 10분의 1밖에 안 되는 '반공유족'이 수적 열세에도 불구하고 유족회를 장악할 수 있었던 것도 바로 연좌제에 의한 사회적 분위기에 기인한다.

셋째, 연좌제의 굴레에서 벗어나기 위한 극단적 반공주의자로의 자기변신이다. 레드 콤플렉스에서 벗어나기 위한 제주도민의 처절한 몸부림은 제주4·3 당시 입대선풍으로 나타났다. 당시 제주도 청년들의 입대선풍은 학살의 현장에서 탈출하고자 하는 목적 외에 '빨갱이'라는 색깔론에서 벗어나기 위한 방편이기도 했다. 특히 토벌대에게 가족을 잃었거나 토벌대의 눈총을 받아 곤욕을 치렀던 사람일수록 군에 들어감으로써 자신들의 정체성을 바꾸어 보려고 애를 썼다.[141] 제주도의 많은 청년들이 한국전쟁 당시 소위 '귀신 잡는 해병'이 되어 '빨갱이' 소탕에 앞장서서 많은 공을 세웠다는 이야기는 바로 이런 맥락에서 비롯된 것이다. 그들은 자신들이 해병대에 입대하여 공산주의와 싸웠던 경력을 애써 강조하곤 했다.

4·3 당시 빨갱이라는 누명을 쓰지 않거나 벗어나기 위해 적극적으로 빨갱이를 고발하는 등 토벌대의 앞잡이가 된 경우가 많았

---

[141] 김종민, 앞의 책, 374쪽.

고, 이후 많은 제주도 사람들은 색깔 공세로부터 자신을 보호하기 위하여 극단적인 반공주의 입장을 대변하는 일에 적극적으로 참여하였다. 유명한 무장대원의 아들로서 사업을 하는 한 인사는 자유총연맹의 간부직을 맡아서 반공주의자로 거듭났음을 보여주었는데, 이는 극단적 반공 이데올로기 사회에서 살아남기 위한 색깔 이름표라고 볼 수 있다.[142]

제주도민의 이러한 현상에 대하여 의학자 황상익은 정신분석학 용어인 '반동형성(反動形成)'이라는 말로 설명한다. 그에 따르면, 반동형성이란 무의식의 밑바닥에 자리잡고 있는 기억·생각·감정·충동 등이 너무나 받아들여질 수 없는 것일 때 그와는 정반대의 행동이나 생각을 함으로써 기억과 감정이 의식되지 않도록 하는 무의식적 심리기전이다.[143] 따라서 심리학적 관점에서 볼 때, 해병대에 입대하여 공을 세우는 일이나 반공단체에 들어가서 활동하는 것, 공공연하게 반공주의를 외치고 앞장서는 행위 등은 모두 자신들에게 가해지는 '빨갱이'라는 이데올로기적 색깔 혐의와 연좌제의 그늘에서 벗어나기 위한 비정상적인 심리적 방어수단의 하나로 볼 수 있다. 이것은 4·3 이후 희생자 유족들에게 나타난 또 하나의 정신적 병리 현상이자 고통의 표현이었다.

넷째, 극도의 자기억압과 부정, 그리고 인격분리의 고통이다. 제

---

[142] 위의 책, 371쪽.
[143] 황상익, 「의학사(醫學史)적 측면에서 본 '4·3'」, 『제주4·3연구』, 역사비평사, 1999, 331~332쪽. 예를 들어, 반동형성은 매우 수줍고 소심한사람이 지나칠 정도로 대범하거나 남을 의식하지 않는 듯한 언행을 하는 경우가 그것인데, 황상익 교수는 항공포(抗恐怖) 행위도 반동형성과 연관된 것으로, 가슴 깊이 잠겨 있는 공포가 의식되는 것을 피하기 위해 오히려 공포의 대상이 되는 행동에 열심히 몰두하는 것으로 나타난다고 설명하고 있다.

주4·3 이후 역대 정권의 반공 이데올로기와 역사 왜곡·날조, 그리고 언론의 확대·재생산을 통한 제주공동체에 대한 정신적 폭력은 4·3 희생자 유족들에게 50년 동안 엄청난 심리적 왜곡과 정신적 파괴를 가져왔다. 황상익에 따르면, 제주도민의 이러한 피해의식은 구체적으로 억제, 억압, 부정 혹은 망각, 그리고 인격분리라는 심리적 형태로 나타나고 있음을 분석했다. 그는 희생자의 유족들이 자신들에게 가해진 정신적 폭력으로부터 벗어나거나 생존하기 위하여 자기들 나름대로의 심리적 기제를 이용하고 있음을 밝히고 있는데, 이러한 심리적 대응 자체가 그들에게는 이미 정신적 고통의 표현이었다.

  방어기제의 하나인 '억제(抑制)'는 잊고 싶은 기억이나 용납되지 않는 욕구 등을 의식적으로 잊으려 하는 방법인데, 흔히 증언의 거부로 나타난다. 할아버지, 할머니들에게 취재반이 찾아가 인터뷰를 하려고 하면 쫓아내는 행위, 공공기관인 제주도의회 4·3특별위원회가 희생자 조사를 벌일 때 신고를 기피하는 모습 등이 그것이다.144) '억압(抑壓)'이란 모든 심리적 방어기전의 기초가 되는 가장 보편적이고 일차적인 자아의 무의식적 방어수단으로서, 억압을 통해 자아는 위협적이거나 괴로운 기억·충동·감정·소원·환상 등이 의식되는 것을 막아준다.145) 억제보다 더 치밀한 심리기전인 억압은 마을의 온갖 다른 사건들은 증언하면서도 정작 자신의 어머니가 희생되었다는 말은 하지 않는 노인의 모습에서 그 예를 찾을 수 있다. 이는 의식적으로 증언을 삼갔다고 볼 수도 있지만, 오히려 자신과 관련한 사실을 교묘히 억압한 것으로 볼 수 있다.

---

144) 위의 책, 330쪽.
145) 위의 책, 331쪽.

억제와 억압이 소극적 의미에서의 방어기제라면, '부정(不定)과 망각(忘却)'은 적극적인 방법으로서의 방어기제이다. 이는 4·3이 진행되는 동안과 그 이후 많은 사람들이 제주도를 떠나 아예 고향을 잊고자 한 일이나, 고향에 남아서 죽은 부모의 존재를 완전히 잊어버리고자 하는 것, 심지어 자식들에게조차 조부모의 비극을 결코 말하지 않는 모습으로 나타났다. 이러한 부정과 망각의 노력은 '인격분리(人格分利)'로 발전하여 자신과 후손들을 고향과 조상들로부터 분리·단절시키기에 이른다. 인격분리는 끔찍한 사건에 동반하는 괴롭고 가슴 아픈 감정이나 느낌을 의식에서 몰아내는 무의식적 방어기제로, 사건은 기억하지만 그것에 수반되는 정서는 기억하지 않는 것을 말한다.146) 예를 들어, 끔찍한 사건을 '담담히 증언했다'고 했을 때, 그 사건을 충분히 소화해낸 결과일 수도 있지만, 동시에 심리적인 분리현상으로 볼 수 있다는 것이다.

이처럼 황상익의 희생자 유족들의 심리적 방어기제 분석은 제주4·3을 겪고 난 이후 그들에게 가해졌던 정신적 폭력이 얼마나 깊은 상처로 남아있는지를 간접적으로나마 보여주고 있다. 그러나 아무리 그들이 자신들의 심층의식 속의 방어작용을 통해 이로부터 벗어나고자 몸부림쳤다 할지라도 자신들에게 지속적으로 가해져오는 참혹함으로부터 완전히 지킬 수는 없었다. 그러므로 살아남은 제주도 사람들 대부분에게 깊이 박혀있는 감정은 결국 두려움과 수치심, 그리고 죄의식이었다.147) 이러한 감정들은 냉소주의,

---

146) 위의 책, 331쪽.
147) 위의 책, 332쪽. 황상익에 의하면, 가해자도 아닌 피해자가 갖게 되는 수치심이나 죄의식은 다음과 같다. "죽은 사람들을 그대로 죽게 방치한 죄, 자신만은 살아남았다는 죄, 가족 중 누구를 돕지 못했다는 자책감, 그 죽음에 대해 갖는 책임감" 같은 것들이다. 그는 이러한 느낌이 승화

패배주의, 순응주의, 무소신주의, 극단적 현실주의, 배타주의 등으로 확대되면서 제주공동체의 정신문화로 자리 잡게 되었다. 이로써 4·3 이후 제주공동체는 정신적 폭력의 피해자로서 50년의 역사를 살아야 했고, 이 기간 그들이 겪은 정신적 고통은 또 다른 의미에서 '제2의 4·3 학살'로 규정해야 할 것이다.

되는 경우는 다행이지만, 그런 경우는 아주 드물고 평생 죄책감으로 남아 자신을 괴롭히게 되고 스스로를 죽은 사람들과 동일시하려는 경향에조차 빠져들 수 있다고 말한다.

4장 제주4·3의 제노사이드적 해석

해석의 지평-1

제주4·3의 제노사이드적 해석

1. 제주4·3의 제노사이드 개념론

앞서 밝혔듯이, 제주4·3이 발생한 1948년은 램킨이 제안한 제노사이드라는 신조어가 스위스 제네바 유엔총회에서 〈제노사이드 협약〉이라는 이름으로 만장일치로 통과함으로써 국제법의 개념으로 결정된 해이기도 하다. 한쪽에서는 처참한 대량학살이 일어나고 있었고 지구의 다른 한편에서는 이에 대한 국제법적인 제재 움직임이 본격화되었지만, 현실적으로 이 두 사건은 서로에게 어떠한 관련성도 갖지 못한 채 독립된 각각의 역사로 기록될 뿐이었다. 두 사건이 발생한 지 60년이 지난 지금 제주4·3의 제노사이드 개념 적용의 문제를 다룬다는 것은 시대착오적인 것이라는 지적을 받을 수 있으나, 그럼에도 불구하고 이 사건에 대한 제노사이드 개념 규정은 제주4·3 연구에 대한 기초적인 토대로 자리 매김 될 것이다.

제주4·3의 제노사이드 개념 적용의 문제는 먼저 이 사건에 대한 〈협약〉에 명기된 조건에 부합하느냐를 묻는 질문과 〈협약〉 이후 학자들의 세계에서 이루어진 제노사이드 개념에 대한 다양한 담론 차원에서 묻는 질문을 다루어야 할 것이다. 전자는 법적 조건성을 따지는 문제이고 후자는 학문적 적합성을 살피는 문제이다. 그리고 만일 법적 개념에 부합하지 않을 경우 학문의 분야에서 이를 위한 새로운 개념을 없는지를 고찰해야 한다.

먼저 1948년 유엔총회의 〈협약〉에 제시된 개념론에 근거하여 제주4·3을 보자. 앞서 밝혔듯이, 〈협약〉은 19개 조항으로 이루어졌지만 핵심적인 부분은 제노사이드 개념 규정에 관한 것으로 제2조에 명기되어 있다. 이에 따르면, "본 협약에서 제노사이드라 함은 국민적, 인종적, 민족적 또는 종교적 집단을 전부 또는 일부 파괴할 의도로서 행하여진 행위"로 규정하고 있다. 이 규정문에서 중요한 사항은 파괴의 대상 및 보호 집단에 관한 것, 파괴의 범위와 정도에 관한 것, 그리고 의도성의 여부에 관한 것으로 요약된다. 즉 파괴의 대상은 국민집단(national group), 민족집단(racial group), 인종집단(ethnical group), 그리고 종교집단(religious group)으로 제한되어 있고, 파괴의 정도와 범위는 '전체 혹은 부분(whole or in part)'이며, 여기에 많은 논쟁이 있었지만 의도성의 여부를 확인해야 한다는 규정이 첨가되었다.

그렇다면 제주4·3은 이런 규정에서 볼 때 국제법적인 제재와 보호를 받을 수 있는 제노사이드 개념에 부합하는가? 대답은 부정적이다. 첫 번째 항목에서부터 제주4·3은 배제되기 때문이다. 제주4·3에서의 희생자는 제주도민 3만 명인데, 이들을 묶어줄 수 있는 합의된 집단명이 존재하지 않기 때문이다. 즉 제주도에서 희생된 사람들은 국가 간에 일어난 국민에 대한 학살(국민집단)도 아니며, 다른 민족이 다른 민족을 죽인 학살(민족집단)도 아니며, 인종과 종교집단에 대한 학살은 더더욱 아니기 때문이다. 제주4·3은 세계적으로도 그 유례를 찾아보기 힘든 동일한 국민, 동일한 인종, 동일한 민족의 구성원들 사이에서 자행된 대량학살이라는 독특한 특징을 가지고 있다. 두 번째 조건인 파괴의 범위와 정도에서 제주4·3은 당시 제주민의 10분의 1이 희생된 것으로 볼 때 공동체의 한 부분이 파괴된 것으로써 〈협약〉의 조건에 부합할 수 있다. 세 번째 의도성의 여부에 대한 문제는 가해자 쪽과 피해자 쪽의 주장하는 바가 다를 수 있기 때문에 논쟁의 가능성이 매우 높은 부분이다. 이승만 정권으로 대표되는 대한민국 정부의 토벌군의 입장에서 대량살해는 우발적으로 발생한 것이자 국가존립을 위협케 하는 세력에 대한 공권력의 행사로 주장할 것이고, 일방적으로 희생당한 제주도민들은 국가의 의도된 학살이라고 주장할 근거들이 있기 때문이다. 따라서 세 가지 조건을 모두 충족해야 국제적으로 제노사이드로 인정받을 수 있다는 규정에서 볼 때 제주4·3은 일단 제노사이드의 범주에 들어갈 수 없다고 보는 것이 합리적일 것이다.

이처럼 〈협약〉에 따른 법적 규정에 부합하는 사례들은 결코 흔치 않다. 따라서 많은 학자들은 〈협약〉 이후 수많은 논쟁을 거치면서 렘킨의 제노사이드를 넘어서는 시도를 하고 있음을 앞서 살펴 본 바 있다. 우선 가해자 국가와 피해자 국가들의 입장이 상반되게 나타난다는 점이다. 즉 가해 경험 국가들은 제노사이드 개념을 축소하고자 하고, 피해 경험 국가들은 이를 확대하고자 한다는 것이다. 그리고 학자들 가운데서는 오직 유태인 600만 학살 사건과 같은 경우만을 제노사이드로 보려는 홀로코스트 예외주의로부터 모든 대량학살을 제노사이드로 보아야 한다는 제노사이드 보편주의에 이르기까지 다양하게 존재한다. 그러나 무엇보다도 학자들 사이에서 많은 논쟁을 불러일으킨 것은 파괴의 대상 및 보호집단에 대한 규정이다. 특히 이상의 네 집단 외에 사회적 집단, 정치적 집단, 경제적 집단을 뺀 것에 대해서는 결정적인 문제로 나타났다. 이런 데에는 공산주의 치하의 대량학살, 식민주의적 대량학살, 서유럽 국가들의 문화적 전통 파괴나 미국의 인디언 절멸의 역사들이 포함되기 때문이다.

  이러한 제한된 범위 설정에 대하여 몇몇 학자들은 새로운 이름을 만들면서까지 그 범위를 확장하려는 시도를 하고 있다. 럼멜은 '데모사이드'라는 용어를 통해서 제노사이드를 포함한 여러 형태의 학살 유형들을 묶었고, 바바라 하프와 테드 거는 〈협약〉에서 빠진 것 중에 가장 중요하다고 판단된 정치적 집단을 포함시켜 이를 '폴리티사이드'라 하여 제노사이드와 동등한 수준으로 다루고 있다. 심지어 대량학살에서 많이 나타나는 여성에 대한 살해의 부분을 따로 강조하기 위해 '젠더사이드'라는 말도 생겨났다.

  이렇게 볼 때, 제주4·3은 〈협약〉의 조건에서는 배제되지만, 이후 학문적인 분야에서 제시된 개념 규정에서는 새롭게 자리 매김할 수 있는 여지가 있다. 즉 제주4·3에서 희생된 대상들에 대한 규정은 무엇보다도 정치적인 목적에 따른 희생자 집단임을 고려할 때 바바라 하프와 테드 거가 제안한 '폴리티사이드' 개념으로 보아야 할 것이다. 이는 구소련의 공산주의 혁명과정에서 발생한 정치적 대량학살과 맥을 같이 한다고 볼 수 있다.

  이른바 정치적 학살이란 지배적 정치권력 주체가 일종의 정치적 이념, 즉 이데올로기를 통한 국가 및 민족에 대한 지배 및 장악을 위하여 적대적 이념을 가진 집단에 대한 배제 및 제거의 목적으로 이루어진 일방적 살해라고 볼 때, 제주4·3의 폭력은 철저히 정치적 동기에서 비롯된 것임이 명확하다. 그러나 구소련의 경우처럼 공산주의 이데올로기 세력에 의한 비공산주의 내지 반공주의자들에 대한 살해라는 구조와 달리 제주4·3의 희생자 집단은 공산주의와 자본주의라는 두 가지 이데올로기들 사이에서 죽임을 당했다는 데서 그 차이가 있다. 즉 어떤 지배이데올로기에 대한 저항적 이데올로기 주체로서의 희생이 아니라, 두 개의 거대한 지배 이데올로기의 충돌 과정에서 발생한 비이데올로기적 주체들의 희생이라는 점이다.

2. 제주4·3의 발생 조건과 배경론

그렇다면 제주4·3의 원인과 조건은 제노사이드 이론에 입각해서 볼 때 어떻게 해석될 수 있는가? 앞 장에서 밝힌 바와 같이 제주4·3은 세계적으로 제국주의 쇠퇴와 함께 시작된 탈식민주의 과정과 제2차 세계대전 후 새롭게 재편된 미소 냉전 구도의 등장, 이러한 국제적 흐름의 틈바구니에서 일제 식민지배로부터의 해방과 새로운 국가형성의 과제를 앞둔 국내적 정치 상황이 복잡하게 얽히면서 이루어진 과도기적 역사를 바탕으로 한다. 즉 제주4·3의 역사적 위치는 한국의 근대사에서 현대사로 넘어가는 정점에 있었으며, 탈식민과 해방정국의 상황에서 한반도의 새로운 독립 국가 탄생을 위한 과도기적 기간에 걸쳐 있다고 볼 수 있다. 동시에, 국제적으로 제주4·3은 제2차 세계대전을 거치면서 새롭게 재편된 미소 냉전 구도의 국제 질서 속에서 공산주의와 자본주의라는 날카로운 이념의 대립이 격화되는 소용돌이 가운데 놓여 있었다. 이른바 '과도기적 기간'이라는 말은 일제로부터의 탈식민화의 과정과 냉전이라는 세계질서의 구도가 맞물리면서 한반도에 새로운 국가를 탄생시켜야 한다는 국가형성의 과제가 삼중적으로 얽혀있는 역사적 상황을 의미한다.

이른바 삼중적 사회정치적 구조를 배경으로 발생한 제주4·3의 원인은 근본적으로 근대성의 철학과 민족주의 사상이 탈식민주의 시대를 거치면서 전 세계적인 정신적 흐름으로 진행되는 시점에 걸쳐 있다는 사실에서 간접적인 원인으로 볼 수 있다. 즉 대량학살이 근대성과 민족주의라는 시대정신으로부터 배태될 가능성이 높을 수 있다는 사실에서 제주4·3 또한 예외일 수 없음을 의미한다. 이는 당시 국제적인 시대적 정신의 흐름이라는 범주에서 이해될 수 있는 간접적인 원인 구조라 하겠다.

그런 다음 직접적인 원인의 범주로서의 사회정치적 구조에서 제주4·3은 어떻게 해석될 수 있는가? 앞에서 밝힌 여러 제노사이드 학자들의 이론 중에서 제주4·3의 원인을 가장 종합적으로 설명하는 체계는 벤자민 발렌티노의 사회정치적 구조변화론일 것이다. 그가 제시한 세 가지 원인 범주, 즉 집단과 집단 사이의 사회적 균열론, 전쟁이나 혁명, 국제적인 위기 상황과 같은 국가적 위기론, 그리고 정부의 정치권력 집중화에서 비롯된 권력 집중론이 그것이다. 제주4·3은 이 세 가지 범주가 모두 포함된 사회적 균열론으로 볼 때, 제주4·3 당시 한반도 내부의 사회적 분위기는 소련을 중심으로 한 공산주의와 미국을 중심으로 한 자본주의라는 거대 이데올로기가 충돌하면서 남한과 북한이라는 정치체제의 분열과 남한 내부에서 끊임없이 일어나는 정치적 갈등의 양상으로 발전한 데 기인한다. 물론 사회적 균열이 제주4·3의 근본적이고 직접적인 촉발의 원인이라고는 할 수 없다. 오히려 이보다 더 광의적인 구조에 따른 결과적 요인으로 보는 것이 타당하다. 즉 당시 남한 내의 사회정치적 갈등은 내부적 요인으로 이루어진 것이라기보다는 국제적인 구조 개편에 따른 것이기 때문이다.

국가적 위기론에서 볼 때 제주4·3은 신탁통치와 단독정부 반대라는 정치적 저항, 그리고 남한 내 여전히 편만해 있는 공산주의 정치주체들의 존재와 그들의 정치세력화는 남한에서의 단독 정부를 수립하려는 이승만 정권에게 있어서는 하나의 국가적 위기라고 할 수 있다. 문제는 국가 지도자가 이러한 국가적 위기 상황을 대량학살의 정당화를 위한 이데올로기로 전환하는 데 있다. 이승만 정부는 이른바 남한의 공산화라는 국가적 위기를 내세워 학살의 명분으로 삼았다.

권력 집중론은 바로 이러한 국가적 위기론에 따른 자연스런 다음 과정으로 나타난다. 학살의 가장 강력한 힘을 발휘하는 데 있어서 가장 중요한 것 중의 하나인 권력의 집중은 이승만 정권의 파시즘적 반공주의와 함께 남한 내 공산주의자들의 제거 과정에서 나타났다. 전체주의적이고 중앙집권적인 1인 독재체재일수록 학살 수행 가능성이 높다. 그런데 여기서 특기할 사실은 이승만 정권은 이미 전체주의적인 권력 구조를 먼저 갖추어 놓고 제주4·3의 학살을 감행했다기보다 학살이라는 방법을 통해 자신의 권력 구조를 구축해 나갔다고 보아야 할 것이다. 즉 제주4·3은 이승만 정권의 중앙집권적 권력 구조의 결과로서 파생된 것이 아니라, 학살을 통해 자신의 권력 구조를 집중화한 사례이다.

한편, 제주4·3은 바바라 하프가 제시한 세 가지 원인론, 즉 구조적 변화론, 집단 간 내부 균열론, 그리고 학살정권에 대한 외부세계의 견제 결여 및 지원론으로도 해석할 수 있다. 이들 가운데 앞의 두 요소는 발렌티노의 이론과 맥을 같이 할 수 있으므로 더 이상 언급하지 않는다. 주목할 것은 세 번째 요소인 외부세계의 견제 결여 및 지원론이다. 지금까지 제주4·3의 원인에 대한 학계의 논의에서 가해자를 가리는 데 있어서 중요한 외부적 주체로 거론되는 것이 미국이다. 제주4·3에 있어서 미국이라는 존재는 바바라 하프가 말하는 외부세계, 즉 주변 국가들과는 그 관련성 정도에서 매우 깊은 차이를 보인다. 바바라 하프가 언급한 외부세계란 방관적 주체로서의 의미에 가깝다. 예컨대, 아프리카 르완다 학살에 대한 유엔이나 미국의 입장, 수단의 다푸르 학살에 대한 중국의 입장, 보스니아 인종청소에 대한 유럽국가들의 입장과 제주4·3에서의 미국의 입장은 근본적으로 다르다.

물론 미국은 공식적으로 제주4·3에서 한 발 물러나 있는 방관자적 입장을 취하고 있으며 또 그렇다고 주장해 오고 있다. 그러나 앞 장에서 이 사건의 역사적 전개과정을 고찰하는 가운데 드러나는 분명한 역사적 사실은 제주4·3이 발생하기 전 3년이라는 기간은 미군정의 통치라는 공식적인 정치체제의 역사였으며, 학살이 본격화하던 1948년 8월 15일 공식적인 대한민국 정부가 수립되었음에도 불구하고 8월 24일 이승만 대통령과 하지 주한미군사령관 사이에 체결된 '한미군사 안정잠정협정'으로 여전히 한국군의 작전권은 미군에 귀속되어 있었다. 따라서 적어도 학살의 정점이라 할 수 있는 1948년 8월부터 1949년 3월까지의 기간에 이루어진 초토화 작전과 관련하여 미국은 결코 방관적 입장이라고 주장할 수 없는 역사적 사실 앞에 놓여 있다.

그러므로 바바라 하프의 외부세계 견제 결여 및 지원론은 제주 4·3의 원인을 설명하는 데 그 기본적 범주는 설정해 줄지는 모르나 결코 제주4·3을 정확하게 설명해 주지는 못한다. 오히려 제주 4·3에서의 외부세계로서의 미국은 이승만 정권의 학살에 대한 견제 결여나 지원의 차원 정도가 아니라, 학살의 중심에 개입하여 이를 주도하고 이승만 정권의 배후에서 조종하고 감독한 학살의 중심적 주체였다는 것이다. 따라서 제주4·3의 학살 가해자를 이승만 정권과 미국, 그리고 군경토벌대, 서북청년단 정도로 보는 것은 사건의 실체를 평면적이고 수평적으로 이해하는 데 머물 수 있다. 오히려 수직적이고 위계적으로 볼 때 학살의 주체는 미국의 배후 주도하에 이승만 정권이 나서고 군경토벌대와 서북청년단이 이를 현장에서 수행하는 구도로 보아야 할 것이다.

이렇게 볼 때, 제주4·3은 바바라 하프의 외부세계 지원론에 또 하나의 용어를 삽입해 주어야 할 사례로 등장한다. 즉 외부세계의 견제 결여 및 지원론에 이어 '개입 및 주도론'을 첨가해야 할 것이다. 적어도 제주4·3에서 미국은 개입 및 주도론으로 설명되어야 할 외부세계라는 사실이다. 이는 제주4·3의 가해 주체에 대한 처벌 및 보상, 그리고 책임론에 있어서 미국은 이승만 정권과 함께 결코 자유로울 수 없는 입장에 있다는 것을 인식시켜야 할 것이다. 제주4·3에 대하여 지난 2003년 대한민국 정부가 국가폭력이라고 인정하고 공식적으로 사과한 것처럼 미국은 적어도 제주도민에 대하여 공식적으로 사과해야 할 책임이 있다.

3. 제주4·3의 학살 유형론

　제주4·3의 학살은 어떤 유형으로 해석될 수 있는가? 앞서 개념론에서 밝혔듯이 제주4·3은 국제법적으로 인정받을 수 있는 제노사이드의 개념보다는 학문적으로 재설정된 개념인 폴리티사이드로 보는 것이 합리적이라고 했다. 제주4·3의 유형 또한 이러한 맥락에서 이해될 수 있다.

　앞서 제노사이드 이론가들이 제시한 여러 유형적 분석을 통해 볼 때, 무엇보다도 먼저 제주4·3은 프랭크 쵸크와 커트 조나선의 네 가지 유형, 즉 적대세력의 위협 제거형, 경제적 부 획득형, 적대세력에 대한 공포 조성형, 그리고 신념과 이데올로기 강요형 중에서 찾을 수 있다. 앞의 세 가지 유형은 근대 이전의 것이자 그 내용에 있어서도 제주4·3과는 관계가 없다. 오히려 제주4·3은 네 번째 유형인 '신념과 이데올로기 강요형'에 가깝다고 볼 수 있다. 이는 또한 로저 스미스가 밝힌 다섯 가지 유형, 곧 응징적 제노사이드, 제도적 제노사이드, 공리적 제노사이드, 독점적 제노사이드, 그리고 이데올로기적 제노사이드 중에서 마지막 유형에 속한다고 규정할 수 있다.

　제주4·3은 폴리티사이드로서 그 성격상 정치적 상황의 조건에서 발생한 것이며, 학살의 메커니즘에 있어서 이데올로기는 매우 중요한 요인으로 작용하고 있다. 즉 제주4·3은 미국이나 이승만 정권이 제주도로부터 경제적인 부를 획득하기 위해 마치 제국주의 국가들이 벌인 식민지 침략과 같은 종류의 일도 아니며, 적대세력에 대한 위협을 미리 차단하기 위해 사전 제거와 공포 조성을 위한 칭기즈칸의 전략적 대량학살과 같은 유형도 아니다. 제주4·3

은 당시 미국과 소련을 중심으로 한 공산주의와 자본주의라는 거대 이데올로기의 충돌이 한반도 내에서 북한과 남한이라는 두 정치체제로 분리되면서 서로의 정치적 이데올로기에 대한 갈등과 반목의 상황에서 빚어진 사건이다. 다만 이러한 이데올로기적 충돌이 전쟁이 아니라 학살의 형태로 현실화된 이유는 남한과 북한이라는 정권 차원의 충돌 사건이 아니라 남한의 정권이 제주도라는 한 지역을 이데올로기적 제거 대상의 모본으로 삼고 이루어진 일이기 때문이다. 즉 제주도 내에 존재하는 공산주의 이데올로기를 제거함으로써 남한 내 공산주의 세력 진압의 주도권을 행사하고자 하려는 의도에서 비롯되었기 때문이다.

제주4·3의 유형이 이데올로기 강요형이라는 것은 또한 학살의 수행 방법이 이데올로기적이라는 의미한다. 즉 제노사이드에 있어서 이데올로기는 학살을 수행하기 위한 정신적 요소이자 초기적 메커니즘이다. 에릭 와이츠(Eric D. Weitz)가 말했듯이 이데올로기는 가해자 집단으로서 권력을 잡은 정권이 추구하고 제시하는 정치적 이상향 혹은 유토피아를 의미하는 것으로써 제주4·3에서 이승만 정권이 내세운 정치적 이데올로기가 무엇이었는지 살펴보는 것은 매우 중요하다. 특히 국가형성의 과정에서 정치 지도자들이 제시하는 정치적 이데아 혹은 유토피아의 내용은 학살을 가능케 하는 정치적 명분 내지 정당성으로 활용될 가능성이 높다.

그렇다면 이승만 정권이 제주4·3의 학살에서 사용한 이데올로기는 무엇인가? 앞으로 메커니즘 해석에서 다루게 될 것이지만, 한 마디로 요약하면 반공주의이다. 즉 제주도라는 지역 전체를 공산주의에 물든 곳, 소위 '빨갱이 섬'이라는 인식을 정치적으로 합리화하고 확대 및 재생산함으로써 대량학살의 명분을 구축하려 한 것이다. 이는 남한으로 하여금 공산주의 확산에 대한 방벽으로 삼고자 했던 미국의 반공주의 전략과 맥을 같이 한다. 따라서 제주4·3은 미국과 이승만 정권이라는 두 주체가 남한에 세우고자 했던 반공주의 정치체제를 지키기 위하여 제주도라는 지역에서 수행한 자본주의 이데올로기 구축의 첫 시험적인 사건이라고 볼 수 있다. 이처럼 제주4·3의 유형은 무엇보다도 프랭크 쵸크와 커트 조나선, 그리고 로저 스미스가 제시한 '이데올로기형'으로 규정할 수 있다.

제주4·3의 두 번째 유형은 벤자민 발렌티노의 유형론에서 찾을 수 있는데, 그는 제노사이드 유형을 크게 강탈적 대량학살과 억압적 대량학살의 범주로 나눈 다음 각각에 3가지 유형들을 배치시켰다. 제주4·3은 이 중에 억압적 대량학살의 범주에 포함될 수 있으며, 그중에서도 '대게릴라전 대량학살 유형'과 '테러전 대량학살 유형'이 복합적으로 작용한 형태라고 볼 수 있다. 여기서 대게릴라전 유형은 알제리 전쟁, 소련의 아프가니스탄 침공, 에디오피아 내전, 과테말라 내전에서처럼 게릴라전을 통하여 독립이나 정권창출을 이루려는 집단에 대한 억압 및 진압의 과정에서 일어나는 학살의 형태를 말한다. 반면 테러전 유형이란 독일과 일본에 대한 연합군의 폭력과 해상봉쇄, 남베트남에서의 미군에 대한 베트콩의 테러 과정에서 발생한 학살의 형태로서, 주로 반군의 정부군에 대한 공격에서 나타난다.

제주4·3에서 이 두 가지 유형은 곧 이승만 정부군인 군경토벌대의 입장과 무장대의 입장으로 구분될 수 있다. 즉 군경토벌대는 자신들이 행한 대량학살을 공산주의 세력인 무장대의 테러에 대한 진압의 일환으로 진행된 '대테러 작전'이라고 인식한 만큼, 이 과정에서 발생한 주민들에 대한 대량학살은 곧 대게릴라전 유형으로 규정된다. 반면 무장대는 자신들의 테러와 공격이 남한에 공산주의 정권을 세우고자 하는 목표를 가지고 수행된 테러전 양상을 띠고 있는 것으로 볼 때, 이 과정에서 발생한 주민들에 대한 학살 또한 '테러전 대량학살 유형'이라고 정의할 수 있다.

그러나 제주4·3의 희생자 3만 명 중 70% 이상이 정부군에 의한 살해였다는 결과적 측면에서 볼 때, 제주4·3은 주로 '대테러전 학살 유형'에 가깝다. 무장대에 의한 테러전 유형은 그 비율에 있어서 크게 떨어지기 때문이다. 그럼에도 불구하고 제주4·3은 그 갈등의 구도가 군경토벌대와 무장대, 이승만 정권과 김일정 정권, 공산주의와 자본주의의 대결이라는 형태로 나타나고 있는 만큼, 대테러전 유형과 테러전 유형이 상호교환적으로 이루어진 경우라고 볼 수 있다.

이 외에도 제주4·3은 최호근의 종합적 6유형론에 따르면 그가 말한 가해 주체의 사례와 다를 뿐 '혁명의 이름으로 일어난 제노사이드'이자 '탈식민화의 과정에서 일어난 제노사이드'로도 볼 수 있다. 즉 소련에서 일어난 몇 차례의 학살과 크메르 루즈의 집권 뒤 캄보디아에서 일어난 학살이 사회주의 혁명을 완성하는 과정에서 일어난 정치적 학살(politicide)의 전형이었다면, 제주4·3은 남한 내 이승만을 중심으로 한 미국적 자본주의 정부의 수립 과정에서 일어난 폴리티사이드이기 때문이다. 또한 앞의 두 경우가 동족에 대한 학살이었듯이, 제주4·3 또한 동족에 대한 것이었다는 점이다. 여기서 동족학살은 주로 정치적 학살에서 일어나고 있음을 알 수 있다. 그리고 제주4·3은 일본의 식민지배로부터 벗어나는 과정, 즉 탈식민화와 해방과 독립의 역사적 과정에서 일어난 대량학살이기도 하다. 물론 제주4·3을 탈식민화 과정에서 본다는 것은 직접적 표현이라기보다 간접적이고 배경적인 표현으로 보아야 한다.

　요컨대, 제주4·3의 유형은 사건의 촉발 원인과 가해자의 학살 방법과 내용의 면에서 볼 때, 프랭크 쵸코와 커트 조나선, 로저 스미스가 말한 '이데올로기형'이며, 가해 권력들의 입장에서 볼 때 벤자민 발렌티노가 지적한 '대테러전 대량학살이자 테러전 대량학살의 이중형'이며, 나아가 최호근이 범주화한 것처럼 '탈식민화의 역사적 맥락에서 남한 내 자본주의 정부 수립 과정에 일어난 정치적 학살'이라고 정의할 수 있다.

5장 제노사이드에 나타난 폭력 메커니즘

해석의 지평-2

제노사이드에 나타난 폭력 메커니즘

전술한 바와 같이, 일반적으로 제노사이드 속에는 일종의 공통된 법칙 같은 것이 있다. 이는 국가권력에 의해 진행되는 학살의 전개 과정에는 나름대로 정해진 순서와 일정한 메커니즘이 숨어 있음을 의미한다. 즉 제노사이드가 수행되는 역사적 현실에서는 모든 경우의 사건들이 따르는 일종의 원리적 법칙, 촉진 수단 혹은 단계적 요소들이 있음을 발견할 수 있다.

메커니즘 이론을 통한 제노사이드 해석이란 경험적·귀납법적 방법론의 맥락에서 수행되는 관점으로서, 20세기 세계 곳곳에서 발생했던 수많은 제노사이드 현상의 역사적 경험을 통해 얻어진 일반화·개념화 작업 과정에 기초해 있다. 메커니즘 이론이란 아무리 다양한 사회적 상황과 역사적 배경, 그리고 희생의 결과들이 전개되었다고 해도 거기에는 일정하고 정해진 폭력의 작동 원리가 있음을 전제한 분석 방법론이다. 즉 제노사이드라는 역사적 현상은 다양하지만, 그 현상을 꿰뚫어 흐르는 폭력의 작용은 공통적이고 일관적인 흐름을 보여주고 있다. 이는 사회적 존재 혹은 집단적 존재로서의 인간이 갖고 있는 폭력성에 대한 본질적 이해의 문을 열어줄 수 있다. 따라서 제노사이드 속에 작동하는 메커니즘을 분석하는 작업은 인간 내면에 있는 폭력적 본성에 대한 관찰이자 성찰이다.

제노사이드의 메커니즘에 대한 분석은 또한 폭력의 기원에 관한 현상적 이해를 의미한다. 여기서 현상적 이해란 폭력이 발생하는 원인과 과정, 그 결과를 잇는 반복된 형태에서 나타나는 표층적 연구를 통해 얻어진 인식의 발견이다. 이러한 표층적 인식을 통해 얻어진 제노사이드의 메커니즘은 폭력에 대한 심층적 이해를 가능하게 해준다. 왜냐하면 제노사이드란 폭력이 극대화된 형태로 나타난 현상으로서, 이 현상은 폭력의 연구에 있어서 가장 기원적인 부분을 보여주기 때문이다. 따라서 제노사이드의 메커니즘 분석은 인간 폭력의 근원을 보게 하고, 나아가 인간의 역사 속에서 수없이 반복적으로 재생되고 확대되는 우리 시대의 폭력의 아우라(Aura)를 읽을 수 있게 해 준다.

필자는 이 장에서 제주4·3이라는 제노사이드 현상에서 나타나고 있는 학살의 메커니즘을 밝히고자 한다. 이를 뒤집어 말하면, 제주4·3 현상을 메커니즘 이론이라는 방법론적 틀을 가지고 재구성함을 뜻한다. 필자는 이 장에서 이미 제노사이드 메커니즘 이론에서 살펴보았던 역사적으로 이미 일어났던 제노사이드 현상에 대한 다양한 학자들의 체계적인 메커니즘 이론과 앞 장에서 다루었던 제주4·3의 역사적 현상을 '해석'이라는 이름의 재구성의 영역에서 만남을 시도하고자 한다. 이 만남에서 필자는 기존의 메커니즘 '이론'과 제주4·3이라는 '사례'에 대한 제3의 창조적 생산물을 얻고자 한다.

해석의 장에서 새롭게 창조될 제3의 생산물이란 이른바 '이론'과 '사례'의 상호해석의 과정에서 발생하는 것으로, 메커니즘 이론은 제주4·3이라는 독특한 역사적 현상으로부터 기존의 메커니즘을 확인함과 동시에 새로운 메커니즘을 발견하게 될 것이고, 제주4·3이라는 역사적 현상은 메커니즘 이론을 통해서 기존의 이념적 혹은 진실규명 차원의 관심에서 잠시 벗어나 인간폭력, 구체적으로 국가폭력에 대한 본질적이고 근원적인 이해의 지평을 넓히는 계기가 될 것이다. 즉 제주4·3을 메커니즘의 방법론으로 이해한다는 것은 서로의 영역이 가지고 있는 외연을 확장하는 효과를 기대할 수 있다는 면에서 생산적인 일이라 할 것이다.

이 장에서 필자는 제주4·3의 과정에서 나타나는 학살의 메커니즘을 분석할 것이다. 여기서 말하는 학살의 메커니즘이란, 앞서 언급했듯이, 폭력의 작동원리 혹은 폭력의 요소들을 일정한 순서에 따라 재배치하여 체계화하는 작업을 의미한다. 즉 학살이 어떠한 폭력 작용을 통해 전개되고, 그 작용이 어떤 메커니즘을 따라 진행되는지, 그리고 각각의 메커니즘이 담고 있는 폭력의 속성이 무엇인지를 밝히는 일이 될 것이다. 이를 위하여 필자는 제주4·3에서 나타나는 폭력의 메커니즘을 크게 학살의 전조 단계와 학살의 실행 단계, 그리고 학살의 이후 단계로 나누어 살펴볼 것이다. 이 세 단계의 과정은 학살의 진행 시간에 따른 것으로, 폭력의 전조 단계는 학살의 초기화 과정으로, 폭력의 실행 단계는 학살의 본격적인 현실화 과정으로, 폭력의 이후 단계는 학살의 사실을 은폐하고 조작하는 사후 과정으로 대별할 수 있다. 필자는 제주4·3 전체 과정을 통해 나타나는 폭력의 메커니즘을 다음 열 가지로 분석했다.

1. 폭력 전조(징후)의 단계 : 잠재적 폭력 형성 과정

폭력의 전조 단계는 학살이 시작되는 초기 과정으로서, 본격적인 학살을 준비하고 기반을 조성하는 시기를 의미한다. 앞서 밝힌 바 있듯이, 제노사이드란 인간의 폭력이 가장 극단화되고 최대화된 형태로서, 여기에는 인간 존재가 행할 수 있는 최악의 잔혹함과 인간이 만들어 낼 수 있는 최고의 살해 방법들, 그리고 인간이 죽일 수 있는 최대의 희생자 숫자를 통해 그 폭력적 본질성과 기원성을 보여준다.

이처럼 인간이 저지를 수 있는 극단의 폭력인 제노사이드에는 최악의 폭력을 현실화하기까지 다양한 준비과정과 예비적 메커니즘이 있음을 볼 수 있다. 한 집단을 절멸시키기 위해 학살 주체들은 이를 수행하기 위한 사회심리적, 문화적, 정치적 의식화 등의 단계를 통해 학살의 조건들을 구축한다. 학살의 의식화 차원에서는 희생자들을 왜 죽여야 하는가에 대한 이데올로기적 정당성이 만들어지고, 학살 주체 세력의 내부 조직력과 권위를 강화시키고, 죽여야 할 자들이 누구여야 하는지 규정하고 범주화하고 타자화시키고, 그리고 타자화된 자들을 인간으로 여기지 않는 비인간화를 거쳐 여기에 비슷하게 보이는 자들 사이의 다양성을 인정하지 않고 하나의 타자 집단으로 싸잡아 묶어버리는 동일화(무차별화)의 메커니즘이 작동한다. 필자는 이 과정을 이데올로기 메커니즘, 조직화 메커니즘, 타자화 메커니즘, 그리고 동일화 메커니즘의 개념으로 분석할 것이다.

M-1. 이데올로기 메커니즘(Ideology)

제노사이드에 있어서 이데올로기는 학살을 수행하기 위한 정신적 요소이자 초기적 메커니즘이다. 이 과정에서 말하는 이데올로기는 가해자 집단으로서 권력을 잡은 정권이 추구하고 제시하는 정치적 이상향 혹은 유토피아를 의미한다.[1] 전술한 바와 같이, 정치 지도자들은 미래에 대한 강력한 비전에 사로잡혀 있고, '지금 바로 여기에서' 자신들의 이상을 창조하려는 욕구로 충만해 있다. 지도자들은 국가를 미래 사회를 창조하기 위한 핵심적인 주체로 인식하며, 한 사회를 총체적으로 통제할 수 있는 국가를 건설하기를 원한다. 또한 그들은 사회 집단 내에 존재하는 차이를 없애고, 동일한 국민으로 이루어진 순혈주의적 사회를 상상한다.

대부분의 학살 사건들이 주로 국가형성과정에서 일어나는 것도 이와 무관치 않다. 이 과정에서 학살의 주체로서의 가해자 집단의 지도자들은 대부분 자신들이 건설할 국가에 대한 이상적 형태를 국민들에게 심어주려고 한다. 그들은 자신들의 이상향과 유토피아를 정치적 이데올로기를 사용하여 선전하고 의식화시킴으로써 다양한 정치적 욕구와 방향을 배제하고 자신들의 목적에 집중시킨다. 이른바 '신국가 건설'이라는 정치적 이데아를 제시함으로써 자신들의 영토 내에 있는 국민들로 하여금 그 목표를 이룰 명분과 분위기를 조성한다. 이를 위해 사용되는 정치적 도구가 이데올로기이다.

에릭 마르쿠젠(Eric Markusen)은 일찍이 이데올로기가 특정 정책을 채택하거나 특별한 관행을 수행하기 위한 심리적, 정치적 합리

---

[1] Eric D. Weitz, *a century of genocide :Utopia of Race and Nation*, pp.14~15.

화의 체계라고 정의한 바 있다.[2] 특히 그는 20세기 세계 역사에서 발생한 대량학살 프로젝트에서는 풍부한 이데올로기적 동기가 자연스럽게 사용되었다고 말한다.[3] 이데올로기는 대량학살을 정치적으로 동기화(Motivation)하고 정당화(Justification)하는 데 결정적인 요소이자 작동 기제이다. 이데올로기의 효과는 일단 정부의 프로그램의 표적이 된 대상들이 소수집단의 구성원이든, 적국의 시민이든 관계없이 자신의 집단이나 국가를 지속하기 위해서는 제거되어야 할 존재라는 집단적 의식을 창조해 내는 데 있다.[4]

그런 점에서 20세기의 가장 야만스럽고 잔혹한 여러 대량학살 프로젝트를 촉진하는 데 사용된 대표적인 이데올로기는 민족주의(Racism)였다. 대량학살과 관련하여 학살 주체들이 사용한 민족주의 이데올로기는 국가안보를 토대로 한 자신들의 정책을 정당화함으로써 시민들의 협력 가능성을 촉발시키고, 민족의 권위를 강조하여 민간인과 군인들을 이에 복종시켜 개인의 양심의 가책을 버리게 하고, 민족의 가치에 부합하지 않는 자들에 대해서는 가차 없이 폭력을 휘두를 수 있는 정치적 정당성의 토대를 구축하는 기제로 활용되었다.

그렇다면 제주4·3의 경우 이데올로기 메커니즘은 어떤 것이 있었고 어떻게 작용했는가? 제주4·3의 역사적 위치는 한국의 근대사에서 현대사로 넘어가는 정점에 있었으며, 탈식민과 해방정국의

---

[2] Eric Markusen, 「제노사이드와 총력전 : 예비적 비교」, Isidor Walliman · Michael N. Dobkowski, 『현대 사회와 제노사이드』, 도서출판 각, 2005, 168쪽.
[3] 위의 책, 192쪽.
[4] 위의 책, 193쪽.

상황에서 한반도의 새로운 독립 국가 탄생을 위한 과도기적 기간에 걸쳐 있다고 볼 수 있다. 한반도에 하나의 독립된 국가가 세워져야 할 역사적 당위성이 있었음에도 불구하고 현실은 김일성과 이승만으로 대변되는 각각의 독립된 국가 건설이 진행되는 상황이었다.

이는 세계사적 흐름과 맥을 함께 하고 있는데, 제주4·3은 제2차 세계대전을 거치면서 새롭게 재편된 미소 냉전 구도라는 국제질서 속에서 공산주의와 자본주의라는 날카로운 이념의 대립이 격화되는 소용돌이 속에 놓여 있었다. 이른바 '과도기적 기간'이라는 말은 일제로부터의 탈식민화의 과정과 냉전이라는 세계질서의 구도가 맞물리는 가운데 한반도에 새로운 국가를 탄생시켜야 한다는 국가형성의 과제가 삼중적으로 놓여 있는 역사적 상황을 의미한다.

제주4·3이 1945년 8월부터 시작된 미군정 시대의 영향력하에서 시작되었고, 1948년 8월 이승만 정권의 대한민국 단독정부 수립과 더불어 발생한 사건이라고 볼 때, 학살의 초기 메커니즘으로서의 이데올로기는 이승만의 정치이념이자 점령국 한반도에 대한 미국의 세계전략을 반영하는 것이어야 했다. 즉 남한 단독정부의 수반으로서 당시 이승만의 정치적 상황은 불안을 넘어 위기에 가까운 것이었고 권력 기반은 매우 약한 상태였다. 동시에 미국의 입장에서는 소련의 한반도 지배력과 영향력을 저지해야 할 부담을 안고 있었다.

이러한 상황에서 이승만 정권의 정치적 위기 상황과 미국의 소련에 대한 견제의 목적을 함께 담아낼 수 있는 정치 이데올로기로서 제시된 것이 바로 '반공주의'이다. 반공 이데올로기는 이승만에게 자신의 정치적 위기에서 벗어나기 위한 최대의 이슈였고, 미국에게는 한반도에 공산주의 방벽을 구축하기 위한 최고의 이념적 대책이었다.5)

해방 후 이승만은 강렬한 민족주의적, 혁명적 분위기와 사회주의자들의 호소력 있는 강력한 반자본주의 공세에 대항할 수 있는 이데올로기로서 반공주의만으로는 부족하다고 보고, 반공주의와 병행하여 반공주의를 포함한 일민주의를 내세웠다. 당시 반공 이데올로기는 이 시기 중요한 의미를 갖고 있는 민족주의가 결여되어 있었을 뿐만 아니라 상대방을 무조건 부정하는 수준에 머물러 있었기 때문에 국가 건설의 이념으로는 부족했다. 따라서 일민주의는 극우 반공주의가 본격적으로 작동하기 이전에 그것과 대부분 중복되면서 제기된 단정운동세력의 이데올로기였다.6) 따라서 일민주의는 반공주의가 본격적으로 등장하기 앞서서 그것과 중첩되면서 정부수립 직후의 시대상황에서 내세워진 과도기적 이데올로기였다. 이러한 일민주의 혹은 극우반공주의에 대하여 서중석은 잠정적이지만 '한국형 파시즘'이라고 규정했다.7)

제주4·3에서 이승만 정권과 미군정은 사태의 본질을 정의하는 일부터 시작하여 사태의 원인을 찾는 일, 절멸해야 할 적의 범주를 정하는 일, 자신들의 학살에 대한 정당성을 부여하는 일, 타자

---

5) 제민일보4·3취재반, 『4·3은 말한다-4』, 351쪽, 363쪽.
6) 위의 책, 112~113쪽.
7) 위의 책, 112쪽. 한편 서중석은 이승만의 반공은 결코 민족 중심의 사고가 아니라 진영논리였고, 그것도 냉전체제에서 약소국 민족이 철저히 배제된 강대국진영 논리의 대변이었다고 비판한다. 그에 따르면, 이승만은 미국을 절대적으로 신뢰하는 가운데 미국이 영도하는 자유진영의 한 부분으로 자신의 극렬한 반공투쟁을 자리 매김했다고 지적한다. 111쪽.

화된 집단에 대하여 비인간화를 시도하는 일에 이르기까지 전 과정에 걸쳐 반공 이데올로기를 사용했다. 4·3 무장봉기가 발발했을 때 딘 장군이 그 원인을 '공산주의자들의 선동'이라고 말한 것이나, 조병옥 경무부장이 '소련연방화 책동' 혹은 '국제공산주의자들과의 연계론' 속에서 이해한 것[8], 응원경찰대가 '제주도는 빨갱이 섬이며 빨간 물이 들었다'[9]고 인식한 것을 비롯하여 언론조차 4·3 봉기의 원인을 '공산당의 남조선 파괴공작'으로 보는 시각[10] 등은 권력집단의 이데올로기적 무장화를 보여주고 있다. 이 시기 중앙정부는 이념의 문제를 흑백논리로 비약시킴으로써 이분법적 사고형태를 극대화시키면서, 무장봉기를 일으킨 세력에 대하여 '빨갱이'로 규정하고[11], 사태 현장에서 군인들은 제주도민을 모두 빨갱이로 알고 특별한 혐의가 없는 사람을 죽여 놓고 이를 빨갱이로 몰아붙이고 임의대로 처리했다.[12]

이처럼 이승만 정권의 일민주의와 반공주의는 제주4·3의 학살 초기 과정에서 정통성 없는 남한만의 단독 정부 수립을 반대하는 세력을 철저히 배제시키고, 자신들의 실정에 저항하는 제주도 공동체를 절멸시키기 위한 파시즘적 폭력에 정당성과 명분을 부여해 준 정치적 이념의 토대이자 학살을 위한 이데올로기적 메커니즘으로 작용했다.

---

8) 제민일보4·3취재반, 『4·3은 말한다-2』, 124쪽.
9) 위의 책, 260쪽.
10) 『동아일보』 1948년 6월 24일자.
11) 제민일보4·3취재반, 『4·3은 말한다-4』, 159쪽.
12) 위의 책, 247쪽.

M-2. 조직화 메커니즘(Organization)

이데올로기적 메커니즘을 통하여 학살의 근본적인 명분과 정당성이 확립되고 나면, 학살 주체들은 자신들의 내부 세력을 강화하고 조직화하는 다음 단계로 진행한다. 필자는 이를 조직화 메커니즘이라고 명명했는데, 이는 제노사이드 수행 과정에 따르는 조직적 요소이자 구조적 메커니즘이다. 에릭 마르쿠젠은 이를 '관료주의(Bureauracy)'로 설명한 바 있다. 그에 따르면, 관료주의는 조직의 파급능력을 실행하는 구조로서, 대량학살을 수행하는 데에는 정책을 입안하는 개인, 실행 등을 결정하고 공포하는 개인, 필요한 기계의 업무를 맡거나 수송 및 공급의 병참업무에 공조하는 개인, 사무문서를 만들거나 발송하거나 보관하는 것, 나아가 이를 감시하거나 평가하는 각각의 개인 등 수많은 사람들이 존재한다.[13]

이러한 관료조직은 대량학살 프로젝트의 전반적인 효율성을 증진시키는 역할을 하며, 공식적인 위계구조로 짜여 있는 조직의 특성상 낮은 지위에 있는 개인들은 그들이 수행하고 있는 정책이나 최종적인 산출에 있어서 아무런 개인적 책임감을 느끼지 않을 수 있다. 따라서 조직화 메커니즘은 군대와 같이 무조건적인 충성을 강하게 주입받는 곳에서 이루어지며, 동시에 조직 속의 개인들은 자신들의 비인간적 폭력 행위에 대해 일정한 업무상 분리구조가 유지되기 때문에 '감정없는 잔인함' 속에서 자신의 만행의 강도를 전혀 감지하지 않을 수 있다.

또한 조직화 메커니즘에서는 사회적으로 어떤 외부 집단에 대하여 희미하게 이루어져왔던 증오와 혐오의 분위기가 서서히 '증

---

[13] Eric Markusen, 앞의 책, 198쪽.

오집단'으로 조직화되기 시작하고, 군사조직은 무장하거나 훈련에 돌입하고, 무장화된 여러 하부 세력들은 의도된 희생자 집단의 많은 사람들을 산발적이지만 점점 더 빠른 빈도수를 보이며 살해하는 일들이 발생한다. 신문이나 방송 같은 선전선동 기관들이 지배권력 집단에 의해 접수되면서 그들의 통제 속에서 강화되기 시작한다. 이와 함께 학살 권력들은 제노사이드를 위한 구체적인 계획을 수립하기 시작한다. 학살되어야 할 사람들의 명단이 정리되기 시작하고, 이 명단을 기초로 하여 본격적인 대량학살을 수행하기 전에 시험적인 학살들이 이루어진다. 시험적인 학살은 학살자로 하여금 훈련의 의도와 함께 국내외적인 비난의 수위를 점검하는 의미를 갖는다.[14]

한편, 허버트 허쉬는 이 과정을 '내부 집단에게 행동을 요구(Call to Action)'하는 단계로 설명한다. 그에 따르면, 이 과정에서 정치 지도자들은 국가의 살 길을 찾기 위해 학살이 필요함을 선언하고 폭력행위를 정당화하고 행동할 것을 요청함으로써 대량학살에 참여할 조직과 사람들을 준비한다. 나아가 그들은 이를 위해 학살 대상자들에 대한 부정적인 상징체계를 사용하여 살해 메커니즘을 합법화하는 동시에 내부적으로는 자신들의 집단 구성원들의 행동을 독려하기 시작한다.[15]

제주4·3의 과정에서 조직화 메커니즘은 크게 군사조직의 측면,

---

[14] Gregory H. Stanton, "Could the Rwandan genocide have been prevented?", *Journal of Genocide Research*, pp.213~217. 그레고리 스탠톤은 조직화 메커니즘을 자신의 '8단계 메커니즘' 가운데 네 번째 조직화(Organization) 단계와 여섯 째 계획화(Preoaration) 단계로 설명한다. 필자는 이 두 과정을 '조직화 메커니즘'으로 묶어서 정의하기로 했다.

[15] Herbert Hirsch, *Genocide and the Politics of Memory*, p.102.

인사정책의 측면, 우익세력 강화의 측면으로 나타나고 있다.

첫째, 군사조직의 측면은 미군정과 이승만 정부가 제주사태를 진압한다는 명목하에 이루어진 군사력의 강화 및 증강을 말한다. 제주4·3과 관련하여 군사조직화의 과정은 크게 3단계의 강화 및 증강 시점을 갖고 진행되었다. 제1단계는 1946년 8월 1일 제주도제 실시에 따른 미군정의 공권력 강화이다. 제2단계는 1947년 3·1절 발포사건에 따른 대대적인 군사력 증강이다. 제3단계는 1948년 4·3 무장봉기 사건 이후 신속하고 다각적으로 이루어진 군사력 강화이다.

둘째, 가해자 권력의 조직화는 수뇌부를 학살적합 인물들로 강화시키는 인사정책과 함께 진행된다. 제주4·3 과정에서 미군정과 이승만 정권은 1948년 11월 초토화 작전이 시작되는 시점에 이르기까지 3년 동안 우익편향적이고 강성적인 인물들로 지속적으로 교체하면서 강화시켰다. 물론 대대적인 인사교체의 단행은 큰 사건이 터질 때마다 군사조직의 증강에 따른 것이었다. 1947년 3·1절 발포사건과 총파업의 여파가 진정 국면으로 접어들면서 미군정은 제주도의 수뇌부 인사를 전면 교체한다.

셋째, 조직화 메커니즘은 가해자 권력집단의 학살을 지원하고 대행하는 하부권력집단들을 조직 및 강화하는 일을 포함한다. 사설단체의 이름으로 조직되는 다양한 폭력대행 집단들은 학살의 현장에서 가장 적극적이고 잔혹한 만행을 일삼는 중앙권력의 하수인들로 자리 매김이 되었다. 역사적으로 나치에 의한 유태인 학살에서는 특무부대가 있었고, 일본의 관동대지진 때에는 자경단이 있었다. 제주4·3의 경우 대표적인 하부권력집단으로 서북청년단을 꼽을 수 있는데, 당시 이 집단의 존재는 그 규모면에서나 잔혹성에 있어서 학살의 전위대로서의 면모를 유감없이 발휘했다. 북한 공산주의의 피해자로서 이북에서 월남한 사람들로 구성된 서청은 자신들의 실존적인 체험을 바탕으로 누구보다도 반공적 색채를 강하게 갖고 있었는데, 여기에 극우 반공주의를 국시로 내건 이승만 정권의 이념과 궤를 같이 하면서 제주도에서 이른바 '극우반공 이데올로기의 상징적 집단이자 학살의 선봉집단'으로 그 악명을 떨친다. 중앙권력으로부터의 강력한 후원과 지원 속에서 제주도에서 행한 서청의 학살극은 다른 어느 극우 사설단체에 비할 것이 아니었다. 나아가, 중앙권력은 토벌대를 더욱 보강하기 위해 강성건(서귀읍 대동청년단)과 같은 충실한 테러리스트를 이용하여 효과적인 '죽음의 부대'를 편성하여 '살인대회'와 같은 행사를 통해 현상금까지 걸면서 전문적인 테러집단을 대량으로 양성하는, 이른바 '특수부대'를 만들기까지 한다.[16]

M-3. 타자화 메커니즘(분류화 / 비인간화)
(Us & Them / Dehumanization)

조직화 메커니즘이 권력 집단이 어떻게 학살할 것인가를 설정하는 내부적 요인이라면, 타자화 메커니즘은 그들이 희생자 집단을 어떻게 규정하고 범주화할 것인가를 특징짓는 외부적 요인이라고 할 수 있다. 일반적으로 폭력의 작용은 일차적으로 권력을 가진 집단의 내부조직이 구축되고 강화된 상태에서 그 힘이 극대화되고, 여기에 자신들의 폭력을 행할 수 있는 희생자 집단을 설정하고 그들에 대한 철저한 타자화와 비인간화가 이루어지면서

---

[16] 김봉현, 「제주도4·3항쟁의 현장기록」, 노민영 엮음, 『잠들지 않는 남도』, 온누리, 1988, 153쪽.

상호 간의 권력관계가 비대칭적 구도로 극단화될 때 이루어진다. 따라서 조직화 메커니즘과 타자화 메커니즘은 폭력이 작동하는 데 요구되는 필요충분조건이자 기본요건이 될 수 있다.

많은 학자들은 타자화 메커니즘과 관련하여 경계짓기, 구별짓기, 차별하기, 낙인찍기, 분류화, 범주화, 상징화, 비인간화, 양극화, 외부집단 규정짓기 등의 다양한 용어로 설명하고 있다.17) 필자는 이 용어들을 하나로 묶을 수 있는 포괄적 개념으로 '타자화'라는 용어를 사용하기로 했다. 타자화 메커니즘은 위의 여러 관련 용어들을 모두 포함하는 말이지만 크게 세분해 보면 '분류화 메커니즘'(경계짓기, 차별하기, 낙인찍기, 상징화, 범주화)과 '비인간화 메커니즘'(양극화, 외부집단 규정하기)으로 요약할 수 있다.

타자화 메커니즘은, 앞서 밝혔듯이, 무엇보다도 누가 우리의 편이고, 누가 우리가 죽여야 할 적인가를 나누는 집단폭력의 초기적 작용이다. 여기에는 우리와 그들, 내부 집단과 외부 집단 사이의 경계짓기, 주체와 타자의 구별짓기가 이루어지는 단계로서 타자를 적대시하는 사회적 감정이 형성되기 시작한다. 내부 집단의 높은 사회적 정체성을 성취하기 위해 외부 집단에 대한 편견, 차별, 그리고

---

17) 경계짓기와 구별짓기, 차별하기와 낙인찍기는 린다 울프와 마이클 헐시저가, 분류화와 상징화, 양극화는 그레고리 스탠톤이, 범주화는 에릭 와이츠가, 외부집단 규정짓기는 허버트 허쉬가 만든 용어이고, 비인간화는 대부분의 학자들이 사용하고 있다. Linda M. Wolf & Michael R. Hulsizer, "Psychosocial roots of genocide: risk, prevention, and intervention" *Journal of Genocide Research*, 2005, 7(1), March, pp.108~113 ; Gregory H. Stanton, "Could the Rwandan genocide have been prevented?", *Journal of Genocide Research*, 2004, 6(2), June, pp.213~217 ; Herbert Hirsch, *Genocide and the Politics of Memory : Studying Death to Preserve Life*, Chapel Hill & London: The University of North Carolina Press, 1995, p.100.

어떤 경우에는 폭력을 가할 수 있는 사회적 분위기가 감지된다.[18] 나치의 유태인 학살이 이루어지기 전 유럽 전역에 뿌리 깊게 박혀 있던 반유태주의는 타자화 메커니즘이 본격적으로 작동되기 전의 징후적 요인으로 볼 수 있다.

경계짓기와 구별짓기는 차별하기(Discrimination)로 발전하는데, 이데올로기와 같은 가치의 폭력, 외부 집단에 대한 부정적인 태도가 심화되면서 앞으로 이루어질 폭력을 위한 토대가 된다. 외부 집단에 대한 이러한 태도는 현실 사회에서는 낙인찍기(Stigmatization)로 전개되는데, 이는 외부 집단으로 구별된 타자에 대하여 구체적인 사회적 표지를 통해 차별화하는 단계를 말한다. 기회와 특권을 박탈한다거나 능력을 제한하거나 투표권을 박탈하는 등의 사회적 제재 등이 여기에 속한다. 앞서 메커니즘 이론에서 보았듯이, 그레고리 스탠톤은 이를 상징화(Symbolization)로 설명하는데, 이 과정에서 각각의 집단들은 나름의 명칭과 상징들이 주어지며, 그들에게 자신들의 문화적 전통과 법에 따른 의복을 입도록 요구받는다.[19] 상징화는 주민등록증의 발급을 통해 구체화되는데, 이러한 ID카드는 희생자를 구별하고 결정하는 데 사용된다.

에릭 와이츠는 분류화 메커니즘을 '주민 범주화(Categorizing the Population)'라는 개념을 통해 설명한다. 그에 따르면, 동일한 인종, 동일한 종교, 동일한 민족성을 가진 사회 집단을 만들기 위해 모든 정권들은 자신들의 지배하에 있는 주민 집단을 집요하리만큼 분할하고 계층화한다. 그런 다음 그들은 나름대로 자기 정체성에

---

[18] Linda M. Wolf & Michael R. Hulsizer, op.cit., pp.108~113.
[19] Gregory H. Stanton, "Could the Rwandan genocide have been prevented?", *Journal of Genocide Research*, pp.213~217.

대한 법적 기준을 정의하고, 자신들이 정한 소위 '적절한' 계급, 국가적·민족적 위치에 따라 개개인을 분류하기 시작한다. 분류 과정에서 정권들은 이미 어떤 집단들에 대해서 차별과 배제의 대상으로 설정하면서 그 집단들에 대한 극도의 부정적인 특징들을 쏟아내고, 끊임없는 비난과 독소적인 선전선동을 퍼붓는다. 나치 독일의 경우 아리아인과 비아리아인을 구별하고, 비아리아인의 범주에 유태인과 집시를 선정했다. 그리고 나치는 그들을 죽여야 할 집단으로 타자화시켰다.

타자화된 집단은 학살 가해자 집단으로부터 비인간화(Dehmanization)의 대상으로 전락한다. 어떤 집단에 대한 비인간화는 광범위하고 무차별적인 폭력을 자행하기 위한 의지에 대해 도덕적으로 공감할 수 있는 어떠한 제약들도 제거할 수 있는 기제이다.[20] 비인간화 과정은 외부 집단에 대한 부정적 이미지와 고정관념을 증진시키면서 시작하는데, 이 과정은 종종 개개인이나 다른 인간에 대하여 부정적으로 행동할 때 발생할 수 있는 인지적 불일치를 감소시켜 줄 필요한 수단이 된다.[21]

실제로 학살의 과정에서 비인간화는 제노사이드라는 죽음의 소용돌이가 시작되는 첫 단계이다. 희생자에 대한 비인간화가 시도되는데, 구체적으로 희생자를 짐승이나 질병으로 비유하는 형태로 나타난다.[22] 기생충, 쥐, 암덩어리, 전염병 등의 말들이 등장하는 것이 그 예이다. 르완다 학살의 경우 가해자 후투족이 희생자 투시족에 대하여 사용한 언어는 바퀴벌레(inyenzi)였다. 허버트 허쉬

---

[20] Eric Markusen, op.cit., pp.196~197.
[21] Linda M. Wolf & Michael R. Hulsizer, op.cit., p.113.
[22] Gregory H. Stanton, op.cit., pp.213~217.

는 이를 언어학적 분석을 통해 여러 사례를 들었는데, 이 과정에서 정치 지도자들은 자신들의 폭력을 남용할 대상들에 대해 비인간적 용어들을 개발해 낸다는 것이다. 예컨대, kike(유태인을 경멸하는 말), wop(이탈리아인을 경멸하는 말), bohunk(동유럽계 이민자들을 경멸하는 말), jap(일본인을 경멸하는 말), chink(중국인을 모욕하는 말) 등이 그것이다.[23]

제노사이드에 있어서 비인간화 과정이 필요한 이유는 학살자들에게 이데올로기적 정당성을 부여하여 자신들이 사회를 정화한다고 주장하도록 하기 위함이다. 그럼으로써 자신들이 폭력을 행사하는 외부 집단이 인간이 아닌 것으로 규정하여 그들을 죽이는 것이 살인이 아닌 것으로 합리화할 수 있기 때문이다. 학살자에게 있어 희생자 집단은 인간이 아니라 기생충이요, 기식자이고 유해한 세균 덩어리이므로 박멸하여 완전히 제거해야 할 존재로 철저히 인식되어야만 그들을 죽일 수 있을 뿐만 아니라 죽인 것에 대하여 정당화할 수 있기 때문에, 비인간화의 과정은 가해자에게 있어 매우 중요한 메커니즘이라 할 수 있다.

그렇다면 제주4·3 당시 미군정과 이승만 정권에게 있어 절멸시켜야 할 타자는 누구인가? 즉 그들은 우리 편(Us)과 상대 편(Them)을 어떻게 분리했는가? 먼저 그들에게 있어 우리 편은 크게는 반공주의를 신봉하는 모든 자들이며, 작게는 친일파 세력, 군정경찰, 경비대, 우익정당들, 반탁주의자들, 서북청년단과 같은 우익 사설 단체들(향보단, 대동청년단, 학생연맹 조직 등)이다. 반면, 그들의 적은 일차적으로 '공산주의'라는 일반 개념 안에 포섭되는 모든 집

---

[23] Herbert Hirsch, op.cit., p.100.

단과 개인들이다. 이를 다시 세분해 보면, 크게는 소련과 중국을 비롯한 공산주의 국가를 지칭하며, 작게는 공산주의 사상 내지 진보적 경향(당시 이는 좌파적 경향으로 인식되었다)을 가진 사람들을 일컫는다. 예컨대, 해방 직후 인민위원회를 비롯한 진보적인 단체들, 찬탁주의자들, 남로당을 비롯한 좌익 정당들, 좌파 성향을 가진 사설 단체들이 여기에 속한다.

제주4·3의 과정에서 없애야 할 적은 군·경 토벌대와 같은 군사조직과 서북청년단과 같은 우익사설단체를 제외한 모든 제주도민이 될 수 있었다. 그들은 자신의 사상 유무와 상관없이 자연히 타자화 될 수밖에 없었다. 즉 극우분자 내지 이승만 정권의 하부 조직에 속한 자들 외에는 위험분자라고 낙인찍는 분위기가 형성되기 시작한다.[24] 공산주의와 반공주의 사이의 중도적 입장이란 존재할 수 없는 상황이 만들어진다. 극우 반공주의자 외에는 모두가 적으로 규정된다. 1948년 5월 5일에 있었던 딘 군정장관 주재의 수뇌부 회의에서 조병옥 경무부장이 김익렬 중령에게 던진 '국제공산주의자의 아들'이라는 독언(毒言)이 시사하듯, 김익렬 중령은 이승만 정권의 조직하에 있는 군수뇌부의 참모이자 민족주의적 성향을 가진 우익성향의 군인이었음에도 불구하고 그는 극우 반공주의자 조병옥에 의해 공산주의자로 낙인찍혔다.

중앙권력에 의해 적으로 규정되고, 소위 '우리와 그들'의 명확한 분류화가 이루어지고 나면, 그다음에 오는 것은 '그들'에 대한 비인간화 전략이다. 제주4·3 당시 중앙정부의 수뇌부를 비롯하여 현장에서 진압작전을 펼쳤던 군·경 토벌대가 절멸해야 할 적의

---

[24] 김봉현, 「제주도4·3항쟁의 현장기록」, 노민영 엮음, 『잠들지 않는 남도』, 온누리, 1988, 150쪽.

상징적 명칭은 '빨갱이'였다. 그들이 죽여야 할 타자는 '공산주의적 성향을 가진 인간'이 아니라 빨갱이로 대변되는 '비인격적 색깔'이었다. 그들은 사람을 학살한 것이 아니라 빨갱이라는 이데올로기적 색깔을 가진 존재를 '지워 없애는' 것일 뿐이었다. 남한 땅에서 없어져야 할 색깔인 '빨갱이'를 제거할 뿐이다. 이것이 그들의 할 일이었고 임무이자 사명이었다. 앞서 언급했듯이, 조병옥을 비롯한 군정경찰, 특히 본토로부터 파병된 응원경찰대의 인식 속에는 제주도는 '빨갱이 섬'이었고, 제주도민들은 모두 '빨간 물이 들어있는' 존재였다. 그들의 이러한 인식은 제주도에 들어올 때부터 "제주도 놈들은 모두 빨갱이"라고 생각하도록 선정되고 교육되었으며, 여기에 '섬놈'이라는 편견과 자신들이 본토사람이라는 경박한 우월감과 함께 강화되었다.25)

'빨갱이'와 함께 토벌대 쪽의 학살자들이 사용한 용어들로는 제주도를 '제2의 모스크바', '붉은 섬'으로 부른 것이나, 제주도민을 '폭도' 혹은 '붉은 개'라고 부르고 있고, 이보다 강도는 약하지만 '폭도', '빨치산', '통비분자', '산사람', '불량도배', '악렬분자', '백정', '산꾼' 등의 용어를 사용하여 무장대를 비롯한 공산주의자들을 비인간화시키고 있다.26) 반면, 무장대 쪽 학살자들 또한 군·경 토벌대와 우익세력을 적으로 규정하고 그들을 향하여 비인간화된 용어들

---

25) 위의 책, 255쪽. 김봉현은 군·경 토벌대의 이러한 인식은 제국주의자들에 의한 차별구조 전략에 따른 것으로 보았다. 그들은 차별구조를 이용하여 민중의 대립, 분열을 획책하는데, 제주도에서는 그 위에 빨갱이라 부르는 이데올로기 문제를 결부시킴으로써 같은 민족, 같은 도민들 간에 서로 싸우게 하기 위해 반공적 색채가 강한 본토의 정예부대와 서북청년단 같은 반공 테러집단을 섬에 보냈다고 지적한다.
26) 위의 책, 237쪽.

을 생산해내고 있다. 이들이 사용하고 있는 용어들을 보면, '반동분자', '미제 앞잡이', '깡패', '낡은 층', '경찰 테러단', '부랑배', '미제살인자', '야수', '살인 경관', '살인마', '극악 반동', '반역', '악질', '개떼', '미제 식인종', '도살자', '인간 쓰레기' 등27) 극단적 표현과 더불어 대상을 비인간화시켜 묘사하고 있다. 이처럼 무장대 쪽의 비인간화 전략 또한 '미제 앞잡이', '깡패' 등과 같은 극단적이고 자극적인 표현에서 시작하여 '살인마'로 격하되다가 '식인종', '인간 쓰레기', '개떼'와 같이 더 이상 인간 아닌 존재로 비하시키고 있다.28)

M-4. 동질화 메커니즘(Equalization)

타자화 메커니즘이 절멸시킬 집단 및 개인에 대한 규정 및 분류, 그리고 비인간화의 전략이었다면, 동질화 메커니즘은 타자화된 집단 및 개인의 범주를 확대·재생산하는 기제이다. 타자화 메커니즘이 학살자들의 희생자 집단에 대한 표적화의 작업이라면, 동질화 메커니즘은 표적이 된 집단의 범주 속에 다른 종류의 집단 및 개인을 한꺼번에 묶어 인식하려는 방법이다. 즉 다양한 사상, 다양한 상황, 다양한 입장이 존재함에도 불구하고 이를 하나의 구조, 하나의 틀 속에서 이해하려는 인식론적 방식으로서, 필자는 이를 동질화 메커니즘이라고 명명하고자 한다. 이는 다양한 대상들 사

---

27) 권귀숙, 『기억의 정치』, 문학과 지성사, 2006, 95쪽. 권귀숙은 이러한 용어들을 김봉현·김민주와 같은 좌익성향의 문헌으로부터 재인용하고 있음을 밝히고 있는데, 이 용어들이 당시 어느 정도 보편화되었는지는 무장대원의 대거 사망과 생존자의 증언 거부로 확인하기는 어렵다고 했다. 필자는 저자가 모아놓은 이상의 용어들이 무장대 쪽이 토벌대를 향하여 생산해낸 비인간화 전략의 핵심 자료로 판단하여 그대로 싣기로 했다.
28) 위의 책, 95쪽.

이에 존재하는 차별성을 극단적으로 해체한다는 면에서 무차별화(Nondiscrimination) 메커니즘이라고도 할 수 있다.

동질화 메커니즘은 죽여야 할 대상에 대한 일정한 범주적 규칙을 갖고 있는 전쟁과 같은 게임의 법칙을 깨고 민간인에까지 죽임의 대상을 증폭시킴으로써 대량학살이라는 범주로 전환하게 하는 결정적 기제로 작용한다. 전쟁에서 군인들만을 적으로 규정하여 죽일 수 있다는 전쟁협약 같은 것이 국제법적으로 존재하지만, 그것이 지켜지지 않고 어린이와 노인에 이르기까지 살해의 범위가 민간인으로 확대되는 데에는 군인과 민간인을 하나의 적으로 동일시하는 인식론적 메커니즘이 작용하기 때문이다. 즉 상대편 국가의 민간인조차 그들 국가의 군인들을 정신적으로 후원하고 물질적으로 지원하는 '한 통속'일 것이라는 생각이다.

동질화 메커니즘이 작동하면서 희생자 집단의 범위는 기하급수적으로 증폭되면서 전쟁이 아니라 학살이 되고, 게임의 법칙이 사라지고 무차별 폭력의 법칙이 들어선다. 따라서 동질화 메커니즘은 개인적 수준의 폭력을 집단적 차원의 폭력으로, 군인만을 상대하는 전쟁의 범주를 비무장 민간인까지 살해하는 대량학살의 구조를 가능하게 하는 폭력의 상승 및 확대 메커니즘이라고 정의할 수 있다.

제주4·3 당시 대통령 이승만이 "제주놈들을 모조리 죽이시오"라고 명령한 것이나, 경무부장 조병옥이 "대한민국을 위해 제주전역에 휘발유를 부어 30만 도민을 모두 죽이고 모든 것을 태워 버리라"고 외친 것이나, 국방부장관 신성모가 "제주도의 30만 도민이 없어지더라도 대한민국의 존립에는 아무렇지도 않다."라고 언급한 것29)은 4·3 무장봉기를 일으킨 일부 남로당 계열의 무장자위대만을 적으로 규정하는 타자화 메커니즘을 넘어선 것이었다. 여기서 중앙 권력의 수뇌부에게 있어 절멸시켜야 할 타자는 남로당 무장대를 넘어 제주도의 전체 도민으로 증폭되고 있음을 볼 수 있다. 이미 그들의 눈에는 제주도라는 섬, 제주도의 30만 도민들 자체가 무장대라는 공산주의자 집단과 사상적·정신적 맥을 같이 하고 있는 동질적 타자로 인식되었던 것이다. 그들은 제주도라는 지리적 범주 안에는 다양한 형태의 정치사상과 개인적 입장이 존재함에도 불구하고 '제주도=빨갱이'라는 동일 공식만으로 제주4·3 사태를 인식했고, 이러한 인식을 선전·선동함으로써 전국적으로 확대·증폭시켰다.

제주도민은 모두 빨갱이라는 인식 속에서 제주4·3의 현장에서 이루어진 대표적인 동질화 메커니즘은 '연좌제'에 의한 도피자 가족에 대한 학살, 곧 대살(代殺)로 나타났다.[30] 이는 토벌대의 '진압작전'이 '학살작전'으로 확장하게 된 중요한 요인 가운데 하나이다. 토벌대가 무장대를 진압하고자 했던 목표를 민간인 학살로 확대하게 된 것은 한라산과 해변마을 사이에 있는 중산간 마을의 사람들이 직간접적으로 무장대와 교류가 가능하다는 지리적 판단과 가족 중에 입산하여 무장대 편에 가담한 사람이 있는, 이른바 '도피자 가족'은 무장대와 사상적 공감이 이루어졌을 것이라는 사회적 판단에 따라 양자를 동질화하면서 함께 절멸시켜야 할 적으로 타자화 시킨 데 따른 것이었다.

요컨대, 동질화 메커니즘은 적으로 규정된 타자를 대량으로 생산하는 기제인데, 생산은 재생산으로 이어지면서 이중·삼중의 고

---

29) 김봉현, 앞의 책, 180~181쪽.
30) 제민일보4·3취재반, 『4·3은 말한다-4』, 250쪽.

리를 통해 진행한다. 다음의 한 예는 동질화 과정이 어떻게 이어지면서 확대되는지 잘 보여준다.

> 죄없는 모자(母子)가 '빨갱이 종자'라고 하여 이제 막 살해되는 장면을 목격한 마을의 한백행과 송종옥 두 사람은 그 불쌍한 모습을 보다 못해 "어린애에게 무슨 죄가 있어 죽이려고 하는가! 제발 놓아주시오."라고 눈물을 흘리며 간원하였다. 그러나 살인 집행자들은 그 두 사람을 '빨갱이의 동조자'라고 몰아 모래땅에 구덩이를 파고 거기에 밀어 생매장했다.[31]

여기서 동질화 메커니즘은 삼중적 구조 속에서 이루어지는데, '빨갱이'로 규정된 첫 번째 타자가 있고, 이어 죄없는 모자가 '빨갱이 종자'의 이름으로 동질화되고, 이를 말렸던 마을의 두 사람은 '빨갱이 동조자'로 동질시되면서 함께 죽임을 당했다. 이러한 연쇄적 동질화는 얼마든지 그 범위를 확대할 수 있으며, '빨갱이'라는 기본 개념에다 관계적 용어들을 만들어 붙이면 쉽사리 '빨갱이'를 만들 수 있다. 즉 '빨갱이 종자', '빨갱이 동조자', '빨갱이 협력자', '빨갱이 지지자', '빨갱이 추종분자', '빨갱이 가족', '빨갱이 친척', '빨

---

[31] 위의 책, 216쪽. 이 외에도 김봉현은 무장대 사령관 이덕구의 사살과 함께 이루어진 20여 명의 친척들이 동일화의 메커니즘 속에서 어떻게 학살당했는지 다음과 같이 묘사하고 있다. "48년 12월 26일 아침 군경 토벌대가 신촌부락을 습격하여 부락내에 거주하는 같은 가계의 어른들을 몽땅 연행했다. 어머니, 숙모, 숙부의 며느리, 여동생, 매형의 아버지와 어머니 등 모두 7명이었다. 이윽고 일련의 총성이 울린 후 이씨 가족에 관계 있는 집은 물론 부락에는 일제히 불이 놓여졌다. 죄가 8촌 친척까지 미치는 잔혹한 처형이었다. 그리고 남겨진 6명의 어린애는 49년 1월 어느 날 근처의 경찰서로 연행되었다. 지서 앞의 검은 돌들이 뒹구는 폐전에 어린이들이 나란히 세워지고 소총이 난사되었다." 254쪽.

갱이 마을', '빨갱이 섬' 등과 같은 말들을 통해 '빨갱이'는 동질화의 구조 속에서 연속적으로 재생산되었다.

2. 폭력 실행(수행)의 단계 : 물리적 폭력 과정

필자는 이 장에서 폭력의 외연성의 내용으로서 폭력의 실행 단계에서 나타나는 네 가지 메커니즘을 다룰 것이다. 이 단계는 본격적으로 학살이 실행되는 시기에 외적으로 드러나는 폭력 수행의 방법론적 양태들로서, 여기에는 고립화, 상호보복, 광기화, 그리고 절멸화 메커니즘이 포함될 수 있다. 이 중에서 절멸화 메커니즘은 대부분의 메커니즘 연구자들이 학살의 최종 단계에서 꼭 언급하는 과정이므로 특별히 새로울 것은 없다. 이는 그만큼 이 단계에서 가장 중요한 메커니즘이라는 의미이기도 하다. 고립화 메커니즘의 경우는 린다 울프와 마이클 헐시저의 '3중구조-7단계 메커니즘'에서만 간략하게 언급될 뿐, 다른 학자들에게서는 찾아볼 수 없는 것이다.[32] 그러나 상호보복화 메커니즘과 광기화 메커니즘은 제주4·3의 과정에서 발견된 현상을 필자가 메커니즘 이론으로 재구성하기 위해 만든 개념이다. 물론 이 두 가지 메커니즘이 제주4·3에서만 발견되는 유일한 현상이라는 의미는 아니다. 특히 대테러전 형태의 학살에서는 상호보복화 메커니즘은 쉽게

---

[32] 린다 울프와 마이클 헐시저는 고립화의 과정에 대하여 시민권 박탈과 같은 낙인찍기의 과정이 수행될 때 조금이라도 저항이 발생할 때 실행되는 정책으로서, 고립화, 국외추방, 특정 지역에 대한 인종청소와 같은 형태로 나타난다고 주장한다.

발견되며, 광기화 메커니즘은 모든 대량학살에서는 일어나는 일반적 형태이다. 다만 필자는 이를 메커니즘의 이론으로 끌어들여 해석한다는 것이다. 이 부분에 대한 다른 학자들의 작업은 현재까지 없는 상태이기 때문이다.

M-5. 고립화 메커니즘(Ghettoization)

고립화 메커니즘은 타자화된 대상을 본격적으로 학살하기 직전에 이루어지는 포위 및 압박 전략의 일환이다. 타자화 메커니즘이 희생자 집단에 대한 정신적 분리 전략이라면, 고립화 메커니즘은 타자화된 집단에 대한 물리적 봉쇄 전략이라 할 수 있다. 일반적으로 고립화 기제는 절멸화 단계 이전에 작동되는 학살 메커니즘으로 이해할 수 있지만, 상황에 따라서 고립화 메커니즘 자체가 절멸의 한 방법으로 이용될 수도 있다. 즉 희생자 집단을 향하여 학살이라는 구체적인 폭력을 행사하지 않고 그 집단을 단지 고립화시킴으로써 스스로 절멸케 하는 것인데, 여기에는 '시간'이라는 변수가 작용한다.

절멸화 이전의 단계로서의 고립화 메커니즘의 한 예는 나치의 유태인 학살 당시 유태인들을 분리하여 정착시킨다고 하는 이른바 '게토(Ghetto)'가 그것이다. 유태인 정착촌이라고 불렸던 게토는 유럽 전역에 흩어져 살고 있던 유태인들을 따로 분리해 내어 그들만의 공간 속에 밀어 넣어 철저하게 타자화시킨 다음 그들을 인간 이하의 기생충으로 비인간화시키고, 그들을 모두 비(非)아리아인이라는 개념으로 동질화하고, 동질화된 그들을 하나의 집단으로 몰아 놓고 고립화시키기 위한 공간이다. 이러한 공간에 유태인들을 하나로 묶어 놓음으로써 학살자들은 이들에 대한 살해의 의지를 더욱 공고히 할 수 있게 되고 방법 또한 수월해졌다고 느끼게 된다. 왜냐하면 흩어져있는 것보다 한곳에 집단적으로 모이게 할 때 살해 의지와 살해 방법은 극대화되기 때문이다.

고립화 전략이 절멸화의 방법 그 자체가 되는 경우는 아메리칸 토착민에 대한 유럽의 제국주의 점령자들의 예에서 찾을 수 있다. 이것은 주로 프런티어 제노사이드(Frontier Genocide) 혹은 개척지의 제노사이드(Antipodean Genocide)33)에서 사용된 방법으로, 아메리카 대륙에서 식민지를 개척하는 중에 발생했다. 유럽 출신의 식민지 개척자들이 본토를 침입하면서 대대적인 절멸 작전을 시행함으로써 직접적인 학살을 자행하고, 여기서 살아남은 소수의 토착민들을 '보호구역'이라는 이름의 수용소로 강제 이주시키면서 스스로 절멸하게 하는 이른바 간접적인 학살이 이루어진다. 토착민들을 따로 보호한다는 명분하에 이루어지는 고립화 전략은 오늘날까지 지속되어 현재 북미의 토착민들은 거의 사라지고 있는 상태이다. 그래서 고립화에 의한 오랜 기간을 걸친 절멸화의 과정을 두고 '문화적 제노사이드'라고도 한다.

제주도에서의 고립화 메커니즘은 대테러전 형태 속에서 이루어진 작전 차원의 전략으로 볼 수 있다. 고립화의 범위는 크게는 제주도 자체에 대한 고립화를 비롯하여 제주도 내에서의 무장대에 대한 고립화에 이르기까지 이중적 구조 속에서 전개되었다. 제주도 자체에 대한 고립화 전략은 앞서 타자화 메커니즘과 동일화 메커니즘에 의해 제주도 자체가 공산화 되었다는 것, 제주도는 역사적으로 변방이었다는 것, 제주도는 지리적으로 본토와 떨어진 섬

---

33) 최호근, 『제노사이드』, 99~100쪽.

이라는 중앙권력 수뇌부의 인식에 기초한다.

이러한 인식의 기반 위에 실행되는 고립화 전략의 첫 번째 방법은 섬으로서의 제주도 자체를 본토와의 모든 연결을 차단하는 작전으로 나타났다. 이 작전은 크게 언론 통제와 해안 봉쇄 조치로 이루어졌다. 초토화 작전이라 불리는 본격적인 학살의 시작을 알리는 10월 17일 송요찬 연대장의 포고문 발표와 함께 다음 날 18일 제주 해안이 바로 봉쇄된다. 해군은 7척의 함정과 수병 203명을 동원해 제주해안을 차단한다. 이로써 제주도의 선박출입을 일체 금지시켰고 외부와의 교통을 완전히 통제했다.

한편, 언론을 통제함으로써 앞으로 제주도 내에서 벌어질 사태에 대한 모든 언로(言路)를 막아버렸다. 언론과 진압 당국 간의 갈등은 강경작전이 진행됨에 따라 필연적으로 발생할 것을 예상하고 일찍부터 언론인 체포, 신문사 접수 및 폐쇄, 그리고 사전 검열을 통해 언론을 철저히 통제했다. 초토화 작전이 시작되기 직전인 10월부터는 제주읍내 언론인들이 줄줄이 군부대로 끌려 들어갔고, 무차별 진압작전이 벌어지기 시작한 11월부터는 아예 사전 검열을 실시함으로써 본격적인 언론통제의 궤도에 들어갔다. 이처럼 언론 통제와 해안 봉쇄를 통한 고립화의 전략을 통하여 진압 당국은 제주도를 고립무원(孤立無援)의 섬으로 만듦으로써 본격적인 절멸화의 토대를 구축했다.

제주도 현장에서 토벌대에 의하여 수행된 고립화 전략은 무장대를 고립시킨다는 목적으로 시작되었으나 실제로 고립화된 것은 민간인 집단이었다. 1948년 10월 17일 발표된 송요찬 연대장의 포고문에 따르면, 제주 해안에서 5km 이상 지역에 통행금지를 명령하며, 이를 어길 경우 이유여하를 막론하고 총살에 처한다는 것이었다. 여기서 진압대상으로 설정한 '해안선으로부터 5km 이외의 지점'이란 한라산 등 산악지역에만 국한된 것이 아니라 해변을 제외한 중산간 마을 전부를 의미한다. 따라서 고립화의 범위와 대상이 무장대가 주로 활동하고 있는 한라산 일대이어야 함에도 불구하고 해변 5km 이외의 지역으로 구획지음으로써 실제로 고립화된 쪽은 중산간 마을의 사람들이었다. 중산간 마을에 살던 사람을 해변마을로 소개시켜서 해변마을에서는 주민감시체제를 구축하여 무장대의 근거지를 없애기 위한 토벌대의 작전 또한 고립화 메커니즘의 한 측면으로 볼 수 있다.

결국 제주4·3에서의 고립화 메커니즘은 중앙권력의 제주도 전체에 대한 고립화와 토벌대의 제주도민에 대한 고립화로 양분할 수 있다. 전자의 경우, 제주도가 대한민국의 영토 가운데 한 부분임에도 불구하고 섬이라는 지리적 조건 때문이었는지 본토로부터 별개의 지역처럼 쉽게 고립화할 수 있었다. 즉 대한민국 남쪽에 있는 한 작은 변방의 섬, 그것도 공산화되어 붉게 물든 섬 하나를 고립화시켜 초토화시키는 것은 그리 어려운 것이 아니라는 인식이 작용할 수 있었던 것 같다. 그러나 후자의 경우, 토벌대가 고립시키고자 했던 대상은 무장대 세력이었지만 결과적으로는 해변과 산악지역 중간의 중산간 마을의 사람들이었고, 토벌대와 무장대 사이의 주민들만 고립됨으로써, 그들은 양쪽으로부터 학살의 표적이 되어야 했다.

M-6. 상호보복 메커니즘(Mutual Revenge)

상호보복 메커니즘은 모든 제노사이드에서 나타나는 일반적인 현상은 아니다. 상호보복이란 폭력을 행사하는 두 권력 주체를 전제하는 개념으로서, 서로에 대하여 가하는 권력의 정도가 비슷하거나 대등할 때 가능하다. 따라서 상호보복 메커니즘이란 서로에게 폭력을 수행할 수 있는 두 권력 집단 간에 주고받는 폭력의 상호작용을 의미한다. 제노사이드가 절대적 권력을 '가진' 집단이 절대적으로 권력을 '가지지 못한' 집단을 향해 가해지는 일방적인 폭력이며, 그 일방적 폭력이 극대화된 형태로 증폭되면서 상호 비대칭적 권력구조가 형성되었을 때 발생하는 폭력 현상이라고 정의할 때, 상호보복 메커니즘은 일반적인 제노사이드에서는 일어날 수 없는 것으로 보인다. 특히 나치의 유태인 학살이나 일본의 난징대학살과 같이 국가에 의해 철저히 계획된 제노사이드의 경우 상호보복성 폭력교환은 상상할 수 없는 일이다.

그러나 모든 제노사이드가 유태인 학살이나 난징대학살과 같은 유형만 존재하는 것은 아니다. 이들의 학살은 오히려 일반적인 제노사이드 현상에서 볼 때 특별한 경우라 할 수 있다. 대부분의 제노사이드는 대테러전과 같은 내전을 포함한 전쟁의 상황이나 다른 종교, 종족 혹은 민족 사이에 벌어지는 사회적 충돌 상황에서 발생하기 때문에 거기에는 폭력의 악순환이라는 이름으로 상호보복성 폭력교환이 필연적으로 일어난다.

전쟁의 상황에서 상호보복이라 함은 전략적 목적을 가진 군사적 행위라고 볼 수 있겠으나, 제노사이드에서 상호보복은 전략적 목적을 상실한 채 감정적 대응의 차원에서 시작되는 폭력행위라고 할 수 있다. 정부 정규군과 반군 게릴라, 중앙 권력과 반란 권력, 군·경 토벌대와 무장대와 같은 소위 공적(公的) 영역의 권력과 사적(私的) 영역의 권력이 무력으로 충돌하는 형태의 제노사이드의 경우에서는 초기의 전략적 폭력행위가 반복적인 상호작용의 과정을 거치면서 어느새 감정적 대응의 폭력으로 전환한다.

제노사이드에서의 상호보복 메커니즘은 기존의 폭력행위를 상승 혹은 증폭시키는 기능을 가지고 있다. 전쟁의 경우 양 국가의 비인간적 보복행위에 대해 금지하는 입장을 공식적으로 밝히거나, 대테러전을 수행하는 정규군에게 중앙권력은 마구잡이식 보복성 폭력을 금하고 있음에도 불구하고, '보복행위란 어느 한쪽이 시작하면 다른 쪽은 더 심하게 앙갚음하는 식으로 악순환과 상승작용을 일으키기'[34] 때문에 한 번 시작된 보복성 폭력은 반복·확대·재생산되면서 대량학살의 결과를 낳게 한다. 어느 한쪽의 권력이 극대화되거나 극소화되어 비대칭적 폭력구조가 만들어지기 전까지 상호보복 메커니즘은 지속적으로 작용할 수밖에 없다. 따라서 상호보복 메커니즘은 시간이 지나면서 상호 폭력의 정도가 심화되면서 결국 어느 한쪽 권력 집단으로 하여금 '끝장 폭력', 즉 절멸화를 시도할 수밖에 없다는 생각을 하게 한다. 결국 상호보복 메커니즘은 절멸화 메커니즘을 위한 예비적 단계의 폭력 기제라고 할 수 있다.

---

[34] 김동춘,『전쟁과 사회』, 돌베개, 2000, 229쪽. 김동춘은 이 책에서 한국의 전쟁 상황에서 일어난 학살의 유형을 다루고 있는데, 그에 따르면 여기에는 작전으로서의 학살, 처형으로서의 학살, 그리고 보복으로서의 학살이 있다. 이 중에서 그는 보복으로서의 학살을 전쟁 상황에서 민간인들 간에 일어나는 보복적 충돌이라고 보았다. 그는 전투 상황에서 군인이나 경찰들은 기습을 당해 자신의 동료가 죽어가는 모습을 보거나 동료들의 시체를 목격할 경우, 또 인근 부대가 적으로부터 공격을 당할 경우 이성을 상실하게 되면서 보복행위가 따른다고 보았다. 이러한 관점에서 볼 때, 그는 여순사건 당시 진압군이 보복적인 부역자 색출작업을 벌인 일이나 함평의 경우 공비의 습격을 받아 국군 3명이 살해당한 데 대한 보복심이 학살의 배경이 되었으며, 베트남전 당시 한국군이 저지른 양민학살 역시 이러한 환경에서 조성되었을 것으로 보았다. 228~231쪽.

한편, 상호보복 메커니즘이 진행되는 동안 폭력의 희생자가 되는 집단은 폭력을 행사하는 두 권력 집단이 아니라, 두 폭력 주체 사이에서 아무런 폭력을 행사할 수 없는 제3의 주체, 곧 민간인 집단이다. 전쟁에서의 상호보복에서 피해를 받은 사람도 민간인이며, 대테러전 양상의 제노사이드의 경우 죽임을 당하는 주체 또한 정규군도 아니요, 게릴라도 아닌 민간인이다. 제노사이드에서 일어나는 상호보복 메커니즘이란 결국 폭력을 행사하는 두 권력 주체 사이에 민간인이라는 '희생양 집단'을 놓고 벌어지는 폭력의 상호작용이자 상승작용이라 할 수 있다.

제주4·3에서 상호보복 메커니즘은 미군정과 이승만 정권이라는 중앙권력과 이를 받쳐주고 있는 군·경 토벌대라는 무력집단과 무장대라는 이른바 '게릴라' 형태의 무력집단 간에 벌어진 폭력의 상호 교환 과정에서 나타난 현상이다. 제주 사태의 경우 보복학살은 무장대가 경찰서 혹은 우익인사를 공격하여 살해하면, 다음 날 토벌대는 무장대가 떠난 자리에 남아 있는 주민들을 대상으로 보복 학살을 가하는 형태로 이루어졌다. 주민들에 대한 학살은 주로 '도피자 가족'이라는 명분을 내세우며 진행되었다.

무장대의 습격과 토벌대의 보복이라는 악순환의 작용에서 주목해야 할 것은 이들의 보복행위가 결코 상대방을 겨냥하고 있지 않았다는 것이다. 『제주4·3사건 진상조사보고서』에서 밝힌 자료에 따르면, 제주시에 위치한 충혼묘지의 경찰관 묘역의 비석을 조사한 결과 전체 경찰관 희생자 140명 중 무장대가 기세를 올리던 때 희생자 41명(29%), 진압군의 강경진압작전 때 17명(12%), 무장대가 거의 궤멸돼 잔여세력 수십 명만 남아 있을 때 82명(58%)이 각각 희생되었다. 이는 강경진압작전 이후 진압군이 압도적으로 힘의 우위를 차지하고 있을 때 오히려 더 많은 경찰이 희생되었음을 보여주는 것으로, 무장대 세력이 거의 약화된 이후에야 경찰이 비로소 '적진'에 들어갔음을 의미한다고 분석했다. 즉 강경진압작전 때 희생된 대부분의 사람들이 진압군과 교전을 벌이다 죽은 무장대원이 아니라 마을에 살던 주민이었다는 것이다.

결국 토벌대와 무장대의 상호보복의 피해는 고스란히 비무장 민간인에게 돌아갔다는 것이다. 따라서 상호보복의 메커니즘은 항상 희생양을 가운데 두고 이루어진 두 권력 집단 간의 '상호 자극성 화풀이 학살'에 다름이 아니다. 또한 반복되는 상호보복 메커니즘은 그 공격의 빈도와 강도가 점차 증폭되면서 살육의 잔혹성 또한 광기 수준으로 치닫게 되고, 초토화 작전이라는 이름의 절멸화 메커니즘에 이르게 된다.

M-7. 광기화 메커니즘(Cruelty)

상호보복 메커니즘의 반복은 살해의 강도와 빈도를 증폭시키는 기능을 하면서 점차 그 행태가 잔혹해진다. 서론에서 밝혔듯이, 제노사이드란 폭력이 극대화된 형태라고 정의한 바 있다. 이 말은 학살이라는 폭력 형태 속에 극단적인 잔혹함 혹은 잔인성, 나아가 광기적 요소를 함축하고 있음을 전제한 것이다. 즉 학살이라는 말 자체는 '광기적 살해'라는 의미를 갖고 있다. 광기화는 역사 속에 일어난 모든 학살 사건에서 발견되는 독특한 현상 중의 하나이다.

인간의 잔혹함이 극단적으로 치닫게 되는 광기화의 메커니즘은 기본적으로 절대 권력을 가진 자가 절대 권력이 없는 자를 향해 갖고 있는 비대칭적 권력 관계 구조와 이에 따른 일방적 폭력 행사의 능력, 그리고 제3자의 견제와 개입 권력으로부터의 완벽한 자유로움에 근거한다. 폭력을 수행할 수 있는 절대적 권력과 이를 막을 수 있는 견제 권력의 절대적 부재는 폭력 주체로 하여금 절대적 폭력의 자유를 보장한다. 이러한 폭력의 무한 방치적 자유 구조 속에서 폭력 수행자는 일반적으로 인간이 경험할 수 없는 무한 상상의 폭력 본능을 분출시킬 수 있게 해준다. 이러한 폭력에의 무한 본능이 외적으로 표출되어 나타난 폭력의 기제가 바로 광기화 메커니즘이다.

광기화 메커니즘은 폭력에 대한 인간적 감정의 부재에서 비롯한다. 폭력의 잔혹함에 대한 무감각은 폭력의 일상화로 발전하며, 폭력의 일상화는 자신의 폭력 행위에 대한 무책임화를 초래한다. 이처럼 폭력에 대한 무감각과 양심의 차단이 반복되면서 잔혹성은 생활의 한 형태로 일상화되는 과정을 겪게 되고, 이제는 자신의 잔혹한 폭력성에 대한 윤리적 책임감마저 상실함으로써 폭력은 극도의 광기적 형태로 발전한다.

그렇다면 이러한 인간적 감정의 부재는 어디서 오는가? 스탠리 밀그램의 '권위에의 복종' 실험에서 증명하듯, 인간의 잔혹한 폭력 행위는 이를 수행할 수 있도록 하는 권위적 허가(Authorization) 시스템이 작동하기 때문이다. 베트남의 미라이 학살에서 상관의 명령을 받고 성인 남녀와 갓난아이를 포함한 어린이들에게 기관총 세례를 퍼부은 어느 병사가 "한 아이의 아버지로서 그렇게 할 수 있는가?"라는 리포터의 질문에 "잘은 모르겠지만…… 얼마든지 있는 일"이라고 대답한 일[35]은 인간의 광기성 혹은 잔혹성은 폭력 주체 외부에 그렇게 할 수 있도록 하는 권위적 요소가 있음을 암

---

35) Colin Willson, 황종호 옮김, 『잔혹 : 피와 광기의 세계사』, 하서출판사, 2003, 47쪽.

시한다. 또 다른 병사의 고백 중 "나는 워싱턴에 있는 분들은 나보다 더 똑똑하고 현명하다고 생각한다. 그들이 내게 공산주의가 나쁘다고 하면 나쁜 것이다. 나는 그들을 믿는다."36)는 표현은 인간이 극도로 잔혹해질 수 있는 무감각의 상태가 권위에 대한 맹목적 복종에서 비롯되고 있음을 보여준다.

광기화 메커니즘은 폭력의 잔혹함을 잔혹함으로 느끼지 못하는 감정, 폭력의 분출과 폭발을 자연스러운 심리적 표현 정도로 여기는 인식에 기초한 일상화된 폭력 기제로 볼 수 있다. 따라서 폭력이 이미 일상화되어버린 확신인간 유형의 사람에게 나타나는 폭력의 광기화는 불가피한 상황에서 일어난 갑작스런 표출 행위가 아니라, 이미 누군가로부터의 권위를 부여받고 계획되고 체계화된 지극히 자연스런 의지적 행위로 보아야 한다. 제주4·3에서 토벌대나 서북청년단, 무장대의 잔혹한 살해 형태들은 그들 내면의 본래적으로 악한 인간성에 기인하는 것이 아니라, 외부로부터의 철저한 살해 허가를 받고 이를 일상화한 경우다.

한편, 인간 폭력의 잔혹성의 근본 원인에는 '알려지고 싶다'는 자기과시의 본능이 자리하고 있다. 이 세상의 동물 중에 유일하게 인간만이 서로 살육하는 존재라는 말은 인간만이 자기를 주장하고 싶은 욕망에 사로잡혀 있으며, 우월한 인간이고 싶어 하는 소망에 매여 있기 때문이다.37) 인간의 범죄성은 결코 타인에게 통제되지 않겠다는 의지 속에서 자기의 존재 가치를 확인하기 위한 목적에서 이루어진다. 그런 면에서 인간 폭력의 광기는 결국 자기 존재의 과시화이며, 학살에서의 잔혹한 방법의 살해 방식은 제3자

---

36) Herbert Hirsch, *Genocide and the Politics of Memory*, p.106.
37) Ibid., p.52.

내지 관련된 자들에 대한 전시화이다. 대부분의 학살 사건에서 나타나듯, 참수한 머리를 마을 어귀에 매달아 놓거나 잔인하게 죽인 시체를 끌고 다닌다거나 참혹한 살해 방식이 소문을 통해 알려지게 하는 경우들 모두 광기적 폭력 행위를 통한 자기과시 혹은 전시화의 효과를 극대화하려는 심리적 전략으로 볼 수 있다.

나아가 학살의 광기화 메커니즘은 항상 성적 폭력과 연관되어 이루어진다. 이는 인간의 잔혹함은 성적 본능과의 깊은 관련 속에서 이루어진다는 의미이다. 이른바 섹스는 폭력의 경향을 갖고 범죄는 섹스의 경향을 갖는다. 많은 부녀자 폭행의 경우에서 이해하기 곤란한 것은 여자가 일체 저항을 포기한 경우에도 상해를 가한다는 사실이다. 이것은 범죄자의 마음 속에서 섹스는 범죄의 한 형태이며 동시에 범죄는 섹스의 한 형태라는 생각이 전제되어 있기 때문이다.[38] 모든 학살의 현장에는 여성에 대한 강간과 변태적 살해와 같은 성폭력이 필연적으로 동반하고 있다는 사실이 이를 입증하고 있다. 특히 여성에 대해 가해지는 학살을 일컬어 'Gendercide' 라는 신조어를 만든 데에는 그만큼 학살에 있어서 여성에 대한 폭력이 동전의 양면처럼 작동함을 의미한다 하겠다. 여기서 살해방식이 성폭력과 함께 이루어진다는 것은 사람을 죽이는 일이 단지 명령에 복종하여 수행한 불가피한 차원의 행위가 아니라, 이미 쾌락과 유희의 차원에서 이루어진 행위임을 보여준다. 폭력의 광기화는 이제 살해하는 자들에게 일종의 '살인 놀이'가 되어 버렸다.

그렇다면 제주4·3에서 광기화 메커니즘은 어떻게 작동하고 있는가? 무엇보다도 제주도에서 광기화 메커니즘의 대표적인 주체

---

[38] Ibid., p.73. 콜린 윌슨은 이와 관련하여 말하기를, 결국 범죄성이란 에고이즘과 유아증과 섹스의 결합이라고 정의한다.

는 군·경 토벌대와 서북청년단, 그리고 무장대라 할 수 있다. 무엇보다도 서북청년단의 잔혹성은 어느 누구와도 비교할 수 없는 면이 있다. 특히 그들이 여성들에게 가한 변태적 성폭력 행위에 따른 광기적 살해는 이미 유희로서의 폭력으로 진입했음을 의미한다. 다음은 서청을 비롯한 토벌대의 광기화가 여성들에게 어떤 형태로 나타나고 있는지를 잘 보여준다.

> 서청은 참으로 지독했습니다. 오죽했으면 경찰이 나서서 일시 가두기까지 했겠습니까. 주정공장 창고 부근에는 부녀자와 처녀들의 비명소리가 끊이지 않았습니다. 서청은 여자들을 겁탈한 후 고구마를 쑤셔 대며 히히덕 거리기도 했습니다.[39]

이처럼 제주4·3에서 나타난 광기화 메커니즘은 상부로부터 허가 받은 무한 권력의 일방적 폭력 구조와 견제 권력 없는 무한 방치적 자유폭력의 구도 속에서 이루어진 자기존재의 과시적 욕망과 전시적 효과를 위한 공포 조성의 목적, 그리고 이것이 일상화되면서 폭력의 잔혹함은 일종의 유희와 쾌락으로서의 새디즘적 본능을 충족하는 행태로 발전하고, 여기에는 여성들에 대한 변태적 성폭력과 패륜적 행태들이 필연적으로 동반되는 모습으로 나타나고 있다. 결국 광기화 메커니즘은 절대적 강자의 절대적 약자에 대한 무한 폭력이 변태적 형태로 극단화되어 나타난 인간 폭력의 야만성의 표출로 정의할 수 있다.

---

[39] 제민일보4·3취재반, 『4·3은 말한다-5』, 69쪽. 고성중 씨(94년 작고. 성산읍 성산리)의 증언. 그는 대동청년단장을 지냈던 제주도 전체에서 대표적인 우익인사 가운데 한 명이었다. 그런 그도 서청의 감정을 사 죽을 고비를 넘긴 적이 있었다고 고백했다. 그만큼 서청의 광기적 행태는 인간이 과연 어느 정도까지 잔혹해질 수 있는가를 보여주는 연구 대상이다.

M-8. 절멸 메커니즘(Annihilation)

필자는 앞에서 제노사이드의 개념을 설명할 때, 전쟁과의 비교를 통해서 제노사이드에 대한 좀 더 정확한 의미를 규명한 바 있다. 즉 전쟁이 국가와 국가, 민족과 민족 간의 대등한 관계 속에서 절차를 갖고 이루어지는 상호적 폭력행위(Mutual Violence)인 반면, 제노사이드는 국가와 민간인, 국가의 지도층과 국가 내외의 특정 민간 공동체 간에 이루어지는 일방적 폭력행위(One-sided Violence)라는 것, 전쟁이 군인 및 군사시설만을 살해한다는 면에서 제한적 폭력행위(Limited Violence)라면, 제노사이드는 무장 군인뿐만 아니라 비무장 민간인(여자, 어린이, 노인 포함)에 이르기까지 광범위하게 걸쳐 있다는 면에서 무제한적 폭력행위(Unlimited Violence)라는 것, 그리고 전쟁은 상대 국가 내지 민족의 군사 시설과 같은 부분적 파괴를 통해 소기의 목적을 달성한다는 면에서 부분적 파괴행위(Partial Destruction)이지만[40], 제노사이드는 특정 집단의 기반

---

[40] 필자는 여기서 전쟁이 부분적 파괴행위, 제한적 폭력행위라는 정의는 지극히 원론적인 차원에서의 개념규정임을 밝힌다. 현실적으로 대부분의 제노사이드가 전쟁의 과정에서 발생한다는 면에서 볼 때, 전쟁행위 속에는 이미 부분적 파괴나 제한적 폭력의 범위를 넘어서는 경우가 너무나 많이 나타나고 있다. 전쟁이 제노사이드로 변질되기 쉽다는 면에 대하여 이삼성은 다음과 같이 갈파하고 있다. "전쟁무기를 지속적으로 첨단화하고 있는 미국을 비롯한 강대국들과 다국적 전쟁 무기 상인들의 주장에 따르면, 첨단무기는 민간인은 파괴하지 않고 핵심적인 군사시설만 정확하게 포착해서 파괴하는 것이다. 그러나 과학문명의 발달은 20세기 전쟁의 모습이 보여주듯이 무장시설과 비무장민간인 간의 구분을 사실상 없애버렸다." 이의 대표적인 예로 그는 '전략폭격(strategic bombing)'이라는 개념을 소개한다. 전략폭격이란 적의 전쟁능력에 기여하는 적의 모든 측면, 즉 군사부문과 민간부문을 불문하고 총체적으로 적의 모든 영역을 파괴하는 것을 포괄적으로 정당화하는 개념이다. 예컨대, 베트남전쟁에서 미국이 베트남 공산주의 세력의 식량공급원이 된다는 판단하에 베트

시설 및 생물학적 구조 전체를 파괴 및 전멸시킨다는 면에서 총체적 절멸행위(Total Annihilation)라 할 수 있다.

이 중에서 제노사이드의 폭력을 가장 잘 밝혀주고 있는 부분은 세 번째 개념인 '총체적 절멸행위'라고 할 수 있다. 제노사이드가 여타 다른 집단 폭력과 구별되는 가장 두드러진 면은 희생되어야 할 대상에 대하여 그것이 무장 군인이든 비무장 민간인이든, 성인 남녀든 어린이와 노인이든, 군사 시설이든 비군사 시설이든 가리지 않고 '모조리 싹쓸어 없애버림'이라는, 이른바 총체적 절멸성에서 찾을 수 있다. 제노사이드가 진정한 의미의 제노사이드로서 자기규정을 하는 데 가장 적실한 개념이 바로 '총체적 절멸성'이다. 필자가 앞에서 제노사이드의 폭력 메커니즘을 일곱 가지로 살펴보았지만, 이것들은 모두 절멸화 단계에 이르기 위한 예비적 과정으로 볼 수 있다.

절멸화 메커니즘은 제노사이드의 본질을 가장 가깝게 설명해주는 폭력 기제이자, 제노사이드만이 가지고 있는 독특한 폭력 개념을 표현하는 대표적 현상이다. 린다 울프와 마이클 헐시저는 절멸화 메커니즘을 '공격(Aggression)'이라는 말로 표현했다. 그들에 따르면, 공격은 제노사이드의 핵심적 과정으로서 이 단계에서 희생자 집단의 구성원들은 자신들의 실존이 매우 위협을 받고 있음을 발견하며, 학살자들은 본격적인 파괴와 공격을 감행하면서 희생자 집단을 철저히 제거하기 시작한다.[41] 이른바 절멸화 메커니

남 일반 인민의 생활기반인 숲과 농작물을 총체적으로 파괴하는 화학전을 전개했던, 이른바 '에이전트 오렌지 폭격'이 그것이다. 그에 따르면, 전략폭격은 20세기 전쟁양상의 독특한 측면이다. 이삼성, 『20세기의 문명과 야만』, 64쪽.

[41] Linda M. Wolf & Michael R. Hulsizer, "Psychosocial roots of genocide",

즘은 제노사이드의 본격적인 과정이자 제노사이드를 완성하는 단계라는 것이다.

절멸화 과정에서 이루어지는 살해 행위들은 법적으로 제노사이드로 규정될 수 있다. 이 말은 곧 제노사이드 행위가 국제법적으로 처벌의 대상이 될 수 있는 근거가 바로 절멸화 과정에서 비롯됨을 의미한다. 그레고리 스탠톤은 이 단계를 'Extermination(절멸)'이라는 용어로 설명하는데, 그에 따르면, 학살자는 희생자를 인간 이하로 생각하고 자신들에게 위협을 주는 존재로 생각하기 때문에 '절멸'시킴으로써 자신들의 사회를 '정화'한다고 생각한다.[42] 이른바 '절멸화를 통한 사회 정화'의 메커니즘은 모든 제노사이드 현상에서 나타나는 학살의 이데올로기이자 근본 이유로 설정되고 있다. 스탠톤은 학살의 다양한 형태, 즉 폭력의 극단적인 모습들이 이 과정에서 발생한다고 보았다. 즉 필자가 앞서 제시한 광기화 메커니즘에 나타나는 변태적이고 잔혹스런 폭력 행태들은 모두 절멸화의 과정에서 발생한다고 볼 수 있다. 따라서 광기화의 메커니즘은 절멸화 메커니즘의 진행 과정에 포함되는 개념이다.

한편, 에릭 와이츠는 절멸화 메커니즘을 '궁극적 숙청(The Ultimate Purge)'이라는 용어를 사용하여 설명한 바 있다. 그는 주민 숙청의 단계를 2단계로 설정한다. 1단계는 '주민 숙청(Purging the Population)'이라고 하여 제노사이드에 대한 예비적 과정으로서, 희생자로 분류된 집단에 대하여 억압하고 살해하기 시작하면서 광범위한 주민숙청 작업을 준비하는 과정으로 보았다. 이 단계는 제노사이드

---

pp.113~119.

[42] Gregory H. Stanton, "Could the Rwandan genocide have been prevented?", *Journal of Genocide Research*, pp.213~217.

에 대한 본격적이고 본질적인 배경을 구축하는 과정이다. 2단계인 궁극적 숙청은 거대한 집단 내부적 변혁이나 전쟁 혹은 엄청난 정치적 기회와 같은 극단적인 사회적 위기 상황의 순간에 이르렀을 때 수행된다. 이 단계에서 각 정권은 희생자 집단을 분류하고 부분적으로 살해하던 것을 넘어 체계적이고 극단적인 제노사이드 정책을 수행하고 지속시킴으로써 본격적인 학살을 시작한다.[43] 바로 궁극적 숙청 과정에서 작동되는 폭력의 메커니즘이 절멸화이다.

제주4·3에서 절멸화 메커니즘은 1948년 10월 17일 송요찬 연대장의 포고문에 적시된 '초토화 작전'의 선언과 함께 본격적으로 작동했다. 제주4·3이 제노사이드, 곧 민간인에 대한 대량학살이라는 명칭을 얻은 데에는 송요찬의 포고문과 함께 시작된 6개월간의 제주 중산간 마을에 대한 대대적인 초토화 작전에서 비롯한다. 4·3 무장봉기 사건 이후 무장대장 김달삼과 평화협상을 벌였던 김익렬 중령은 그의 『유고록』에서 초토화 작전은 봉기 이후 무장대 진압을 위해 제주에 내려온 김정호 사령관의 토벌작전이 실패를 거듭하면서 궁여지책으로 수립된 작전계획으로서 제주도를 대폭동 사건으로 확대시킨 근본 원인이 되었음을 밝히고 있다.[44] 이 말은 곧 제주4·3이 단순한 봉기와 이에 대한 사태 진압이라는 일상적인 사회적 갈등 정도에서 마무리 될 수도 있었던 것이 대량학살극으로 확대되어 제노사이드가 된 촉진 요소가 바로 초토화 작전이었음을 암시한다.

초토화 작전과 함께 절멸화 메커니즘을 나타내는 또 다른 표현은 '삼광작전(三光作戰)'이다. 이른바 '모두 태워버리고, 모두 죽여

---

[43] Eric D. Weitz, *a century of genocide : Utopia of Race and Nation*, pp.132~140.
[44] 김익렬, 「4·3의 진실」, 『4·3은 말한다-2』, 302쪽.

버리며, 모두 빼앗아 버린다'는 의미를 갖고 있는 이 작전은 무장대가 활동하는 중산간 지역과 한라산 일대에 대하여 전개된 절멸화 메커니즘을 가장 적절하게 표현한 용어일 것이다.[45] 이와 함께, '불태우고, 죽이고, 굶겨 없애는' 이른바 '삼진작전(三盡作戰)'은 본격적인 '사람 사냥'의 시발점이 되었고, 이제는 더 이상 하나하나 골라서 사살하는 것이 아니라 무조건 집단학살하는 가공할 토끼몰이식 '투망살육작전'이 전개되었다.[46]

김봉현의 증언에 따르면, '초토화 작전'과 '삼광작전' 이외에도 송요찬의 진압방법을 일컬어 '일제히 씻어버린다'는 의미의 '로울러 작전'이라는 말로 표현했고,[47] '모든 사람을 몰살시킨다는 의미의 '제로사이드 작전'[48]이라는 용어를 사용함으로써 절멸화 메커니즘의 다양한 표현 양식들을 보여주고 있다. 토벌대장 박진경이 1948년 6월 11일부터 14일까지 다수의 시민을 제주농업고등학교에 강제 집합시켜 놓은 자리에서 "한라산 일대에 휘발유를 붓고 비행기로 소이탄을 전도에 투하하여 빨갱이를 전멸시켜 버리겠다."[49]고 호언한 것이나, 1949년 3월 20일 국방장관 신성모가 제주도를 찾아와 "즉시 항복하라, 자수하라, 그러면 생명은 보장한다. 그러나 응하지 않으면 30만 도민을 몽땅 죽인다."[50]는 폭언이나, 이승만이 1949년 4월 9일 제주도를 방문한 자리에서 "나는 한 사람도

---

[45] 김봉현, 「제주도4·3항쟁의 현장기록」, 노민영 엮음, 『잠들지 않는 남도』, 온누리, 1988, 183쪽.
[46] 위의 책, 266쪽.
[47] 위의 책, 198쪽.
[48] 위의 책, 240쪽.
[49] 위의 책, 187쪽.
[50] 위의 책, 246쪽.

남김없이 역적도배를 절멸하라고 군경수뇌부에 지시하고 있다. 폭동의 진압은 시간문제이다."[51]라고 연설한 것이나, "전 섬에 가솔린을 붓고 빨갱이는 모두 죽여도 좋다."[52]는 조병옥 경무부장의 말은 당시 중앙권력의 수뇌부가 제주도에 대한 절멸화 메커니즘을 어떻게 이해하고 표현하고 있는지를 잘 보여주고 있다.

이처럼 절멸화 메커니즘은 제주4·3에서는 '초토화 작전', '삼광 작전', '삼진 작전', '로울러 작전', '제로사이드 작전', '토끼몰이식 투망살육작전', '마구잡이식 토벌' 등의 이름으로 상징화되었고, '30만 도민을 몽땅 죽인다', '중산간 부락을 깡그리 불태우라', '전 섬에 가솔린 부어 빨갱이 모두 죽이라', '빨갱이는 모두 죽여도 좋다', '역적도배들을 절멸하라' 등의 권력 수뇌부들의 발언들을 통해 구체화되고 현실화되었다.

3. 폭력 이후(처리)의 단계 : 정신적 폭력 과정

폭력 메커니즘에서 특기할 사실은 모든 제노사이드에는 항상 학살자들의 사후 처리 메커니즘이 뒤따른다는 것이다. 이른바 부정화와 정당화는 학살 주체 혹은 가담자들이 자신들의 만행에 대한 국제법적 처벌 내지 윤리적 비난에 대한 자기 방어적 목적을 위한 필연적인 수순으로 보인다. 학살자들이 이러한 사후 과정을 거치는 데에는 폭력에 대한 윤리적 부적절성에 대한 인식 때문이

---

[51] 위의 책, 252쪽.
[52] 위의 책, 266쪽.

다. 즉 아무리 자신들이 학살을 수행하는 동기와 목적, 그리고 그에 따른 과정들에 대하여 이데올로기적 정당성을 부여하고, 희생자 집단을 살해할 수밖에 없는 타자로 규정하여 그들을 인간 이하의 존재로 비인간화시키고, 그래서 그 비인간적 존재를 '정화' 혹은 '청소'했다는 자기기만적 이미지 속에 자신들의 의식과 행위를 합리화시켰음에도 불구하고, 그들이 합리화하려는 것은 자신들의 만행이 '인간으로서 할 일이 아니었다는 의식', 곧 양심에 호소하는 윤리적 가치판단에서 자유로울 수 없었기 때문이다.

이런 상황에서 학살자들은 두 가지 선택의 길이 있는데, 하나는 학살을 인정하고 법적, 윤리적 비난을 수용하여 과거를 청산하는 일이고, 다른 하나는 그럼에도 불구하고 오히려 학살의 사실을 더욱 은폐하고 부정하고 정당화하는 일이다. 일반적으로 모든 제노사이드의 현상을 살펴보면, 학살자들은 후자를 선택한다. 즉 자신들이 저지른 살해의 궤적들을 철저히 숨기고 왜곡하고 조작하며, 나아가 정당한 것으로 재구성한다. 이를 필자는 학살의 합리화 (Rationalization) 차원이라고 명명한다. 학살의 합리화 차원에서 이루어지는 메커니즘은 크게 부정화(Denial)와 정당화(Justification)로 나타난다.

그런데 이러한 두 메커니즘을 다루는 데 있어서 중요한 것은 이것이 항상 학살 사후에만 작동하는 원리인 것만은 아니라는 사실이다. 학살자들에게 있어서 부정화와 정당화의 메커니즘은 물리적 학살 과정에서도 항상 나타남과 동시에 학살 이후에는 다른 방식으로 전환하여 재생된다는 것이다. 학살의 현장에서 부정화 메커니즘은 바로 은폐와 조작으로 수행되고, 정당화 메커니즘은 중앙권력이 부여한 이데올로기적 권위(수뇌부의 명령, 계엄령, 빨갱이 절멸론)에 의존한 폭력의 합법화로 나타난다. 그러나 학살 이후, 부정화는 자신들이 저지른 역사적 사실에 대한 부정, 왜곡, 축소라는 역사수정주의로 탈바꿈하면서 그 사실 자체가 없었던 것으로 주장하고, 정당화는 자신들의 만행의 사실을 국가 및 사회의 질서, 정권의 안정이라는 차원에서 불가피한 국가의 정당한 권력행위였음을 통치 이데올로기와 국정 교과서, 그리고 언론과 같은 매체를 통하여 보편적 타당성을 부여하는 것으로 나타난다. 그렇다면 구체적으로 부정화 메커니즘과 정당화 메커니즘이 제주4·3 사태 속에서, 그리고 이후 역사에서 어떻게 작동하고 있는지 살펴보도록 하자.

M-9. 부정화 메커니즘(Denial)

부정화 메커니즘은 기본적으로 기억의 정치학에 의해 작동되는 작동 기제이다. 기억의 정치학이란 기억을 조작하거나 정치적 신화를 창조하는 것으로, 일반적으로 집단적 기억의 망각과 왜곡, 부인, 조작의 정치로 나타난다.[53] 권력집단에 의해 이루어지는 것으로 자신들이 행한 역사적 사실을 부정함으로써 피해자의 역사적 진실에 대한 기억을 다양한 방식으로 파괴하여 그들을 지속적으로 희생자이자 죄인으로 남도록 통제하고 억압하는 정치 메커니즘이다.

이를 위하여 학살자들은 자신들의 만행을 은폐하기 위해 희생자의 시체를 묻어 폐기하거나 희생자 수를 최소화하며, 과장 혹은 왜곡된 보고를 통해 사실 자체를 부정하는 방식으로 부정화를 시

---

53) Herbert Hirsch, *Genocide and the Politics of Memory : Studying Death to Preserve Life*, p.10.

도한다. 부정화 메커니즘은 희생자의 몸을 제거하는 물리적 학살 뿐만 아니라, 학살의 기억을 말살하기 위하여 희생자의 과거의 삶의 궤적과 흔적들을 파괴하는 과정에서 나타나는 현상이다. 서적을 불태워 버린다거나 희생자들의 역사를 증언하는 박물관을 파괴하는 일 등은 부정화 메커니즘의 주요 현상들이다.

그렇다면 제주4·3에서 부정화의 메커니즘은 어떻게 구체화되고 있는가? 여기에는 앞서 언급했듯이, 사태 과정에서 일어나는 부정화와 사태 후에 나타나는 부정화로 나누어 볼 수 있다. 먼저 물리적 학살이 진행되는 과정에서 드러나는 부정화 메커니즘은 주로 학살 후 시체들을 암매장, 화장, 수장 등의 방법을 통해 은폐하는 일을 비롯하여 총살 후 과장 혹은 왜곡된 보고를 통해 사실을 부정하는 등의 형태로 나타나고 있다.

1948년 10월 말부터 11월 초순 사이에 9연대 장병 1백 명가량이 군사재판 없이 불법적으로 처형된 사건이 발생하는데, 토벌 당국은 군인들을 처형해 놓고 가족들에게 그 결과를 일체 알리지 않았을 뿐만 아니라, 처형의 흔적을 없애기 위해 시신을 굴속에 매장(埋葬)하거나 화장(火葬), 심지어 수장(水葬)하는 방법으로 은폐했다.[54] 특히 수장의 경우는 거의 알몸 상태에서 진행되었다. 증언에 따르면, 군인들을 형살장으로 보낼 때에는 개인 신상의 자국까지 없애려고 팬티까지 모두 벗긴 뒤 누군지 구분할 수 없는 낡아빠진 일본군 검은 군복을 갈아입히는 치밀함을 보여주고 있다.[55]

사태 후 학살의 역사를 부정하는 여러 가지 방식 중에 무엇보다 가장 강력한 것은 국가에 의한 이데올로기적 억압이라 할 수 있

---

[54] 제민일보4·3취재반, 『4·3은 말한다-4』, 118쪽.
[55] 김기순 할머니의 증언. 위의 책, 183쪽.

다. 즉, 극우 반공 이데올로기를 통한 부정화가 그것이다. 제주 4·3의 학살주체인 이승만 정권하에서의 제주4·3에 대한 담론은 당연히 철저하게 이데올로기적으로 금기시 되었고, 사건의 진실은 왜곡·날조되어 희생자들은 '좌익운동가' 내지 '빨갱이'로 매도되었다. 나아가 제주4·3은 여전히 '공산폭동'이라는 이데올로기적 이념의 사건으로 규정하고 이를 공식적 역사로 지속시켰다. 박정희 정권에서는 4·19 혁명 후 잠시 일어났던 진상규명에 대한 흐름에 종지부를 찍고 진상규명 동지회 회원들을 검거하고, 진상의 실상을 보도한 신두방 제주신보 전무를 투옥하고, 경찰은 유족들이 세운 위령탑을 부수는 등의 부정화 행태들을 이어갔고, 5·18 광주학살을 자행한 전두환 정권은 더욱 더 철저하게 제주4·3에 대한 논의 자체를 억압할 수밖에 없었다.

문민정부와 국민의 정부가 들어선 이후에도 제주4·3에 대한 논의는 합법화되지 못했고, 여전히 다큐멘터리 '레드헌트'가 이적표현물로 규정되고, 이를 상영한 서준식은 구속되고, 다큐멘타리 '잠들지 않는 함성'을 만든 김동만도 기소되는 등 부정화 메커니즘은 이후 50년 이상 대한민국의 현대사 속에 지속적으로 작동되어 왔다. 이러한 이데올로기를 통한 부정화의 효과는 오늘날 색깔론의 이름으로 진화하여 여전히 남한 사회의 어두운 정치문화의 한 그늘로 남아있다.

M-10. 정당화 메커니즘(Justification)

정당화는 폭력 처리 메커니즘에서 부정화와 동시에 작동하는 또 다른 형태의 기제로서, 사태 과정에서는 살해의 명분 혹은 변명의 형태로 나타나고 있고, 사태 후에는 역사교과서 내지 언론매체의 보도라는 양식 속에서 발견되고 있다. 정당화 메커니즘이란 학살의 주체들이 자신들의 행위를 정당한 살해였다고 역사에 기록하고, 학살의 원인이 희생자 자신의 행동에 있었다고 주장하여 학살이 정부의 의도적인 정책이 아니라 희생자들의 잘못된 행위에 대한 자발적인 대응이었음을 대내외적으로 강조하며, 학살의 가담자들은 국가와 민족에 대한 충성심과 전문가로서의 책임감 있는 행동을 했다는 것에 대한 자기변명적 의미화를 뜻한다.

김봉현에 따르면, 학살자들은 뚜렷한 이유가 없음에도 불구하고 기분에 맞지 않는다고 하여 심정 차원의 개인적 이유로 벌레 죽이듯이 신경질적으로 죽이고 나서 항상 이유를 만들어 붙였다고 증언하고 있다.56) 이른바 "그들은 공산주의자였다." 혹은 "그것은 빨갱이를 전멸하겠다는 작전의 일환이었다." 라는 이데올로기적 정당화가 작동한 것이다. 이처럼 모든 학살의 현장에는 항상 학살자들이 극도의 폭력을 행사하기 전과 후에 그에 대한 이유와 변명이 이데올로기적 방식으로 표현되고 있다. 즉 '빨갱이이므로', '빨갱이 종자이므로', '산사람과 내통했으므로', '공산주의자이므로', '통비분자이므로', '도피자 가족이므로', '보도연맹원이므로', '과거 좌익운동을 했으므로', '사상이 불순하므로' 등 무수한 문구들이 살해자의 자기정당화 혹은 자기변명의 도구로 쉽게 사용되었다.

무엇보다도 사태 후 학살의 정당화 메커니즘은 역사적 왜곡을 통해 체계화되었다고 볼 수 있다. 국가권력의 이데올로기적 억압의 분위기 속에서 수십 년 동안 대한민국의 근대사의 비극인 제주 4·3의 역사는 군·경이 주도하고 있었다. 이들은 먼저 자신들이

---

56) 김봉현, 앞의 책, 180쪽.

행한 학살을 정당화하기 위하여 제주4·3을 '북한 사주에 의한 남로당 계열의 공산폭동'으로 규정하는 역사해석을 일반화하고자 했다. 군·경을 비롯한 국가권력은 이를 공식적 역사로 수립하기 위해 국사 교과서에 그대로 반영시킴으로써 학살의 정당성을 영속화시키고자 했다. 일반적으로 국사 교과서란 한 국가의 공식적인 역사관 내지 역사인식을 보여주는 대표적인 이데올로기적 기록물이므로, 국가 교과서에 어떻게 기록되느냐는 그 국가 공동체가 자신들의 역사를 어떻게 기억하고 평가하는지를 보여주는 것이다. 그들은 철저히 이데올로기적 색채를 씌워 제주4·3을 폭동사건이요, 그것도 공산무장폭도의 봉기요, 남한 사회의 질서를 무너뜨렸던 공산주의자들의 교란작전으로 기억하고자 했고, 이를 대한민국의 공식역사라는 이름으로 모든 국민에게 주입시키고자 했다.

무엇보다도 정당화의 메커니즘은 언론매체를 통해 확대·재생산되는 경향을 갖는다. 국가권력은 언론을 제주4·3의 폭력을 국가의 정당한 행위였음을 합리화하고 여기에 역사적 의미와 가치를 부여하는 보편화의 도구적 매체로 이용했다. 결국 정당화 메커니즘은 제주4·3의 경우, 사태 과정에서는 반공 이데올로기에 의한 학살의 명분화를 통해 가장 많이 이루어지고 있으며, 사태 이후에는 국가권력에 의하여 이데올로기적으로 정당화되면서 이를 국과 교과서와 같은 공식 역사기록물을 통해 유지되었고, 신문 및 방송과 같은 언론매체를 통하여 일반화되는 과정을 거치면서 학살의 행위 자체가 매우 타당한 것으로 의식화하는 데 결정적인 원리로 작동했다.

6장 폭력 메커니즘의 문화적 재현

재현의 지평

폭력 메커니즘의 문화적 재현

1. 폭력 징후 문화

앞 장에서 폭력 전조 메커니즘에서 밝힌 이데올로기, 조직화, 타자화, 그리고 동질화의 메커니즘은 어떻게 폭력 전조 문화로 재해석될 수 있는가? 이 질문은 곧 이러한 네 가지 폭력 전조 메커니즘들을 어떻게 문화적 현상으로 재구성할 수 있는가의 문제이기도 하다. 따라서 이 절에서는 폭력 전조 문화에 대한 잠정적인 정의가 필요하다. 폭력 전조 문화란 직접적 폭력, 물리적 폭력의 문화가 발생하기 전에 이러한 현상을 예감할 수 있는 사회적 분위기속에 나타나는 문화적 현상을 일컫는다. 마치 거대한 폭풍이 오기 전에 폭풍이 올 것을 예감할 수 있는 징후적 요소들이 먼저 나타나듯이, 본격적인 폭력의 문화가 형성되기 전에 사회 속에 내재하고 있는 폭력의 조건들이 여기저기서 다양한 양태들로 이루어지기 시작한다. 그러므로 폭력 전조 문화란 실제적인 폭력 문화를 구성하기 위한 예비적 혹은 간접적 폭력의 형태들이 문화적으로 구조화되고 조건화되는 과정을 의미한다.

  그렇다면 폭력 전조 문화는 어떻게 이루어지는가? 메커니즘 분석에서 도출된 네 가지 요소들로부터 이에 대한 단초를 찾을 수 있다고 본다. 즉 이데올로기 문화, 조직화 문화, 타자화 문화, 그리고 동질화의 문화가 그것이다. 필자가 여기서 전제하는 것은 사회적으로 이러한 문화들이 팽배할 때 본격적인 폭력 문화가 발생할 수 있을 가능성이 높다는 사실이다. 물론 모든 사회가 이러한 네 가지 폭력 전조적 요소들을 갖추어야만 폭력이 발생하는 것은 아니다. 그렇다고 해서 이들 네 가지 요소들 가운데 몇 가지가 빠졌다고 해서 폭력이 발생하지 않을 것이라는 생각도 적절하지 않다. 즉 이러한 요소들 가운데 하나의 요소만으로도 얼마든지 폭력은 발생할 수 있으며, 반대로 모든 요소들이 갖추어졌다고 해서 곧바로 폭력으로 이어진다고 단언할 수도 없다. 중요한 것은 그 사회가 가지고 있는 폭력 조절 시스템 구축 여부 혹은 성숙도의 차이에 있다. 즉 극단적인 폭력 현상에 이르기 전에 이를 막을 수 있는 사회 정치 시스템이 어떻게 작동하느냐에 따라 그 결과는 다르게 나타날 수 있기 때문이다. 그럼에도 불구하고 폭력 전조적 문화적 조건들이 사회 내부에 편만해 있고, 이들이 상호작용을 거치면서 상승·확대되기 시작하면 얼마든지 직접적 폭력을 발생시킬 수 있는 가능성은 얼마든지 열려있다. 그런 의미에서 폭력 징후적 조건으로서의 네 가지 요소들을 살펴보자.

C-1. 이데올로기 폭력의 문화

  일반적으로 이데올로기란 '합리적 사고를 가로막는 일련의 사고 내지 구조', '인간 존재에 가장 큰 영향을 미치는 구조', '하나의 사회가 따르고 있는 체제' 혹은 단순하게 '정치사상 내지 가치관' 등으로 다양하게 정의되고 있다. 작게는 정치체제에서부터 크게는 인간을 지배하는 구조체인 이데올로기는 항상 그 사회를 지배하는 계층들이 생성해내는 담론으로서 사회 내부의 구성원들에게 주입되지만, 표면화될 때에는 마치 삶의 전체적인 방향, 바람직한 사회의 모습을 제시해 주는 집단화된 신념으로 나타난다. 따라서 이데올로기는 개인, 소수자 몇몇에게 통용되는 것이 아니라 사회 구성원 대다수가 공유하고 있는 하나의 사상이자 구조이며, 가치관이다.

주로 국가의 권력자로부터 생성되어 일반 국민들에게 주입되는 집단적 신념이자 이상적 비전으로서의 이데올로기는 주로 '~주의' 혹은 '~이즘'의 이름으로 표현되는데, 이는 두 번에 걸친 세계대전 이후 반세기 이상 지속되어 온 냉전시대를 거치면서 다양한 양태들로 발전해 왔다. 물론 시대적인 흐름에 따라 이데올로기는 그 용도가 약화되거나 다른 형태로 변질되어 온 것이 사실이다. 이른바 민족주의, 사회주의, 식민주의, 나치즘, 파시즘, 전체주의, 그리고 보수주의, 진보주의, 반공주의(매카시즘)와 같은 정치체제 및 정치적 신념을 표현하는 이데올로기(정치 이데올로기), 자본주의, 공산주의, 시장자유주의, 개발주의 등 경제체제를 가리키는 이데올로기(경제 이데올로기), 그리고 물질주의, 기술주의, 문명주의, 남성우월주의, 테러리즘 등 사회적 현상들을 지시하는 이데올로기(사회 이데올로기) 등이 하나의 사회 속에 지배적인 담론이 되면서 그 사회를 결속 혹은 통제하고 있다면, 우리는 이를 이데올로기 사회 혹은 이데올로기 문화라고 규정할 수 있을 것이다.

이러한 여러 이데올로기들이 모두 폭력 징후적 현상이라고 볼 수는 없다. 그러나 이러한 이데올로기들이 한 사회의 지배담론이 되어 다른 여러 사상이나 신념의 존재를 억압하는 형국이라면 문제는 달라진다. 특히 초기 국가 설립 과정에서 정치 지도자가 국민적 통합을 위하여 인위적이고 일방적으로 제시하는 이데올로기는 매우 억압적이어서 다른 여타의 이데올로기들을 수용하거나 용납하지 않는데, 이러한 상황의 지속은 폭력의 현실을 발생시킬 가능성이 크다고 볼 수 있다. 따라서 폭력 전조 문화로서의 이데올로기는 정치적인 영역에서는 직접적·물리적 폭력으로 발전될 가능성이 많고, 경제적인 영역에서는 경제적 양극화 내지 간접적·구조적 폭력으로 나타나며, 사회·문화적인 영역에서는 심리적 소외 내지 문화적 배제 형태의 정신적 폭력으로 표출될 수 있다.

이데올로기가 갖고 있는 집단성과 배타성, 그리고 억압성은 이미 폭력적 특성을 내포하고 있다고 볼 수 있다. 냉전시대 미국을 중심으로 한 자본주의와 소련을 중심으로 한 공산주의 이데올로기의 대결은 서로에 대한 배타적 성격 때문에 항상 폭력 가능성에 대한 긴장을 놓을 수 없었다. 대한민국 정부수립 초기 이승만 정부 이래로 지속된 반공주의 정치 이데올로기는 그 집단성과 억압성으로 말미암아 한국 사회를 하나의 통제된 집단으로 묶어 둘 수 있는 기능을 수행했다. 한국 사회에 깊이 뿌리박혀 있는 지역주의라는 이데올로기는 그 배타성과 집단성 때문에 영남과 호남, 그리고 충청 등으로 나누어지는 사회적 분열과 갈등의 구도를 배태시켰다. 북한이라는 사회주의 체제를 두고 남한 사회에서 벌어지는 보수주의와 진보주의, 우파주의와 좌파주의라는 이데올로기 대립은 색깔론 논쟁이라는 이름으로 오랫동안 사회적 갈등의 모습으로 지속되고 있다.

폭력의 전조적 현상으로서의 이데올로기 문화는 한 사회를 하나의 사상과 신념 체계로 묶으면서 통제하는 데는 효과적일 수 있지만, 반면 그 안에서 발생하는 반대 이데올로기들의 등장으로 사회는 급속하게 갈등국면을 맞으면서 폭력 사회로 갈 수 있는 가능성을 심화시킬 수도 있다. 그래서 독재 권력은 사회 내부의 반대 이데올로기들의 차단을 위하여 이를 자신들의 사회 외부에서 찾아내어 대립적인 상황을 만듦으로써 내부 통합과 결속을 꾀한다. 남한의 많은 정권들이 만들어내었던 북한에 대한 반공주의 이데올로기 혹은 소련 공산주의에 대한 미국의 매카시즘 열풍이 이를 잘 보여준다. 이데올로기 문화가 형성되었다는 것은 그 사회가 이미 갈등과 분열로 점철되고 있음을 의미하며, 동시에 폭력 가능성을 내포하고 있음을 암시한다고 볼 수 있다. 그런데 이데올로기가 폭력으로 발전하는 데 있어서 결정적인 것은 주변적인 이데올로기들이 한 사회에 다양하게 표출되어 나타나는 것이 아니라, 오히려 주류적인 두 개의 이데올로기가 대립적인 형태로 형성될 때이다. 특히 상반된 두 개의 정치 이데올로기의 등장은 그 사회로 하여금 폭력 분출 가능성을 강화시킬 수 있다.

C-2. 조직화 폭력의 문화

제주4·3에서 조직화 메커니즘은 본격적인 학살 수행 이전에 학살주체의 조직을 강화하는 형태로 이루어졌다. 조직화는 인사조직에 있어서 강성인물로 교체한다거나, 군사력을 증강하는 일, 그리고 우익 인사 및 단체들에 대한 지원을 통한 세력 확장 등으로 나타났다. 학살에 있어서 조직화는 학살자들에게 자신들이 학살할 대상들이 선정되고 그들로부터 자신들의 존재가 위협당한다고 판단되었을 때 이데올로기 메커니즘과 함께 수반되는 내부결속력 강화의 수단이다. 즉 폭력을 수행하기 위한 조직 정비 및 세력 구축을 통한 일련의 준비 과정이다.

조직화 문화는 대립하는 두 집단이 존재할 때 어느 한쪽 집단의 조직화로 인하여 다른 한쪽이 이에 대한 위협감을 갖게 되고, 한쪽 집단의 조직화로 인하여 깨어진 힘의 균형은 곧 조직화된 집단의 폭력 행사로 이어지게 된다. 즉 한 집단의 힘의 강화는 다른 집단에게는 위협이 되며, 이는 또 다른 집단의 힘의 강화로 이어지면서 힘의 경쟁 상태로 발전하며, 상호 팽창 관계를 거치면서 폭력 사태에 이르게 된다. 따라서 무한 경쟁의 문화 속에서 어떤 집단 혹은 어떤 국가의 조직화는 집단 간 혹은 국가 간 긴장 상태를 조장하게 되고, 이런 문화가 지속될 때 전쟁이나 집단 간 충돌 현상이 발생한다.

오늘날 세계의 강대국들을 중심으로 이루어지고 있는 군사대국화 시도들은 바로 조직화 메커니즘에 따른 폭력의 전조적 문화로 규정할 수 있다. 일본이 2차 대전 이후 지속적인 우익화 경향을 보이면서 자위대의 해외파병과 같은 계획을 헌법수정을 통하여 시도하는 것은 조직화 문화의 대표적인 사례로 지적할 수 있다. 일본의 군사력 증강은 곧 이를 견제하려는 한국과 중국에 위협이 되면서 이 두 나라 또한 군사력 증대로 맞서게 된다. 미국과 소련이 미사일 방어 체제를 놓고 신경전을 벌이는 것 또한 조직화 메커니즘의 맥락에서 이해할 수 있다. 북한과 이란의 핵개발에 대하여 미국을 중심으로 한 강대국들의 견제와 억압 정책은 바로 북한의 조직화에 대한 사전 정지 작업의 일환이다.

그러므로 폭력의 전조 문화로서의 조직화는 특히 경쟁하는 사회 구조 속에서 개인과 개인, 집단과 집단, 국가와 국가 사이에 끊임없이 발생하고 재생산되는 메커니즘으로서, 이를 조절하고 통제할 수 있는 관계 시스템이 없을 경우 얼마든지 폭력 상황을 초래할 수 있는 폭력의 예비적 조건으로 정의할 수 있다. 또한 한 집단의 조직화는 자신들과 대립관계 혹은 경쟁관계에 있는 특정한 타자 집단이 있음을 전제한 개념으로써, 그들을 무한경쟁에서 이기거나 대립관계에서 우위를 점하기 위하여 취해지는 집단 내부적 역량 강화를 위한 집단 내 결속화이기도 하다.

C-3. 타자화 폭력의 문화

폭력의 전조 문화로서의 타자화는 우리 사회 속에 이데올로기와 조직화의 문화에 이어 사회 내 갈등 관계를 분명하고 견고하게 하는 메커니즘이다. 앞 장에서 분석한 바에 따르면, 타자화란 희생자 집단을 어떻게 규정하고 범주화 할 것인가를 특징짓는 외부적 요인이다. 즉 어떻게 우리와 적이 되는 개인 혹은 집단을 설정하고, 적이 된 그들을 비인간적인 존재로 명명하여, 폭력의 수행을 정당화하는 근거를 삼을 수 있느냐의 문제이다. 타자화 메커니즘과 관련하여 이루어지는 타자화 문화는 주로 경계짓기, 구별짓기, 차별하기, 분류하기, 범주나누기, 비인간화하기 등의 용어들로 표현될 수 있다. 타자화 문화는 크게 둘로 나누어 진행된다. 하나는, 어떻게 우리와 적을 구별해 내는가의 문제, 곧 구별짓기 문화를 통한 타자화이고, 다른 하나는 타자화된 적을 어떻게 죽일 수 있는 존재로 인식시킬 것인가의 문제, 곧 비인간화 문화를 통한 상징화이다.

구별짓기 문화의 대표적이고 고전적인 예는 계급이다. 마르크스의 사회철학에 있어서 계급은 불평등의 원인이자 투쟁과 폭력의 출발점이다. 계급이란 정치, 경제, 사회적으로 공인된 구별짓기 문화의 기호이다. 즉 차별화 문화의 공식적인 토대이다. 따라서 계급을 통하여 모든 인간의 구별짓기가 가능했었다. 그러나 계급사회가 사라지고 민주화 사회가 등장한 오늘날 구별짓기는 어떤 형태로 나타나고 있는가? 계급사회에서 볼 수 있었던 가시적인 구별짓기 문화가 민주화된 사회 속에서는 비가시적 형태로 더욱 다양한 관계망 속에서 이루어지고 있다.

지역주의 문화에서 볼 수 있는 영남과 호남 간의 구별짓기, 정치 이데올로기 문화의 결과로 나타나는 적으로서의 북한과 우리로서의 남한 간의 구별짓기는 이미 잘 알려진 타자화이다. 그러나 오늘날 문화적으로 나타나는 구별짓기는, 피에르 부르디외가 간파했듯이, 계층과 학벌의 차이에서 오는 문화적 취향의 차별화로 나타나고 있다. 클래식을 즐기는 사람과 대중음악을 선호하는 사람들 간에, 명품으로 자신의 삶을 가꾸는 사람과 재래시장에서 물건을 구입하여 사용하는 사람들 간에, 심지어 고급 레스토랑의 음식과 와인을 격식에 맞추어 즐기는 사람과 거리의 포장마차에서 장어구이와 소주 한 잔을 격식없이 먹는 사람들 간에 이루어지는 문화적 구별짓기는 계급사회에서처럼 노골적인 형태로 나타나지는 않고 비가시적이고 숨겨진 형태로 작용하지만, 그 근본적인 메커니즘은 타자화에 따른 분류와 배제의 속성을 내포하고 있다. 특히 최근 한국 사회에서 나타나고 있는 외국인 노동자에 대한 배타적이고 차별적인 행태들은 바로 급속한 타자의 유입에 대한 초기적 반응으로 보여졌던 타자화 문화의 대표적인 경우이다.

일종의 무리짓기 행태로 볼 수 있는 구별짓기 문화는 다양한 타자들과의 교류와 대화를 통하여 인정하고 받아들이는 다원화되고 민주화된 사회에서는 오히려 폭력 전조적 현상이라기보다 복합 사회 속에서 공존할 수 있는 장이 되기도 한다. 그러나 이러한 행태들이 폭력으로 발전하는 데에는 타자화의 두 번째 단계인 비인간화 문화가 도입되면서부터다. 이는 무리짓기 그 자체가 폭력의 조건이 되는 것은 아님을 의미한다. 이것이 폭력이 되기 위해서는 다른 집단을 인간적 존재로 존중하지 않는 태도, 즉 타집단을 비인간화시키는 시선과 관점이다. 남한 사회가 북한 사회를 '빨갱이 집단'으로 보는 오래된 시선, 미국의 부시가 북한정권을 '악의 축'이라는 이름으로 규정하려는 관점, 한국에 들어온 인도 사람들에 대하여 '손으로 밥을 먹는 더러운 존재'라는 편견 등은 그 강도에 있어서 약하지만 타자로 설정한 집단 내지 국가에 대하여 비인간적 존재로의 명명화를 통하여 타자화 문화를 공고히 하는 행태로 볼 수 있다. 따라서 비인간화 문화는 주로 시선의 폭력이며 언어의 폭력으로 표현된다. 여기서 시선의 폭력은 곧 외부적 시선을 의미하며, 언어의 폭력은 대상에 대한 상징화된 표현을 통한 언어적 규정이다.

C-4. 동질화 폭력의 문화

동질화의 메커니즘은 앞에서 타자화 문화가 가지고 있는 외부적 관점의 결과로 발생하는 현상으로서, 모든 타자화된 대상을 하나의 본질적 특성을 가진 동질화된 집단으로 바라보는 시선의 폭력이다. 르네 지라르가 지적했듯이, 하나의 집단을 외부에서 볼 때, 그 집단 내부의 다양한 변별적 요소들이 있음에도 불구하고 그것이 무시된 채 오직 공통적인 하나의 특성으로만 규정지어 보고자 하는 경향을 갖게 된다. 즉 동질화 문화란 하나의 정치 체제, 문화, 지역, 계층, 성이라는 범주 안에 개별적인 인간 존재의 다양한 모습들을 묶어서 하나의 본질적 존재로 동일시하는 태도가 문화적 관행으로 자리잡은 상태를 의미한다.

앞 장에서 밝혔듯이, 동질화 메커니즘은 표적이 된 집단의 범주 속에 다른 종류의 집단 및 개인을 한꺼번에 묶어 인식하려는 방법으로서, 다양한 사상, 다양한 상황, 다양한 입장이 공존함에도 불구하고 이를 하나의 구조, 하나의 틀 속에서 이해하는, 이른바 무차별화 인식 메커니즘이라고도 할 수 있다. 이 메커니즘은 폭력의 대상에 대한 범위를 기하급수적으로 확대할 수 있는 결정적인 것으로, 개별적 폭력 차원을 대량학살의 차원으로 상승시키는 증폭기제의 역할을 수행한다. 예컨대, 제주도라는 지역적 범주 안에는 다양한 정치적 사상과 입장이 존재함에도 '제주도=빨갱이 섬'이라는 동질화 인식이 작동하기 시작하면서 제주도 내 공산주의자들에 대한 폭력은 순식간에 제주도민 전체에 대한 학살로 발전하게 되었음은 앞서 확인한 바 있다.

폭력 전조적 현상으로서의 동질화 문화는 오늘날 우리 사회에 어떤 형태로 심화되어 나타나고 있는가? 동질화 문화란 우리와 그들을 분류하고 이들을 비인간화하는 과정에서 타자화된 집단 및 사회 속의 다양한 개별적 주체들을 하나의 이데올로기적 상징으로 묶어서 동일시하는 사회적 분위기를 가리킨다. 에드워드 사이드(Edward Said)의 '오리엔탈리즘(Orientalism)' 개념에서 볼 수 있듯이, 서양인들이 동양인을 볼 때 자신들의 주관적 판단에 따라 상징화함으로써 동양인에 대한 실체적 진실을 왜곡된 형태로 조작하는 시선의 폭력은 곧 동질화의 메커니즘이 작용한 결과로 볼 수 있다. 따라서 동질화 문화는 곧 획일화된 선입관의 문화이자 왜곡된 편견의 문화이기도 하다.

동질화의 문화는 우리 사회에서 대립된 두 집단을 비교할 때 가장 극명하게 나타난다. 북한과 남한, 영남과 호남, 강남과 강북, 남성과 여성 등과 같은 상호대칭적 구조 속에 놓여있는 집단 간에 이루어지는 동질화의 시각은 이를 잘 보여주는 사례들이다. 북한은 모두가 빨갱이이며, 적화통일을 추구하며, 김일성 부자를 숭배하는 획일적 집단으로 보는 남한 사람들의 시선, 강남 사람들은 모두 부자이고 기득권자이며 자유시장주의자들이며 최고의 교육환경 수혜자들이라는 편견, 그리고 호남 사람들은 모두 저항적이며 바른 말 잘하고 그럼으로써 중심권력으로부터 항상 박해받고 피해를 입은 정치적 주변인이라는 선입관은 지역이라는 범주로 묶이는 사회적 주체들을 동일한 시선으로 처리해 버리는 해묵은 통념이었다.

동질화 문화는 이 외에도 다양한 대상들에 대하여 다양한 형태로 나타나고 있다. 예컨대, '한국 정치인은 모두 기회주의자들이다', '변호사는 모두 거짓말쟁이다', '경찰은 모두 돈을 좋아 한다', '한국의 노동자들은 모두 과격하다', '가난한 자들은 모두 게으르다', '재벌은 모두 부도덕하다', '한국의 모든 종교는 보수적이다', '모든 이슬람주의자들은 테러리스트이다' 등의 사회적 판단 혹은 평가들은 이러한 동질화 문화의 영향으로 나타나는 표현들이다. 미국 버니지아 공대 총기 난사 사건에서 범인이 한국인이었다는 사실에 한국의 모든 국민들이 미국 여행을 자제하고 미국에 사는 모든 교포들이 긴장하는 이유는 바로 미국 사회에서 동질화 메커니즘이 작동할지도 모르는 두려움 때문이다. 9·11 이후 중동 사람들이 미국 입국에 어려움을 겪고 미국 사회에서 다양한 린치를 당하게 된 것도 바로 동질화 메커니즘이 작용한 때문이다. 세계 곳곳에서 발생하는 인종차별, 민족주의에 따른 다른 민족에 대한 폭력 현상 또한 이러한 맥락으로 읽을 수 있는 예다.

2. 폭력 실행 문화

앞에서 살펴본 폭력 전조 문화로서의 이데올로기, 조직화, 타자화, 그리고 동질화는 그것 자체가 폭력이라기보다 본격적인 폭력 문화를 형성하는 과정에서 나타나는 간접적 폭력의 구조적 요인이라고 볼 수 있다. 폭력의 구조화를 위한 징후적 현상으로서 이것들은 우리 사회 문화 속에 다양한 형태로 자리 잡고 있으며, 그 사회가 갖고 있는 폭력 조절 시스템의 여부에 따라 폭력 사회로 이어질 수도 있고 그렇지 않을 수도 있다. 따라서 폭력 전조적 문화는 물리적 폭력의 문화가 아니라 구조적 폭력의 문화이며, 직접적 폭력의 문화가 아니라 간접적 폭력의 문화로 볼 수 있다.

그러나 폭력 전조적 문화를 구성하는 이러한 요소들이 한 사회에 복합적으로 작용하면서 사회갈등의 위기에 이르게 되고, 사회가 스스로 이를 통제할 합법적인 권력이 부재하거나 조절할 만한 사회 조절 시스템의 한계에 이르게 될 때, 그 사회는 걷잡을 수 없는 폭력 사태에 직면하게 된다. 이데올로기가 그 사회의 지배적인 신념으로 작동하고, 사회 내부의 갈등 집단들에게서 자신들의 세력을 강화하는 조직화의 움직임이 급해지며, 갈등 집단들 사이에 무리짓기가 성행하고 서로에 대하여 비인간화의 시선이 팽배해지고, 나아가 갈등하는 집단에 속해 있다는 이유만으로 하나의 동질 인간으로 바라보는 동질화 문화가 그 사회의 주류적인 문화로 자리잡을 때, 폭력 전조적 문화는 폭력 문화로 이동할 수 있는 가능성이 높아진다.

이제 살펴보게 될 폭력 문화의 네 가지 요소들인 고립화, 상호보복화, 광기화, 그리고 절멸화가 가지고 있는 특징적인 사실은 폭력 전조적 문화의 요소들이 실제적인 폭력과는 거리가 있는 폭력 예비적 조건인 반면, 이 요소들은 그것들 하나 하나가 폭력으로 규정될 뿐만 아니라 적어도 직접적인 폭력적 효과를 발생시킬 수 있다는 것이다. 즉 고립화 자체가 인간의 생명을 파괴하는 폭력의 중요한 수단이 될 수 있으며, 상호보복화는 폭력의 순환 과정 속에서 일어나는 폭력의 일상적 표현이며, 광기화는 폭력의 극단적 형태이고, 절멸화는 그야말로 폭력의 최종 목적이기 때문이다. 한 사회의 폭력 문화를 구성할 수 있는 이 네 가지 요소들을 문화적 측면에서 재해석하여 살펴보기로 하자.

C-5. 고립화 폭력의 문화

앞 장에서 지적했듯이, 고립화 메커니즘은 타자화된 대상을 본격적으로 학살하기 직전에 이루어지는 포위 및 압박 전략의 일환으로 사용되는 요소이다. 타자화가 희생자 집단에 대한 정신적 분리 전략이라면, 고립화는 타자화된 집단에 대한 물리적 봉쇄 전략이다. 학살의 한 방법이기도 한 고립화는 아메리칸 토착민에 대한 유럽의 제국주의 점령자들의 사례, 스탈린 치하의 구소련의 공산화 과정에서 일어났던 집단적 기근과 아사를 통한 학살, 그리고 나치의 유태인 학살을 위한 유태인 분리 정착촌 '게토'에서 가장 실제적으로 나타났다.

　물리적인 폭력을 가하지 않고 집단적 이동과 분리, 그리고 방치를 통해 스스로 죽도록 유도하지만, 결코 법적으로 책임지지 않을 수 있고 자연적 재해 내지 생존 능력의 부족으로 떠넘길 수 있다는 면에서 주로 국제적인 비난 여론과 시선을 의식하는 국가권력들이 사용하는 간접적 살해 전략이다. 물론 고립화를 통한 살해에는 '시간'이라는 변수가 작용한다. 아메리칸 토착민에 대해 수백 년 동안 진행된 고립화를 통한 학살은 오늘날 〈제노사이드 협약〉에서 제시되는 학살의 범주에 들어가지 못하고 있으며, 구소련의 스탈린에 의한 학살은 그 희생자 숫자로 볼 때 세계 최대의 사례로 기록됨에도 불구하고 그 방법이 고립화에 의한 것인 만큼 학살의 논의에서 잘 이루어지지 못하고 있는 것이 사실이다.

　그렇다면 폭력의 중요한 수단으로서의 고립화 메커니즘은 문화적으로 어떻게 재현되고 있는가? 여기서 한 가지 지적할 것이 있다. 고립화와 타자화의 명확한 의미 구분이다. 무리짓기, 경계짓기, 구별하기, 분류화 등으로 정의되는 타자화와 고립화는 기본적인 용도에 있어서 유사한 면이 있다. 둘 다 인간의 집단을 둘로 나눈다는 것이다. 적과 우리를 구분하고, 갈등화시키고, 적대화하는 면에서는 차이가 없다. 그러나 분리에 따른 힘의 분배적 차원으로 들어가면 둘의 구분은 확연해진다. 타자화 문화로서의 무리짓기나 집단 분류화는 대등한 힘을 가진 경쟁 집단들 사이의 분리로서, 주로 사회적 갈등 관계로 표출된다. 즉 대칭적 권력 관계에서 이루어지는 집단 간 분리에 따른 적대 관계화이다.

　그러나 고립화는 고립시키는 주체와 고립되는 대상 간에 엄청난 비대칭적 권력 관계를 전제한다. 고립화 전략은 고립시키는 주체의 절대적 권력과 고립되는 대상의 절대적 무권력의 관계에서 빚어지는, 이른바 일반적인 폭력 형성의 구조에 맞추어져 있다. 따라서 고립화 문화는 대등한 힘의 관계에서 발생하는 사회적 갈등의 차원이 아니라, 어느 한쪽의 힘의 절대적 우위성에 근거하여 상대적으로 빈약한 힘을 가진 어느 한 부류의 집단 및 개인에 대하여 행해지는 제도적, 사회적, 윤리적 권력의 일방적 행사 속에서 형성된다. 제주4·3에서 볼 수 있는 고립화의 폭력은 대한민국 국가권력이라는 절대적 권력 주체가 제주도라는 한 변방의 섬에 대하여 이루어진 비대칭적 권력 관계 속에서 수행되었다는 사실은 이를 잘 보여주는 예라 할 것이다.

폭력으로서의 고립화 문화는 오늘날 한국 사회에서는 '왕따', 일본에서는 '이지메'라는 학교폭력의 한 형태로 나타나고 있다. 왕따나 이지메 현상은 절대적 다수가 절대적 권력으로 절대적 소수자를 향해 가해지는 일종의 '만장일치적 폭력'이다. 르네 지라르의 희생양 이론에서처럼 희생물로 선택되는 대상들이 사회적 소수자, 약자, 이방인들이듯이, 왕따로 지목되는 학생 또한 성적미진아, 못생긴 외모, 가난한 집안, 육체적 불구 등의 사회적 약자로서의 조건을 가진 대상들이다. 희생물에 대한 만장일치적 고립화를 통하여 사회 내부의 구성원 대다수는 자신들에게 닥쳐 올 사회적 갈등과 위기 상황을 타개하고 평정을 되찾으려 한다는 것이 르네 지라르의 분석이다. 따라서 고립화 문화로서의 왕따 현상은 사회내부적 결속과 안정을 위하여 한 사람의 희생으로 여러 사람들 간의 갈등 가능성을 미리 차단시키는 효과를 위한 희생제의적 폭력이다.

국제관계에서 고립화 문화는 군사적인 전략의 차원에서 종종 이루어진다. 강대국이 약소국을 통제하는 방법으로 주로 사용하는 것으로써 경제제재나 금융거래 차단, 수출입 금지, 그리고 해안봉쇄는 국가 차원의 고립화 문화의 대표적인 경우이다. 미국이 북한의 핵문제에 대하여 경제제재 조치와 금융거래 차단 및 테러지원국 지위를 부여하는 등의 행위들은 고립화를 통한 폭력으로 볼 수 있다. 특히 북한이 대포동 미사일 실험을 하고 핵 보유를 국제적으로 주장했을 때 유엔 안보리 차원의 경고 및 제재 성명과 같은 국제사회의 대응들은 바로 북한이라는 대상에 대한 고립화이다. 그 외에도 세계의 많은 독재국가들에서 일어나는 민주화 운동과 이에 대한 정치적 억압에 대하여 국제사회가 한 목소리로 비난 성명을 발표하는 것은 긍정적인 의미에서 이루어지는 고립화 전략이기도 하다. 아프리카의 수단 다푸르에서 일어나는 제노사이드에 대하여 중국이 수단 정부와 국제 관계 단절을 고려하는 것 또한 고립화라는 폭력 메커니즘을 이용한 폭력 차단이라는 효과를 도모한 것이라 볼 수 있다.

C-6. 상호보복 폭력의 문화

앞에서 밝혔듯이, 상호보복 메커니즘은 폭력을 행사하는 두 권력 주체를 전제하는 개념으로 서로에 대하여 가하는 권력의 정도가 유사하거나 대등할 때 나타나는 현상이다. 상호적 폭력은 서로에게 폭력을 수행할 수 있는 두 권력 집단 간에 주고받는 폭력의 상호작용을 의미한다. 특히 상호보복 행위란 어느 한쪽이 시작하면 다른 쪽은 더 심하게 앙갚음하는 식으로 악순환과 상승작용을 일으키기 때문에 한번 시작된 보복성 폭력은 반복·확대되고 나아가 재생산·재현됨으로써 대량학살을 초래하게 한다. 따라서 상호보복의 폭력은 일회성 폭력으로 끝날 수 있는 것을 지속적이고 대량적인 폭력으로 증폭시키는 기능을 갖는다.

 상호보복 폭력은 대등한 권력 집단 간에 주고받으며 상승되는 힘의 상호성이지만, 이 과정에서 발생하는 폭력에 의한 피해는 제삼자가 당한다는 것이다. 물론 갈등 당사자들이 서로에게 행한 폭력으로 인해 피해를 입는 것은 당연한 귀결이지만, 문제는 그 피해가 둘 사이에서만 끝나는 것이 아니라 그 주위에 관련된 상대적 약자들에게 확대된다는 사실이다. 제주4·3에서 토벌군과 무장대 사이의 상호보복성 폭력이 강화될 때 둘 사이에서 희생되는 주체는 민간인들이었다는 것은 이를 말해 주는 것이다. 결국 두 권력 주체 간에 이루어지는 상호보복성 폭력 사이에서 절대적 무권력자들인 제주도민들이 그 피해를 고스란히 받았다는 사실은 폭력의 문제는 철저히 권력의 여부에 따른 문제임을 분명히 해 주고 있다.

 상호보복성 폭력은 일차적으로 전쟁과 같은 물리적 폭력의 상호작용의 현실에서 이루어지는 것이다. 어떻게 보면 전쟁 외의 현실에서는 이러한 폭력은 일어나지 않을 뿐만 아니라, 문화의 영역에서 이를 찾기는 쉽지 않다고 생각할 수 있다. 그러나 상호보복의 폭력 문화는 오늘날 우리 사회의 경제적인 영역에서 '무한 경쟁'이라는 이름으로 구체화되고 있다. 이른바 '하얀 전쟁(White War)'이라는 신조어가 의미하듯 경제 전쟁의 장에서 이루어지는 상호보복성 폭력의 문화는 끊임없는 기업 간의 품질 경쟁, 가격 인하 경쟁, 서비스 경쟁 등으로 나타나고, 한쪽 기업이 신제품을 개발하면 다른 경쟁 기업이 곧바로 앞선 제품을 개발하고, 한쪽 기업이 가격 인하를 통해 판매 시장에 우위를 점하려 하면 다른 쪽 기업은 더 파격적인 가격 인하로 맞서면서 기업 간 경쟁 상태를 증폭시키게 된다. 결국 상호보복성 경쟁 상황은 대립하는 두 기업 모두에게 피해를 입히면서 공멸의 길을 자초하기도 한다. 물론 가격 담합이라는 반대의 경우도 있을 수 있다.

정치적인 영역에서 상호보복성 폭력 문화는 이른바 '정치 공방'이라는 현상에서 잘 나타난다. 어떤 사안에 대하여 한 정당이 다른 쪽 정당에 대하여 '의혹'을 제기하고, 다른 쪽 정당은 곧바로 '정치공세'라고 반박하고, 이를 되받은 정당은 다시 새로운 의혹 제기와 함께 '수구세력'이라고 몰아붙이면서 정치공방은 확대·재생산되면서 결국에 가서는 원래의 사안은 사라지고 부패세력과 반부패세력, 보수적 수구세력과 친북적 좌파세력, 나아가 '꼴보수'와 '빨갱이'라는 흑백논리와 색깔론 논쟁으로 발전하면서 정치적 갈등의 극단으로 치닫게 된다.

이처럼 상호보복성 폭력의 문화는 이데올로기적으로 대립하고 있는 사회, 무리짓기와 구별짓기가 성행하고 상대 집단에 대해 비인간적 배제화가 이루어지는 사회, 끊임없이 자신이 속한 집단을 조직화하고 확장하려는 사회, 그리고 나와 다른 집단에 속해 있는 개인의 독특성을 무시하고 집단에 포섭된 개인으로 동질화하는 시선을 가진 사회일수록 그 가능성이 열려져 있다. 대화와 타협, 이를 중재하고 조절할 수 있는 사회적 통합 담론의 시스템이 부재한 사회일수록 상호보복의 문화는 쉽게 형성될 수 있다.

C-7. 광기화 폭력의 문화

상호보복적 폭력의 반복적 발생으로 인한 일상화는 폭력이 가지고 있는 잔인성에 대한 무감각화로 이어지는데, 이 단계에 이르렀다는 것은 곧 폭력이 이미 광기적 형태에 익숙해진 문화로 접어들었음을 의미한다. 앞서 살펴보았듯이, 폭력의 광기화는 절대적 힘을 가진 주체가 절대적 힘이 없는 대상을 향해 갖고 있는 비대칭적 권력 관계의 구조와 이에 따른 일방적 폭력 수행의 능력, 그리고 제3자의 견제와 개입으로부터의 완벽한 자유로움에 근거한다. 즉 폭력을 수행할 수 있는 절대 권력과 이를 통제할 수 있는 견제 권력의 절대적 부재는 폭력 주체로 하여금 절대적 폭력의 자유를 부여한다. 이처럼 폭력의 무한 방치적 자유로움 속에서 가해자는 일반적으로 인간이 경험할 수 없는 무한 상상의 폭력 본능을 분출하게 되는데, 이것이 일상화되었을 때 나타나는 폭력 문화의 요소가 바로 광기화이다. 폭력의 광기성은 오늘날 우리 사회에서 어떻게 문화적으로 재현되고 있는가? 폭력 문화로서의 광기화는 폭력에 이미 익숙해진 사회적 분위기를 반영한다. 폭력이 일상화되어 버림으로써 더 이상 폭력을 폭력으로 인식하지 못하는 무감각한 사회의 문화는 폭력을 일종의 유희적 수단으로 활용하기까지 한다. 쾌락의 한 형태가 되어버린 폭력의 잔인성은 나아가 폭력을 즐기며, 이를 확산시키며, 심지어 미화시키기까지 한다.

　오늘날 대중문화를 주도하는 미디어 매체가 담아내고 있는 폭력의 광기성은 그 끝을 알 수 없을 정도로 광란적 질주를 계속한다. 어제의 잔인한 폭력 영화가 오늘날 아무런 자극도 없는 평범한 영화로 전락하고, 폭력의 잔인함은 시간이 더할수록 그 정도를 심화시키고 있다. 성적 노출을 다루는 성인영화 또한 이와 같은 맥락으로 발전한다. 좀 더 자극적인 폭력을 찾아 끊임없이 진화해 가는 과정에서 폭력의 광기 문화는 그 지평을 확장해 간다.

　폭력을 광기적으로 확장시키는 데에는 무엇보다도 폭력의 질주를 막을 수 있는 사회적 통제 시스템의 부재를 들 수 있다. 즉 폭력의 방법들이 잔인한 단계로 진화하는 데에는 그 행위주체들로 하여금 그렇게 행동할 수 있도록 하는 제3의 권위적 구조가 있음을 의미한다. 즉 폭력의 광기성은 앞서 언급했던 '무한 방치적 자유 폭력의 구조' 속에 있는 자들에게서 행해질 수 있다. 이른바 절대적 권력으로부터 절대적 폭력의 인증을 받은 내부적 폭력 대행자들에게 폭력의 잔인성은 자신들의 폭력 본능을 무한대로 펼칠 수 있는 일종의 허가증 같은 것이다. 이승만의 보호 아래 제주도민들을 광기적으로 살해했던 서북청년단의 사례는 폭력의 잔인성이 철저한 권위적 구조 속에서 이루어졌음을 보여준다.

그렇다면 오늘날 절대적 권력의 구조가 없는 민주화된 사회, 개방화된 문화에서 폭력의 광기성은 어떻게 이루어지고 있는가? 권위적 구조가 없는 사회에서 폭력은 대체로 학살에서와 같은 잔인함을 가질 수는 없다. 그러나 인간의 폭력 본능을 현실고발이라는 명분으로 예술화하는 영화적 매체가 만들어내는 폭력의 광기적 표현들은 그것의 재현과 확대, 그리고 재생산을 통하여 문화적으로 이미 권위적 토대를 구축해 놓고 있다. 폭력의 잔인성을 부여하는 정치적 권위 구조의 자리에 미디어 폭력이라는 권위 구조가 들어섰다. 따라서 폭력의 광기성은 대중 매체를 통한 학습화를 거쳐 사회 전체를 지배하는 문화적 구조로 형태화되고 있다.

연쇄 살인 사건이나 토막 살인 사건, 그리고 어린이 유괴를 통한 잔인한 형태의 살해 현상은 바로 대중 매체로부터의 반복적 학습을 통한 권위화를 토대로 이루어진 폭력이자, 영화적 상상 폭력과 현실의 실제 폭력이 구별되지 못한 데서 온 매체지배적 결과이다. 광기적 살해의 매체지배적 효과를 통한 일상화는 사람들로 하여금 폭력의 강도를 증폭시키고, 인간의 폭력 욕망을 극단적으로 자극함으로써 폭력을 일종의 유희이자 예술이라는 경지로 합리화한다.

C-8. 절멸화 폭력의 문화

학살의 과정에 있어서 절멸화는 최종적 폭력의 단계이다. 이데올로기에서 시작한 폭력 메커니즘의 각 요소들은 모두 한 집단에 대한 절멸을 목적으로 하여 이루어지는 예비적 과정으로 볼 수 있다. 한 집단을 모조리 제거한다는 의미에 있어서의 총체적 절멸행위는 모든 폭력 행위의 최종 목적이자 본질이다. 따라서 필자가 분석한 10가지 폭력 메커니즘 가운데 절멸화는 다른 모든 요소들을 수렴하고 포괄하는 개념이다. 왜냐하면 폭력 전조적 메커니즘들은 절멸화를 목적으로 이루어지는 예비적 폭력이고, 폭력 메커니즘으로서의 고립화, 상호보복화, 광기화 또한 절멸화의 과정 안에 포섭되는 폭력이며, 폭력 이후 메커니즘인 부정화와 정당화 또한 절멸화 과정에 대한 사후 처리적 폭력이라고 볼 수 있기 때문이다.

이른바 '총체적 절멸행위(Total Annihilation)', '공격(Aggression)'(린다 울프와 마이클 헐시저), '멸절(Extermination)'(그레고리 스탠톤), '궁극적 숙청(The Ultimate Purge)'(에릭 와이츠) 등의 용어로 표현되는 절멸화의 폭력은 단순한 살해가 아니라 '절대적 권력을 가진 집단에 의한 한 집단에 대한 사회적·역사적 존재성에 대한 궁극적 제거' 행위이다. 즉 사회적으로 한 집단을 제거해 버림으로써 역사적으로 다시 재생할 수 있는 여지까지 차단하는 예방적 목적을 가진 폭력 행위가 바로 절멸화이다. 제주4·3에서 절멸화는 '초토화 작전', 모두 태워버리고 모두 죽여 버리며 모두 빼앗아 버린다는 '삼진(三盡)작전', 일제히 씻어버린다는 의미의 '로울러 작전', 모든 사람을 몰살시켜버린다는 것으로서의 '제로사이드 작전'이라는 명칭으로 구체화된 바 있다.

따라서 한 집단에 대한 절멸화는 성인에 대한 대량 살육을 포함하여 어린이와 여성, 노약자까지 살해하고, 가옥과 건물에 대한 방화와 파괴, 교통과 통신에 대한 단절, 토지를 비롯한 생계시설에 대한 파괴에까지 그 범위가 총체적으로 이루어짐으로써 희생자 집단의 존재를 한 지역 내지 역사에서 지워버리는 행위이다. 이것은 르네 지라르가 지적했듯이, 희생자 집단이 가해자 집단에 대하여 어떠한 보복이나 대응적 폭력을 꿈꿀 수 없도록 철저히 파괴해버리는 만장일치적 폭력과 그 맥을 같이 한다.

제노사이드에 있어서 본질적 폭력과정으로서의 절멸화는 오늘날 우리 사회에서 어떻게 문화적으로 재현되고 있는가? 제노사이드의 개념을 표현할 때 이에 가장 가까운 용어가 절멸화이기 때문에 문화로서의 절멸화는 대량학살의 사건 외에서는 그리 흔하게 발생하기 어려운 현상일 수 있다. 따라서 구체적 현실의 장에서 절멸 문화를 발견하기란 쉽지 않은 것이 사실이다.

그러나 오늘날 현대 문명을 살아가는 인간의 의식과 정신세계에서 절멸적 사고는 상상의 공간, 언어의 영역에서는 다양하게 일어나고 있다. 여전히 인간의 의식에 자리잡고 있는 절멸적 폭력 욕망은 가상의 공간이라 할 수 있는 인터넷 게임의 장에서, 영화매체의 현실에서, 심지어 정치적 화용담론에서 가시화된다. 가상의 현실에서 적으로 설정된 타자에 대한 절멸의 폭력, 폭력 영화와 드라마에서 이루어지는 한 집단에 대한 절대적 제거의 폭력은 인간 의식 내면에 깊이 잠재되어 있는 절멸 본능을 이러한 거짓현실에서의 해소를 통하여 충족시켜준다. 정치적 담론에서 이루어지는 적대국 내지 적대적 정치집단에 대한 절멸적 언어폭력은 우리의 현실에서 쉽게 이루어지고 있다. 예컨대, '좌파 정권을 뿌리뽑자', '김정일 정권을 타도하자', '빨갱이 집단을 제거하자' 등의 정치적 구호들 속에 담겨 있는 절멸적 폭력 언어들은 이미 현실사회에서 언표됨으로써 그 사회를 살고 있는 다수의 구성원들의 의식 속에 자리잡고 있다.

국가 간 전쟁의 현실에서 이러한 사고는 하나의 군사적 전략의 일환으로 활용되기도 한다. 1994년 미국이 북한 영변의 핵시설에 대한 공격을 계획했을 때, 그들이 의식 속에는 영변 핵시설 지역에 대한 집중적인 표적 공격을 통하여 핵과 관련된 모든 인간, 시설, 토지 등을 총체적으로 제거할 수 있다는 절멸적 폭력의 사고가 들어있었다고 볼 수 있다. 마치 외과적 환자의 몸에 있는 핵심적인 질병 부위를 메스로 도려내듯이, 자국의 이해관계에 피해를 입힌다고 여겨지는 국가나 집단을 최첨단 무기를 사용하여 순식간에 제거할 수 있다는, 이른바 '최첨단 무기에 대한 절대적 신화'에 의한 절멸적 사고가 군사적 전략으로 구체화된 경우이다. 미국의 부시가 이라크 전쟁을 개시한 데에도 이러한 의식이 반영된 예이다. 그러나 첨단 과학의 힘에 대한 절대적 신념에서 비롯한 단순한 절멸적 폭력의 사고의 실천은 막상 현실에서는 결코 그렇게 이루어지지 않는다는 것이다. 단시간 내에 끝날 줄 알았던 이라크 전쟁에서 미국은 아직도 벗어나지 못하고 있으며, 아프카니스탄 전쟁 또한 여전히 마무리되지 못하고 있는 사실은 절멸적 사고가 결코 현실적이지 못한 것임을 반증해 줄 뿐이다.

3. 폭력 처리 문화

  폭력 전조 메커니즘이 폭력을 위한 준비 단계의 과정이라면, 폭력 처리 메커니즘은 폭력을 수행한 후 이를 처리하기 위한 마무리 과정이다. 폭력을 수행하기 위하여 가해자들이 사전에 내세우는 동기가 주로 이데올로기와 같은 집단적 신념으로 이루어진다면, 폭력에 대한 사후 처리 메커니즘은 자신들의 폭력 행위를 부정하고 정당화하는 것으로 나타난다. 폭력 전조 단계에서 시작하여 폭력 이후 단계에 이르기까지 폭력의 전 과정에는 이처럼 합리화의 메커니즘이 동반한다. 즉 한 집단을 지배하는 절대적 신념으로서의 이데올로기나, 이에 따라 우리와 적을 분류하는 구별짓기나, 구별된 타자를 비인간적 존재로 비하시키거나 하는 폭력 전조적 요소들은 희생자로 설정된 집단 및 개인에게 폭력을 수행하기 위한 사전적(事前的) 합리화라 할 수 있고, 폭력이 발생한 이후 이를 은폐하고 축소하려는 부정화나 더 이상 부정할 수 없을 때 이를 불가피했다거나 올바른 것이었다고 주장하는 정당화 또한 폭력을 수행한 후 이루어지는 사후적(事後的) 합리화라 할 수 있다.
  사후적 합리화로서의 부정화와 정당화가 폭력 연구에 포함된다는 말은 어떤 의미가 있는가? 앞서 제주4·3의 경우에서 필자는 학살의 역사적 과정을 네 시기로 구분하여 마지막 것을 '학살 이후기'라고 하여 정신적 학살과 기억의 정치학을 다룬 바 있다. 물리적 학살은 1954년에 막을 내리지만 그 이후 60여 년간 지속된 제주 공동체에 대한 정신적 혹은 문화적 폭력은 결코 끝나지 않았다는 면을 주목한 것이다. 이 점에 있어서 필자는 폭력의 범위를 물리적 차원으로만 국한할 것이 아니라 그 이후에 나타는 정신적 차원까지 확대하여 인식해야 한다는 것을 강조하려 했음을 밝힌 바 있다. 그런 면에서 사후적 합리화로서의 폭력 또한 물리적 폭력 과정과 더불어 심도 있게 다루어야 할 부분으로 보인다. 즉 필자는 부정화나 정당화 모두 폭력의 일종이라고 생각한다.

  모든 폭력에는 이를 부정하고자 하는 욕망과 부정이 되지 않을 경우에는 이를 정당화하려는 욕망이 순서를 따라 혹은 동시에 이루어지는 경향이 있다. 이는 개인적인 폭력에서도 그렇거니와 국가나 민족에 의해 이루어지는 대량학살 및 제노사이드의 폭력에서도 동일하게 나타나는 폭력의 사후적 형태라 할 수 있다. 자신들이 저지른 폭력 행위를 어떻게 처리할 것인가? 자신들의 만행을 제삼자에게 어떻게 알릴 것인가? 가해자들은 피해자들에게 행한 폭력 사실을 어떻게 숨기고 조작하고 왜곡할 것인가? 그래서 피해자들로 하여금 모든 폭력의 이유가 자신들에게 있었고, 자신들의 잘못으로 그런 폭력의 피해를 입게 되었다고 여기게 할 수 있을까? 이러한 폭력의 사후 처리를 위한 가해자들의 질문은 폭력을 합리화하기 위한 다양한 방법들을 만들어내게 되었고, 그 대표적인 메커니즘이 부정화와 정당화이다.

  그렇다면 부정화와 정당화의 메커니즘은 오늘날 문화적으로 어떻게 재현되고 있는가? 이 두 메커니즘을 폭력으로 인식할 때, 이것이 문화적으로 변용될 때에는 이에 대한 인식의 폭은 넓어질 수밖에 없다. 어떤 사건에 대한 부정화와 어떤 일에 대한 정당화는 이미 가해진 물리적 폭력에 이은 또 다른 형태의 폭력으로서, 앞서 피에르 부르디외의 상징폭력 이론에서 보았듯이, 폭력을 지속시키는 폭력으로 작용할 수 있다. 폭력을 폭력이 아닌 것처럼 부정하고 정당화함으로써 폭력을 인식하지 못하게 하는 폭력, 그럼으로써 폭력을 진정으로 폭력이 되게 하는 이 메커니즘이 어떻게 문화적으로 해석될 수 있는지 여기서 살펴보자.

C-9. 부정화 폭력의 문화

제노사이드에 있어서 모든 학살자들은 항상 자신들이 저지른 폭력행위에 대하여 사후 처리 행위 및 담론을 형성하는 과정을 갖는다. 학살의 주체가 국가권력일 경우 그들은 자신들의 만행에 대한 국제법적 처벌이나 제재, 나아가 국제적 비난에 대한 자기 방어적 목적으로 가장 먼저 부정화를 시도한다. 사실에 대한 부정, 은폐, 그리고 왜곡하는 부정화는 학살자로 하여금 자신들의 만행이 인간으로서 해서는 안 되는 일이었다는 의식, 곧 양심에 호소하는 윤리적 판단에서 결코 자유로울 수 없음을 반증하는 것이기도 하다. 아무리 폭력의 행위에 대하여 이데올로기적 동기를 충분히 확보하고, 희생자 집단을 벌레와 쓰레기 같은 존재로 비인간화 하고, 실제의 폭력이 상호보복을 넘어 광기화되고 심지어 유희의 일종으로 악화되어, 이른바 폭력을 폭력으로 감지하지 못할 정도로 일상화된다 하더라도, 일단 절멸화의 폭력을 거치고 나면 모든 학살자는 이 사실을 숨기고 싶은 두려운 욕망에 사로잡힌다.

그러므로 폭력 전조의 메커니즘과 폭력 실행의 메커니즘이 아무리 강력하게 작동한다고 해도 폭력 행위 자체는 가해자로 하여금 '인간으로서 해서는 안 될 일', 인간의 윤리적 양심에 결코 수용될 수 없는 일로 인식되기 때문에 가해자는 두 가지의 길 중에 하나를 선택해야 할 입장에 선다. 자신의 죄책을 고백하여 용서를 구하는 일, 그리고 이에 합당한 법적 처벌을 달게 받는 길이 있고, 반대로 자신의 폭력 행위 자체를 없던 일로 숨기고 은폐함으로써 철저한 부정화를 주장하는 길이 있다. 그러나 현실적으로 전자는 거의 일어나지 않으며, 오히려 후자를 선택하는 경우가 많으며, 나아가 부정화의 방법을 다양하게 발전시키면서 이를 공고히 하려고 한다.

폭력의 사후 처리 메커니즘으로서의 부정화는 문화적으로 오늘날 어떻게 구체적인 형태로 재현되고 있는가? 이 부분은 먼저 역사학 분야에서 잘 나타나고 있다. 이른바 역사수정주의라는 이름으로 대변되는 일련의 폭력 부정론이 그것이다. 일종의 기억의 정치학으로서의 역사수정주의는 가장 먼저 유럽에서 일어난 홀로코스트 부정론(holocaust denial)에서 비롯한다. 유럽의 역사수정주의자들은 홀로코스트 즉 제2차 세계대전 중 나치 독일에 의한 유태인 대학살은 없었으며, 아우슈비츠 수용소 가스실에서 유대 민족 절멸 작전이 시행되었다는 것도 꾸며낸 이야기에 지나지 않는다고 주장한다.[1]

무엇보다도 일본에서의 역사수정주의는 이에 못지않게 그 정도가 심한 경우로 볼 수 있다. 오늘날 일본이 주변 아시아 국가들에

---

[1] 오카 마리, 『기억 서사』, 소명출판, 2000, 19쪽. 저자는 역사수정주의와 관련하여 프랑스 역사가 피에르 뷔달-나케의 『기억의 암살자들』에서 정리한 홀로코스트 부정론의 논지를 다음과 같이 소개한다. ① 홀로코스트는 없었으며 절멸작전의 상징인 수용소의 가스실도 없었다. ② 나치의 '유태인 문제의 최종 해결'이란 절멸이 아니라, 유태인의 동방 이송 또는 추방이었다. ③ 나치즘에 의한 유태인 희생자 수는 600만이나 500만이 아닌 훨씬 소수(20만, 100만)이고 게다가 그것은 학살의 희생자가 아닌 전쟁 중의 불가피한 희생자에 불과하다. ④ 제2차 세계대전의 책임이 독일에는 없다. 독일에 있다면 유태인에게도 있다. ⑤ 1930년대, 1940년대에 인류의 중대한 적은 나치 독일이 아니라 스탈린 지배의 소련이었다. ⑥ 홀로코스트는 연합군, 주로 유태인들, 특히 시오니스트 선전 활동에 의해 날조된 것이다.

게 행했던 학살과 종군위안부 등의 폭력행위에 대하여 일본이 취하는 역사적 태도는 철저한 부정에 의한 합리화이다. 그들이 역사수정주의를 통해 주장하는 바는 다음과 같다. 첫째, 난징대학살은 없었으며, 성 노예제로서의 일본군 위안소 제도는 없었다. 둘째, 종군위안부란 성 노예가 아니라 단순한 상행위, 매춘부에 불과하다. 셋째, 난징사건의 중국인 희생자 수는 중국 측이 말하는 30만도, 일본 역사교과서가 채용하는 십 수만도 20만도 아니며, 최대 만 명으로, 일반 시민 사상자는 안전구 국제위원회의 보고가 전부 옳다 해도 47명에 불과하다. 넷째, 조선의 식민지화와 중일전쟁의 책임은 일본에는 없다. 책임은 오히려 러시아와 구미의 위협에 위기의식을 갖지 못해 근대화가 늦은 조선과 중국 측에 있다. 다섯째, 난징대학살, 종군위안부 문제는 국내외의 반일 세력의 선전 활동에 의해 날조된 것이다.[2] 이러한 일본 역사수정주의는 과거 자신들의 행한 학살과 폭력 행위에 대한 역사적 관점들 가운에 중요한 위치를 차지하고 있으며, 실제로 일본의 우파세력들은 이러한 부정화를 통해 과거 군국주의의 부활이라는 이름으로 역사에 다시 등장하고 싶어 한다.

부정화 폭력의 문화는 오늘날 우리 사회에서 아주 쉽게 볼 수 있는 현상들이다. 자신의 폭력에 대한 부정화의 욕망은 작게는 어린 아이로부터 모든 성인에 이르기까지 인간이라면 쉽게 가질 수 있는 본능과 같은 것이다. 자신의 잘못에 대하여 모든 인간은 일단 모른다거나 하지 않았다거나 기억나지 않는다는 형식으로 부

---

[2] 위의 책, 24쪽. 저자는 일본의 역사수정주의 주장 내용을 다카하시 데츠야, 『일본의 전후책임을 묻는다』, 역사비평사, 2000, 138~144쪽에서 인용하여 자신의 각주에 소개했다.

정한다. 공직자가 뇌물을 받았어도 처음부터 이를 시인하는 경우는 거의 없다. 일단 부정하고 본다. 우리 사회에서 일어나는 모든 불법적인 사건들에 연루된 사람들에게서 나타나는 첫 반응은 일단 부인 내지 부정이다.

제주4·3에 대한 대한민국 학살권력자들의 부정화 메커니즘이 어떠했는지는 앞서 살펴본 바 있다. 이 사건에 대한 한국의 역사 수정주의는 주로 교과서를 통해 형성되었고, 이를 언론이 확대 및 재생산한 경우로 볼 수 있다. 제주4·3에 대한 한국의 공식역사가 시도하는 부정화는 처음에는 아예 사건 자체를 다루지 않는 것으로 은폐하려는 단계에서 시작하여 불순한 공산주의 세력의 폭동으로 왜곡하다가, 사실에 대한 진상이 규명되고 역사적 자료가 구축되면서 점차 학살이라는 중립적 내지 균형적 관점으로 옮겨간 것을 볼 수 있다.

이처럼 부정화는 일단 사실에 대한 은폐로부터 시작한다. 따라서 모든 폭력행위에는 곧바로 이를 은폐하고 숨기는 일이 동반되는 것은 이와 같은 맥락 때문이다. 그런데 부정화는 폭력 사후에만 이루어지는 것이 아니라 폭력이 진행되는 가운데에서도 함께 이루어진다. 제주4·3에서 학살 시 몸을 묶어 바다에 던져 죽이거나, 옷을 벗긴 후 땅에 묻는다거나, 불에 태워서 흔적을 없애는 등의 방법은 폭력에 대한 사실 자체에 대한 원초적 부정화라 할 것이다.

오늘날 우리 사회에서 벌어지는 모든 폭력적 현상에는 폭력이 수행되는 그 시점에 이루어지는 '사실에 대한 부정화'와 폭력 이후에 이루어지는 '언어에 의한 부정화'로 나누어 질 수 있다. 사실에 대한 부정화는 곧 폭력이 수행되는 순간부터 동반하는 것으로 주로 은폐 행위로 나타나며, 언어에 의한 부정화는 폭력사실에 대한 은폐가 불가능해졌을 때, 혹은 이미 폭력 행위가 벌어진 상황에서 주로 사실에 대한 부인으로 나타난다. 사회 곳곳에서 벌어지는 살인사건은 발생 순간부터 사실 은폐가 이루어지는 폭력이며, 각종 뇌물 스캔들의 경우는 사실 은폐와 함께 시작하지만 적발되었을 경우 곧바로 언어적 부정화로 이어지는 대표적 사건이다.

C-10. 정당화 폭력의 문화

앞서 밝혔듯이, 정당화 메커니즘은 부정화와 함께 작동하는 또 다른 형태의 폭력 기제로서, 주로 폭력의 명분, 폭력행위에 대한 자기변명, 나아가 폭력 결과에 대한 책임전가의 모습으로 나타난다. 정당화는 부정화와 동시에 이루어지기도 하지만, 부정화가 실패했을 때 그 다음 단계로 오는 것이기도 하다. 폭력 사실에 대한 은폐와 부인이 불가능해졌을 때, 이미 폭력 사실이 사회적으로, 국가적으로, 나아가 국제적으로 알려졌을 때, 그래서 부정화로는 자신들의 폭력 사실을 숨길 수도, 부인할 수도 없게 되었을 때, 폭력 주체는 그 대안으로 정당화의 기제를 사용함으로써 자신들의 폭력사실로부터 벗어나고자 한다. 부정화가 폭력 행위에 대한 소극적 처리방식이라면, 정당화는 적극적이고 공격적인 처리방식이라 할 수 있다.

더 이상 자신들의 행위를 숨길 수 없게 되면, 이제 그들은 오히려 자신들의 행위를 적극적으로 공론화하고 선전하기 시작한다. 그들은 자신들의 행위를 정당한 살해였다고 주장하고 역사책에 기록하며, 학살의 원인이 희생자 자신의 행동에서 촉발되었다고 책임을 전가함으로써 자신들의 폭력행위는 의도적으로 계획된 것이 아니라 희생자들의 잘못된 행위에 대한 자발적인 대응이었음을 대내외적으로 강조하기 시작한다. 이러한 자기 변명적 의미화를 통하여 폭력은 국가에 의해서는 정당한 공적 권력, 곧 공권력이라는 이름으로 표현되고, 개인적 차원에서는 정당방위라는 이름으로 채색된다. 따라서 국가에 의한 명확한 폭력임에도 불구하고 이것이 공권력 혹은 국가권력의 행사로 인식되는 이유는 자신들의 폭력 행위가 희생자들의 불법적 폭력에 대한 합법적 반응이었고, 사회안정과 국가안보를 위해서 불가피하고 어쩔 수 없는 개입이었다는 자기정당화의 효과 때문이다.

폭력에 대한 정당화에는 먼저 사실에 대한 조작에서 출발한다. 사실에 대한 은폐 및 말살이 물리적으로 불가능해졌다고 판단될 때 조작과 왜곡이 등장한다. 여기에는 사실에 대한 축소 보고, 가해자와 피해자를 뒤바꾸는 일, 희생자에게 문제가 있어서 발생한 것으로 이야기를 다시 꾸미는 일 등 다양한 형태들이 존재한다. 따라서 조작은 없던 사실을 새롭게 만들어내어 자신들의 이해관계에 맞게 재구성하는 일이다. 그런 반면 왜곡은 있는 사실을 가지고 전혀 다른 사실로 변모시키는 것을 말하는데, 예컨대 홀로코스트의 희생자 숫자를 기존의 주장과 전혀 맞지 않게 줄여서 주장한다거나, 종군위안부가 강제로 끌려간 것이 아니라 자발적으로 지원한 매춘부였다는 식이 그것이다. 즉 있는 사실을 더 이상 부정할 수는 없고 없앨 수도 없을 때 할 수 없이 가해자는 이를 바탕으로 왜곡을 시도하게 된다.

조작과 왜곡에 의한 폭력의 자기정당화의 문화는 어떻게 나타나는가? 무엇보다도 정치 분야에서 정당화의 문화는 주로 정치적 명분이라는 형태로 구체화된다. 정치적 대의라고도 불리는 명분화는 모든 정치인으로 하여금 자기의 정치적 가치관과 행동을 대내 외적으로 알릴 때 따라오는 자기변명의 방식이다. 그들은 아무리 자신들의 정치적 행보가 국민들의 반항을 불러일으킬 정도로 적절하지 못함에도 불구하고 국민들을 위한다는 명분으로 자신의 행위를 정당화하는 정치적 언술을 사용한다.

　미국의 부시는 이라크 전쟁을 일으키기 전에 전쟁의 정당성을 후세인이 대량살상무기를 개발했다는 분명하게 확인되지 않은 이유에서 찾았고, 결과적으로 그런 무기가 없는 것으로 판명이 났음에도 불구하고 전쟁을 지속해야 하는 정당성을 이라크의 재건과 민주주의 확산이라는 것을 들고 있다. 자신들의 전쟁의 목적이 이라크의 유전권 확보와 중동지역 패권에 있음에도 불구하고 미국은 결코 이를 그렇게 표현하지 않고, 이라크의 재건과 민주주의의 정착이라는 이름으로 자기정당화를 꾀하고 있다. 미국이 아프가니스탄 전쟁을 일으킬 때에도 지역적 패권과 같은 여러 가지 정치적 이해관계에 따라 이루어진 것임에도 불구하고, 전쟁의 외적인 명분을 오사마 빈 라덴이 숨어 있고, 그를 숨겨주고 있다는 것을 들어 정당화하고 있다.

　제주4·3에서 학살자들이 주민들을 죽일 때 사용했던 정당화의 언어방식이 "~였으므로"인데, 예컨대 '빨갱이이므로', '빨갱이 종자이므로', '공산주의자이므로', '과거 좌익운동을 했으므로' 등의 문구들을 이용한 폭력의 정당화이다. 이러한 방식은 오늘날 모든 폭력행위 이후에 오는 가해자들의 첫 반응이다. 이른바 '북한이 핵을 가졌으므로', '이라크가 대량살상 무기를 가졌으므로', '어린 아이가 반항했으므로', '돈벌레이므로', '사회적 기생충이므로' 등의 다양한 자기변명적 이유들은 폭력 주체로 하여금 자기 행위를 더욱 강하게 정당화하고 합리화하도록 해 준다.

　정당화를 위해서 폭력의 가해자들은 주로 권력과 역사, 그리고 언론과 같은 사회적 권위를 가진 공적인 매체를 이용한다. 먼저 권력의 권위에서 자신의 폭력의 근거를 찾고, 역사책에 자신의 행위를 공식역사로서 기록하게 하고, 언론과 같은 매체를 이용하여 이를 확대하고 재생산한다.

7장

윤리적 전망의 지평

폭력의 문화에 대하여
기독교 담론윤리를 말한다

폭력의 문화에 대하여 기독교 담론윤리를 말한다

폭력은 윤리적 이슈로서 다루어져야 할 연구 대상이 아니라, 윤리적 문제 속에 내포된 근원적인 작용요인이자 메커니즘이다. 더구나 기독교윤리학에서 폭력은 사용하느냐 마느냐의 여부를 묻는 입장표명의 대상이 아님이 더욱 분명해졌다. 이러한 전통적인 신학의 폭력에 대한 태도를 비판하고 새로운 형태의 윤리적 패러다임을 위해 필자는 폭력의 개념에 대한 이해로부터 시작하여 폭력 현상 속에 숨어있는 메커니즘을 제노사이드 이론과 제주4·3 사례를 통하여 밝히는 작업을 수행했다.

이제 다시 기독교윤리학이라는 영역에서 폭력을 보는 관점을 어떻게 할 것인가, 기독교윤리학은 어떻게 폭력의 문제에 접근해야 하는가, 나아가 기독교윤리학은 폭력에 대한 입장표명식 윤리로부터 벗어나 어떤 방향을 지향해야 하는가의 질문에 답해야 할 시점에 이르렀다.

이를 위하여 필자는 제주4·3에 나타난 열 가지 폭력 메커니즘을 토대로 하여 이에 대한 기독교윤리학의 대안을 제시하려 한다.

이른바 기독교윤리의 담론을 통한 폭력윤리의 재고가 그것이다. 여기서 말하는 '담론적 윤리'란 용어는 입장표명적 윤리에 대한 대안 개념이다. 담론이란 일반적으로 언어에서는 한 마디의 말보다 큰 일련의 말들을 가리키고 글로 쓰는 언어에서는 한 문장보다 큰 일련의 문장들을 가리키는 언어학적 용어로서, 주로 사회적 대화를 기본으로 한다. 담론에 관한 논의는 주로 언어학에서 일상적인 대화의 구조나 법칙성을 분석하는 것에서 시작되었지만, 오늘날 이 용어는 미셸 푸코와 알튀세, 하버마스와 같은 학자들을 통하여 사회정치학적 개념으로, 혹은 윤리학의 이름으로 발전되면서 다양한 의미로 사용되고 있다. 특히 푸코는 담론을 특정 대상이나 개념에 대한 지식을 생성시킴으로써 현실에 관한 설명을 산출하는 언표들의 응집력 있고 자기지시적인 집합체로 정의했으며, 이러한 의미에서 담론은 개인들 간의 교환에 의해 규정되는 것이 아니라 익명성의 층위에 존재한다고 주장한다. 즉 담론은 사고하는 주체의 표현이 아니라 "-라고 말해진다"라는 층위에 존재하는 것이다.

여기서 필자가 말하고자 하는 담론은 미셸 푸코의 권력 관계적 개념도 아니며, 하버마스의 담론윤리적 개념도 아니다. 오히려 입장표명적 윤리가 가지고 있는 논쟁적 구조를 벗어나면서도 이를 포괄하는 개념으로서의 담론적 구조를 의미한다. 입장표명의 윤리가 보여주고 있는 일방주의적, 배제주의적, 이데올로기적, 그리고 사후처리적 태도는 이미 논쟁적 구조 속에서 배태되어 있던 폭력의 요소들임은 앞서 밝힌 바 있다. 따라서 윤리적 문제란 논쟁적 성격을 가지고 있는 것인 만큼, 입장표명식 윤리적 대응은 매우 자연스런 귀결일지도 모른다. 그러나 서론에서 밝힌 바와 같이, 폭력의 문제는 윤리적 이슈로서 대상화될 주제가 아니라, 이미 윤리적인 문제 속에 내포된 근본적인 작용요인이자 메커니즘이라고 보았을 때, 폭력에 대한 기독교윤리학의 태도는 입장표명식 윤리가 아니라 담론적 윤리이어야 할 것이다.

여기서 필자가 정의하는 담론적 윤리란 입장표명을 해야 하는 논쟁의 구조와는 달리 뚜렷한 가시적 주체보다는 익명적인 비가시적 주체를 선호하며, 분명한 하나의 입장표명보다는 다양한 층위의 입장 가능한 현상들을 제시하며, 명확하고 합의된 결론에 도달하기보다는 존재하는 언표들 자체를 존중하며, 하나의 사안을 놓고 대립적이고 논증적이기보다는 그 사안에 관계 없을 것 같은 일반적인 대화까지도 포함하는 태도를 의미한다. 또한 담론은 언어로 표현될 수 있는 모든 매체의 텍스트를 포괄한다. 일반적인 발화적 언어를 비롯하여 연설문, 기사, 인터넷 댓글, 영화, 토론, 선전문구, 광고, 패션에 이르기까지 모든 것들이 담론의 매체가 될 수 있다.

그렇다면 윤리적 문제의 근본적인 주제로서의 폭력에 대한 기독교윤리학의 담론적 접근은 어떻게 구체화될 수 있는가? 필자는 이를 폭력 전조 메커니즘, 폭력 실행 메커니즘, 그리고 폭력 처리 메커니즘에 대한 각각의 기독교윤리적 담론을 제안하고자 한다. 즉 폭력 전조 현상에 대해서는 기독교 예방담론을, 폭력 실행 현상에 대해서는 기독교 고발담론을, 그리고 폭력 처리 현상에 대해서는 기독교 해방담론을 형성해야 할 것을 제안한다. 이는 폭력 현상에 대한 세부적 분석에 따른 기독교윤리학의 세부적 대응 윤리라고 말할 수 있다.

폭력의 전조적 현상에 대해서 기독교윤리학은 이를 먼저 감지하고 이에 대한 예방적 구조를 만들기 위한 담론 형성의 주체로서야 한다. 이를 위하여 폭력 전조 현상을 파악하고 이에 대하여 끊임없이 문제제기를 하며 이야기를 구성하는 등의 담론을 주도해야 한다. 그러나 폭력이 가시화되고 실제로 나타나는 실행 단계에서 기독교윤리학은 예방담론에서 벗어나 이를 비판하고 고발하는 담론의 장을 만들어야 한다. 폭력이 발생하는 현상에 대한 정치적 비판, 법적 대응, 윤리적 비난 등 다양한 형태의 고발담론이 쏟아져 나오도록 해야 한다. 그리고 폭력 처리 현상, 곧 폭력 사실을 은폐하고 조작하고 왜곡하는 사후 처리적 행태들에 대하여 기독교윤리는 진상규명이나 역사 연구를 통하여 부정되고 정당화되는 사후적 폭력으로부터 해방하는 담론을 형성해야 한다.

1. 폭력 전조 문화와 기독교 예방담론의 윤리

폭력 전조 문화에 대한 기독교윤리학의 역할과 기능은 무엇인가? 즉 폭력 전조적 현상에 대하여 기독교윤리학은 어떠한 담론윤리를 구성해야 하는가? 필자는 이에 '기독교 예방담론의 윤리(Christian Ethics of Preventive Discourse)'를 제안한다. 폭력이 본격적으로 활성화되기 전의 징후적 현상들이 사회적으로 나타날 때 요구되는 기독교윤리는 이를 미리 차단하고 더 이상 현실화되거나 확산되지 않도록 예방적 차원의 담론들을 형성하는 주체로 나서야 한다. 폭력에 대한 예방담론의 주체로서의 기독교윤리는 구체적으로 어떤 윤리로 나타나며, 그 윤리는 어떠한 담론들을 말해야 하는가?

우선 예방담론 형성을 위한 기독교윤리학이란 곧 '인지(認知)의 윤리(Ethics of Perception)'이자 '감지(感知)의 윤리(Ethics of Sensitivity)'

이며, '분별(分別)의 윤리(Ethics of Discernment)'임을 의미한다. 이는 곧 아직 가시적 폭력으로 드러난 것은 아니나 징후적으로 나타나는 현상들에 민감하게 주목하고, 이것들이 폭력의 현실로 구체화될 것을 미리 인지하며, 나아가 이 현상들 속에 숨어있는 폭력의 잠재성을 분별하는 윤리임을 말한다. 기존의 기독교윤리학의 이미지가 '사태이후의 윤리', '사후처리적 윤리', 그리고 '사후입장정리의 윤리'였다는 점에서 볼 때, 이러한 감지, 인지 혹은 분별의 윤리는 '사태이전의 윤리'이자 '사전예방의 윤리'로 자리 매김될 것이다.

폭력 이전의 현상들을 폭력적 현상으로 미리 인지하고 분별하는 윤리는 폭력에 대한 사회과학적 지식과 통찰을 요구받는다. 이는 사후판단적 성격을 가진 기존의 기독교윤리학에 사회학적 기능이 포함됨을 의미한다. 오늘날 기독교사회윤리학이라는 세부영역이 기독교윤리학 안에 자리잡은 이유이기도 하다. 그러나 기독교사회윤리학이 주로 사회적인 문제와 이슈를 대상으로 하여 이를 기독교윤리적 판단과 입장을 제공했다는 면에서 필자가 주장하는 사회학적 기능의 포함과는 그 맥락이 다르다 할 수 있다. 폭력의 예방담론으로서의 사회과학의 기능은 폭력을 감지하고 분별하는 데 필요한 도구적 개념으로써의 역할이다. 즉 사회과학적 기능은 폭력에 대한 가치론적이고 입장표명적 태도를 주장하기 전에 폭력의 현상 속에 흐르는 메커니즘과 작동의 법칙에 대한 과학적 감지력과 분별력을 제공한다.

예방담론으로서의 인지, 감지 및 분별의 윤리학은, 예컨대, 이데올로기적 사회 현상 속에서 폭력의 가능성을 인지하는 일, 한 사회 혹은 국가의 조직화 현상에서 전쟁의 현실을 감지하는 일, 한 사회 내부에 '우리와 그들'이 나누어지고 '그들'을 비인간화하는 문화 속에서 사회적 갈등의 폭력을 예견하는 일, 그리고 한 인간을 어떤 이념 혹은 체제와 동질화하여 표현하는 현상에서 집단폭력의 미래를 분별하는 일을 수행해야 한다.

이를 위해서는 제2장에서 고찰한 폭력의 사회학적 이해와 현대 사상가들의 폭력 이론들에 대한 지식이 필수적으로 요구된다. 칼 마르크스와 조르주 소렐, 발터 벤야민이 통찰한 사회혁명적 힘으로서의 폭력 기능에 대한 이해, 권력과 폭력의 관계를 변별력 있게 파악한 한나 아렌트의 해석, 오늘날 문화적 영역에서 비가시적 형태로 우리의 삶에 무의식 중에 파고들어와 있는 피에르 부르디외의 상징폭력의 이론, 그리고 사회의 갈등을 해결하기 위하여 만인의 일인에 대한 만장일치적 폭력 메커니즘을 밝힌 르네 지라르의 희생양 이론 등은 폭력 현상에 대한 기독교 감지윤리 혹은 분별윤리에 중요한 도구적 틀로 제공될 수 있다. 따라서 기독교윤리학의 예방담론은 사회과학적 폭력 분석의 도움을 받아 폭력 현상에 대한 광범위한 스펙트럼을 구성할 수 있는 기능을 수행한다. 예방담론의 윤리는 폭력의 가시적, 물리적, 직접적 형태에만 주목했던 기존의 접근 방법을 넘어 비가시적, 언어적, 문화적, 사회구조적, 간접적 형태의 다양한 폭력의 현상들을 감지하고 분별한다.

요컨대, 기독교 예방담론의 윤리는 폭력의 발생과 확대, 그리고 재생산의 고리를 끊기 위한 윤리이며, 폭력의 현상을 일방적으로 단순화하여 협소한 시각의 틀에 고정시키려는 기존의 윤리학을 넘어 폭력의 실체적인 진실들을 정확하고 폭넓게 관찰하려는 윤리이며, 나아가 보이지 않는 폭력의 징후적 요소들을 폭력으로 인식하고 이를 분별하여 드러내는 사전고지(事前告知)의 윤리이다.

2. 폭력 실행 문화와 기독교 고발담론의 윤리

　폭력 실행 문화에 대한 기독교윤리학의 담론윤리는 무엇인가? 폭력 전조 현상에서 폭력 실행 현상으로 본격화되고 있는 현실에 대한 기독교 담론윤리는 어떤 형태로 구체화되어야 하는가? 필자는 여기서 기독교 고발담론의 윤리(Christian Ethics of Accusation Discourse)를 제안한다. 폭력이 폭력으로 판명되어 누구나 일반적으로 인지할 수 있는 현상으로 드러났을 때, 기독교윤리는 이를 고발하는 주체로 전환되어야 한다. 여기서 말하는 '고발'(accusation)이라는 용어는 법적인 의미를 담지한 개념으로써, 윤리적 차원의 '비판(critic)'이나 도덕적 수준의 '비난(blame)'을 넘어서는 것이다. 즉 고발이란 폭력의 가해 주체에 대한 법적 책임을 묻는 것(charging), 이에 상응하는 물질적·경제적 배상을 하도록 하는 것(compensation), 그리고 정신적·언어적 보상을 하는 것(apology)을 포함한다.

　따라서 기독교 고발담론의 윤리는 기존의 윤리적이고 도덕적 수준의 사태 후 대응 윤리와는 본질적으로 다른 기능을 갖는다. 물론 고발담론의 윤리는 기존의 윤리적 비판과 도덕적 비난의 기능을 포괄하는 개념이다. 여기서 비판의 윤리(Ethics of Critic)와 비난의 윤리(Ethics of Blame)는 구분되어야 하는데, 전자가 윤리적 주체의 행위에 대한 옳고 그름을 판단한다는 면에서 분별의 윤리와 맥을 같이 할 수 있는 반면, 후자는 윤리적 주체의 비도덕 행위에 대한 도덕적 공격을 수행한다는 면에서 고발윤리에 가까운 측면이 있다. 그러나 고발담론의 윤리는 이 두 가지 윤리를 담아냄과 동시에 법적 책임까지 수행한다는 면에서 기존의 윤리적 기능을 넘어선다.

폭력이 실제로 일어나는 문화, 곧 집단 따돌림이나 사회적 소외 등과 같은 고립화의 폭력, 상호보복의 형태로 지속되는 폭력의 악순환, 이미 유희적 도구가 되어 버린 폭력의 광기성, 그리고 인간을 기생충으로 인식하여 이를 박멸해야 할 대상으로 처리하려는 절멸적 살해의 폭력 앞에서 기독교윤리는 철저히 고발적 담론의 주체로 전환되어야 한다. 이 단계에서는 폭력의 실체가 드러나고 폭력의 주체가 명확해지는 시점이므로 기독교윤리는 이에 대한 정확하고 냉정한 태도를 보여야 한다. 이러한 실질적인 폭력의 현상에 대하여 기독교윤리학은 단순한 윤리적 비판이나 도덕적 비난 정도의 대응윤리에 머물 수 없다. 이들에 대하여 법적으로 책임을 묻고 경제적인 배상을 청구하며, 나아가 정신적 보상으로 매듭짓기 위한 고발담론을 형성하는 주체로 거듭나야 한다.

인류의 역사는 국가폭력 내지 대량학살의 가해자들을 결국에는 법정에 세웠고, 그들을 처형했으며, 희생자들에 대한 경제적·물질적 배상을 하도록 했으며, 끊임없이 공식 사과를 하도록 했다. 유대인 600만 명을 대량학살했던 독일은 히틀러를 처형했으며(물론 그는 자살을 택했다), 유대인에 대하여 물질적 배상을 하였다. 나아가 독일 정부는 해마다 이스라엘에게 과거 정부의 학살 행위에 대해 공식적으로 사죄하고 있다. 물론 그렇게 하지 않는 국가나 민족들이 더 많은 게 사실이다. 전후 일본은 아직도 자신들이 수행한 주변 국가들에 대한 폭력 행위들에 대하여 법적 책임을 지거나 물질적 보상 내지 공식 사과를 하지 않고 있다.

기독교 고발담론의 윤리는 바로 이러한 국가적 폭력 행위에 대해서는 물론이거니와 집단과 집단, 개인과 개인의 영역에 이르기까지 그 범위를 확대해야 할 것이다. 즉 개인 간의 폭력 행위에 대해서도 기독교 고발담론은 이를 철저한 책임과 배상, 그리고 보상의 윤리를 적용할 수 있어야 한다. 제주4·3의 가해자들이 대한민국 정부였음을 정확하게 밝혀내고, 이에 대한 법적 책임을 묻고, 희생자들에 대한 경제적 배상을 하도록 하고, 국가의 수장인 대통령의 공식사과를 받아내게 한 것은 60년 동안 제주4·3의 진실을 규명하고 이를 끊임없이 정부와 일반에게 '고발'했던 담론적 주체들이 있었기 때문이다. 적어도 폭력에 대하여 기독교윤리학은 이와 같은 수준의 고발담론의 주체가 되어야 한다고 생각한다.

요컨대, 폭력에 대한 기독교 고발담론의 윤리는 기존의 윤리적이고 도덕적인 비판을 넘어 서는 것으로, 폭력 가해자를 실질적으로 심판할 수 있는 법적 책임의 윤리(Ethics of Charging)이며, 피해자로 하여금 그들이 받은 폭력에 대한 정당한 대가를 받도록 하는 경제적 배상의 윤리(Ethics of Compensation)이며, 나아가 폭력의 가해자가 피해자에게 끊임없이 사죄하도록 하는 정신적 보상의 윤리(Ethics of Public Apology)이다.

3. 폭력 이후 문화와 기독교 해방담론의 윤리

폭력 이후 문화에 대한 기독교 담론윤리는 무엇인가? 폭력 이후 이를 정당화하고 부정화하는 사회적 현상에 대하여 필자는 기독교 해방담론의 윤리(Liberation Discourse of Christian Ethics)를 제안한다. 여기서 말하는 해방담론이란 폭력의 은폐로부터의 해방, 폭력의 정당화로부터의 해방, 나아가 폭력의 상처로부터의 해방을 의미한다. 따라서 해방담론의 윤리는 곧 폭력의 진실을 숨기려는 가해자의 은폐적 폭력에 대한 진실규명의 윤리(Ethics of Truth Investigation) 이며, 자신의 폭력 행위를 정당화하여 왜곡하려는 시도에 대한 정당성 혹은 정의의 윤리(Ethics of Justice)이며, 그리고 폭력의 피해자가 그로 인한 고통과 상처로부터 벗어나고 자신들의 가해자를 향하여 용서와 화해의 손을 내밀 수 있는 치유와 용서의 윤리(Ethics of Healing & Forgiving)이다. 결국 해방담론의 윤리는 폭력의 희생자들에게 있어서 회복의 윤리(Ethics of Restoration)로 나타난다.

앞서 밝혔듯이, 실제적인 폭력의 행사 이후에 벌어지는 이에 대한 부정화와 정당화, 그리고 지속적인 상징폭력과 같은 구조적 폭력에 의한 폭력의 영속화 시도들은 피해자로 하여금 물리적 폭력 이후에 오는 정신적 폭력의 사슬에서 벗어날 수 없게 함으로써, 총체적 폭력의 그물망에 빠져들게 한다. 물리적 폭력만을 폭력으로 인식하고, 그 이후에 오는 폭력 사실의 부정화와 정당화로 인한 피해자들에 대한 구조적인 폭력 가해의 현실을 폭력으로 인식하지 않는 한, 피해자들이 이로부터 해방하는 길은 막연할 수밖에 없다.

따라서 기독교 해방담론의 윤리는 다음 세 가지 세부적 해방의 역할들에 주목해야 한다. 첫째, 해방담론의 윤리는 진실에 대한 열정과 정직함을 요구받는 윤리이다. 사실(Fact) 혹은 진실(Truth)에 대한 객관적인 설명과 합리적인 판단에 대한 윤리적 목마름이 있어야 한다. 폭력이 지나갔던 자리를 다시 찾아가는 윤리, 그 자리에서 일어났던 폭력의 역사를 추적하는 윤리, 그럼으로써 은폐되려 했던 폭력의 사실을 공개화하는 윤리가 곧 진실규명의 윤리이다.

둘째, 기독교 해방담론의 윤리는 폭력의 사실을 정의의 관점에서 보고자 하는 진지함을 필요로 한다. 폭력이 폭력으로 가름되는 것은 정의에 대한 올바른 시각이 정립되었을 때 가능하다. 폭력의 사실을 정당화할 수 없게 하는 윤리적 척도가 정의이기 때문이다. 폭력을 폭력으로 인정하고, 이를 가해자로 하여금 받아들이게 함으로써 폭력의 부당함을 고백하게 하는 일은 정의라는 기준이 제시될 때이다. 정의가 '올바름'이라고 했을 때, 폭력이란 '올바르지 않음'이기 때문이다. 올바르지 못한 행위를 올바르다고 주장하는 정당화의 폭력에 대항하여 이를 정당하지 않다고 주장하는 것이 바로 정당성 혹은 정의의 윤리이다.

셋째, 기독교 해방담론의 윤리는 폭력의 피해자로 하여금 물리적 폭력에 이은 정신적 폭력 혹은 제도적 폭력의 구조로부터 자유롭게 하는 윤리이어야 한다. 이를 위해서는 먼저 그들에게 지속되고 있는 폭력의 구조를 끊어야 하는 폭력 단절의 윤리가 선행되어야 한다. 즉 치유의 윤리가 그것이다. 폭력 이후의 메커니즘에 의하여 자신들이 피해자임에도 불구하고 여전히 자신들을 죄인이요, 폭력을 당할 수밖에 없는 존재였다는 자가당착적 억압의 폭력으로부터 해방시켜야 한다. 이를 위해서는 자신들이 엄연한 피해자였다는 사실을 자각하고 자신들의 가해자를 향해서 당당하게 외칠 수 있는 자존감(Self-esteem)의 회복이 필요하다. 해방담론을 통하여 기독교윤리는 그들이 더 이상 자신들을 스스로 억압하고 자책하지 않도록 내적 고통에 주목해야 한다. 그리고 그들의 고통을 치유할 수 있는 담론을 형성해 주어야 한다. 그런 다음 해방담론의 윤리는 폭력의 피해자들에게 그들의 가해자를 용서하고 받아들일 수 있도록 해야 한다. 이른바 용서와 화해의 윤리가 요구되는 시점이다. 폭력의 가해자를 용서하지 못하는 치유는 진정한 치유일 수 없다. 가해자들을 향해 또다시 용서와 화해의 손을 내밀 수 있을 때 피해자들은 더 이상 피해자가 아닐 수 있으며, 진정한 폭력으로부터의 해방을 이룰 수 있다. 그러나 여기서 분명하게 지적해야 할 것은 가해자를 향한 용서의 윤리는 그에 앞서 진실규명의 윤리와 정의의 윤리가 선행되어야 한다는 점이다. 가해자가 자신들을 가해자로 인정하고 자신들이 용서를 빌어야 할 대상이 있다는 것을 인정했을 때, 피해자는 비로소 진정한 용서의 윤리를 구현할 수 있다.

요컨대, 폭력 이후의 폭력에 대한 기독교 해방담론의 윤리는 진실규명의 윤리를 통하여 폭력 이후 은폐와 왜곡의 형태로 지속되는 폭력의 구조를 끊어 주어야 하며, 정의의 윤리를 통하여 폭력이 정당화되는 논리를 정의의 관점에서 비판함으로써 폭력의 실체를 드러내어야 하며, 치유와 용서의 윤리를 통하여 피해자의 억압된 자존감과 피해의식을 치유함으로써 가해자 앞에 당당하게 설 수 있게 한 다음 가해자를 향하여 용서할 수 있는 권리를 회복시켜 주어야 한다. 이러한 과정을 통하여 폭력으로부터의 진정한 해방을 이룰 수 있을 때, 폭력의 반복과 재생, 그리고 확대 메커니즘의 고리를 끊을 수 있을 것으로 전망한다.

참고문헌

1. 폭력 관련

Arendt, Hannah, *On Violence*, 김정한 역, 『폭력의 세기』, 이후, 1999.
_____, *Eichmann in Jerusalem*, 김선욱 역, 『예루살렘의 아이히만』, 한길사, 2006.
Arnold, Johann Christoph, 이진권 역, 『평화주의자 예수』, 샨티, 2006.
Austin, J. L, *How to do things with words*, Oxford: Oxford University Press, 1976.
Bourdieu, Pierre, 최종철 역, 『구별짓기 상·하』, 새물결, 2005.
_____, *Language and Symbolic Power*, Cambridge: Apolity Press, 1991.
_____, 정일준 역, 『상징폭력과 문화재생산』, 새물결, 1997.
Dadoun, Roger, 최윤주 역, 『폭력』, 동문선 현대신서, 1993.
Derrida, Jacques, 진태원 역, 『법의 힘』, 문학과 지성사, 2004.
Ellul, Jacques, 최종고 역, 『폭력』, 현대사상사, 1974.
Fouault, Michel, 이정우 역, 『담론의 질서』, 서강대학교출판부, 1998.
_____, 『사회를 보호해야 한다』, 동문선, 1997.
Gill, Robin, Edt. *Christian Ethics*, Cambridge: Cambridge University Press, 2001.
Gilligan, James, *Violence: Reflections on a National Epidemic*, New York: A Division of Random House, Inc., 1996.
Girard, Rene, *Religion and Just Revolution*, New York: The Pana Press, 1984.
_____, *Things Hidden since the Foundation of the World*, California:

Stanford University Press, 1987.
_____,『그를 통해 스캔들이 왔다』, 문학과 지성사, 2001.
_____, 김진식 역,『나는 사탄이 번개처럼 떨어지는 것을 본다』, 문학과 지성사, 1999.
_____, 김진식 역,『폭력과 성스러움』, 민음사, 1997.
_____, 김진식 역,『희생양』, 민음사, 1998.
_____, 김진식 역,『문화의 기원』, 기파랑 에크리, 2004.
Hamerton-Kelly, Robert G., *Sacred Violence-Paul's Hermeneutic of the Cross*, Minneapolis: Fortress Press, 1992.
Honecker, Martin, 「폭력과 불의를 극소화시키는 일」,『기독교사상』 327호, 1985. 9.
Huber, Wolfgang, *Violence*, Minneapolis: Fortress Press, 1996.
Hughes, Nancy Scheper & Bourgois, Philippe Edt. *Violence In War and Peace*, Oxford: Blackwell Publishing, 2004.
Levinson, Stephen C., *Pragmatics*, Cambridge: Cambridge University Press, 1983.
Lincoln, Bruce, 김윤성 역,『거룩한 테러』, 돌베게, 2005.
Macdonell, Diane, 임상훈 역,『담론이란 무엇인가』, 한울, 1992.
Michaud, Yves, 나정원 역,『폭력과 정치』, 인간사랑, 1990.
Noh, Jong Sun, *The Third War*, Seoul: Yonsei University Press, 2000.
_____, "Violence and Non-Violence in the Minjung's Strugglefor Justice in the TONGHAK Revolution in 1894", New York: Union Theological Seminary, Ph. D. Dissertation, 1984.
Semeln, Jacques, 김민곤 역,『비폭력, 폭력의 강을 건너는』, 상형문자, 2000.
Sorel, Georges, *Reflexions sur la violence*, 이용재 역,『폭력에 대한 성찰』, 나남, 2007.
Spong, John Shelby, 김준년 외 역,『성경과 폭력』, 한국기독교연구소, 2007.

Williams, James G. Edt. *The Girard Reader*, New York: The Crossroad Publishing Company, 1996.
Willson, Colin, 황종호 옮김, 『잔혹 : 피와 광기의 세계사』, 하서출판사, 2003.
Wink, Walter, 『사탄의 제체와 예수의 비폭력』, 한국기독교연구소, 1992.
_____, *Engaging the Powers*, Minneapolis: Fortress Press, 1992.
강상중, 임성모 역, 『내셔널리즘』, 이산, 2004.
강성현, 「4·3과 민간인 학살 메커니즘의 형성」, 『역사연구』 제11호, 2002. 12.
고재식, 「체제의 폭력과 반체제의 폭력」, 『철학과 현실』 제6호, 1990. 9. 가을.
김도현, 「법의 폭력성 : 법과 폭력의 관계에 대한 고찰」, 『현상과 인식』 통권76호, 1998. 12.
김명수, 「어록공동체의 원수사랑 계명과 폭력이해」, 『신학사상』 제75집, 1991. 12.
김상기, 「사도신경에 나타난 교회의 상징 폭력」, 『기독교사상』 541호, 2004. 2.
김이곤, 「모세의 폭력, 그리고 신의 섭리」, 『기독교사상』 339호, 1987. 3.
김준우, 「세계화 시대와 미국의 패거리주의 폭력」, 『기독교사상』 519호, 2002. 3.
김진석, 「더러움을 무릅쓰는 담론: 폭력과 근본주의 사이로」, 『철학과 현상학 연구』, 2003.
김진석, 「폭력과 근본주의 사이로」, 『철학과 현실』 통권60호, 2004. 3. 봄.
김 현, 『르네 지라르 혹은 폭력의 구조』, 나남신서, 1987.
김희봉, 「인간 폭력의 근원과 의미」, 『현상과 인식』 통권76호, 1998. 12.
노정선, 「폭력에 대한 신학적 해석」, 『기독교사상』 341호, 1987. 5.
문학이론연구회, 『담론분석의 이론과 실제』, 문학과지성사, 2002.
맹용길, 「쏘렐(Georges Sorel)의 폭력론」, 『장신논단』, 1998. 4.
_____, 「폭력에 관한 신학적 이해」, 『신학사상』 제11집, 1975. 12.

박명림, 「전쟁과 인민 : 통합과 분화와 학살」, 『아시아문화』 제16호.
박원기, 『기독교사회윤리』, 이화여자대학교 출판부, 1995.
배동인, 「폭력에 대한 사회학적 고찰」, 『한국사회학』 제21집.
사카이 타카시, 김은주 역, 『폭력의 철학』, 산눈, 2007.
서철원, 「집단살해방지협약」, 『국제인권법』 제1호, 1996.
손봉호, 「폭력은 정당화될 수 없다」, 『철학과 현실』 통권6호, 1990. 9. 가을.
송호근, 「역사의 파라독스—폭력의 계보학」, 『철학과 현실』 통권6호, 1990. 9. 가을.
신명순, 「국가와 폭력」, 『현상과 인식』 통권32호, 1985. 8.
신원하, 『전쟁과 정치』, 대한기독교서회, 2003.
양명수, 「폭력적 문명과 생명 경시」, 『기독교사상』 519호, 2002. 3.
유석성, 「본회퍼의 평화주의와 정치적 저항권」, 『신학사상』 제91집, 한국신학연구소, 1995.
_____, 『사형과 인간의 존엄』, 한들, 2004.
이소영, 「르네 지라르 관점에서 보는 『파리대왕』 모방과 폭력의 미학」, 『신영어영문학』 31집, 신영어영문학회, 2005. 8.
이영호, 「폭력시대」, 『철학과 현실』 제9호, 1991. 6. 여름.
이재승, 「『제주4·3사건진상조사보고서』에 대한 평가」, 『민주법학』 제25호, 2004.
임태수, 「폭력의 희생자 예수—폭력의 극복자 예수」, 『기독교사상』 519호, 2002. 3.
장 보드리아르·에드가 모랭, 배영달 역, 『세계의 폭력』, 동문선, 2003.
장욱 외 9명, 『폭력에 대한 철학적 성찰』, 철학과 현실사, 2006.
장 욱, 「폭력의 일상화의 문제」, 『철학과 현실』 통권58호, 2003. 10. 가을.
정종훈, 『기독교 사회윤리와 인권』, 대한기독교서회, 2003.
조희연 편, 『국가폭력, 민주주의 투쟁, 그리고 희생』, 함께 읽는 책, 2002.
쥬딧 스티엠, 맹용길 역, 『비폭력과 사회변화』, 한국기독교교회협의회, 1977.
황필호, 「무폭력, 폭력, 비폭력」, 『철학과 현실』 제2호, 1988. 11. 가을.

2. 제주4·3 관련

Cummings, Bruce, 『한국현대사』, 창비, 1997.
_____, 『한국전쟁의 기원 上』, 청사, 1986.
_____, 『한국전쟁의 기원 下』, 청사, 1986.
Merill, John, 이종찬·김충남 공역, 『새롭게 밝혀낸 한국전쟁의 기원과 진실』, 두산동아, 2004.
_____, 『침략인가 해방전쟁인가』, 과학과 사상, 1988.
강창일, 『굴곡의 역사를 헤치며』, 도서출판 각, 2004.
권귀숙, 『기억의 정치』, 문학과지성사, 2006.
김동춘, 『전쟁과 사회』, 돌베게, 2000.
김봉현, 「제주도4·3항쟁의 현장기록」, 노민영 엮음, 『잠들지 않는 남도』, 온누리, 1988.
김삼웅, 「제주4·3사건과 한국 언론」, 『제25회 기자포럼』, 2003.
김성례 외 5인, 「제주4·3의 경험과 마을공동체의 변화」, 『한국문화인류학』 34-1, 한국문화인류학회, 2001.
_____, 「근대성과 폭력: 제주4·3의 담론정치」, 역사문제연구소·역사학연구소·제주4·3연구소·한국역사연구회 편, 『제주4·3연구』, 역사비평사, 1999.
김수자, 『이승만의 집권초기 권력기반 연구』, 경인문화사, 2005.
김영택, 『한국전쟁과 함평양민학살』, 사회문화원, 2001.
김종민, 「4·3이후 50년」, 『제주4·3연구』, 역사비평사, 1999.
_____, 「제주4·3항쟁-대규모 민중학살의 진상」, 『역사비평』 통권 42호, 역사비평사, 1998. 봄.
나간채 외, 『기억투쟁과 문화운동의 전개』, 역사비평사, 2004.
노민영 엮음, 『잠들지 않는 남도: 제주4·3항쟁의 기록』, 온누리신서, 1988.
박명림, 「민주주의, 이성, 그리고 역사이해: 제주 4·3과 한국현대사」, 『제주4·3연구』, 역사비평사, 1999.

_____, 『제주도 4·3민중항쟁에 관한 연구』, 고려대석사논문, 1988.
_____, 『한국 1950 전쟁과 평화』, 나남신서, 2002.
서중석, 「제주4·3의 역사적 의미」, 『제주4·3연구』, 역사비평사, 1999.
_____, 『이승만의 정치이데올로기』, 역사비평사, 2005.
송건호 외, 『해방전후사의 인식 I』, 한길사, 2004.
심태철, 「제주경찰의 성격과 활동연구-제주4·3을 중심으로」, 성균관대 교육대학원 석사학위 논문, 2002.
아라리연구원 편, 『제주민중항쟁 I』, 소나무, 1988.
_____, 『제주민중항쟁 II』, 소나무, 1988.
_____, 『제주민중항쟁 III』, 소나무, 1988.
안 진, 「미군정기 국가기구의 형성과 성격」, 송건호 외, 『해방전후사 인식』, 한길사, 2004.
양조훈, 「4·3취재 6년-무참히 왜곡된 역사」, 역사문제연구소, 『역사비평』통권25호, 역사비평사, 1994. 여름.
오금숙, 「4·3을 통해 바라본 여성인권 피해사례」, 제주4·3연구소 엮음, 『동아시아의 평화와 인권』, 역사비평사, 1999.
이영권, 「제주도 유력자(有力者)집단의 변천과 성격 : 1945~1960」, 제주4·3연구소, 『4·3과 역사』, 도서출판 각, 2002.
_____, 『제주4·3을 묻습니다』, 신서원, 2007.
_____, 『새로 쓰는 제주사』, 휴머니스트, 2005.
정용욱, 「제주4·3연구와 미군정 자료」, 『4·3과 역사』 창간호, 도서출판 각, 2001.
_____, 『미군정 자료연구』, 도서출판 선인, 2004.
제주4·3연구소, 『이제사 말햄수다』, 한울, 1989.
_____, 『동아시아의 평화와 인권』, 역사비평사, 1999.
_____, 『무덤에서 살아나온 4·3 '수형자'들』, 역사비평사, 2002.
제주민예총4·3문화예술제사업단, 『다랑쉬굴의 슬픈 노래』, 도서출판 각, 2002.
제민일보4·3취재반, 『4·3은 말한다-① 』, 진예원, 1994.

_____, 『4·3은 말한다-②』, 진예원, 1994.
_____, 『4·3은 말한다-③』, 진예원, 1994.
_____, 『4·3은 말한다-④』, 진예원, 1994.
_____, 『4·3은 말한다-⑤』, 진예원, 1994.
제주4·3사건진상규명 및 희생자명예회복위원회, 『제주4·3사건 진상조사보고서』, 선인, 2003.
_____, 『제주4·3사건 자료집-①』, 선인, 2001.
_____, 『제주4·3사건 자료집-②』, 선인, 2001.
_____, 『제주4·3사건 자료집-국회자료편 1』, 선인, 2001.
_____, 『제주4·3사건 자료집-군경자료편 5』, 선인, 2001.
_____, 『제주4·3사건 자료집-미국자료편 1』, 선인, 2001.
_____, 『제주4·3사건 자료집-미국자료편 2』, 선인, 2001.
_____, 『제주4·3사건 자료집-미국자료편 3』, 선인, 2001.
_____, 『제주4·3사건 자료집-미국자료편 4』, 선인, 2004.
_____, 『제주4·3사건 자료집-신문편 1』, 선인, 2001.
_____, 『제주4·3사건 자료집-신문편 2』, 선인, 2001.
_____, 『제주4·3사건 자료집-신문편 3』, 선인, 2001.
_____, 『제주4·3사건 자료집-신문편 4』, 선인, 2001.
_____, 『제주4·3사건 자료집-신문편 5』, 선인, 2001.
조남현, 『제주4·3사건의 쟁점과 진실』, 돌담, 1993.
충의회제주도지부, 『제주4·3사건진상조사보고서 반론』, 해동인쇄사, 2003.
황상익, 「의학사적 측면에서 본 '4·3'」, 『제주4·3연구』, 역사비평사, 1999.
21세기코리아연구소, 『21세기 역사이야기』, 코리아미디어, 2005.

3. 제노사이드 관련

Amor, Meir, "Oppression, mass violence and state persecution: some neglected considerations", in *Journal of Genocide Research*, 2003, 5(3).

Barnes, Catherine, "The functional utility of genocide: towards a framework for understanding the connection between genocide and regime consolidation, expansion and maintenance", in *Journal of Genocide Research*, 2005, 7(3) September.

Bartov, Omer, "Defining Enemies, Making Victims: Germans, Jews and the Holocaust", *The American Historical Review*, Vol. 103, No. 3, Jun., 1998.

_____, "Genocide, Barbaric Others, and the Violence of Categories: A Response to Omer Bartov: Reply", *The American Historical Review*, Vol. 103, No. 4, Oct., 1998.

Batrop, Paul, "The relationship between war and genocide in the twentieth century a consideration", in *Journal of Genocide Research*, 2002, 4(4).

Bauman, Zygmunt, "Sociology after the Holocaust" in *The British Journal of Sociology*, Vol. 39, No. 4, Dec., 1988.

_____, *Modernity and the Holocaust*, Cambridge: Polity Press, 1989.

Brezinski, Zbigniew, *Out of Control*, New York: Charles Scribner's Sons, 1993.

Brustein, William I., *Roots of Hate*, New York: Cambridge University Press, 2003.

Card, Claudia, "Genocide and Social Death", *Hypatia* Vol. 18, No. 1, Winter 2003.

Chalk, Frank and Jonassohn, Kurt, *The History and Sociology of Genocide*, New Haven & London: Yale University Press, 1990.

Chang, Iris, 윤지환 역, 『역사는 힘있는 자가 쓰는가』, 미다스북스, 2006.

Charny, Israel W., *The Widening Circle of Genocide*, New Brunswick and London: Transaction Publishers, 1994.

_____, "A classification of denials of the Holocaust and other genocides", in *Journal of Genocide Research*, 2003, 5(1).

_____, "Classification of Genocide Multiple Categories", *Encyclopedia of Genocide*.

Collins, Randal, "Three Faces of Evil : Toward a Comparative Sociology of Evil", in *Theory and Society* 1, 1974.

Cushman, Thomas, "Is genocide preventable? Some theoretical consideration", in *Journal of Genocide Research*, 2003, 5(4) December.

D. Weitz, Eric, *a century of genocide : Utopia of Race and Nation,* Princeton and Oxford : Princeton University Press, 2003.

Dadrian, Vahakn N., "Patterns of twentieth century genocides: the Armenian, Jewish, and Rwandan cases", in *Journal of Genocide Research*, 2004, 6(4) December.

_____, "A Typology of Genocide", *International Review of Modern Sociology* 5, 1975.

Day, L. Edward & Vandiver, Margaret, "Criminology and genocide studies: Notes on what might have been and what still could be", *Crime, Law & Social Change* 34, 2000. Kluwer Academic Publishers.

Docker, John, "The Enlightenment, genocide, postmodernity", in *Journal of Genocide Research*, 2003, 5(3).

Dutton, Donald G & Boyanowsky, Ehor O & Bond, Michael Harris, "Extreme mass homicide : From military massacre to genocide", in *Aggression and Violent Behavior* 10, 2005.

Elder, Tanya, "What you see before your eyes: documenting Raphael Lemkin's life by exploring his archival Papers, 1900~1959", in *Journal of Genocide Research*, 2005, 7(4).

Fein, Helen, *Genocide: A Sociological Perspective*, London: SAGE Publications, 1990.

Freeman, Micheal, "Genocide, Civilization and Modernity" in *The British Journal of Sociology*, Vol. 46, No. 2, Jun., 1995.

Fujii, Lee Ann, "Transforming the moral landscape: the diffusion of genocidal norm in Rwanda", in *Journal of Genocide Research*, 2004, 6(1) March.

Hamblet, Wendy C., "The crisis of meanings: could the cure be the cause of genocide?", in *Journal of Genocide Research*, 2003, 5(2).

Hamburg, David A., *No More Killing Fields*, Lanham · Boulder · New York · Oxford: Rowman & Littlefield Publishers, INC., 2002.

Harff, Barbara & Gurr, Ted R., "Toward empirical theory of genocides and politicides", in *International Studies Quarterly 32−3*, 1988.

Hirsch, Herbert, *Genocide and the Politics of Memory : Studying Death to Preserve Life*, Chapel Hill & London : the University of North Carolina Press, 1995.

Holter, Oystein Gullvag, "A theory of gendercide" in *Journal of Genocide Research*, 2002, 4(1).

Howard-Hassmann, Rhoda E., "Genocide and State-Induced Famine: Global Ethics and Western Responsibility for Mass Atrocities in Africa", *Perspectives on Global Development and Technology*, Vol. 4, 2005.

Hyden, Goran, "Back to the Future?", *Transition*, No. 60 (1993).

Jonasshn, Kurt, "What is Genocide?" in *Genocide Watch*, Edited by Helen Fein, Yale University Press: New Haven, London, 1992.

Jones, Adam, "Problems of genocide-gendercide studies and future agendas: a comparative approach", in *Journal of Genocide Research*, 2002, 4(1).

Kabatsi, Freda, "Defining or Diverting Genocide: Changing the Comportment of Genocide", *International Criminal Law Review* 5, 2005.

Kampmark, Binoy, "Shaping the Holocaust: the Final Solution in US political discourses on the Genocide Convention, 1948~1956", in *Journal of Genocide Research*, 2005, 7(1) March.

Katz, Eric, "On the neutrality of technology: the Holocaust death camps as a counter-example", in *Journal of Genocide Research*, 2005, 7(3)

September.

Katz, Steven, *The Holocaust in Historical Perspective*, Vol. 1, *The Holocaust and Mass Death Before the Modern Age*, New York: Oxford University Press, 1994.

Kiernan, Ben, "Myth, nationalism and genocide", in *Journal of Genocide Research*, 2001, 3(2).

Kim, Dong Choon, "Forgotten war, forgotten massacres-the Korean War(1950~1953) as licensed mass killings", in *Journal of Genocide Research*, 2004, 6(4) December.

Kimura, Akio, "Genocide and the modern mind: intention and structure", in *Journal of Genocide Research*, 2003, 5(3).

Krain, Matthew, "International Intervention and the Severity of Genocides and Politicides", in *International Studies Quarterly*, 2005, 49.

Kuper, Leo, *Genocide : Its Political Use In the Twentieth Century*, New Haven: Yale University Press., 1981.

Lal, Vinay, "Genocide, Barbaric Others, and the Violence of Categories: A Response to Omer Bartov", *The American Historical Review*, Vol. 103, No. 4, Oct., 1998.

_____, "The concentration camp and development: the pasts and future of genocide", in *Patterns of Prejudice*, Vol. 39, No. 2, 2005.

Lemkin, Raphael, *Axis Rule in Occupied Europe : Laws of Occupation, Analysis of Government, Proposals for Redress*, Carnegie Endowment for International Peace, Division of International Low, 1944.

Levene, Mark, "Why Is the Twentieth Century the Century of Genocide?", *Journal of World Histoty*, Vol. II, No. 2, 2000 by University of Hawaii Press.

_____, 「제노사이드, 현대 세계의 필연적 악몽인가?」, 『문화란 무엇인가 1』, 시공사, 2003.

Lewy, Guenter. "The First Genocide of the 20th Century?", *Commentary*

December 2005.

Linn, Ruth, "Genocide and the politics of remembering: the nameless, the celebrated, and the would-be Holocaust heroes", in *Journal of Genocide Research*, 2003, 5(4).

Lippman, Matthew, "A road map to the 1948 Convention on the Prevention and Punishment of the Crime Genocide" in *Journal of Genocide Research*, 2002, 4(2).

Lonsdale, Kathleen, "Statistical Ethics", *Transition*, No. 6/7, Oct., 1962.

Makino, Uwe, "Final solutions, crimes against mankind: on the genesis and criticism of the concept of genocide", in *Journal of Genocide Research*, 2001, 3(1).

Mann, Michael, *The Dark Side of Democracy-Explaining Ethnic Cleansing*, Cambridge: Cambridge University Press, 2005.

Markusen, Eric & Kopf, David, *The Holocaust and Strategic Bombing*, Oxford: Westview Press, 1995.

McDonnell, Michael A & Moses, A. Dirk, "Raphael Lemkin as historian of genocide in the Americas", in *Journal of Genocide Research*, 2005, 7(4).

Michaud, Yves 외, 강주헌 역, 『문화란 무엇인가 1』, 시공사, 2003.

Milgram, Stanley, *Obedience to Authority*, New York · Evanston · Sanfrancisco · London: Harper & Row, Publishers, 1969.

Miller, Paul B., "Imagined Enemies, Real Victims: Bartov's Transcendent Holocaust", *The American Historical Review*, Vol. 103, No. 4, Oct., 1998.

Morton, Jeffrey S & Vijay Singh, Neil, "The international legal regime on genocide", in *Journal of Genocide Research*, 2003, 5(1)

Moshman, David, "Conceptual constraints on thinking about genocide", in *Journal of Genocide Research*, 2001, 3(3).

Moyn, Samuel, "Two Regimes of Memory", *The American Historical Review*,

Vol. 103, No. 4, Oct., 1998.
Newman, Leonard S & Erber, Ralph, *Understanding Genocide*, New York: Oxford University Press, 2002.
Palmer, Alison, "Colonial and modern genocide: explanations and categories", *Ethnic and Racial Studies*, Vol. 21 No. 1, January 1998.
Power, Samantha, 김보영 역, 『미국과 대량학살의 시대』, 에코리브르, 2004.
Roe, Emery, "Against Power", *Transition*, No. 62, 1993.
Rummel, Rudolph J., *Death by Government*, New Brunswick and London: Transaction Publishers, 1994.
_____, 이남규 역, 『데모사이드』, 기파랑, 2004.
Schaller, Dominik J & Zimmerer, Jurgen, "Raphael Lemkin's view of European colonial rule in Africa: between condemnation and admiration", in *Journal of Genocide Research*, 2005, 7(4).
_____, "Raphael Lemkin: the 'founder of the United Nation's Genocide Convention' as a historian of mass violence", in *Journal of Genocide Research*, 2005, 7(4).
Schellenberg, James A., *The Science of Conflict*, New York · Oxford: Oxford University Press, 1982.
Schiessl, Christoph, "An element of genocide: rape, total war, and international law in the twentieth century", in *Journal of Genocide Research*, 2002, 4(2).
Segesser, Daniel Marc & Gessler, Myriam, "Raphael Lemkin and the crimes(1919~1948)", in *Journal of Genocide Research*, 2005, 7(4).
Semeln, Jacques, "Toward a vocabulary of massacre and genocide", in *Journal of Genocide Research*, 2003, 5(2).
Stanton, Gregory H., "Could the Rwandan genocide have been prevented?", *Journal of Genocide Research*, 2004, 6(2), June.
Staub, Ervin & Anne Pearlman, Laurie & Gubin, Alexandra & Hagengimana, Athanase, "Healing, reconciliationm forgiving, and the prevention of

violence after genocide or mass killing: an intervention and its experimental evaluation in rwanda", in *Journal of Social and Clinical Psychology*, Vol. 24, No. 3, 2005.

Stein, Stuart D., "Conceptions and terms: templates for the analysis of holocausts and genocides", in *Journal of Genocide Research*, 2005, 7(2).

_____, "Geno- and other cides : a cautionary note on knowledge accumulation" in *Journal of Genocide Research*, 2002, 4(1).

Stone, Dan, "The Historiography of Genocide: Beyond 'Uniqueness' and Ethnic Competition", *Rethinking History*, Vol. 8, No. 1, March 2004.

Timmermann, Wibke Kristin, "The Relationship between Hate Propaganda and Incitement to Genocide: A New Trend in International Law Towards Criminalization of Hate Propaganda?", *Leiden Journal of Internatioal Law*, 18, 2005.

Trifferer, Otto, "Genocide, Its Particular Intent to Destroy in Whole or in Part the Group as Such", *Leiden Journal of Internatioal Law*, 2001.

Turner, Charles, "The origins and dynamics of genocide", *Economy and Society*, Vol. 35, No. 1, February 2006.

Valentino, Benjamin A., *Final Solusions : Mass Killing and Genocide in the Twentieth Century*, Ithaca and London: Cornell University Press, 2004.

_____, 장원석·허호준 역, 『20세기의 대량학살과 제노사이드』, 제주대학교출판부, 2006.

Waller, James, *Becoming Evil : How Odinary People Commit Genocide and Mass Killing*, Oxford·New York: Oxford University Press, 2002.

Wallimann, Isidor & Dobkowski, Michael N., 장원석·강경희·허호준·현신웅 역, 『현대사회와 제노사이드』, 도서출판 각, 2005.

Weiss-Wendt, Anton, "Hostage of Politics: Raphael Lemkin on 'Soviet Genocide'", in *Journal of Genocide Research*, 2005, 7(4).

Wolf, Linda M & Hulsizer, Michael R., "Psychosocial roots of genocide: risk, prevention, and intervention" in *Journal of Genocide Research*, 2005, 7(1) March.
강덕상, 김동수·박수철 역,『학살의 기억 관동대지진』, 역사비평사, 2005.
오카 마리, 김병구 역,『기억 서사』, 소명출판, 2000.
이삼성,『20세기의 문명과 야만』, 한길사, 1998.
임지현,『적대적 공범자들』, 소나무, 2005.
최호근,「1948년 유엔〈제노사이드 협약〉의 성립과 문제점」,『제2회 제노사이드연구회 워크샵 자료집』, 제노사이드연구회, 2005. 1.
_____,『제노사이드 : 학살과 은폐의 역사』, 책세상, 2005.
_____,『서양 현대사의 블랙박스, 나치대학살』, 푸른역사, 2006.

찾아보기

ㄱ

간접적 폭력 64
갈퉁 63, 64
강성(strength) 85, 86
강인수 240
강제력(force) 85, 86
강창일 206
검거선풍 239, 240, 242
게토화 정책 121
계획화(Preparation) 190, 191, 192
고립화(Ghettoization) 188
고립화 메커니즘 333
고립화 폭력의 문화 371
고자카이 도시아키 148
고창무 239
공리적 제노사이드 174
공산주의 26
관료주의(Bureaucracy) 145, 180, 182
광기화 메커니즘 340
광기화 폭력의 문화 376
구조적 폭력 63, 64, 65, 90
구조화된 폭력 90
국가공권력 63

국가폭력(state terror) 25, 27, 63, 64, 203
군경토벌대 252, 258, 262
권귀숙 208
권력 84, 85, 87
권력-폭력 대립론 34, 89
권력 집중론 299
그레고리 스탠톤(Gregory H. Stanton) 44, 188, 193
근대성(Modernity) 142, 143, 145, 146, 147, 148, 151
금릉리 총살사건 245
기술주의(Technology) 181, 182
기억의 정치학 267, 268, 269, 273
김대중 273
김동만 273
김동춘 25, 262
김두훈 239
김삼웅 279
김석범 278
김성례 207
김영배 240
김영삼 273
김용수 281

김익렬 중령 248
김일성 27

ㄴ

나치 131, 134, 146, 159
나치즘 154
낙인찍기(Stigmatization) 187
난징대학살 24, 37, 146
노무현 269
노엄 촘스키(Noam Chomsky) 91
노태우 284

ㄷ

다푸르 사태 25
대량학살(mass killing) 23, 39, 129, 134, 136, 137, 140, 142, 146, 155, 162, 167, 170, 175, 180, 185, 196, 207
데리다 76, 78
데모사이드(democide) 23, 137, 138, 139, 168
도구적 이성 144
도두연쇄 납치사건 251
동질화 메커니즘 328
동질화 폭력의 문화 367
동티모르인 학살 174
딘 군정장관 248

ㄹ

라파엘 렘킨(Raphael Lemkin) 28, 38, 39, 117, 118, 120, 122, 124, 125, 126, 128, 132, 140, 204
랄프 어버 158
랜달 콜린스 181
레닌 80
레닌주의 72
레드 콤플렉스 282, 283, 285
레드헌트 273
레오 쿠퍼(Leo Kuper) 39, 40, 128, 135, 136, 175
레오나르드 뉴만 158
로저 스미스(Roger Smith) 42, 164
로제 다둔(Roger Dadoun) 51
루돌프 럼멜(Rudolph J. Rummel) 23, 40, 43, 137
루이스 코저 182
르네 지라르(Rene Girard) 35, 101, 102, 105, 107, 111, 112
르완다 24, 37
린다 울프(Linda M. Wolf) 42, 44, 157, 185, 187, 188

ㅁ

마르쿠제 144
마르크스 72, 73, 79, 80, 81, 82
마이클 돕코우스키
  (Michael N. Dobkowski) 39, 130
마이클 헐시저(Michael R. Hulsizer)

42, 44, 157, 185, 187, 188
마크 리번(Mark Levene) 23, 119
마키아벨리 33, 54, 57, 66
막스 베버(Max Weber) 41, 144
만장일치의 폭력 109, 110
맨스필드 중령 241
모방적 경쟁 104
모스크바 협정 225
모슬포지서 고문치사사건 244
무력(force) 69, 70
무저항주의 61
문화적 제노사이드 174
문화적 폭력 67
물리적 폭력 78
뭇솔리니 154
미 라이 학살 146
미군정 220, 222, 228, 230, 237, 243, 250
민·관 총파업 233, 236, 242
민족주의 142, 147, 149, 150, 151, 193
민중항쟁 215, 216
밀로세비치 37, 154

ㅂ

바바라 하프(Barbara Harff) 40, 41, 136, 155, 156, 157
바우만 147, 150, 151
박갑동 276
박명림 26, 212, 213
박정희 272, 278

박진경 253
반유태주의(anti-Semitism) 186
반체제적 폭력 62, 63, 79
발터 벤야민(Walter Benjamin) 34, 72, 73, 74, 76, 78, 79, 80, 101
배하큰 대드리안(Vahakn Dadrian) 43, 174
범주화 149, 183
법보존적 폭력 75, 76, 78
법실증주의(das positive Recht) 74
법정립적 폭력 74, 75, 76, 78
베로스 중령 240, 241
벤자민 발렌티노(Benjamin A. Valentino) 41, 42, 140, 153, 155, 157, 166
보도연맹 264, 265
복시환 사건 231
부정화(Denial) 191, 269, 271, 274
부정화 메커니즘 352
부정화 폭력의 문화 384
북촌리 사건 244
분류화(Classification) 189, 191, 192
브라운 대령 250
브레진스키(Zbigniew Brezinski) 23
비인간화(Dehumanization) 187, 189, 191, 192, 193
비트겐슈타인 91
비폭력 61
빨갱이 사냥(Red Hunt) 216
빨갱이 콤플렉스(Red Complex) 281

ㅅ

사만다 파워(Samantha Power) 39, 128, 156
사회구조적 폭력 67
상징권력 94, 95, 96, 97, 98, 99, 100
상징자본(symbolic capital) 94
상징폭력(Symbolic Violence) 89, 90, 95, 96, 97, 98, 219, 269
상징폭력 이론 35, 100
상징화(Symbolization) 189, 191, 192
상호보복 메커니즘 336
상호보복 폭력의 문화 374
서북청년회(서청) 236, 238, 241
서준식 273
서중석 27, 203
소크라테스 32
송요찬 254
수하르토 24
스타우드 소령 237, 240
스탈린 24, 37, 45, 125, 154, 173
스티븐 카츠(Steven Katz) 35, 40, 133, 134
식민화 173
신상묵 267
신의 폭력 77, 78
신적 폭력 79
신탁통치 224, 225, 227
신화적 폭력 76, 78, 79
썰(Searle) 91

ㅇ

아렌트 81, 82, 83, 84, 85, 87, 88, 89
아리스토텔레스 32, 53, 57, 66
아비투스 100
아우슈비츠 145
알렉상드르 파스랭 당트레브(Alexander Passering d'Entreves) 84
알제리인 학살 174
양과자 반대운동 230
양극화(Polarization) 190, 191, 192
어빙 루이스 호로위츠(Irving Louis Horowits) 139
에릭 마르쿠젠(Eric Markusen) 44, 178
에릭 와이츠(Eric D. Witz) 45, 159, 182
연좌제 283, 284, 285
예비검속 265, 266
오스틴(J. L. Austin) 90, 91, 92, 93
오카모토 미츠오 64
우도 사건 243
유재흥 262, 263
유태인 학살 154, 159, 172
유토피아 72, 183
유해진 241
응원경찰대 236, 238, 242
응징적 제노사이드 174
이데올로기 42, 98, 147, 151, 156, 157, 158, 160, 163, 178

이데올로기 메커니즘(Ideology) 313
이데올로기 폭력의 문화 360
이삼성 144, 146
이선실 간첩 사건 282
이스라엘 차니(Israel W. Charny)
  36, 40, 135,
이승만 27, 218, 229, 233, 254, 255,
  258, 272, 278
이시도르 왈리만(Isidor Wallimann)
  39, 130
인디언 학살 172
인민위원회 220, 221, 222, 226, 228,
  243
인종청소 24, 129, 136, 142, 146,
  159, 172
인종학살(ethnocide) 122
임지현 146, 147
입장표명식 담론 61

ㅈ

자본주의 26, 68
자연법주의(das Naturrecht) 74
자크 데리다(Jacques Derrida) 50, 73
잠재적 제노사이드 174
전두환 273
절멸(annihilation) 119, 121, 126,
  127, 147
절멸 메커니즘 345
절멸화(Extermination) 149, 191
절멸화 폭력의 문화 379
정당성(legitimacy) 88

정당화(Justification) 87, 88, 98, 196,
  269, 277
정당화 메커니즘 354
정당화 폭력의 문화 388
정치적 학살(Politicide) 23, 37, 219,
  267
정해구 213, 214
제노사이드 메커니즘 44
제노사이드 보편주의 36
제노사이드 협약 39, 122, 123, 127,
  128, 130, 132, 133, 161, 173, 204
젠더사이드 296
조르주 소렐(Georges Sorel) 34, 69,
  70, 72, 73, 79, 80, 101
조병옥 236, 237, 239
조직화(Organization) 190
조직화 메커니즘 318
조직화 폭력의 문화 363
조천지서 고문치사사건 244
종달리 사건 243
주한미군 임시군사고문단(PMAG)
  255
중문리 사건 243
지그문트 바우만(Zygmunt Bauman)
  41, 148
직접적 폭력 65, 90
진보 83, 165
진보적 계몽사상 142, 143
진보주의 82

ㅊ

차별하기(Discrimination) 187
체제적 폭력 62, 63, 67
초토화 작전 217, 218, 246, 252, 258, 262, 264, 265, 281
총력전(Total War) 178
총파업 71, 72, 79
최경록 254
최양석 52
최적의 제노사이드 174
최호근 43, 130, 131, 171, 173, 208
칭기즈칸 162

ㅋ

칼 마르크스(Karl Marx) 34, 68
커쉬만 153
커트 조나선(Kurt Jonassohn) 39, 42, 132, 161
쿠테타 174
킬링필드 37, 146, 159

ㅌ

타자화 147, 149, 182
타자화 메커니즘 321
타자화 폭력의 문화 365
탈식민화 27, 143, 148, 173
태즈메이니아인 학살 172
테드 거(Ted R. Gurr) 40, 136
테러 137
토다 키요시 63, 64, 65
토마스 아퀴나스 32, 53, 57, 66
토마스 커쉬만(Thomas Cushman) 41, 152, 157
투치족 학살 159

ㅍ

파시즘 72, 144, 145, 154
폭력 메커니즘 28
폭력 실행 문화 370
폭력 징후 문화 359
폭력 처리 문화 382
폭력불가피론 33
폭력의 메커니즘 30, 177, 203
폭력주의 61
폴 포트 24, 37, 45
폴리티사이드(politicide) 136, 137, 168
프랑크푸르트 학파 41, 144, 145, 146
프랭크 쵸크(Frank Chalk) 42, 161
프런티어 제노사이드 171
프롤레타리아 폭력론 34
프롤레타리아의 폭력 70, 71
플라톤 32, 51, 52, 56, 57, 66
피에르 부르디외(Pierre Bourdieu) 35, 89, 93, 94, 95, 96, 97, 98, 99, 100

ㅎ

하지 240, 249, 255
학살 수행기 217, 218, 246
학살 이후기 217, 219, 267
학살 잠재기 217, 219
학살 촉발기 217, 218, 232
학살의 정치학 246, 262
한나 아렌트(Hannah Arendt) 34, 79, 80, 101
함병선 262
허버트 허쉬(Herbert Hirsch) 45, 192
헬렌 페인(Helen Fein) 43, 130, 175
혁명적 폭력 68
홀로코스트(Holocaust) 134, 144, 147, 148, 151, 172
홀로코스트 예외주의 36, 40
홉스 55, 56, 57, 66
화행론(Speech-act theory) 90, 91, 93
황상익 286, 287, 288
희생양 메커니즘 102, 107, 110, 112, 113
희생양 이론 35
희생위기 105, 106, 107, 108
히틀러 37, 45, 122, 127, 154

KAL기 폭파 사건 282

기타

2·28대학살 280
3·1절 발포사건 233, 236, 242

저자 | 김 상 기

저자는 1969년 강릉에서 태어나 강릉고등학교를 졸업했다.

서울신학대학교(B.A.)와 연세대학교 연합신학대학원(Th.M)에서 공부하고, 8년간 교회 현장에서 목회를 하다가, 다시 연세대학교 대학원 신학과에 입학하여 『폭력 메커니즘과 기독교 담론윤리 구상』으로 박사학위(Ph.D / 기독교윤리학)를 받았다.

그는 문화와 권력, 문화와 정치, 권력과 폭력의 문제에 관심이 많다. 특히 다양한 형태의 폭력 메커니즘이 어떻게 종교 조직 혹은 텍스트 안에서 발생하고 구조화되는지를 사회학적으로 분석하고, 이를 신학적으로 성찰하는 작업을 하고 있다.

주요 논문
- 「트뢸취 유형론의 역사적 이해와 재구성」, 『신학사상』 Vol. 126, 2004년 가을호.
- 「사도신경에 나타난 상징폭력」, 『기독교사상』, 2004년 2월호.
- 「폭력에 대한 전통적 신학의 입장표명 윤리 비판과 기독교 담론윤리 구상」, 『신학사상』 Vol. 141, 2008년 여름호.